에로티즘

L'ÉROTISME

L'EROTISME

by George Bataille

Copyright ⓒ 1957 by Les Éditions de Minuit

All rights reserved.

Korean Translation Copyright ⓒ 1996, 2009 by Minumsa

Korean edition is published by arrangement with
Les Éditions de Minuit through Guy Hong Agency.

이 책의 한국어 판 저작권은 기홍 에이전시를 통해
Les Éditions de Minuit와 독점 계약한 **(주)민음사**에 있습니다.

저작권법에 의해 한국 내에서 보호를 받는 저작물이므로
무단 전재와 무단 복제를 금합니다.

에로티즘

조르주 바타유 | 조한경 옮김

민음사

책머리에

　인간의 정신은 가장 놀라운 명령에 노출되어 있다. 인간은 끊임없이 자기 자신을 두려워한다. 인간의 에로스 충동들은 그를 두려움에 떨게 만든다. 신성한 여자는 질겁하면서 호색가를 외면하지만 그녀는 호색가의 열정과 자신의 열정이 일치함을 모를 뿐이다.
　신성한 여자에서 호색가에 이르는 스펙트럼은 다양하다 해도 그러나 인간의 정신이 보이는 일관성을 찾아내는 일은 가능하지 않을까.
　나는 그 대립된 가능성들의 배열을 확인할 수 있는 자리에 서 볼까 한다. 이어 나는 그것들을 서로 환원시키는 대신, 서로가 서로를 부정하는 부정의 가능성 너머에 있는 어떤 극한적 수렴 가능성을 포착해 볼 생각이다.
　인간은 자신을 두렵게 하는 것을 지배하기 전에는 최소한의 이성조차 갖출 기회가 없다. 나는 인간이 두려워할 이유가 없는 세상, 에로티즘과 죽음이 어떤 기계 장치에 의해 연결되는 세상을 희망해야 한다고 생각하지는 않는다. 다만 인간은 인간을 두렵게 하는 것을 극복할 수 있으며, 그것에 당당히 직면할 수 있어야 한다.
　그럴 때 비로소 인간은 지금까지 자신에 대해 잘못 규정된 야릇한

몰이해를 벗어날 수 있다.

나는 나보다 앞서 다른 사람들이 개척한 길을 따라가는 일밖에 하지 못할 것이다.

내가 오늘 출판하는 이 책보다 훨씬 전에 에로티즘은 '진지한 사람'이 체면에 손상을 입지 않은 채 다룰 수 있는 주제가 되기에 이르렀다.

오래전부터 사람들은 두려움 없이, 장황하게 에로티즘에 대해 말할 수 있게 되었다. 뿐만 아니라 내가 이제 말하고자 하는 것도 사람들이 모르는 것이 아니다. 내가 하는 일은 이미 묘사된 다양한 사실들에서 일관성을 찾아서 전체를 일관성 있는 하나의 그림으로 그려 내는 일인 것이다.

일관성 있는 총체에 대한 이 연구는 나의 노력을 과학적 노력과는 다른 것으로 만든다. 과학은 분리된 문제를 연구하며 전문화된 작업들을 쌓아 올린다. 반면 에로티즘은 내 생각에 인간에게 과학적 방법으로는 결코 얻을 수 없는 어떤 의미를 지닌다. 에로티즘은 오직 고찰하는 인간이 고찰의 대상이 될 때만 고찰될 수 있는 그런 것이다. 특히 에로티즘은 노동의 역사와 구분해서 또한 종교의 역사와 구분해서 독립적으로 관찰될 수도 없다.

그래서 이 책의 장절들은 종종 성적 현실과는 거리가 먼 경우들이 있다. 그런 한편 나는 내가 언급한 문제들보다 오히려 중요하게 여겨지는 문제들을 무시하기도 했다.

한마디로, 나는 인간 정신의 통일성이 발원하는 시점을 찾기 위해 모든 것을 희생시켰다.

이 책은 2부로 구성되어 있다. 1부에서 나는 인간의 삶의 모든 다양한 양상들을 에로티즘의 시각에서 일관성 있게 체계적으로 정리해 보았다. 2부에서 나는 내가 같은 문제를 가지고 연구한 다른 많은 연구들을 모아 보았다. 그래서 전체의 통일성은 부인할 수 없는 셈이다. 1부, 2부가 같은 주제의 연구인 것이다. 1부의 장절들과 2부의 독립적인 연구들을 같은 시기, 즉 2차 세계대전과 올해 사이에 썼다. 그러나 이런 출판 방식은 나름의 결함이 발견되었다. 중복을 피할 수 없는 점이 그것이다. 특히 2부에서 다룬 주제를 이따금 1부에서 다른 형태로 다시 다루고 있다. 그러나 이 방법은 나로서는 훨씬 덜 불편했는데 왜냐하면 이 방법이 저서 전체 면모와 잘 일치하기 때문이었다. 이 저서에서 따로 떼어 낸 한 문제는 언제나 전체 문제를 포괄하고 있다. 어떤 의미에서 이 책은 끊임없이 상이한 관점에서 출발하지만 인간의 삶에 대한 전체적 조망으로 귀결된다고 볼 수 있다.

이러한 전체적 조망에 시선을 고정시키고 작업을 하는 동안 나를 붙드는 것이 있었다면 그것은 오직 청년기 시절 나를 사로잡은 어떤 이미지, 즉 신의 이미지를 총체적 시각으로 복원시킬 수 있을지 모른다는 희망 외에 다른 아무것도 아니었다. 물론 내가 청년 시절의 신앙으로 되돌아간 것은 아니다. 그러나 우리의 머리를 떠나지 않는 이 버려진 세계에서 인간의 열정이 갖는 대상은 단 하나인데, 우리가 거기에 접근하는 길은 다양하다. 그 대상은 아주 다양한 양상을 가지고 있어서 그 다양한 양상들의 진정한 의미는 우리가 그것들의 심오한 일관성을 찾아낼 수 있을 때만 파악이 가능할 것이다.

나는 이 저서에서, 기독교의 충동과 에로티즘의 충동이 상당한 동일성을 지니고 있다는 사실을 강조하고 싶다.

만약 내가 혼자 이러한 문제들을 풀어야만 했다면 나는 이 책을 쓰지 못했을 것이다. 나는 이 자리를 빌려 나의 노력이 에로티즘을 과학의 대상이 아니라 열정의 대상으로, 더 심오하게는 시적 관조의 대상으로, 삶의 체험과 연결된 하나의 체험으로 고찰하고 있는 미셸 레리스의 『투우술의 거울』에 빚지고 있음을 밝히고 싶다.

특히 미셸 레리스의 『투우술의 거울』이 2차 세계대전 직전에 쓰인 점 때문에 이 책은 더욱 그에게 빚지고 있다고 말해 마땅하다.

그 외에, 내 책에 실을 사진을 찾아내는 일을 할 수 없을 정도로 내가 아파 누워 있을 때에 그가 내게 제안한 도움 때문에도 나는 그에게 감사해야 한다.[1]

수많은 친구들이 나의 연구 목적에 맞는 자료들을 확보해 주기 위해 하나같이 수고하였으며, 나는 차제에 그들의 효과적이고 민첩한 도움이 이 책을 쓰는 데 얼마나 큰 도움이 되었는지 감사의 말을 전하고 싶다.

그들의 이름을 여기에 적어 보면, 자크 앙드레 부아사르, 앙리 뒤사, 테오도르 프랑켈, 막스 폴 푸셰, 자크 라캉, 앙드레 마송, 로제 파리, 파트릭 발드베르그, 브랑쉬 빈 등이다.

나는 개인적으로 M. 포크, 로베르 지로 그리고 대단한 사진 작가 피에르 베르제를 모른다. 그러나 내 자료의 일부는 그들에게 빚지고 있다.

나는 나의 연구 목적이나 내 책 자체가 애초의 그들의 열성에 결코 이르지는 못함을 알고 있다.

나는 아직도 나의 가장 절친한 친구 알프레드 메트로의 이름을 거명하지 못했다. 그러나 그가 내게 베풀어 준 도움과 내가 그에게 빚진 모든 것에 대해서는 그냥 고맙다고 할 수밖에 없을 것 같다. 그는 1차 세계대전이 있던 초기 몇 년 동안 나를 인류학과 종교 역사의 분야에 안내해 주었을 뿐만 아니라 금기와 위반이라는 결정적인 문제에 대해 내가 언급을 시작할 때 이론의 여지 없는 그의 권위는 나로 하여금 견고한 확신을 갖게 해 주었던 것이다.

---

1) 초판에 실린 그림.

차례

책머리에 5
서문 11

1부 금기와 위반 29

1장 내적 체험의 에로티즘 31
2장 죽음과 금기의 관계 44
3장 번식과 관련된 금기 55
4장 번식과 죽음의 친화성 62
5장 위반 71
6장 살해, 사냥 그리고 전쟁 79
7장 살해와 제사 92
8장 종교적 제사에서 에로티즘으로 101
9장 성적 팽창과 죽음 107
10장 결혼과 향연의 위반 124
11장 기독교 133
12장 욕망의 대상, 매음 147
13장 아름다움 160

2부 에로티즘에 관한 몇 가지 연구 사례 169

연구 1 킨제이, 패거리 그리고 노동 171
연구 2 사드의 절대인간 190
연구 3 사드와 정상적인 인간 206
연구 4 근친상간의 수수께끼 231
연구 5 신비와 관능 259
연구 6 신성, 에로티즘, 고독 294
연구 7 『에두아르다 부인』에 부치는 서문 310

결론 318

역자 후기 323
저자 연보 329
찾아보기 335

서문

　에로티즘, 그것은 죽음까지 인정하는 삶이라고 말할 수 있다. 엄밀히 말해서 이것은 에로티즘의 정의는 아니다. 그러나 이 표현은 다른 어떤 표현보다 에로티즘의 의미를 잘 나타낸다고 생각한다. 정확한 정의가 문제라면, 번식 차원의 성행위에서 출발해야 할 것이다. 에로티즘도 번식의 특수한 한 형태이므로. 번식에 목적을 둔 성행위는 인간을 포함한 모든 유성 동물의 공통된 행위이다. 그러나 유독 인간만은 성행위를 에로틱한 행위가 되게 했는데, 단순한 성행위와 임신에 대한 생각이나 번식 등 자연 본래의 목적과는 다른 심리적 추구로서의 에로티즘을 구분하게 해 주는 것은 바로 그 점이다. 이 기본적인 정의로부터 처음에 제기한 표현(에로티즘은 죽음까지 인정하는 삶이다.)으로 다시 돌아가 보자. 사실 에로틱한 행위는 앞서 말했듯이 생명의 번식에 대한 의식과는 무관하다. 그러나 에로틱한 행위가 일단 생명의 충일인 것만은 틀림없지만, 그렇다고 해서 최종적으로 그것이 추구하는 바가 죽음과 관계없다는 말은 아니다. 그런데 그 말에는 너무나 큰 역설이 도사리고 있기 때문에 나는 지체 없이 다음 두 인용으로 나의 단언에 엇비슷한 타당성을 부여하고자 한다. 사드는 이렇게 말했다.

불행한 일이지만 비결은 너무 자명하다. 조금이라도 악습에 뿌리를 내린 방탕아라면 살해가 관능에 대해 얼마나 큰 지배력을 행사하는지 모를 리가 없을 것이다.

사드는 다음과 같은 더 기이한 말을 했다.

죽음과 친숙해지려면 죽음과 방탕을 결합시키는 일보다 나은 방법이 없다.

나는 위에서 엇비슷한 타당성이라고 했다. 사실 사드의 생각은 탈선적인 것일 수 있다. 사드가 참조하는 기질이 인간의 천성에 비추어 볼 때 그렇게 희한한 것은 아니지만 역시 탈선적인 것임에는 변함이 없다. 그렇다면 죽음과 성적 흥분의 관계가 남는다. 살해하는 광경이나 살해에 관한 상상이 적어도 어떤 환자들에게는 성적 욕구를 불러일으킬 수 있을 것이다. 이 경우 둘의 관계를 병의 탓으로 돌릴 수만은 없다. 나는 개인적으로 사드의 역설에서 하나의 진리를 인정한다. 그 진리는 악습의 지평에만 국한되지 않는다. 나는 심지어 그 진리를 우리의 삶과 죽음을 표상(表象)하는 가장 근본적인 진리라고까지 말하고 싶다. 요컨대 우리는 이 진리를 외면한 채 존재에 대한 성찰을 할 수 없다. 흔히 인간은 열정적 충동과는 무관하게 태어나는 것처럼 여겨진다. 그러나 그와는 반대로, 감히 말하건대, 인간을 그런 충동과 무관한 존재로 상상하면 안 된다는 것이다.

이제부터 내가 철학적 성찰을 시작함을 용서해 주기 바란다.[1]

일반적으로 철학의 오류는 생명을 멀리할 때 비롯된다. 그러나 적어도 내게서는 안심해도 좋다. 나의 고찰은 생명과 아주 밀접하게 관계한

---

[1] 이 책의 의도에 맞추어 편찬된 이 텍스트는 원래는 강연회의 강연 내용이었음을 밝혀 둔다.

다. 나의 고찰은 번식 차원의 성행위와 관계한다는 말이다. 나는 에로티즘은 번식과는 대비된다고 말했다. 에로티즘이 목적으로서의 번식이나 에로틱한 유희와는 무관하게 정의되어야 하는 것이 사실이지만 그럼에도 번식에 대한 기본적 의미 파악은 에로티즘을 푸는 열쇠가 되어 줄 것이다.

번식은 불연속적 존재들을 위기로 쏟아 넣는다.

번식하는 존재들은 서로 구분된다. 새로이 번식된 존재들은 그것들을 낳아 준 모체들과 다르며, 새로 태어난 존재들은 그것들대로 서로 다르다. 각 존재는 다른 존재와 다르다. 그 존재의 출생, 사망 그리고 사는 동안의 사건들이 다른 존재들의 관심을 끌 수는 있을 것이다. 그러나 그러한 모든 사건들에 직접 관계하는 존재는 본인뿐이다. 그는 혼자 태어나며, 혼자 죽을 수밖에 없다. 어떤 한 존재와 다른 존재 사이에는 뛰어넘을 수 없는 심연이 가로놓여 있으며, 거기에는 단절이 있다.

예를 들어, 그 심연은 여러분에게 말하는 나와, 나의 말을 듣는 여러분 사이를 가로막고 있다. 우리는 서로 교통(交通)하려고 애쓴다. 그러나 우리들 사이의 어떤 교통의 방법도 원래의 거리를 좁힐 수는 없다. 여러분 중에 누가 죽는다면 죽는 것은 여러분 중의 누구이지 나는 아니다. 여러분과 나, 우리는 불연속적 존재들이기 때문이다.

우리를 갈라놓는 이 심연을 떠올릴 때마다 나는 허무한 느낌을 피할 수 없다. 심연은 하도 깊어서 제거할 방법이 없다. 우리는 그 심연이 야기한 현기증을 함께 느낄 수 있을 뿐이다. 심연은 우리를 매혹할 수도 있다. 어떤 의미에서 그 심연은 죽음이며 죽음은 우리를 어지럽게 하지만 동시에 매혹적이기도 하다.

나는 지금 불연속적 존재인 우리들에게 죽음이란 것이 존재를 이어 주는 연속성의 의미를 가짐을 증명해 보이려고 한다. 번식은 존재들을 불연속성으로 안내하며 존재들 간의 연속성을 위기로 몰아넣는다. 즉 번식은 죽음과 고리처럼 서로 연결되어 있다는 말이다. 존재들의 번식과 죽음에 대해서 내가 이렇게 말하는 이유는 존재의 연속 또는 죽음은 결국 동일한 것에 대한 다른 표현임을 밝히려는 것이다. 존재의 연속 또는 죽음은 둘 다 매혹적이다. 그리고 에로티즘을 지배하는 것 역시 연속성 또는 죽음에 깃든 매혹이다.

나는 근본적 동요, 본질을 완전히 뒤집는 근본적 동요에 대해 생각해 보려고 한다. 그러나, 일단 내가 기점으로 삼는 사실들은 대단찮게 보일 수 있다. 그것은 객관적 과학에 의해 드러나는 것으로서 아마 우리와 관계하는 다른 것들과 표면적으로는 어느 점에서도 구분되지 않을 뿐 아니라, 거리를 두고 보면 우리를 내심으로 뒤흔들 아무것도 개입되지 않기 때문이다. 그러나 그것은 겉보기와는 전혀 다르다. 나는 여러분을 즉시 깨우치려 하기보다는 아주 담담하게 말을 시작하겠다.

여러분도 잘 알듯이 살아 있는 존재들은 두 가지 방식으로 번식한다. 단세포 생물들은 무성 생식을 하며 다세포 생물들은 유성 생식을 한다.

무성 생식의 경우, 세포처럼 아주 단순한 개체는 생장점에서 분열한다. 우선 두 개의 핵이 형성된다. 그 순간 한 개이던 개체가 두 개로 된다. 그러나 이 경우 한 개체가 다른 한 개체를 낳았다고 볼 수는 없다. 새로운 두 개체는 처음 개체와 동등한 자격을 갖는 산물이다. 처음 개체는 이미 사라지고 없다. 본질적으로 말하면 그것은 죽어 없어졌다. 왜냐하면 그것은 그것이 생산해 낸 두 개체의 어느 쪽에도 살아남아 있다고 볼 수 없기 때문이다. 그것이 죽음을 겪는 유성 생식 동물과 동일한 방식으로 사라진 것은 아니지만 어쨌든 시작과 끝을 가진 단절된 삶을 살다가 그 삶을 마쳤기 때문에 존재하기를 그친 것이다. 단, 번식 순간에는 연속이 있었다. 최초의 하나가 둘이 되려는 순간이 그것이다.

둘로 분리되자마자 각 개체는 다시 불연속적 삶을 살아가기 시작한다. 그러나 그렇더라도 거기에는 두 존재 사이에 연속성이 유지되는 순간이 있음을 부인할 수 없다. 처음 것은 죽지만 그 죽음의 과정에는 두 존재가 연속성에 머무는 어떤 중요한 순간이 나타난다.

유성 존재들의 죽음에서는 그와 같은 연속성이 나타날 수 없다. 유성 존재들의 번식은 원칙적으로 죽음이나 그에 따르는 고통과는 무관하기 때문이다. 그러나 유성 번식도 무성 번식과 마찬가지로 근본적으로는 기능 세포들의 분열을 끌어들인다는 점에서 새로운 방식의 불연속과 연속을 개입시킨다고 말할 수 있다. 처음에는 정자와 난자가 불연속적 개체들이라는 원소 상태에 있다. 그러다가 그것들이 결합한다. 그렇게, 새로운 존재가 생겨나기 직전의 바로 그 순간, 두 개체가 소멸하면서, 즉 죽으면서 두 개체들 사이에 어떤 연속성이 유지되는 것이다. 새로운 존재는 그 자체로 보면 불연속적이다. 그러나 그 새로운 존재는 그 안에 연속성, 죽음에 의한 융합의 과정을 내포하고 있는 것이다.

그럼에도 불구하고 진부해 보이는 이 변화를 보다 명백하게 이해하기 위해서, 제멋대로의 상상이긴 하지만, 여러분 중에 누가 똑같은 두 사람으로 분리되었다고 가정해 보자. 이때 처음의 어떤 사람은 살아남는다고 보기 어렵다. 새로운 복제들은 원래의 사람과 근본적으로 다를 것이다. 원래의 사람과 동일하려면, 하나의 복제가 다른 복제와 지금처럼 대립적인 대신, 연속적이어야 할 것이다. 그러나 도저히 상상이 가지 않는다. 반대로 정자와 난자 사이의 결합과 유사한 결합이 여러분 중 어떤 사람과 여러분 사이에 이루어진다고 상상해 보자. 거기서 오는 변화를 떠올리기는 그리 어렵지 않을 것이다.

내가 상세한 설명을 덧붙일 의도로 이 조잡한 상상을 제안한 것은 아니다. 우리처럼 의식이 분명한 존재들과 미세 존재들 사이의 거리는 상당하다. 그러나 그렇더라도 그 미세 존재들을 오로지 겉으로만 바라보는 습관, 그것들을 마치 내적으로는 존재치 않는 사물들로 간주하는 습관에 대해서는 주의를 주고 싶다. 여러분과 나는 내적으로 존재한다. 개도 마찬가지다. 곤충이나 그보다 더 작은 존재들도 그렇다. 아무리 단순한 존재라도 그것의 내적 존재를 부인할 수는 없다. 내적 존재는 더 많은 복잡성의 결과라고? 그것은 아니라고 본다. 미세 존재가 애초에 그것 나름의 내적 존재를 가지지 못했다면, 어떤 복잡성이 그것을 가능하게 한다고 보지는 않는다.

그런데도 미세 존재와 우리 사이에는 상당한 거리가 있다. 따라서 내가 제기한 엉뚱한 상상이 명백한 의미를 갖는 것은 아니다. 나는 다만 역설적인 방법으로 우리의 생명의 가장 근본이 되는 미세 존재들의 변화를 상기시키고 싶었을 뿐이다.

기저에는 불연속에서 연속으로의 또는 연속에서 불연속으로의 이행이 있다. 우리는 알 수 없는 사건에 휘말려 외롭게 죽어 가는 개체, 불연속적 존재들이라고 할 수 있다. 그러나 그럼에도 불구하고 우리에게는 잃어버린 연속성에 대한 향수가 남아 있다. 그래서 우리는 우리를 우연한 개체, 덧없이 소멸하는 개체로 떠미는 현재의 상황을 견디지 못한다. 우리는 소멸할 수밖에 없는 우리의 존재가 지속되기를 애타게 염원하는 동시에 우리를 보편적 실재(實在)로 이어 주는 최초의 연속성에 대한 집념을 버리지 못한다. 실재에의 이 향수는 위에서 말한 생명체의 기본 여건을 이해하는 것과는 상관없다. 우리는 가장 단순한 존재조차도 겪어야 하는 복제 또는 결합을 벗어나지 못하니 괴롭고, 수많은 파도 중의 하나처럼 개체이면서 동시에 전체일 수 있는 존재로 이 세상에 존재할 수 없으니 괴롭다. 그러나 어쨌든 거기에 대한 향수는 모든 사람에게 세 가지 형태의 에로티즘을 촉발한다.

나는 이 에로티즘의 세 가지 형태, 즉 육체의 에로티즘, 심정의 에로티즘 그리고 신성의 에로티즘에 대해 차례로 언급하겠다. 내가 그것들을 언급하는 이유는 존재의 고립감, 불연속성 대신 심오한 연속성을 느끼게 하는 것들은 바로 그 세 가지 형태의 에로티즘들이기 때문이다.

 육체의 에로티즘과 심정의 에로티즘이 무엇을 가리키는가는 쉽게 납득이 간다. 그런데 신성의 에로티즘에 대한 개념은 조금 생소하다. 게다가 모든 에로티즘이 신성하다는 점에서 볼 때, 신성의 에로티즘이라는 표현은 모호하다. 문자 그대로의 신성의 영역에 들어가기 전에 우리는 먼저 육체와 심정을 만난다. 현세 너머의 존재의 연속성에 대한 체계적이고도 집요한 탐구는 본질적으로 종교적 방식과 관계하는데, 서양에서 아주 친숙한 형태로 나타나는 신성의 에로티즘은 신의 추구, 더 정확히 말해서 신에 대한 사랑이라고 말할 수 있다. 반면 동양에서는 신의 개입이 없는 유사한 추구가 있다. 특히 불교는 신의 개념을 모른다. 아무튼 이제부터 나는 내가 시도하는 일의 의미를 부각시켜 보겠다. 지금까지는 얼핏 이상하게 보이고, 쓸데없는 철학으로 보일 수도 있는 개념, 존재의 불연속성과 대립되는 연속성의 개념을 소개하는 데 전력을 다했다. 마지막으로 강조하건대 그 개념 없이는 에로티즘의 전체적인 의미와 그 형태들의 통일성을 간파할 수 없기 때문이다.

 번식 충동에 참여한 미세 존재의 불연속성과 연속성에 관해 우회적으로 설명을 하는, 나의 의도는 방대한 에로티즘을 그것이 빠져 허우적거리는 어둠으로부터 구해 내기 위한 것이다. 지금 내가 범하려고 하는 것은 에로티즘의 기밀이다. 이 엄청난 일을! 과연 이 엄청난 일을 존재의 깊은 곳, 존재의 심연을 건드리지 않고 해낼 수 있을까?

 나는 조금 전에 미세 존재들의 번식에 관한 고찰이 무의미하고 대단찮은 것일 수 있음을 인정해야 했다. 그것들은 에로티즘을 자극하는 기본적인 폭력적 감정을 어떤 형태로도 드러내지 않기 때문이다. 에로티즘의 영역은 본질적으로 폭력의 영역이며 위반의 영역이지 않은가. 그렇더라도 미세 존재들의 불연속으로부터 연속으로의 이행 과정에서 출발하자. 미세 존재들의 이행 과정이 우리에게 갖는 의미를 참조해서 말하자면 불연속적 존재로부터 존재를 박탈하는 것만큼 폭력적인 것이 없다. 우리에게 가장 폭력적인 것은 죽음이다. 불연속적 존재인 우리는 불연속적 존재로 남기를 집착하는 데 반해 죽음은 그것을 여지없이 짓밟아 버린다. 불연속적 개체란 언젠가 갑자기 소멸하고 마는 것이라는 생각을 받아들일 용기가 우리에게는 없다. 물론 번식 활동 중에 있는 미세 존재들의 충동과 우리 인간들의 심적 충동을 간단하게 동일시할 수는 없을 것이다. 그러나 아무리 미세해도 폭력이 없이 내부의 존재를 위기에 몰아넣는 존재는 상상할 수 없다. 미세 존재는 오히려 불연속에서 연속으로의 이행의 과정에서 존재 전체가 위기에 빠진다. 폭력만이 그렇게 모든 것을 끌어들일 수 있다. 이름 없는 폭력과 불안이 존재와 맺는 관계! 안정된(불연속성 안에서 안정된) 존재에 대한 모독이 없다면 우리는 어떤 한 상태로부터 근본적으로 다른 어떤 상태로의 이행을 상상조차 할 수 없을 것이다. 번식 중인 미세 동물의 혼란스러운 이행 과정은 우리에게 육체적 에로티즘의 숨 막히는 폭력의 진상을 보여 줄 뿐만 아니라 그것의 내밀한 의미까지도 밝혀 준다. 짝으로서의 존재에 대한 모독, 죽음으로 몰아가는, 살해로 몰아가는 모독! 만약 에로티즘이 그게 아니라면, 그것이 무엇을 의미할 수 있을 것인가?

모든 에로티즘 작업은 감히 용기조차 낼 수 없는 존재의 가장 내밀한 곳까지 건드린다. 정상(正常) 상태로부터 에로티즘의 욕망 상태로의 이행은 불연속적 질서, 또는 안정된 존재의 상당한 와해를 전제한다. 이 와해라는 말은 에로 행위와 관계 깊은 방탕 생활(와해의 프랑스어 dissolution은 '방탕'이라는 프랑스어 형용사 dissolue의 명사형이다.—옮긴이 주)이라는 친숙한 표현을 생각나게 한다. 존재의 와해 충동에서 원칙적으로 남성 짝은 적극적인 역할을 담당하며 여성 짝은 소극적인 역할을 담당한다. 안정된 존재였다가 와해되는 쪽은 주로 소극적인 여성 쪽이다. 그러나 남성에게 여성의 와해는 한 가지 의미밖에 없다. 여성의 와해는 두 존재의 융합을 준비하며 어느 순간에 이르면 둘 다 와해되기에 이른다. 어떤 에로 행위든 에로 행위는 폐쇄적 존재로서의 구조를 갖는 정상적 상태의 상대방을 파괴함을 원칙으로 삼고 있다.

결정적인 행위는 발가벗기이다. 나체는 폐쇄적 상태, 다시 말해서 존재의 불연속적 상태와는 대립적이다. 그것은 자신에의 웅크림 너머로, 존재의 가능한 연속성을 찾아나서는 교통(交通)의 상태이다. 우리에게 음란한 느낌을 불러일으키는 이 비밀스러운 행위에 의해서 육체는 연속성을 향해 열린다. 음란은 동요를 의미한다. 그것은 확고하고 견고하던 개체, 자제(自制)되던 육체를 뒤흔들어 어지럽힌다. 자제는커녕 성기들은 서로 뒤엉켜 부서지는 파도처럼 거듭 새로워지는 융합의 물결에 젖어들며, 이어 자아에 대한 소유권 상실이 이루어진다. 소유권 상실이 얼마나 철저하게 이루어지는지 대부분의 인간들은 그것을 예고하는, 또는 그것의 표지라고 할 수 있는 나체 상태가 되면 자기 몸을 감추는데, 탈취를 완성시키는 에로티즘 행위가 나체 상태 뒤에 올 때는 더욱 그렇다. 나체가 충분한 의미를 갖는 문화에서의 발가벗기는 유사 죽음 아니면 적어도 가벼운 죽음과 맞먹었다. 고대에는 탈취(파괴)가 에로티즘의 근거를 마련하곤 했다. 이는 애정 행위와 제의(祭儀)가 서로 멀지 않았음을 암시한다. 현실적인 존재와 저 너머 세계의 결합을 예고하는 신성의 에로티즘에 대해서는 좀 더 뒤에서 다룰 기회가 있으므로, 그때 자세히 언급하겠다. 그렇더라도 이야기의 전개를 위해서 당장 밝혀두지 않으면 안 될 것이 하나 있다. 에로티즘 행위의 여성은 희생자, 남성은 제물 헌납자로 보이며, 둘은 일을 치르는 과정에서 최초의 파괴 행위에 의해 성립된 연속성에 몸을 맡긴 채 사라져 버린다는 것이다.

문제의 파괴 행위가 엄청나지 않으면 위 비교의 의미는 부분적으로 희석된다. 에로티즘 행위는 에로티즘을 구성하는 모독의 요소, 더 나아가 폭력적 요소가 없다면 충만함에 이르기가 그만큼 어렵다. 그렇다고 진짜 파괴, 다시 말해 죽음 자체가 내가 위에서 말한 어떤 유사 형태의 그것보다 더 완벽한 형태의 에로티즘을 가능하게 하리라는 말은 아니다. 사드 후작은 그의 소설에서 에로티즘의 흥분의 절정은 살해 행위에 있다고 말했는데 그 말은 다른 뜻을 가진 말이 아니다. 내가 이미 충동에 대해서 어느 정도 설명했듯이 충동을 극단까지 몰아가면 그것은 죽음과 그리 멀지 않다는 말이다. 정상적 삶으로부터 욕망으로의 이행 과정에는 죽음에 대한 근본적인 유혹이 있다. 에로티즘에서 언제나 문제되는 것은 안정된 형태의 와해, 다시 말해 현재의 우리, 뚜렷한 개인들의 불연속적 질서 그리고 그것을 떠받쳐 주는 일정한 사회적 삶의 형태들의 와해이다. 그러나 사드의 주장에도 불구하고 존재 소멸의 위험은 번식에서와는 달리 에로티즘에서는 결정적이지 않다. 불연속적 개체는 위기를 겪을 뿐이다. 불연속적 개체는 극도의 혼란, 혼미를 겪을 것이다. 거기에는 불연속적 존재들의 죽음만이 확실하게 가져다주는, 연속성이 지배하지 않는다는 조건에서의 연속성의 추구가 있다. 불연속성 위에 세워진 세계 안에서는 불연속성의 세계를 유지하는 범위 안에서 연속성을 추구할 수밖에 없기 때문이다. 그런데 사드의 탈선은 그러한 범위를 넘어선다. 이따이따한 사람들은 사드의 탈선에 매력을 느끼며, 소수이지만 그들 중에는 극단을 추구하는 사람도 있다. 그러나 사드의 탈선적인 행위들은 정상적인 대부분의 사람들에게는 물론 오직 기본적 방식의 극단적 방향을 제시해 주는 데 그친다. 우리를 자극하는 끔찍한 극단적 충동이 있다. 충동의 의미를 밝혀 주는 것은 바로 그 극단이다. 물론 그것은 우리에게 무서운 징후로 작용할 뿐이다. 그러나 그러면서도 동시에 그것은 극단적 파열, 즉 고뇌에 붙잡힌 불연속적 개체의 죽음이 삶보다 더 큰 진리를 담고 있음을 우리에게 끊임없이 상기시킨다.

아무래도 육체의 에로티즘은 침울하고 어두운 어떤 것을 예감하게 한다. 육체의 에로티즘은 개체의 불연속성을 유보해 두며, 그래서 그것은 항상 어느 정도 시닉한 에고이즘 쪽으로 흐른다. 심정의 에로티즘은 비교적 자유롭다. 심정의 에로티즘은 겉보기에는 육체의 에로티즘의 물질성과 별개인 듯하지만, 그 역시 결국 육체적 에로티즘의 안정된 한 가지 유형에 지나지 않음을 인정하지 않을 수 없다. 물론 육체의 에로티즘과 완전히 분리된 심정의 에로티즘이 있을 수 있을 것이다. 그러나 그런 경우, 그것은 방대하고도 다양한 사람들 속에서 흔히 볼 수 있는 예외일 뿐이다. 근본으로 파고들어가 보면, 연인들의 열정은 육체적 융합을 심정적 공감의 영역으로 연장시킨 것에 지나지 않는다. 연인들의 열정은 육체적 결합의 연장이거나 그것의 도입이다. 그러나 열정을 느끼는 사람에게 열정은 육체적 욕구 이상의 격렬한 어떤 것일 수 있다. 열정에 수반되는 행복에의 기대에도 불구하고, 열정은 일단 동요와 혼란을 야기함을 잊어서는 안 된다. 행복한 열정조차도 아주 격렬한 무질서를 야기하기 때문에, 또한 거기에서 얻어지는 행복은 누리기에 너무 엄청난 것이기 때문에, 그것은 차라리 정 반대의 것, 즉 고통과 비교되곤 한다. 열정의 본질은 두 사람 사이를 가로막고 있는 불연속성 대신 엄청난 연속성을 들어서게 하는 데에 있다. 그러나 그 연속성은 도저히 도달할 수 없을 것처럼 여겨질 때, 그래서 그만큼 우리가 무능한 극도의 불안에 휩싸인 채 추구될 때, 역설적이게도 특히 강하게 느껴진다는 것이다. 아늑한 느낌과 평온한 행복감은 그것에 앞선 오랫동안의 고통이 진정되었다는 말 외에 다른 말이 아니다. 왜냐하면 연인들이란 그들을 결합시켜 주는 내밀한 연속성을 한껏 누릴 가능성보다는 오랫동안 서로 만나지 못할 가능성을 더 많이 가진 사람들이기 때문이다.

고통 받을 기회는 오히려 자신이 사랑하는 사람의 온전한 의미를 드러낸다. 사랑하는 사람을 소유하는 것이 죽음을 의미하는 것은 아니다. 그러나 그렇더라도 사랑하는 사람의 추구는 죽음을 끌어들인다. 사랑에 빠진 어떤 사람은 사랑하는 사람을 소유하지 못할 경우 그 사람을 죽일 생각까지 하는 경우가 있다. 잃는 것보다는 차라리 죽이고 싶은 것이다. 또 다른 어떤 경우에는 자살을 기도하기도 한다. 이런 광적 열광에서 문제되는 것은 사랑하는 사람에게서 얼핏 본 어떤 가능한 연속성이다. 사랑에 빠진 사람은 이 세상에 인간적 한계를 무너뜨려 줄 수 있는 사람이 있다면(이는 심정의 결합 가능성을 관능의 결합 가능성에 보태는 정의하기 어려운 교감에 기인하는데) 오직 자신이 사랑하는 사람뿐이라고 생각한다. 사랑에 빠진 사람은 그가 사랑하는 사람과의 육체적 결합과 심정적 결합을 이루면 불연속적인 그들이 완전한 융합에 이르고, 그러면 그들이 연속성을 얻을 수 있으리라고 생각하는 것이다. 열정은 그런 식으로 우리를 고통에 빠뜨린다. 왜냐하면 열정은 피상적으로 보면 언제나 우연한 조건에 좌우되는 협약의 추구인 것 같지만 근본적으로 보면 불가능의 추구이기 때문이다. 그러나 열정은 근본적인 고통에 하나의 탈출구를 약속해 준다. 우리는 불연속적 개체로 고립되어 있음에 괴로워한다. 이때 열정은 우리에게 이렇게 거듭 말해 준다. "만약 네가 사랑하는 사람을 소유하면, 고독에 짓눌린 너의 심정은 내가 사랑하는 사람의 심정과 하나가 될 것이다."라고. 적어도 부분적으로 그 약속은 공허한 약속이다. 열정에 빠지면, 사랑에 빠진 사람마다 고유한 방식으로 미친 듯이 융합의 이미지를 구체화시킨다. 그러나 그 융합의 이미지, 그것의 투영 너머로 개인적 에고이즘은 고개를 쳐들며, 융합은 현실적으로 덧없는 것이 되고 만다. 그런데 중요한 것은 그것이 아니다. 문제는 다른 데에 있다. 덧없으면서도 동시에 심오한 그 융합은 대부분 고통(서로 떨어져 나갈지도 모른다는 불안감에서 오는 고통)을 낳으며, 그 고통은 우리의 의식을 가득 메우기에 이른다.

우리는 어쨌든 대립적인 두 가지 가능성을 의식해야 한다.

두 연인의 결합이 열정의 결과라고는 하지만, 그 열정의 결합은 죽음을 부르고, 살해 욕망, 자살에의 충동을 부를 수도 있다. 열정이 지시하는 것은 죽음의 훈영이다. 그 폭력(불연속적 개체에 대한 지속적인 모독의 느낌이 그것과 함께 한다.) 아래로는 둘만의 또 다른 습관과 에고이즘의 영역이 시작된다. 그것은 말하자면 새로운 형태의 불연속적 영역이다. 사랑에 빠진 두 연인 중 하나가 다른 하나에게 그가 갖는 모든 의미를 드러내는 때는 오직 개체의 고립이 범해질(죽음과 동일할 정도의) 때이다. 사랑하는 사람은 사랑에 빠진 사람에게 세상의 스크린이다. 이제 그에게 비쳐 보이는 것은 내가 조금 뒤에 언급할 신적인 또는 신성한 어떤 것이다. 그것은 개인적인 불연속성조차 제한이 불가능한 충만하고 무한한 존재이다. 한마디로 그는 연인이라는 존재에서 출발하지만 일종의 해방과도 같은 존재의 연속성에 이른다. 거기에는 엄청난 부조리와 무서운 혼잡이 있다. 그러나 부조리, 혼잡, 고통 너머로 기적 같은 진리가 솟아난다. 사랑의 진리 안에서는 근본적으로 아무것도 헛되지 않다. 사랑에 빠진 사람에게, 아니 아마도 사랑에 빠진 사람에게만은 사랑하는 사람은 실재의 진리에 해당한다. 사랑에 빠진 사람은 사랑하는 사람을 통해 세상의 복잡성에서 벗어나 뜻밖에 존재의 단순성, 존재의 근본을 발견하기에 이른다.

인류를 자유하게 해 줄, 사랑하는 사람을 소유하게 해 줄 연속성, 그러나 요행에 의존하는 불안한 가능성 저편의 어떤 연속성에 이르기 위해 인류는 태초부터 노력을 기울여 왔다. 불연속적 존재를 필경 연속적 존재에 이르게 해 주는 죽음에 대한 문제가 제기되었다. 그러나 그와 같은 관점이 대뜸 우리의 의식에 떠오르는 것은 아니다. 죽음이 불연속적 존재를 파괴시키는 것은 사실이지만, 불연속적 존재의 파괴 자체가 존재의 연속성이라고는 말할 수 없기 때문이다. 사람들은 불멸을 원하면서도, 그들이 걱정하는 것은 불연속적 존재의 존속(개인 존재의 사후 존속)임을 나는 모르지 않는다. 그러나 나는 그 문제는 제쳐 두겠다. 다만 한 가지 짚고 넘어갈 사실은, 존재의 연속성이 존재의 근본임에는 변함이 없지만 그렇다고 해서 죽음이 반드시 연속성을 가져다주는 것은 아니며 그래서 존재의 연속성과 죽음은 무관하다는 것이다. 그런데 그렇더라도 죽음은 연속성을 드러낸다. 이러한 나의 생각은 종교적 제의를 해석하는 기초가 되어 줄 수 있을 것이다. 에로 행위는 거기에 빠진 사람들을 용해시키면서 격랑의 바다를 연상케 하는 연속성을 계시해 준다. 제의에는 발가벗기만이 아니라 희생자의 죽음까지 따른다.(만약 제의 대상이 살아 있는 생물체가 아닌 경우에는 어떤 방식으로든 그 제물의 파괴 행위가 따른다.) 제물이 죽으면 참관자들은 그 죽음이 계시하는 어떤 본령(本令)에 참여한다. 그 본령이란 종교사가들의 용어를 빌리면, 신성이라고 하는 것이다. 엄숙한 종교적 의식이 집전되는 동안 불연속적 존재의 죽음을 지켜본 사람들에게 계시되는 존재의 연속성, 그것이 바로 신성이 아닐까! 격렬한 죽음은 불연속적 존재에 파열을 초래한다. 침묵이 감돌고, 제사를 참관하던 사람들이 그 자리에서 느끼는 것은 제물이 도달한 존재의 연속성이다. 우리가 평소에 모르던 그 느낌은 종교적 장중함과 집단이 준비한 화려한 죽음만이 가져다줄 수 있는 느낌이다. 만약 우리가 비록 어린 시절의 것이라 해도 개인적으로 경험한 종교에 대한 의식을 되살릴 수 없다면 우리는 참관자들의 마음 깊은 곳에 계시되는 것이 무엇인지를 상상조차 할 수 없을 것이다. 모든 점으로 고려해 보건대 원시 시대의 제의에 깃든 신성은 오늘날 종교의 신과 근본적으로 다르지 않음을 알 수 있다.

나는 이미 앞에서 신성의 에로티즘에 관해 언급할 것이라고 말한 바 있다. 애초에 내가 신의 에로티즘에 대해 언급했더라면 나의 설명은 좀 더 알아듣기 쉬웠을 것이다. 신의 사랑은 신성의 요소에 대한 것보다는 생각이 쉽게 미치고 덜 당혹케 하기 때문이다. 그러나 나는 그렇게 하지 않았다. 반복하건대 에로티즘의 대상이 직접적인 현실 너머에 위치하는 것이 사실이지만 그렇다고 해서 모든 에로티즘을 신의 사랑으로 귀결시킬 수는 없겠기 때문이다. 나는 부정확하기보다는 약간 알아듣기 어려운 쪽을 택했다.

인격적 신이 갖는 불연속성을 유보해 두자면 인격의 신도 신성과 본질적으로는 다르지 않다. 정서적 차원에서 볼 때, 그리고 근본적으로, 신은 내가 말하고 있는 존재의 연속성을 가진 복합적 존재이다. 그럼에도 불구하고 성경상의 신학으로 볼 때뿐 아니라 이성적인 신학으로 보아도 신의 모습은 존재하는 모든 것과 구분되는 개별적 존재, 창조자로 떠오른다. 지금의 나로서는 존재의 연속성이란 쉽게 인지될 수 없는 것이라고만 말해 두겠다. 부분적으로는 이론(異論)의 여지가 없지 않지만 우리는 우연한 형태로나마 신을 체험할 수 있다. 내 생각에, 그중에도 우리의 관심을 끄는 것은 부정적 체험이다. 오히려 부정적 체험이 더 풍요롭지 않은가. 긍정 신학도 신비적 체험에 기초를 둔 부정 신학에 의해 배가됨을 잊어서는 안 된다.

명백히 구분되는 것은 사실이지만 신비 체험도 내 생각에는 종교적 제의라는 보편 체험에서 비롯되었다. 이 세상은 사물 체험(그리고 사물 체험이 우리 안에 불러일으키는 인지 의식)에 의한 사고가 지배하는데, 신비 체험은 이 세상의 지적 구조 속에서 자리를 찾지 못하던 어떤 요소를 부정적인 방식이라고 말할 수는 없지만 어떤 결정적 경계선처럼 끌어들이는 것이다. 사실 신비 체험이 드러내는 것은 대상의 부재다. 대상은 불연속과 동일하며, 신비 체험만이, 우리에게 불연속을 파괴시켜 버릴 힘이 있음을 전제하고 말하자면 우리에게 연속성의 느낌을 안겨 줄 수 있다. 신비 체험은 육체의 에로티즘이나 심정의 에로티즘과는 다른 방식으로 연속성을 끌어들인다. 더 정확히 말해 신비 체험은 의지에 의존하지 않는 방법을 전혀 고려하지 않는다. 현실에 묶인 에로 체험은 요행의 기다림이라고 말할 수 있는데, 다른 말로 하면, 그것은 어떤 존재 그리고 유리한 상황의 기다림이다. 반면 신비 체험에서 신성의 에로티즘은 주체가 흔들리는 것을 결코 허용치 않는다.

대체적으로(규칙이란 말은 아니다.) 인도는 내가 말한 여러 가지 형태의 양상들을 단계적으로 간단하게 보여 준다. 신비 체험은 죽음을 목전에 둔, 그래서 더 이상 현실적 체험의 유리한 조건을 찾아보기 어려운 노년기로 유보되어 있다. 이런저런 실증 종교의 양상과 관계 있는 인도의 신비 체험은 그래서 이따금 내가 에로티즘의 깊은 의미를 깨닫게 해 주는 것이라고 보는 "죽음까지 인정하는 삶"과는 전혀 다른 것으로 보이기도 한다.

그러나 대립을 필연적인 것이라고 볼 수는 없다. "죽음까지 인정하는 삶"이란 육체의 에로티즘에서도 그렇고 심정의 에로티즘에서도 그렇고 죽음에 대한 무차별한 도전이다. 생명이란 존재에 이르는 길이다. 생명이 죽을 수밖에 없는 것이라면, 존재의 연속성은 불멸의 어떤 것이다. 연속성으로의 접근, 연속성의 도취는 죽음을 압도하고도 남는다. 우선, 에로티즘 행위가 야기하는 즉각적 동요는 우리에게 모든 것을 초월할 수 있을 듯한 느낌을 갖게 한다. 이제 불연속적 존재 상황이 가져다주던 암울한 전망들은 망각 속으로 사라진다. 혈기 왕성한 젊은 우리는 도취된 채 죽음도 불사할 수 있게 된다. 우리는 마침내 거기에서 전에는 알지 못하던 그리고 이해할 수도 없던 연속성을 향해 열린 문, 에로티즘의 비결, 에로티즘을 통하지 않고는 이를 수 없는 에로티즘만의 비결을 보기에 이른다.

나의 논리 전개를 차근차근 주시한 사람은 내가 초두에 인용한, 모든 형태의 에로티즘을 총괄하는 다음 문장의 의미를 충분히 이해할 수 있을 것이다.

죽음과 친숙해지기 위해서는 죽음을 방탕의 개념에 결부시키는 방법보다 나은 방법은 없다.

이 문장은 내가 지금까지 한 말과 궤를 같이 하는데, 요컨대 에로티즘의 영역은 자신에게로의 웅크림의 의지를 거부할 때 비로소 우리에게 열리는 일관성이 있다는 말이다. 에로티즘은 죽음의 문을 열어 준다. 죽음은 개인적으로 존속하고 싶은 욕구를 부정할 수 있게 해 준다. 자, 그런데 이때, 우리를 극단까지 몰아갈 수도 있는 이 부정을 아무런 심적 혼란 없이 감당할 수 있을까?

요컨대, 내가 여러분을 데려가려고 하는 곳은 여러분에게는 아주 낯설게 보일지 모르지만 그곳은 아주 격렬한 혼미의 십자로라는 사실을 충분히 느꼈으면 좋겠다.

나는 신비 체험에 대해서 말했지 시에 대해서 말한 것이 아니다. 시에 대해서 무슨 말을 하려면 더 깊은 미궁에 빠져 들어갈 각오를 해야 할 것이다. 우리는 모두 시가 어떤 것인지에 대해서 느낀다. 시는 우리에게 근본을 제공한다. 그러나 우리는 그것에 대해서 말하지는 못한다. 나는 지금은 시에 대한 언급을 피하겠다. 다만, 신학자들에 의한 신의 연속성과 완전히 동일한 것은 아닐지라도, 가장 강력하게 살다 간 시인 랭보의 다음 시는 내가 주장하고자 하는 연속성의 개념을 좀 더 분명히 해 줄 것으로 믿는다.

그것이 되찾아졌다.
무엇이? 영원성이
태양과 함께
바다는 떠나가고.

시는 상이한 에로티슴의 형태가 마침내 이르는 같은 곳, 즉 상이한 사물들이 뒤섞이는, 불명료한 곳으로 우리를 인도한다. 그리하여 시는 우리를 영원성에 이르게 하고, 시는 우리를 죽음에 이르게 한다. 그리고 죽음을 통하여 연속성에 도달케 한다. 시는 영원이다. 태양과 함께 바다는 떠나가고.

1부 금기와 위반

1장
내적 체험의 에로티즘

에로티즘, 동물적 성행위와 대립적인 내적 체험의 '단적' 측면

　에로티즘은 인간의 내적 삶의 한 측면이다. 에로티즘은 욕망의 대상을 항상 밖에서 찾곤 하기 때문에 우리가 잘못 짚을 때가 있지만 대개 욕망의 대상과 욕망의 내면성은 일치한다. 대상의 선택은 언제나 주체의 개인적 취향에 좌우된다. 다른 사람들이 선택한 여자를 선택하는 경우라고 할 때도, 거기에는 그 여자의 객관적 자질과는 다른 분명히 밝히기 힘든 어떤 측면이 숨어 있다. 그녀가 우리의 내적 존재를 건드린다면 그것은 그녀의 객관적 자질이 아니다. 우리의 선택을 강제하는 어떤 것은 객관적 자질이 결코 아니다. 한마디로 많은 다른 사람들의 선택과 나의 선택이 일치한다고 해도 인간의 선택은 동물의 선택과는 같을 수가 없다. 즉 인간은 인간에게만 고유한 무한히 복잡한 내적 동기에 호소한다. 동물이라고 해서 나름대로의 주관적 삶이 없는 것은 아닐 테지만, 동물의 주관적 삶은 마치 무기물의 그것처럼 이미 결정되어 버린 어떤 것이다. 인간의 에로티즘이 동물의 성행위와 다르다면 인간은 동물과는 달리 내적 삶을 문제 삼는다는 점에서 그렇다. 인간의 에로티즘은 존재 자체를 문제 삼는 인간의 의식 내부의 어떤 것이다. 동물의 성행위에서도 삶의 균형을 깨는 불균형을 볼 수 없는 것은 아니다. 그러나 동물은 그 위기를 깨닫지 못한다. 어떤 문제의식도 동물에게는 열려 있지 않다.

어쨌거나, 에로티즘을 인간의 성행위라고 하려면 인간의 성행위는 동물의 성행위와 달라야 한다. 인간의 성행위가 반드시 에로티즘은 아니다. 인간의 성행위는 그것이 단순히 동물적이지 않을 때, 그리고 초보 단계를 벗어날 수 있을 때 에로틱한 것이 될 수 있다.

동물에서 인간으로의 이행, 그 결정적 중요성

동물에서 인간으로의 이행에 대해 우리가 별로 아는 바 없지만 거기에는 어떤 결정적인 단계가 있었을 것이다. 이행의 어떤 사건들도 우리는 모른다. 아마 아무것도 알려진 바 없다. 그런데 얼핏 보기와는 달리 우리가 그다지 무방비 상태에 있는 것만은 아니다. 누구나 알듯이, 인간은 연장을 제조하며, 그 연장을 생계를 위해서 또는 거기에 이어 그 외의 사치품의 제작을 위해 사용한다. 한마디로 인간은 노동을 통해서 동물과 구분된다. 인간은 또한 금기라는 이름의 구속을 스스로에게 부과한다. 그 금기들은 주로 (그리고 분명히) 죽은 사람들 앞에서의 태도와 관계가 깊다. 그리고 아마 동시에(거의 동시에) 금기는 성행위에도 관계한다. 오늘날까지도 발견되고 있는 고대인들의 뼈는 죽은 사람들에 대한 어떤 태도가 고대로부터 비롯된 것임을 반증한다. 아직 똑바로 서지도 못하던 네안데르탈인조차도 죽은 사람들을 매장한 것을 보면 그들의 두뇌도 지금의 우리와 마찬가지로 유인원과는 달랐다는 말이다. 그런데 성 문제는 그렇게까지 거슬러 올라갈 수는 없다. 성에 관한 금기는 인간이 있는 어느 곳에서든 볼 수 있지만, 선사 시대에 관한 한 명백한 아무런 증거가 없기 때문이다. 죽은 사람을 매장하는 일은 흔적을 남겼다. 그러나 고대에도 과연 성을 구속했는지 그렇지 않았는지를 입증할 만한 명백한 물적 증거는 남아 있지 않다.

우리가 알 수 있는 것이라고는 그들은 적어도 노동을 했다는 사실이다. 그들의 연장이 그 사실을 증명해 준다. 충분히 그럴 개연성이 있는데, 논리적으로 볼 때, 노동이 죽음에 저항하는 태도라고 한다면 성행위를 제한하고 통제하는 금기도 죽음에 대한 반발이라고 보아서 틀림이 없을 것이다. 그렇게 보면 인간의 모든 기본적 행위(노동, 죽음의 의식, 성에 관한 금기)들은 모두 같은 시기로 거슬러 올라간다고 볼 수 있다.

노동의 흔적은 전기 구석기 시대(Paleolithique inferieur)의 것이 있으며, 가장 오래전의 매장의 흔적은 중기 구석기 시대(Paleolithique moyen)의 것으로 추정되는 것이 남아 있다. 사실 오늘날의 계산법으로 계산해 보면 수십만 년이 흘렀다. 그렇게 오래전부터 인간은 태초의 동물성에서 벗어나고 있었다. 노동을 하게 되면서, 죽을 것이라는 알게 되면서, 부끄럼 없이 행하던 성행위를 부끄럽게 여기게 되면서 인간은 동물성을 벗어난 것이다. 그리고 우리의 동류로 간주할 수 있는 진정한 의미에 있어서의 인간은 동굴 벽화 시대(이때는 후기 구석기 시대(Paleolithique superieur)이다.)의 인간이라고 할 수 있는데, 그때의 인간은 종교적 차원으로 자리 잡은 위 세 가지 변화를 모두 겪고서, 자신의 배후에 그것들을 모두 간직한 인간이었다.

객관적 요소와 관계하는 에로티즘의 내적 체험과 교통
그러한 요소들이 우리에게 확인되는 역사적 시점

에로티즘에 대해 이런 식으로 말하면 불편한 점이 없지 않다. 객관적으로 정의하자면 에로티즘은 번식을 위한 인간의 고유한 행위이다. 그러나 에로티즘에 대한 객관적 연구에 흥미가 없는 것은 아니지만 나는 그것은 뒤로 미루겠다. 내가 보기에는 에로티즘에는 인간의 내적 삶, 다시 말해 어떤 종교적 양상이 숨어 있다.

이미 말했듯이 에로티즘은 존재 자체를 의식적으로 문제 삼는 불균형이다. 어떤 의미에서 존재의 객관적 측면이 사라지는데 이때 주체는 사라지는 객체와 동일화된다. 굳이 말하자면 에로티즘에 빠지면 '나는 나를 상실한다'고까지 말할 수 있다. 물론 그것이 특권적 상황은 아니다. 그러나 에로티즘에는 의도적 상실이 내포된다는 점을 부정할 여지가 없다. 아무도 이를 의심할 수 없다. 에로티즘에 대해 말하고 있는 지금, 물론 시작을 위해서 객관적 고찰을 도입하는 것은 사실이지만 대뜸 주관적 입장에서 설명하고 싶은 생각이 없는 것은 아니다. 그러나 내가 에로티즘의 충동에 대한 언급을 객관적으로 전개해 나가려는 이유는, 강조하건대, 내적 체험은 객관적 시각과 별개로 얻어지는 것이 결코 아니기 때문이다. 에로티즘은 객관적으로 고찰 가능한 어떤 측면과 긴밀한 관계에 있다.

에로티즘을 결정하는 것은 본래 종교적인 것이며
나의 저서는 정통 종교사라기보다는 '신학' 쪽이다

나는 이따금 학문적인 용어를 사용하는데, 그것은 외형상일 뿐임을 강조해 두고 싶다. 두뇌해부학자가 그렇듯이 학자는 겉모습을 말한다.(그러나 그것은 결코 진실은 아니다. 종교에 대한 내적 체험을 배제한 채 종교사를 쓸 수는 없다……. 그러나 종교사가가 가능한 한 내적 체험을 잊어버릴 수는 있을 것이다.) 나는 신학자가 신학에 대해서 언급하듯이 내적 종교에 대해 말하겠다.

사실 신학자는 대개 기독교 신학에 대해 말한다. 그러나 내가 여기에서 말하는 종교는 기독교와 같은 하나의 종교가 아니다. 물론 그것도 종교이다. 그러나 내가 말하는 종교는 우선 어떤 특정 종교를 지칭하는 것이 아니다. 나는 특별한 어떤 종교 집단의 의식이나 교리가 아니라 모든 종교가 안고 있는 문제에 대해 말하려고 한다. 나는 신학자가 신학을 떠안듯이 문제를 떠맡겠다. 그러나 거기에서 기독교는 배제된다. 기독교도 종교임에는 틀림없지만 나는 기독교와는 거리를 느낀다. 이 책의 서두에서 입장을 밝혔듯이 이 책은 에로티즘을 다루고 있다. 에로티즘에 대한 설명이 결코 종교의 영역에서 벗어날 수 없음은 당연하다. 그러나 거의 모든 종교를 단죄한 기독교는 에로티즘과는 상반된 것으로 보인다. 어떤 의미에서 기독교는 가장 비종교적인 종교라고 할 수 있다.

내 태도가 정확히 이해되었으면 좋겠다.

우선, 어떤 것도 완전하지 않은 것으로 보였기 때문에 나는 어떤 가정(假定)도 철저히 배제하고 싶었다. 기존의 어떤 것도 나를 묶어 둘 수는 없다. 신비 또는 밀교에는 종교적 향수를 느끼게 하는, 그래서 나의 흥미를 끄는 것이 없지 않다. 그래도 나는 외면하겠다. 왜냐하면 그것은 기존의 신앙을 전제하기 때문이다. 더 나아가 기독교뿐만 아니라 과학의 원리가 지배하는 세상에 자리를 잡고서, 의도적으로 과학에 등을 돌리는 신비학자들의 가정들은 나로서는 더 불편하다. 올바른 계산법을 알면서도 잘못된 계산을 고치려 하지 않으려는 사람이나, 그것들을 받아들이는 사람이나 다를 것이 없다. 과학은 나를 장님으로 만들지 않는다.(과학의 빛에 눈이 부셔, 과학을 잘못 볼 수는 있어도 말이다.) 계산법이 나를 어지럽게 하지도 않는다. 어떤 사람이 "둘 더하기 둘은 다섯"이라고 해도 상관없다. 누군가가 정확한 계산으로 다시 셈을 해 주면, 나는 둘 더하기 둘은 다섯이라는 셈을 잊어버릴 것이다. 엄격한 정신의 소유자라면 도저히 용납할 수 없는 손쉬운 해결 방법으로 종교의 문제를 풀려고 하는 사람은 결코 없을 것이다. 대상들에 대해서가 아니라 내적 체험에 대해서 말하는 점으로 보면 나는 과학자는 아니다. 그러나 내가 대상들에 대해서 말하기 시작하는 순간부터 나는 아주 빈틈없는 엄격한 과학자처럼 행세할 것이다.

나는 더 나아가 대개 성급한 답변을 찾으려는 태도가 종교적 태도라고 할 정도로 종교는 간편한 정신의 길을 택하곤 한다고 말하고 싶다. 나의 서론에 귀를 기울인 편견이 없는 독자라면 지금 문제는 필요하면 언제라도 정신을 저 너머에 자리 잡게 하는 고집스러운 방식이 아니라 할 수만 있으면 모든 가능성을 찾아나서는 철학과 과학의 길을 통한 지적 모험이라는 것을 알아챘을 것이다.

어쨌거나 사람들은 철학이나 과학 어느 것도 종교적 열망이 제기한 문제를 풀 수는 없을 것이라는 사실을 알고 있다. 그러나 동시에 누구나 인정하듯이 지금까지의 상황을 보면 종교적 열망은 변질된 형태로밖에 번역되지 않았다. 인류는 종교가 무엇을 추구하는지를 그것이 의존하는 의심스러운, 굴종적인 원인들의 세계에서가 아니면 또는 물질적 욕구의 충동이나 상황적 열정의 발걸음을 따라가지 않고는 종교의 추구 대상을 결코 알 수 없었다. 인류는 욕구, 열정과 싸우거나 또는 그것들을 섬겼을지언정 결코 그것들에 대해 무관심할 수는 없었다. 그러나 종교가 첫발을 내디뎌 시작해서 아직도 지속하고 있는 연구는 과학적 연구가 그랬듯이 역사적 부침을 벗어날 수 없다. 인간이 온전히 역사적 순환의 굴레에 종속되어 있다고 말할 수는 없지만 적어도 과거에 대해 그 말은 옳다. 그러나 원하는 체험을 얻기 전까지는 도그마처럼 굳어져 버린 다른 사람들의 견해에 더 이상 기대하지 않을 때(그것이 일시적일지라도)가 왔다. 이제까지 우리는 많은 체험의 결과들을 자유롭게 교환해 왔다.

그런 의미에서 이제 나는 종교사를 강의하는 종교학 교수가 아니라 예컨대 다른 브라만교들 중에 섞여 있는 하나의 브라만교도로서 종교에 대해 말하려고 한다. 하지만 나는 브라만교도도 아니며 아무것도 아니다. 나는 다만 전통을 버리고 의식도 없이 나를 인도할 인도자도 없이 나를 방해할 방해꾼도 없이 오직 체험만을 좇아갈 것이다. 내적 체험을 전달하는 것이 주요 목적인 내 책에서 나는 일정한 종교 바깥의 어떤 내적 체험(내가 보기에는 종교적 체험)을, 그것도 다른 어떤 것에도 의지하지 않은 채 올바로 전달하고 싶을 뿐이다.

근본적으로 내적 체험에만 근거한 나의 연구는 그러므로 종교사가나 민속학자 또는 사회학자들의 연구와는 애초부터 다르다. 내적 체험은 한편으로 볼 때 동시대인들과 공통적으로 체험한 체험이면서 다른 한편으로 볼 때 그들의 연구 대상인 세상과의 접촉으로 어느 정도 변질된 개인적 체험인데, 민속학자 또는 사회학자들은 과연 그런 내적 체험과는 무관하게 자신들이 수집한 자료들만을 가지고 연구를 수행해 나가는 일이 가능한 일이었을까 하는 문제가 제기된 바 있다. 그런데도 그들에게 있어서 변함없는 원칙은 그들의 체험이 역할을 덜 할수록(그것이 더 신중하게 다루어질수록) 그들의 연구 업적은 더 권위를 얻는다는 것이다. 나는 '그들의 체험이 대단치 않을수록'이 아니라 '체험이 역할을 덜 할수록'이라고 말했다. 사실 내가 확신한 바로는 역사가에게는 심오한 체험이 그만큼 득이 된다. 그러나 역사가는 체험을 했다 해도, 아니면 체험을 이미 했으니까, 최선의 길은 객관적 사실의 고찰을 위해 그것을 잊는 것이다. 그러나 사실 그는 체험을 완전히 잊을 수는 없다. 사실에 관한 그의 지식을 온통 바깥에서 얻은 것이라고(사실 그러는 편이 낫기야 하겠지만) 말할 수는 없다. 그러나 지식의 근원으로서의 체험을 결코 뿌리째 뽑아 없애 버릴 수 없다면 이상적인 것은 그것으로 하여금 역사가의 의지와 상관없이 역할을 하게 하는 것이다. 내적 체험이 있는데도 내적 체험의 도움 없이 종교에 관해 말한다는 것은 생명 없는 작업, 즉 이해도 안 되는 무질서에 자신을 내맡긴 채 무기력한 자료만을 쌓아 놓는 결과를 초래할 것이기 때문이다.

반대로, 어떤 사실들을 개인적 체험에 비추어 고찰하는 경우 나는 과학적 객관성과 더불어 무엇을 놓칠지를 모르는 바 아니다. 그래서 이미 밝혔듯이, 나는 탈개인적 방법이 안겨 주는 지식을 임의적으로 배제하지는 않겠다. 나의 개인적 체험은 언제나 그것이 문제 삼는 대상들(에로티즘에서는 적어도 육체이며, 종교에서는 모든 종교 행위에 **공통적으로** 필수 사항이 되어 버린 일정한 의식 행위들)에 대한 지식을 전제한다. 육체는 역사적 입장에서 획득할 때 그 의미(에로틱한 의미)가 비로소 우리에게 자료로 제시될 수 있다. 육체에 대한 우리의 체험은 육체의 객관적 형태, 외적 양상, 그리고 역사적 출현과 분리시켜 생각할 수 없다. 에로티즘의 차원에서 볼 때 우리를 내적으로 흥분시키는 강렬한 충동의 다른 말인 육체 자체의 변화들은 성의 구분이 있는 육체들이 보여 주는 유혹적인 놀라운 양상과 관계 있다.

다각도로 수집된 정밀한 자료들은 내적 체험과 대립적인 것이 아닐 뿐 아니라, 개인적인 내적 체험의 우연성으로부터 우리를 벗어나게 해 준다. 객관적 현실과 연결시킨다고 해도 경험이란 불가피하게 임의적일 수밖에 없다. 그리고 경험이 어떤 대상에 대한 보편성을 담보하지 않는다면 우리는 경험에 대해 언급할 수 없을 것이다. 뿐만 아니라, 경험이 없이는 에로티즘이나 종교에 대해서도 말할 수 없을 것이다.

비개인적 내적 체험의 조건들, 금기와 위반의 모순적 체험

 그렇더라도 체험을 최대한으로 배제하는 연구와 체험에 전적으로 매달리는 연구는 구분할 필요가 있다. 전자가 제대로 확립된 방법은 아니지 않느냐고 주장한다면 후자는 우리에게 익숙한 손쉬운 방법일 뿐이지 않느냐고 반박할 수 있을 것이다. 오늘날 상황이 좀 나아지기는 했지만 그것은 극히 최근의 일일 뿐이다.
 에로티즘 또는 종교에 대한 명료한 내적 체험은 금기와 위반이 시소게임의 양상으로 드러나기 전까지는 불가능했었다. 시소게임이 존재한다는 사실을 아는 것만으로는 부족하다. 에로티즘과 종교에 대해 무엇인가를 알려면, 금기와 위반의 모순적이면서도 공통된 어떤 것에 대한 체험이 요구된다.
 두 가지 체험을 한꺼번에 하는 일은 흔한 일이 아니다. 에로틱한 이미지와 종교적인 이미지는 필경 어떤 사람에게는 금기 행위를, 다른 사람에게는 반대의 행위를 유발한다. 전자의 행위들은 전통적이다. 후자의 행위들은 금기의 반대에도 불구하고 이른바 자연으로의 회귀의 형태로 나타나는 공통된 행위들이다. 그러나 위반은 '자연으로의 회귀'와는 다르다. 위반이란 금기를 제거하는 것이 아니라, 금기를 한번 걷어 올리는 행위이다.[1] 에로티즘의 근본은 거기에 있으며, 종교의 근본 또한 거기에 있다. 내가 먼저 법과 법의 위반 간의 깊은 공모 관계를 밝힐 수 있다면 우리의 연구는 한결 진전이 있을 것이다. 내가 말하는 체험은 회의(끊임없는 의심의 충동)가 필수적인데, 특히 그것은 지금부터 말하는 요구들을 만족시키지 않으면 안 된다.

---

1) 이것은 헤겔이 aufheber(유지하면서 극복함)라고 표현한 변증법적 순간과 일치함을 강조할 필요는 없을 것이다.

우선 우리는 우리의 감정이란 것이 개별적인 것처럼 보인다는 사실을 인정하지 않을 수 없다. 그러나 막연하고 어렵게 보이지만 나의 내적 체험이 다른 사람의 그것과 어느 점에서 일치하고, 어떻게 그들의 감정과 교감할 수 있는가를 고찰하는 일은 오히려 단순한 일이다. 일상적으로 그런 일이 허용되는 것은 아니지만 나의 제안은 막연한 동시에 보편적 특성을 갖기 때문에 나를 어느 하나에 머물지 못하게 한다. 나는 그래서 좀 거칠게 이렇게 말하고 싶다. 내적 체험의 상호 교통을 방해하는 장애물들은 보통 장애물과는 다른 성질의 것으로서 내적 체험의 근본이 되어 주는 금기와 관련이 있으며, 양립 불가능의 두 원칙, 즉 법의 준수와 법의 위반 또는 금기와 위반을 양립 가능케 하는, 내가 말한 이중성과 관련이 있다.

언제나 둘 중의 하나이다. 우선 금기가 지배하는 경우이다. 그런 경우는 내적 체험이 불가능하거나, 몰래 행해지거나, 아니면 의식의 밖에 머문다. 다른 하나는 아예 금기가 작용하지 않는 경우이다. 이는 바람직하지 않은 경우이다. 대체적으로 과학의 입장에서 보면 금기가 받아들여질 수 있는 것은 아니다. 그것은 어찌 보면 임상병리학, 신경증과 관계한다. 그러니까 그것은 바깥으로부터 인지된다. 그러나 금기를 병적인 것으로 여긴다면 우리는 거기에서 우리의 의식 속에 침투한 어떤 외적 메커니즘밖에 보지 못할 것이다. 그러한 견해가 우리의 내적 체험을 없앨 수는 없다. 그러나 결과적으로 그 때문에 그것은 초라한 것이 되고 말 것이다. 만약 금기와 위반이 그런 식으로 묘사된다면, 그것은 역사가와 정신과 의사(또는 정신분석가)의 대상이나 마찬가지의 묘사 대상으로 전락하고 말 것이다.

에로티즘이 하나의 지적 사물처럼 고찰된다면 에로티즘은 종교만큼이나 흉측한 사물, 또는 대상으로 변해 버릴 수 있다. 에로티즘과 종교는 내적 체험의 차원에 단단히 붙잡아 두지 않으면 우리에게서 빠져 달아나 버린다. 인식하지 못하는 사이에라도 우리가 금기에 굴복하면, 우리는 에로티즘과 종교를 외적 사물의 차원에 올려놓는 결과가 된다. 두려움과 상관없이 금기가 지켜진다면 금기의 깊은 의미라고 할 수 있는 욕망도 있을 수 없다. 더욱 나쁜 일은 과학은 금기를 다루되 객관적으로 다루려고 하는가 하면 비이성적이라는 이유로 거부하려고 한다. 그러나 금기는 오직 안으로부터의 체험만이 전체적인 모습을 볼 수 있게 해 주며, 최종적으로 정당화시켜 준다. 과학적 작업을 하는 최악의 경우 우리는 금기를 우리라는 주체의 밖에 있는 외적인 것으로 간주하곤 하는 것이 사실이다. 과학에서는 과학자마저도 주체의 바깥에 있는 대상이 되며, 그럴 때 비로소 과학적 업적은 가능하다.(주체로서의 과학자를 부정하지 않으면 사실 과학은 과학적 업적을 이룰 수 없을 것이다.) 에로티즘을 단죄해서, 그것을 내던져 버리고, 거기에서 벗어난다면 문제는 간단하다. 그러나 과학이(이미 종종 그러고 있긴 하지만) 이미 상당히 과학의 근거가 되어 주고 있는 종교(도덕적 종교)를 단죄한다면 우리는 더 이상 에로티즘을 반대하기를 포기해야 한다. 에로티즘과 맞서지 말자. 에로티즘을 더 이상 사물화시키거나 외적 대상으로 간주하는 일을 삼가자.[2] 이제 우리는 그것을 우리의 내적 충동으로 간주해야 한다.

금기가 난무한다면 일은 쉽지 않다. 금기는 일차적으로는 과학의 문제였다. 금기는 금기의 대상을 우리의 의식으로부터 멀리 떨어뜨려 놓았으며, 동시에 금기를 낳는 공포감을 우리의 의식(적어도 명료한 의식)이 의식하지 못하게 했다. 그러나 혼미와 혼미를 일으키는 대상의 거부는 활동의 세계, 객관적 세계에 대한 명료한 이해(어느 것에도 흔들림이 없는)를 위해서 필수적이었다. 금기가 없었다면, 금기에 우선권이 없

---

[2] 이 말은 심리학 전반과 관계하는 말이다. 에로티즘과 종교를 배제한 심리학은 속이 텅 빈 자루에 지나지 않을 것이다. 나는 지금 에로티즘과 종교 사이에 개재한 어떤 애매한 것을 붙잡고 있다. 물론 그것의 애매성을 내가 모르는 것은 아니지만, 그 문제는 이 책이 끝나야 밝혀질 것이다.

었다면, 인간은 과학의 토대를 이루고 있는 명료한 의식에도 이를 수 없었을 것이다. 금기는 폭력을 제거하며 반면 우리의 폭력적 충동(성적 충동을 포함하여)은 우리 안의 평온한 질서(이것이 없다면 그 평온한 질서도 생각할 수 없다.)를 파괴한다. 그러나 의식이 혼미한 폭력 충동에 미칠 수 있다고 한다면 그 말은 인간의 의식은 금기의 엄호 아래 작용할 수 있다는 말이며, 나아가서 우리는 의식의 빛을 그 금기들에도 비출 수 있다는 말이다. 요컨대 금기 없이는 의식이 이해될 수 없다. 그런데 그렇다면 우리는 금기들을 우리에게 해를 입히는 오류로 대하기보다는 인간성을 좌우하는 근본적 감정의 결과들로 간주해야 할 것이다. 금기의 진리는 인간의 태도를 이해하는 열쇠이다. 금기는 밖에서 주어진 것이 아니라는 사실을 우리는 알아야 하며, 바로 알 수 있다. 금기를 범할 때, 특히 금기가 우리의 마음을 아직 옭아매고 있는데도 불구하고 충동에 무릎을 꿇을 때, 금기의 진리는 우리에게 드러난다. 금기를 준수하고, 금기에 복종하면, 우리는 더 이상 그것을 의식할 수 없다. 그러나 위반의 순간 우리는 고뇌(고뇌가 없다면 금기도 없을 것이다.)를 느끼는데, 그것이 바로 원죄의 체험이다. 원죄의 체험은 완성된 위반, 성공한 위반으로 이어지고, 그 위반은 이제 금기를 유지하되 즐기기 위해 유지한다. 에로티즘의 내적 체험은 체험자에게 우리를 금기의 위반으로 안내하는 욕망뿐만 아니라 금기를 떠받쳐 주는 고뇌에 대해 예민한 감각을 발휘하도록 요구한다. 욕망과 두려움, 짙은 쾌락과 고뇌를 긴밀히 연결하는 그 감정은 종교적 감정과도 다르지 않다.

　낭만주의의 19세기 처녀들이 공통적으로 느끼던 고뇌, 구토, 공포의 감정을 모르거나 또는 어쩌다가 느끼는 사람은, 또는 그러한 감정을 억압으로 생각하는 사람은 그 감정을 이해할 수 없을 것이다. 그러한 감정들은 결코 병적인 것이 아니다. 그 감정은 나방에게 번데기 상태가 있듯이 인간에게 존재하는 어떤 것이다. 마치 번데기가 껍질을 깨고 나올 때 그것은 바깥 세계에 대한 저항이 아니라 자신의 파열을 의식하는 순간이듯이 인간의 내적 체험도 그렇게 얻어진다. 번데기의 껍질에 갇혀 어둠을 벗어나지 못하던 객관적 의식의 초월은 이 전복과 관계 깊다.

2장
죽음과 금기의 관계

노동 또는 이성의 세계와 폭력 세계의 대립

　불타는 에로티즘(에로티즘이 극도에 달한 맹목적 상태)에 대한 다음에 이어지는 설명에서 나는 양립이 불가능한 금기와 위반에 대한 체계적인 고찰을 해 보려고 한다.
　원하건 원하지 않건, 인간은 삶을 파열시키는 두 세계 중 이쪽에 또는 저쪽에 속한다. 노동 또는 이성의 세계가 인간 생활의 기초를 구성하지만 노동이 우리를 완전히 몰두케 하지는 못한다. 이성이 우리를 지배하지만 우리는 거기에 무한정 복종하는 것은 아니다. 인간은 활동을 통해 이성의 세계를 건설하지만, 인간의 내부에는 그럼에도 불구하고 언제나 폭력이 도사리고 앉아 있다. 원래 난폭한 것이 자연 아니던가! 우리가 아무리 합리적이려고 해도 폭력은 다시 머리를 쳐들곤 한다. 이 때의 폭력은 원래의 자연적 폭력이 아니라 이성에 복종하려고 해도 어느 순간에 이르면 이성을 잃고 충동에 복종하고 마는 이른바 이성적이라고 하는 존재, 인간의 폭력이다.
　자연계에서 그렇듯이 인간에게도 부분적인 통제만 가능한, 다시 말해 전적인 통제를 넘어서는 충동이 도사리고 있다. 그 충동에 대한 전체적인 이해는 불가능하다. 이해가 불가능한 것을 정의하기는 더욱 어렵다. 그러나 우리는 그것의 지배 속에 살고 있음을 분명히 느낀다. 우리가 살고 있는 이 우주는 결코 우리의 이성이 규정하는 합목적성과 일치하지 않는다. 우리가 만약 이성을 신과 동일한 것으로 보려고 한다면, 그것은 무한한 능력과 초라한 이성을 무리하게 일치시키려는 극히 비합리적인 행동이 될 것이다. 우리가 개념을 분명히 하려고 하는 신은 본래 우리의 이성을 넘어서는 존재이기 때문에 우리의 개념을 초월하며 이성의 한계를 벗어난다.

우리의 생활 영역에서 보자면 과격 행위는 폭력이 이성을 지배할 때 나타난다. 노동은 생산성으로 환산할 때 결과가 변함없는 행동을 하기를 우리에게 요구한다. 노동은 합리적 행동을 요구한다. 그 안에서는 축제나 놀이판에서 볼 수 있는 소란스러운 충동을 볼 수 없다. 소란스러운 충동을 통제하지 못하면 노동은 불가능하다. 노동은 바로 그때 이성을 불러들여 그 야단스러운 충동을 통제하기에 이른다. 야단스러운 충동에 굴복한 사람은 즉각적 만족을 얻는다. 반대로 야단스러운 충동을 이긴 사람에게 노동은 차후 이득을 보장한다. 물론 거기서 얻는 이득이란 것도 오직 현재의 관점이 아니면 논의될 수 없는 것이긴 하지만. 노동은 그것이 시작된 태초부터 휴식을 수반했다.[1] 휴식 덕분에 인간은 난폭한 욕망이 지배하는 즉흥적 충동을 벗어날 수 있었다. 그러나 항상 필요한 것은 아니지만 그래도 부정할 수 없는 충동 또는 동요와 노동의 근본인 휴식을 대립적인 것으로 본다면 그것은 아마 독단이 될

---

1) 노동은 인간의 근본이다. 최초의 인간적 흔적은 인간이 남긴 도구에서 찾을 수 있다. 우리 인간의 완성된 형태와는 아주 거리가 먼 오스트랄로피테쿠스(남아프리카 원인)조차 바로 그런 도구들을 남겼다. 우리에게 매장의 흔적을 남겨 준, 수십만 년 전의 네안데르탈인보다 남아프리카 원인은 백만 년 전 쯤의 유인원이다.

것이다. 일단 노동이 시작되면 즉흥적 선동에 휩쓸리는 일은 불가능해진다. 즉흥적 선동은 당장 필요한 것이 아니라, 여유가 있는 나중에 필요한 것이기 때문이다. 대부분 노동은 집단의 문제이다. 그리고 집단은 노동에 할애된 시간에는 앞도 뒤도 없이 몸을 맡긴 채 아무것도 돌보지 않는 전염병과도 같은 극단적 충동에 저항한다. 다시 말해서 폭력에 저항한다는 말이다. 부분적으로 노동에 바쳐진 인간 집단은 이렇게 금기에 묶인 집단으로 정의될 수 있다. 금기가 없다면 인간 집단은 인간 집단의 본질이라고 할 수 있는 노동 세계가 될 수 없을 것이다.

근본적 금기 대상으로서의 폭력

아이러니하게도 금기 규정을 지배하는 것은 변덕이다. 그리고 인간의 생활을 단호하게 가르는 분절점을 간명하게 확인하지 못하게 하는 것은 바로 그 변덕이다. 변덕은 금기에 별 의미를 부여하지 못하게 하기까지 한다. 그러나 금기들을 총체적으로, 특히 우리가 종교적인 경건한 마음으로 준수하는 금기들을 잘 살펴보면, 금기란 그리 복잡한 것만은 아님을 알 수 있다. 금방 증명할 수 있는 것이 아니기 때문에 나는(이것은 체계적인 성찰이 아니고는 근거를 명확하게 제시할 수 없는 것이다.) 일단 그렇게 말해 두겠다. 노동 세계가 금기들을 통해 배제하는 것은 폭력이다. 내 연구에서, 금기와 관계하는 것은 번식 행위와 죽음이다. 얼핏 보기에 서로 대립적인 번식 행위와 죽음 사이에 어떤 깊은 관계가 있는가에 대해서는 좀 더 나중에 구체적으로 밝히기로 하겠다. 다만 그것들 사이의 외적인 관계는 에로티즘에 관심이 있는 사람이면 누구나 금방 알 수 있듯이 사드의 세계에서 금방 드러난다. 사드(사드가 말하고 싶었던 것)는 대체적으로 그를 찬양하는 체하면서 다음과 같은 고뇌스러운 사실을 인정하지 못하는 사람들을 공포에 떨게 만든다. 바로 "사랑의 극한 충동은 죽음의 충동과 다르지 않다."라고 하는 말이다. 이 관계는 역설적으로 여겨지지 않는다. 번식을 낳는 극단과 죽음이라는 극단은 서로의 도움 없이는 이해될 수 없는 것들이다. 어쨌든 금기와 관계하는 근본적인 것들이 두 가지 있는데, 하나는 죽음과 관계하는 것이며 다른 하나는 성과 관계하는 것임을 부인할 수 없다.

죽음과 관련된 금기의 선사 시대적 자료

"살인하지 말라", "육신은 결혼에 의해 완성에 이르니……." 이 두 가지 금언은 성경이 우리에게 가르쳐 준 교훈인 동시에 우리가 인간 세계를 영속시키기 위해 지키는 중요하고도 근본적인 두 가지 계율이다.

이 두 가지 금기 중 전자는 죽음에 대한 인간의 태도와 관계한다.

인류의 운명이 아직 위태롭던 아주 오랜 과거로 거슬러 올라가 보자. 오늘날의 인간이 있기 전에는 선사 시대 연구가들이 노동 인간(Homo faber)이라고 부르는 네안데르탈인이 있었다. 그들은 돌로 여러 가지 도구를 제작했으며, 그것들을 이용하여 다른 돌이나 나무를 자르기도 했다. 그러나 우리보다 10만 년 전쯤에 살았던 네안데르탈인은 우리와 닮긴 했지만 아직은 유인원의 수준을 벗어나지 못한 인간이었다. 오늘날의 우리처럼 직립보행을 했다 해도 다리는 아직 굽어 있었으며, 발바닥으로 걷는 것이 아니라 차라리 발등으로 걸었다고 하는 편이 낫다. 네안데르탈인의 목은 우리의 목처럼 그렇게 가늘고 길지 않았다.(그들은 아직 원숭이의 특징을 많이 지니고 있었다.) 네안데르탈인은 낮은 이마와 툭 튀어나온 치궁을 가지고 있었다. 네안데르탈인에 대한 정보는 이 정도가 전부다. 얼굴 모습을 정확히 알 수 있는 것도 아니며, 표정이 오늘날의 우리 인간과 같은 것이었는지도 알 수 없다. 우리가 알 수 있는 것이라고는 다만 네안데르탈인도 노동을 했으며 폭력을 거부했다는 점뿐이다.

네안데르탈인을 전체적으로 살펴보면, 그들의 삶은 아직 폭력의 범위를 벗어나지 못하고 있었다. (사실 오늘날의 인간도 폭력을 완전히 버린 것은 아니다.) 그러나 그들이 부분적으로는 폭력에서 벗어나 있었음도 부인할 수 없다. 그들은 노동을 했다. 그들이 남긴 많은 석기들은 그들의 능숙한 기술을 반증하는 것이기도 하다. 그들의 기술은 이미 대단한 것이어서, 그들이 상당한 노력을 집중해서 그것들을 일정하고도 꾸준하게 개선시키지 않았다면 그런 결과는 가능하지 않았을 것이다. 폭력에 대한 저항의 증거로는 도구에 그치지 않는다. 네안데르탈인이 남긴 무덤도 그것을 증명한다.

노동에도 불구하고 네안데르탈인이 끔찍이도 무서워했던 것은, 그리고 더 나아가 그들에게 불가사의한 것은 죽음이었다.

네안데르탈인이 살았던 시기는 선사 시대 중에서도 중기 구석기 시대에 속한다. 그러나 사실 노동의 흔적을 남긴 최초의 인간은 네안데르탈인이 아니다. 네안데르탈인과 유사한 인간이 중기 구석기 시대보다 어림잡아 수십만 년 전, 전기 구석기 시대에 이미 존재하고 있었으며, 그들도 도구를 사용한 흔적을 남기고 있다. 뿐만 아니라 아직도 발견되고 있는 전기 구석기 시대의 해골과 두개골은 죽음이 적어도 전기 구석기 시대부터 이미 그들을 동요케 했으며, 그들의 관심의 대상이었음을 증명해 주고도 남는다. 그러나 죽은 사람을 오늘날처럼 종교적인 의식을 통해 매장하는 관습은 중기 구석기 시대의 말기에서 비롯된 것이다. 그 일은 선사 시대의 역사가들이 이른바 지적 인간(Homo sapiens, 그 전에는 노동 인간(Homo faber)이었다.)이라고 부르는 인간이 나타난 시기의 일이며, 네안데르탈인이 소멸되고 나서 오늘날의 우리와 같은 인간이 나타나기 직전의 일이었다.

무덤의 사용은 죽음과 죽은 사람에 대한 금기가 오늘날의 우리에게처럼 그들에게도 작용했음을 증명해 주는 것이다. 분명히 말할 수는 없지만 순서적으로 볼 때 금기가 무덤보다 먼저 존재했을 것이다. 증거가 남아 있는 것도 아니고 또 당대를 산 사람들은 몰랐을 것으로 추정되지만 어떤 면에서 볼 때 금기는 노동과 거의 동시에 발생했을 것이다. 예컨대 돌 같은 물건과 사람의 시체가 같을 수는 없었을 것이다. 거기에는 본질적인 차이가 있다. 오늘날 인간과 동물을 구분하는 방법 중 하나가 무덤이기도 하니까 말이다. 우리가 죽음이라고 부르는 그것은 사실 일차적으로는 죽음에 대한 의식을 말한다. 우리는 어떤 사람이 산 상태에서 시체(산 사람에게 죽은 다른 사람의 시체는 고통의 대상이다.)로 변해 가는 과정을 본다. 시체를 바라보는 사람에게 시체는 운명의 이미지이다. 시체는 죽은 한 사람을 파멸시킬 뿐 아니라 모든 사람을 파멸시킬 수 있는 폭력의 증거로 거기에 있는 것이다. 금기는 시체를 바라보는 사람들을 붙잡아 물러서게 하며, 폭력을 부정하고, 폭력을 멀리하게 한다. 우리는 흔히 원시인들이 폭력적이었다고 생각한다. 그러나 그러한 생각은 대체적으로 합리적 활동을 하던 그들의 노동 충동과 필연적으로 대립한다. 원시인들의 합리적인 사고방식을 부인하면서 대신, 그들의 협력적 성향만을 모호하게 인정하고 있는 레비브륄의 주장[2]이 그릇된 것임은 이미 오래전에 확인된 사실이다. 노동의 역사는 명백히 인간의 역사에 비해 늦지 않게 시작되었다. 물론 노동과 동물이 무관한 것만은 아니지만, 동물의 노동과 인간의 노동이 같은 것일 수는 없다. 인간의 노동은 필연적으로 이성과 관련 있기 때문이다. 인간의 노동은 노동과 노동의 대상이 근본적으로 동일한 것으로, 그러나 결과를 놓고

---

2) 그럼에도 불구하고 레비브륄의 서술은 상당히 흥미로우며 정확하다. 만약 그가 '원시적 사고'에 대해서가 아니라 카시러(Cassirer)처럼 '신비적 사유'에 대해서 언급했다면, 그에게 그런 어려움은 없었을 것이다. '신비적 사유'는 기원은 다르지만 합리적 사고와 시간적으로 일치할 수 있기 때문이다.

보면 재료와 완성된 도구로서의 차이를 전제한다. 동시에 인간의 노동은 도구(노동의 연속된 원인에 의한 결과로서의 도구)의 유용성에 대한 의식을 전제한다. 그렇다면 도구를 만들기도 하고, 도구가 사용되기도 하는 통제 활동의 규칙들은 무엇보다도 이성의 규칙들일 수밖에 없다. 그리고 노동이 구상하고 실현시키는 변화를 통제하는 것은 그 규칙들이다. 물론 원시인은 이성의 규칙을 이해 가능한 언어, 지시 대상을 의식하게 해 주는 언어로 표현해 내지는 못했을 것이며, 더 나아가 지시에 대한 의식도 없었고, 언어 자체가 아예 없었을 것이다. 거의 언제나 그랬듯이 근대의 노동자라고 해서 노동자가 이성의 규칙을 말로 표현해 낼 수 있는 것은 아닐 것이다. 그러나 표현만 없을 뿐 그들은 이성의 법칙을 충실히 준수하고 있다. 레비브륄에 의하면, 원시인에게는 어떤 경우 하나의 사물이 존재하는 동시에 존재하지 않을 수 있으며, 이것인 동시에 저것일 수 있다고 한다. 이성이 원시인의 사고를 온통 지배한 것은 아니지만 적어도 노동 중에는 지배했다. 그래서 원시인은 표현하지는 못했을망정 노동의 세계(또는 이성의 세계)와 폭력의 세계는 서로 대립 관계에 있음을 어렴풋하게나마 느꼈을 것이다.[3] 무질서가 노동의 질서와 대립적이듯 죽음도 그랬다. 원시인은 노동의 질서는 그들의 소관이지만, 죽음의 무질서는 그들의 노력이 전혀 무의미한 초월적인 것으로 여겼을 것이다. 노동과 이성은 그들에게 이로운 반면, 무질서와 폭력은 노동의 최종적 목적이라고 할 존재 자체를 위협하고 파괴했기 때문이다. 그래서 결국 인간은 노동이 보장하는 질서와 일체가 된 채, 적어도 노동의 시간에는, 노동의 질서를 방해하는 폭력을 멀리하기에 이르렀던 것이다.

---

3) 불경의 세계(=노동 또는 이성의 세계), 신성의 세계(=폭력의 세계) 등의 표현은 아주 오래전부터 있어 온 것들이다. 그러나 **불경**, **신성**의 개념은 이성의 범주를 벗어나는 단어들이다.

폭력의 전조, 폭력 만연의 위협으로서의 시체에 대한 공포감

더 이상 지체없이 말해 두어야 할 사실 하나는 폭력, 그리고 폭력을 의미하는 죽음은 이중적 의미를 갖는다는 것이다. 우리는 생명의 애착과 관련된 공포감 때문에 죽음에 가까이 다가가지 못하는가 하면, 다른 한편으로는 그것이 지니고 있는 무서우면서도 엄숙한 어떤 알 수 없는 것이 우리를 현혹시킨다. 그 모호한 어떤 것에 대해서는 다시 언급할 기회가 있을 것이다. 다만 내가 우선 지적해 두고자 하는 것은 죽음의 금기는 근본적으로 폭력 앞에서 물러섬의 양상으로 나타난다는 사실이다.

한때 동료였던, 그래서 관심의 대상이었던 시체는 살아 있는 사람이었을 것이다. 그의 친지들은 폭력에 희생당한 그를 있을 수 있는 다른 폭력으로부터 보호하고 싶어 했을 것이다. 매장하는 사람들 편에서 보면, 초기의 매장은 아마 동물들이 시체를 먹어치우지 못하게 하는 데 의미가 있었을 것이다. 그러나 그것이 매장의 관습을 확립시킨 결정적인 요인이라 해도, 매장의 의미를 거기에 국한시킬 수는 없을 것이다. 죽은 사람에 대한 공포심은 이미 오래전부터 문명으로 다듬어진 인간의 감정을 지배해 온 감정 중의 하나였다. 죽음은 세상에 들어와 세상을 폐허로 만들 수 있는 폭력의 상징처럼 보였던 것이다. 그리고 이제 죽은 사람은 그를 죽인 폭력과 한 패가 되어 죽음의 전염병을 만연시킬 것이었다. 죽음은 우리가 살고 있는 세계, 우리와 친숙한 노동의 세계와는 너무 다른 세계였으며, 노동이 지배하는 사고방식과는 다른 사고방식이 통용되는 세계였다. 상징적 또는 신화적(레비브륄은 그것을 원시적이라고 잘못 부르고 있지만) 사고만이 노동 또는 합리적 사고를 초월하는 폭력의 원리를 설명할 수 있다. 그런 관점에서 보면 폭력은 어떤 사람을 죽여서 일정한 흐름을 잠시 동요케 하는 데 그치지 않고 일단 한 사람을 죽이고 그 후에도 계속 위협으로 남는다. 죽음은 시체를 '감염'시킬 수 있는 마법적 위험으로 남는 것이다. 주검은 살아남은 사람들에게 위험이다. 그렇다면 살아남은 사람들이 죽은 자를 묻는 이유는 죽은 자를 보호하기 위해서가 아니라 죽음의 '감염'으로부터 자신들을 보호하기 위해서인 것이다. '감염'이라는 단어는 끔찍한 공격력을 발휘하는 시체의 부패를 연상시킨다. 아직 썩지 않은 시체는 생물학적으로 보면 미구에 있을 부패와 무질서이다. 그러나 시각을 달리해 보면 그것은 불길한 운명의 이미지이기도 하다. 죽음을 마법의 전염병이라고 믿는 사람은 없다. 그러나 벌레가 득실거리는 시체를 보고도 질겁하지 않을 사람이 있을까? 옛날 사람들은 시체가 잘 건조하면 죽음의 순간에 찾아왔던 불길한 죽음의 폭력이 진정된 것으로 믿었다. 주검은 폭력의 세계에 진입하면서 무질서의 형상을 띤다. 그러나 살아남은 사람들은 시체가 잘 건조하면 대체적으로 그 힘이 다한 것으로 보았다.

살해의 금기

시체와 결부된 금기가 언제나 명료한 것은 아니다. 프로이트는『토템과 터부』에서 인종학적 자료(오늘날에는 그래도 틀이 좀 잡혔지만)에 대한 피상적 지식을 근거로 금기(터부)를 대체적으로 만지려는 욕망과 대립된 것으로 정의했다. 죽은 사람을 만져 보려는 욕망이 오늘날보다 옛날에 특별히 강했던 것은 아닐 것이다. 금기가 반드시 욕망을 억제하는 것이라고 말할 수는 없다. 시체 앞에 서면 순간적으로 공포가 엄습한다. 공포를 억누를 길이 없다. 죽음에 침윤된 폭력은 한 가지 의미에서만 나쁜 유혹이 될 수 있는데, 바로 죽음의 폭력이 살아 있는 사람을 향해서 자행되거나, 죽이고 싶은 욕망이 우리를 사로잡을 때이다. 살해의 금기는 전체 폭력의 금기 중 하나에 해당하는 특수한 양상이라고 할 수 있다.

옛날 사람들이 보기에 폭력은 언제나 죽음의 원인이었다. 폭력은 결과적으로 보면 마법의 행사와도 같지만, 기실 거기에는 항상 살해 책임자와 살해가 있다. 금기의 두 양상은 필연적인 귀결이다. 우리는 죽음 또는 죽음에 깃든 광기를 피하려고 한다. 우리는 사람을 죽인 광적인 어떤 힘, 그리고 시체와 일체가 되어 광분하는, 일시적이기는 하지만, 그 폭력적인 힘을 방치할 수 없다.

원칙적으로 노동이 근본을 이루고 있는 공동 사회는 성원 중 한 사람이 죽으면 죽음에 깃든 폭력으로부터 멀리 있고 싶어 한다. 공동 사회는 그 죽음 앞에서 금기의 느낌을 갖는 것이다. 그러나 그러한 느낌은 공동 사회의 구성원에 한정된다. 내부로는 금기가 충분히 작용한다. 외부는 어떤가? 외부인에게도 금기는 느껴진다. 그러나 그 금기는 위반의 여지가 있는 금기이다. 공동 사회는 노동과 폭력을 구분하며 사람들이 공동체를 통해 연대한 시간, 즉 노동의 시간에는 폭력과 거리를 둔다. 그러나 노동의 시간을 벗어나거나 일정한 한계를 벗어나면 공동체 사회는 다시 폭력으로 되돌아갈 수도 있으며 다른 공동체 사회와 전쟁을 일으켜 살육을 자행할 수도 있다.

어떤 조건이나 어떤 시기에는 어떤 종족의 구성원을 살해할 수 있으며 또는 그럴 필요가 있다. 그러나 사람들을 미친 듯이 죽여 없애는 경우라고 해도 그리고 아무리 그들이 죽어 마땅한 사람들이라고 해도 살해에 붙어 다니는 저주의 그림자가 쉽게 떨쳐지지는 않는다. "살인하지 말라."고 한 성경 구절을 읽으면서 우리는 이따금 웃는데, 그것을 하찮게 여기면 우리는 착각하는 것이다. 금기는 뒤집혀도 조롱 당해도 위반 후에도 여전히 살아남는다. 아무리 잔인무도한 살인자라도 자신을 사로잡는 저주를 모르지는 않는다. 그에게는 저주가 영광의 조건이기 때문이다. 아무리 많은 위반도 금기에 종지부를 찍을 수는 없다. 금기는 그것이 거부하는 것을 저주로 엄습하는 영광스러운 방법에 다름 아니다.

위의 말에는 진리가 숨어 있다. 공포감에 근거한 금기는 우리로 하여금 반드시 그것을 준수하게 하지는 않는다. 그 반대도 결코 없지 않다. 장애물을 뒤집어엎는 일은 그 자체가 매력이다. 어떤 행위가 금지되면 우리는 공포심 때문에 일단 거기에서 물러나지만, 그러나 영광의 훈영이 금기 행위의 주변에 감돌기 시작하면 금기의 위반은 전과는 다른 의미를 띤다. "아무것도 방종을 억누를 수는 없다. …… 방종자의 욕망에 불을 지르고 욕망을 다양하게 하려면 그를 제한하는 방법보다 더 좋은 방법이 없다."라고 사드는 말한다.[4] 아무것도 방종을 억누를 수는 없다, 또는 보다 일반적으로 말하면 아무것도 폭력을 굴복시킬 수는 없다.

---

4) 『소돔의 120일』, 서문.

3장
번식과 관련된 금기

자유로운 동물적 성생활을 거부하는 우리 안의 보편적 금기

폭력을 거부하는 금기와 폭력을 풀어놓는 위반 충동의 상보적 관계에 대해서는 나중에 다시 언급하기로 하겠다. 이 두 충동에는 어떤 일관성이 있다. 장애물로부터 그것이 전복된 시점으로 건너가고 싶어 하다가 벌써 나는 죽음의 금기와 평행 관계를 이루는 일련의 금기들을 문제 삼는 데까지 왔다. 나는 성을 대상으로 하는 금기들에 대해서는 부차적으로밖에 말할 수 없었다. 왜냐하면 죽음과 관련된 관습에 대한 흔적은 아주 오래전의 것들이 남아 있는 반면, 성에 관련된 자료는 최근에야 선사시대의 것이 발견되었기 때문이다. 그래서 그 자료에 대해서는 아직 뚜렷한 결론조차 내리지 못하고 있는 실정이다. 무덤은 이미 중기 구석기 시대부터 발견되는 반면, 원시인의 성행위에 관한 자료는 후기 구석기 시대까지도 거슬러 올라가지 못한다. 네안데르탈인의 시기[1]에는 아직 존

---

1) 네안데르탈인은 색채를 사용하지 않았던 것은 아니지만 색채 소묘는 한 점도 남기지 못했다. 소묘는 **호모 사피엔스** 이후의 인간들에 의한 것이다.

재하지 않던 예술(그림)이 지적 인간(Homo sapiens)과 더불어 비로소 나타나기 시작하는데, 사실 당시에는 자신들에 대한 그림이 드물었다. 있다면 그것은 대체적으로 발기한 남성 성기의 모습이었다. 그러므로 우리는 성행위도 죽음에 못지않게 일찍부터 인간의 관심사였음을 알 수 있다. 죽음의 경우와는 달리 그렇게 모호한 자료를 통해 명백한 증거를 찾아냈다고 말할 수는 없다. 물론 음경의 그림은 상당한 자유를 반증한다. 그러나 자유롭게 음경을 그렸다고 해서 그 사실 하나만으로 음경을 그린 사람들이 성적 자유를 누렸다고 주장할 수는 없다. 우리가 말할 수 있는 것이라고는 노동과 대립 관계에 있는 성행위도 일종의 폭력이며, 더구나 순간적인 폭력이기 때문에 노동을 혼란에 빠뜨릴 수 있다는 사실뿐이다. 노동의 공동 사회는 노동 시간 동안 성행위에 빠져 있을 수 없다. 그러므로 성의 자유에는 원래부터 제한이 가해졌을 것이다. 물론 그것이 적용되는 경우들에 대해 아직 무슨 말을 하기는 어렵지만, 적어도 우리는 거기에 금기라는 이름을 붙일 수는 있을 것이다. 기껏 우리가 짐작할 수 있는 것은 노동 시간은 성행위를 제한했을 것이라는 것이다. 아주 오래전부터 그 금기가 존재했을 것이라는 유일한 근거는, 우리가 알고 있는 한, 인간은 언제 어느 곳에서든 일정한 규칙과 제한 속에서 성행위를 해 왔다는 사실이다. 인간은 죽음 앞에서, 그리고 성행위 앞에서 '금기'를 느끼는 동물이다. 정도의 차이가 있긴 하지만, 어쨌든 인간의 반응은 동물의 그것과 달라서 금기를 느낀다.

그러한 제한은 시대와 장소에 따라 크게 다르다. 모든 사람들이 성기를 숨길 필요성을 같은 정도로 느끼지는 않는다. 그러나 발기된 남성의 성기를 보이지 않는 것이 일반적이다. 그리고 대개 남녀가 결합할 때는 한적한 곳으로 자신들을 숨긴다. 서양 문명에서 나체는 아주 중대하고도 보편적인 금기 대상이 되었다. 반면 오늘날은 과거에 기본적인 것으로 보였던 것들을 문제 삼기도 한다. 그러나 그러한 변화 가능성을 우리가 경험했다고 해서 그것이 금기의 임의적 특성을 증명하는 것은 아니다. 오히려 우리의 체험은 자체적으로 별 중요성이 없는 피상적 변화들에도 불구하고 금기가 지닌 깊은 의미를 반증할 뿐이다. 우리는 이제 금기는 형태가 분명치 않으며, 그래서 그 양상은 불안정하다는 사실을 알게 되었다. 우리가 성행위를 할 때 지키는 여러 가지 제한들은 이처럼 형태가 분명치 않은 금기에서 비롯된다. 그러나 우리가 이 기회에 확신하게 된 것은 거기에는 공통적으로 우리를 구속하는 어떤 기본적인 규칙이 있다는 사실이다. 성에 제한을 가하는 우리 안의 금기는 일반적이고 보편적인 어떤 것이다. 여타의 개별적인 금기들은 그것의 변형들일 뿐이다.

이에 대해 이렇게 분명하게 말한 사람이 이전에 없었음에 나는 놀라울 뿐이다. 예를 들어 금기의 특별한 한 '양상'에 지나지 않는 근친상간의 금기와 같은 금기를 특별한 '금기'로 구분한 다음 그것과 비록 불안정하기는 하지만 그러나 금기의 근본이라고 할 수 있는 금기, 즉 성행위 자체를 대상으로 삼는 보편적 금기를 서로 무관한 것으로 설명한다면 그것은 궤도를 벗어난 설명이 될 것이다. 로제 카유아는 "근친상간 금기처럼 많은 잉크를 소비시킨 문제들은 주어진 한 사회의 종교적 금기들의 총체를 끌어안는 체계 안에서 고찰하되 개별적인 경우들로 고찰할 때 비로소 만족한 해답을 얻을 수 있다."[2]고 한다. 로제 카유아의 이 말은 출발로서는 완벽하다. 그러나 그것은 여전히 특별한 어떤 경우, 어떤 양상에 불과하다. 이제 우리가 고찰해야 하는 것은 모든 시대, 모든 풍토의 종교적 금기들의 총체이다. 나는 이제 카유아와는 달리, 지체 없이, 언제나 변함없는 '무형의 보편적' 금기에 대해 말하겠다. 금기는 형태도 대상도 변한다. 성이 문제되다가 죽음이 문제될 수

---

[2] 『인간과 신성』, 2판(갈리마르, 1950), 71쪽.

도 있다. 그러나 거기에는 언제나 폭력이 관계한다. 폭력은 무서운 동시에 황홀한 것이다.

근친상간 금기

근친상간의 금기는 '하나의 특수한 경우'에 불과하지만 우리의 가장 큰 관심거리이다. 심지어 그것은 성 금기 자체와 대체될 수 있을 만큼 일반적인 것으로 그려진다. 비록 명확히 붙잡을 수도 없고 형태도 없지만 세상 사람 누구도 성 금기는 존재함을 알고 있다. 인류 전체가 그것을 지켜 왔다. 그러나 시간과 장소에 따라 지키는 방법이 너무 다르기 때문에, 아직 아무도 그것을 전체적으로 언급할 수는 없었다. 반면 그중에도 근친상간과 관계한 금기는 비교적 보편적이어서 명확한 관례가 있으며, 전체적으로 정의할 수 있는, 반박의 여지 없는 용어로 번역되곤 한다. 무수한 다른 금기를 낳은 금기 자체(근친상간 금기도 그 한 경우이긴 하지만)는 인간의 행동에 관한 연구를 하는 사람들의 마음속에 크게 자리 잡지 못한 반면 근친상간이 많은 연구의 대상이 될 수 있었던 것은 바로 그런 이유 때문이다. 사실 인간의 지성은 단순하고 명확한 것은 주목하지만, 모호해서 변수가 많은 것, 파악이 어려운 것은 외면하는 성향이 있다. 학자들은 동물의 형태들 못지않게 뚜렷하게 드러나는, 그래서 연구하는 데 재미도 불러일으키는 근친상간의 갖가지 형태에 그들의 예지를 동원하다 보니 보편적 성 금기는 돌아볼 여유가 없었던 것이다.

고대 사회는 인척 관계에 따라 사람들을 엄격하게 분류했으며, 그에 따른 결혼과 금기도 과학 이상으로 엄격했다. 클로드 레비스트로스의 위대한 업적 중 하나는 복잡하기 이를 데 없는 고대의 가족 구조를 파헤쳐, 인간들을 동물의 자유와는 다른 규칙의 준수로 인도하는 막연한 그러나 근본적인 금기와 거기에서 비롯되는 원천적 특수성들을 찾아낸 데 있다. 근친상간과 관련된 조치들은 공동체가 기꺼이 복종하기로 한 질서를 함부로 뒤흔들 폭력을 규칙 속에 묶어 둘 필요성과 일단 일치한다. 그러나 그런 기본적인 결정과는 무관하게 남자와 여자의 적절한 분배를 위한 공정한 규칙들이 필요했다. 그러한 조치들은 명확하면서도 이상한데 그러나 정당한 분배가 가져다주는 이해관계를 생각해 보면 이해하기가 어려운 것만도 아니다. 금기는 어떤 규칙을 따라 작용한다. 그러나 규칙들은 성적 폭력과도 무관하고 합리적 질서에 대해 그것이 표상하는 위험과도 무관한 부차적 이유들을 충족시키는 방향으로 결정되었을 수 있다. 레비스트로스는 근친상간의 금기가 언제부터 결혼 규칙의 양상으로 나타났는가에 대해서는 말하지 않는데, 근친상간 금기의 의미를 거기에서 찾지 못할 이유가 없다. 근친상간 금기는 가처분 상태의 여자의 증여를 통해 분배의 문제에 대한 해결을 얻으려는 한 양상에 다름 아니다.

근친끼리의 육체적 관계를 금하는 근친상간 금기의 보편적 성향에 어떤 의미를 부여하고 싶으면 우리는 우선 고집스럽게 고개를 쳐드는 어떤 강한 감정을 떠올려야만 한다. 이 감정이 본질적인 것이라고 할 수는 없다. 그러나 그렇다고 금기의 양상들을 결정하는 일상생활의 편이성이 근본적인 것이라고 말할 수도 없을 것이다. 일견 고대의 형태들을 기점으로 원인을 찾는 것이 자연스러워 보인다. 그런데 연구를 진척시켜 보니 정반대가 드러난다. 드러난 원인을 가지고 금기의 원칙을 정할 수 없었고, 다만 원칙을 임시 목적에 사용할 수는 있었다. 우리는 우리가 잘 알고 있고, 끊임없이 영향을 받고 있는 '종교적 금기의 총체'에 그 특수한 경우를 연관시켜 볼 필요가 있다. 근친상간에 대한 두려움보다 더 큰 두려움이 우리에게 있을까?(나는 여기에 죽은 사람에 대한 경외를 포함시킨다. 그러나 금기의 총체가 연결되어 나타나는 최초의 단위에 대해서는 후에 다시 언급하려고 한다.) 우리는 아버지, 어머니, 또는 형제 자매와의 육체적 결합을 비인간적인 것으로 본다. 성적으로 관계를 맺을 수 있는 사람들에 대한 정의는 일정치 않다. 규칙이 정해진 것은 아니지만, 우리는 원칙적으로 태어날 때 한 가족으로 태어나서 한 지붕 밑에서 사는 가족과는 육체적 결합을 맺지 않는다. 금기의 준수를 거부하는 사람들이 일정치 않은 다른 임의적 금기들을 끌어들이지만 않는다면 거기에는 어떤 분명한 한계가 있어 보인다. 중앙을 차지하는 아주 단순하면서도 불변적인 핵심과 주변의 복잡하고 임의적인 유동성이 기본적 금기의 특징이다. 어디를 가나 핵심적인 요소가 눈에 띈다. 그러나 동시에 우리는 주변의 유동성을 확인하곤 한다. 유동성이 핵심의 의미를 가린다. 핵심 자체가 촉지 불가능한 것은 아니다. 그러나 좀 더 자세히 들여다보다 보면 우리는 일상과 때로는 일치하는가 하면 때로는 아무렇게나 반응하는 듯한 어떤 원초적인 공포감을 느끼기에 이른다. 문제는 평온하고 합리적인 행동이 지배하는 세계와 성적 충동의 폭력의 세계가 근본적으로 양립 불가능한 데에 기인한다. 시간이 흐르면 거기에서 생겨난 규칙들이 불안정하고 임의적인 형식이 아닌 명확한 정의를 얻을 수 있을까?[3]

월경과 출산의 피

폭력의 형태 없는 공포로 환원시키기가 어려운 다른 금기들로는 근

---

3) 나는 클로드 레비스트로스의 저서를 참조하면서 2부에서(이 책 2부의 연구 4 참조.) 근친상간의 문제에 대해 상세히 다루었다. 『친족의 기본 구조』(PUF, 1949), 8절판, 640쪽.

친상간의 금기뿐 아니라 월경과 출산의 피에 대한 금기들이 있다. 그러나 이 액체들은 내적 폭력의 발현이라고 볼 수 있는 것들이다. 피는 그 자체가 이미 폭력의 상징이다. 더 나아가 월경은 성행위를 의미하며, 성행위에서 분비되는 체액을 의미하기도 한다. 체액은 폭력의 한 결과이다. 출산도 이러한 총체와 분리시켜 생각할 수 없다. 출산 역시 그 자체가 이미 파열이며, 질서 있는 행동의 흐름을 넘쳐나는 과잉 아닐까? 출산, 그것은 존재에서 무로 변할 때 그렇듯이 무에서 존재로 변하는 과정에서 아무것도 피해 갈 수 없는 엄청난 의미를 갖는 것 아닐까? 이러한 의견들이 특별한 근거가 있는 것은 아니다. 금기들도 마찬가지다. 비록 우리가 체액에 대해 공포감을 갖는다 해도, 그와 관련된 금기들은 우리가 보기에 의미가 없다. 문제는 불변의 핵심이 아니다. 우리가 다룰 것은 잘못 정의된 핵심 주변의 보조적 양상들이다.

4장
번식과 죽음의 친화성

죽음, 부패 그리고 부활

금기는 무엇보다도 일상의 폭력을 저지할 필요에서 생겨난 듯하다.
그렇다면 폭력이란 정확히 무엇을 의미하는가? 폭력에 관한 한 단번에 명확한 정의를 내릴 수 없으며 내릴 필요도 없다고[1] 생각했다. 사실 폭력의 다양한 양상이 개진되고 나서야 통일성 있는 금기의 의미 파악도 가능할 것이다.

우리는 처음부터 곤경에 빠지는데, 그것은 근본적인 것으로 보이는 금기들이 아주 대립적인 두 영역에 동시에 관계하기 때문이다. 죽음과 번식은 사실 긍정과 부정만큼이나 대립적인 것들이다.

원칙적으로 죽음과 출생은 정반대의 것들이면서도 그 대립성은 제거가 가능하다.

죽음은 다른 것의 출생과 관계가 있다. 하나의 죽음은 다른 하나의

---

1) 그러나 이성과 반대 개념으로서의 폭력은 에릭 베일의 저서 『철학 논리학』(브랭 출판사)을 참조하라. 에릭 베일의 근간을 이루는 폭력의 개념은 나의 출발점이 되고 있는 폭력과 아주 근사하다.

출생을 예고하며, 전자는 후자의 조건이다. 생명이란 다른 생명의 부패의 산물이다. 생명이란 결코 죽음을 벗어날 수 없다. 죽음은 빈자리를 남기며, 죽음에 따르는 부패는 새로운 존재를 탄생시키는 데 필요한 물질을 순환시킨다.

그러나 아무리 그것을 인정하더라도 생명은 죽음에 대한 부정이다. 생명이란 죽음을 단죄하고 배척한다. 죽음에의 저항은 인간에게서 가장 강하게 드러난다. 죽음에 대한 공포감은 존재의 소멸과 관계 있을 뿐 아니라 생명을 온통 삭게 만드는 죽은 육체의 부패와 관계한다. 사실 이상적 문명 사회가 보여 주는 죽음 앞에서의 장엄한 의식과 그것에 대한 경외심은 엄청난 공포의 다른 표현이다. 우리는(적어도 막연하게나마) 생의 기본 조건이라고는 하지만 악취를 풍기는 부패와 우리의 기력을 앗아 가는 죽음 앞에서 순간적으로 공포를 느끼지 않을 수 없다. 고대인들의 경우 극단적 괴로움의 순간과 부패의 과정은 서로 관계가 깊었다. 육탈된 하얀 뼈는 벌레가 득실거리는 부패한 육신만큼 괴롭게 하지는 않는다. 살아남은 사람들은 막연히나마 죽은 사람의 부패에서 자신들을 향한 죽은 자의 원한과 증오를 보며, 장례식은 바로 그것을 진정시킬 목적에서 행해지는 것이다. 대신 해골이 완전히 육탈되면 그들은 비로소 안심한다. 그들의 눈에 경건해 보이는 이 육탈된 뼈는 이제 처음으로 죽음에 단정한(엄숙하고 견딜 만한) 모습을 부여하며, 그 모습은 비록 여전히 고통스럽지만 거기에는 더 이상 극단적 부패 활동은 없음을 보여 준다.

육탈된 하얀 뼈는 살아남은 사람들을 더 이상 끈적거림의 위협에 내던지지 않는다. 부패(왕성한 생명을 솟아나게 하는)와 죽음의 근본적인 관계는 그렇게 끝나는 것이다. 그러나 우리와 달리 초기 인간들의 반응을 알던 사람들에게는 그 관계가 얼마나 필연적인 것으로 보였던지 아리스토텔레스조차도[2] 땅과 물에서 자연 발생하는 어떤 생물들은 죽음과 부패가 생성시키는 것이라고 믿었다. 부패에 생성 능력이 있다는 순박한 믿음은 부패가 우리에게 불러일으키는 매혹이 없지 않은 공포감과 관계 있다. 기저에는 자연, 나쁜 자연, 우리를 부끄럽게 하는 자연이라는 생각이 깔려 있다. 우리가 태어난, 그리고 우리가 돌아갈 이 세상은 부패에 다름 아니다. 그러한 구도 속의 공포와 수치심은 우리의 탄생과 죽음에 동시에 관련되어 있었다.

알, 씨, 벌레들이 우글거리는, 보기만 해도 징그러운 미적지근하고 흐물흐물한 그 덩어리는 이른바 구토, 구역질, 역겨움이라고 부르는 반응들의 원천이다. 죽음은 나라는 존재, 다시 존재하기를 기다리는 존재, 아니 존재를 기다리는 나를(지금의 나는 과거의 내가 아니었듯이, 내가 기다리는 미래의 나는 지금의 나도 아닐 것이다.) 예고하며, 그 감각 위까지 온전히 내리누를 미구의 소멸 너머 생명의 화농으로 내가 돌아갈 것임을 예고한다. 그렇게, 나는 내 안에서 구토의 승리를 미리부터 축하하는 창궐하는 화농을 예감할 수 있다.

구토, 그리고 구토의 전체 영역

다른 사람의 죽음을 보면, 살아남은 우리는 우리 곁에서 영면에 든 사람의 생명이 이어지기를 기다리지만 그 기다림은 갑자기 아무것도 아닌 것으로 끝나 버린다. 기실 시신은 아무것도 아닌 것은 아니다. 그러나 그 대상, 시체는 처음에는 아무것도 아닌 것으로 각인된다. 시체, 진중한 태도로 우리를 위협하면서 길게 누워 있는 그 시체에게서는 더 이상 그가 살아 있을 때 우리에게 주던 어떤 것도 기대할 수 없다. 오

---

2) 아리스토텔레스의 '자연발생론'은 그러한 것이었으며, 그는 아직 그렇게 믿었던 것이다.

직 두려움만을 기대할 수 있을 뿐이다. 그렇다면 그 대상은 아무것도 아닌 것이 아니며 아무것도 아닌 것만 훨씬 못하다.

이때의 두려움은 그것의 특성으로 볼 때 어떤 객관적인 위험성에서 비롯되는 것이 아니고 혐오감에서 비롯되는 것이다. 그리고 이때 우리가 느끼는 위협은 객관적으로 증명되는 것이 아니다. 예컨대 사람의 시체라고 해서 그것을 죽은 동물, 사냥감과 다른 어떤 것으로 볼 이유는 없다. 부패가 심해지는 것을 보고 놀라서 물러서는 행위도 필연적인 의미를 갖는 것은 아니다. 내친 김에 말하자면 우리에게는 억지 짓들이 많다. 시체 앞에서의 공포감은 우리가 배설해 내는 배설물 앞에서 느끼는 느낌과 아주 가깝다. 이 비교는 우리가 외설스러운 것이라고 못 박는 장면들 앞에서도 비슷한 공포감을 느낀다는 점에서 더 의미가 있다. 성행위는 배설물을 배설한다. 우리는 그곳을 '수치스러운 곳'이라고 부르며, 항문도 거기에 포함시킨다. 성 아우구스티누스는 성기의 외설성과 번식의 기능에 대한 언급에서, "우리는 똥과 오줌 사이에서 태어난다."라는 통렬한 말을 한 바 있다. 시체나 월경의 피와 달리 똥은 사회법에 저촉되는 금기 대상은 아니다. 그러나 전체적으로 볼 때 오물, 부패, 그리고 성은 관계가 아주 밀접하며, 그것들은 서로 오밀조밀 한곳에 있음도 사실이다. 대체적으로 물리적 인접성, 외적인 여건들이 그것들을 한 부류로 묶을 수 있게 해 준다. 그런데도 거기에는 주관성을 배제할 수 없다. 구토는 사람마다 다르게 나타나며 구토의 객관적 존재 이유는 불분명하다. 살아 있던 사람이 죽어 시체가 되면 그것은 더 이상 아무것도 아니다. 그래서 만질 수 있는 어떤 것이 객관적으로 우리에게 구토를 느끼게 하는 것은 아니다. 우리의 감정은 텅 빈 어떤 것에 대한 감정이며 우리는 그것을 아득함 속에서 느낀다.

그 자체로 아무것도 아닌 어떤 것들에 대해 말한다는 것은 쉬운 일이 아니다. 그런데 그것들은 다른 불활성 사물에게서는 볼 수 없는 강한 힘으로, 객관적 특성을 가지고 우리에게 영향을 미친다. 어떻게 냄새나는 어떤 것을 아무것도 아니라고 말할 수 있을까? 만약 우리가 그것을 아무것도 아니라고 고집한다면 그것은 굴종감에 의한 사실의 거부에 지나지 않을 것이다. 우리는 배설물의 악취가 우리를 역겹게 한다고 믿는다. 그러나 만약 우리가 그것을 애초에는 불쾌하게 취급하지 않았다면, 그래도 거기에서 악취를 느낄까? 우리는 우리의 내부에 자리잡은 채 우리를 인간이게 하는 혐오 감정들을 아이들에게 가르쳐 주기 위해 애쓴 과거가 있다. 아이들이 우리의 반응을 그냥 배우는 것이 아니다. 아이들은 어떤 음식은 좋아하지 않기도 하고, 그래서 그것을 거절한다. 그러나 우리는 몸짓이나 때로는 폭력을 써서라도 혐오감이라는 기이한 것을 가르친다. 태초의 조상부터 우리에게 이르기까지 질책 받은 수많은 어린이들을 통해 감염되어 내려온 그 혐오감은 이제 정신을 몽롱하게 할 정도로 끔찍한 것이 되기에 이른 것이다.

우리의 잘못은 물론 과거와 지금은 형태가 다르긴 하지만 결국 수천 년 전부터 아이들을 통해 꾸준히 전수해 내려온 신성한 교육을 가볍게 여기는 데에 있다. 역겨움과 구토는 전체적으로 교육의 결과이다.

생명을 낭비하고 싶은 충동과 그러한 충동에 대한 두려움

여기까지 나의 말을 눈여겨 본 독자라면 바야흐로 우리 앞에 전개될 것은 어떤 공허임을 알 수 있을 것이다. 내가 지금까지 말하려고 한 것은 공허 외에 다른 것이 아니다.

그러나 그 공허는 어떤 한 순간에 열리는 공허이다. 예컨대 그 공허의 문을 여는 것은 죽음이다. 죽음은 부재를 시체 안에 끌어들이며 그 부재와 관계하는 것은 부패이다. 나는 부패(직접적인 체험을 허용하지 않기 때문에 기억이 아닌 상상력으로 추측할 수밖에 없는 부패의 체험)에 대한 나의 혐오감과 외설에 대해 느끼는 나의 감정을 비교해 보고 싶다. 나는 혐오감, 공포감을 나의 욕망의 원칙이라고 자신 있게 말할 수 있다. 죽음보다 더 깊은 공허를 내게 열어 보여 준다는 점에서 공포의 대상은 처음에는 내게 공포감을 불러일으킬지 몰라도 이내 나의 욕망을 충동질한다.

일단 이러한 생각은 한계를 넘어서는 것이다.

죽음의 화려한 광경 앞에서 에로티즘의 의미를 발견하고 거기에 생명의 약속이 있음을 알기까지는 노력이 필요하다. 죽음은 곧 세상의 청춘이라는 사실을 사람들은 인정하려 들지 않는다. 죽음만이 세상을 샘솟게 하고, 그것이 없이는 생명도 그칠 것이라는 사실을 우리는 외면하려고 한다. 우리는 생명이란 것이 안정에 던져진 올가미라는 사실, 즉 생명은 온통 불안정, 불균형에 시달린다는 사실을 결코 인정하려 들지 않는다. 소란스러운 충동이 끊임없는 폭발을 부른다. 그러나 끊임없는 폭발에도 불구하고 충동은 진정되지 않는다. 그리고 그 폭발은 오직 한 가지 조건으로 이어진다. 폭발로 생겨난 존재들은 폭발의 힘이 다하면, 새로운 존재에 자리를 내주어 그 새로운 존재들이 폭발의 불꽃놀이를 지속하게 한다는[3] 조건이 그것이다.

이보다 심한 낭비 과정을 생각할 수가 없다. 어떤 의미에서 생명은

---

[3] 일반적으로 알려진 것은 아니지만 보쉬에는 『죽은 자에 대한 설교』(1662)에서 그러한 진실을 이렇게 표현한다. "자연은 거의 언제나 우리에게 베풀면서 질투를 하며 그러면 우리는 자연으로부터 허용 받은 그 최소한의 것조차도 더 이상 누릴 수 없게 됩니다. 그 말은 최소한의 것이라도 자연은 같은 사람의 손에 오래 머물게 하지 않고, 모든 사람을 두루 거치게 한다는 뜻입니다. 자연은 계속 다른 형태를 필요로 하며, 금방 전의 것을 회수하여 다음 것을 위해 사용합니다. 인류에게 있어서의 끊임없는 새 생명들, 다시 말하면 계속 태어나는 어린아이들이 자라서 우리의 어깨를 밀면서 이렇게 말하는 듯합니다. '이제 그만 자리를 비켜 주세요.' 그렇게 해서 우리보다 먼저 우리의 선현들이 갔듯이, 우리는 우리의 자손들에게 자리를 비워 주고 가야 할 것이고, 우리의 자손들은 또 그들의 후손들에게 자리를 비워 주어야 할 것입니다."

이렇게 엄청난 낭비, 상상을 초월하는 사치 놀이의 과정 없이 쉽게 생겨나는 것이 아니다. 미생물과 비교해서 포유 동물은 엄청난 에너지를 집어삼키는 괴물이다. 그리고 그 에너지들이 다른 가능성의 전개를 돕는다면 그것들을 아무것도 아닌 것이 되었다고 말할 수는 없을 것이다. 우리는 끔찍한 순환도를 끝까지 한번 추적해 그려 볼 수 있다. 식물이 성장하기 위해서는 죽음에 의한 부패, 그리고 거기에 이은 자양물의 끝없는 축적을 전제한다. 그리고 초식 동물은 풀더미, 즉 식물을 먹는다. 초식 동물은 다시 육식 동물에게 먹힌다. 이어 그 무서운 육식 동물은 죽어서 하이에나와 벌레의 밥이 되는가 하면 썩어서 땅속에 양분을 공급하기도 한다. 이러한 먹이 사슬의 시각에서 보면, 생명을 낳는 과정이 비싼 대가를 치를수록 새로운 생명체의 생산이 많은 희생을 요구할수록 작업은 완벽한 것이 된다는 사실이다. 그렇다면 간단히 생산하려고 하는 욕구는 초라한 인간성의 결과라고 볼 수 있다. 더 나아가 인간 사회 속에서 보자면 그것은 자본주의자, 다시 말해 '회사' 경영자의 옹졸한 원리이다. 그것은 말하자면 조금씩 모은 것들을 되팔아 먹어치우는(그들은 어떤 방식으로든 먹어치우지 않던가!) 개인주의자의 원리이다. 그러나 인간의 생명을 전체적으로 살펴보면 생명이란 극도의 괴로움도 무릅쓰는 낭비, 견딜 수 없는 극도의 괴로움을 무릅쓴 극한 상황에서의 낭비를 간절히 욕구한다. 다른 말들은 윤리학자의 객소리들일 뿐이다. 명료한 정신을 가지고 있는 사람이라면 어떻게 그런 현상을 보지 않을 수 있겠는가? 모든 것이 우리에게 그러한 사실을 말해 주지 않는가! 우리의 내부 깊은 곳에 자리 잡고 있는 열병과도 같은 어떤 충동은 죽음으로 하여금 우리를 휩쓸도록, 짓밟도록 요구한다.

낡은 존재에서 젊은 존재로의 이행 과정은 우리를 엄청난 힘의 낭비, 거듭된 시련, 그리고 모든 것을 건 재기의 몸부림에 직면하게 한다.

우리는 그런데도 거기서 비롯되는 절멸의 고통과 공포가 도사리는 도저히 견디기 어려운 그 상태, 고독한 존재의 조건을 마음속 깊이 희구한다. 얼마나 끔찍한지 종종 까닭 모를 조용한 공포가 우리에게 불가능의 느낌을 주지만 그럼에도 그 조건과 관계 깊은 역겨움이 없다면 우리는 만족도 얻을 수 없었을 것이다. 우리의 재판은 충동을 수반하는 반복된 환멸 또는 위안에 대한 집요한 기다림의 영향을 받으면서 이루어진다. 서로 얼마나 일치될 수 있는가라는 것은 우리가 얼마나 맹목적일 수 있는가와 정비례 관계에 있다. 왜냐하면 우리를 사로잡는 발작의 정점에 이르면 그것이 멈추기를 바라는 고집스러운 순진함은 고뇌만을 가중시킬 뿐 이제 생명은 온통 무용한 충동에 처하며 무용한 충동에 사로잡힌 생명은 사랑하는 사람의 사치스러운 처형을 필연적인 것으로 만들기 때문이다. 사치를 벗어나지 못하는 존재가 인간이라면 고뇌 또한 사치가 아니고 무엇일까?

자연에 대한 인간의 '거부'의 몸짓

결국 인간의 반항은 충동을 가속시킬 뿐이다. 즉 고뇌는 충동을 가속시키는 동시에 더욱 분명히 느끼게 할 뿐이다. 원칙적으로 인간은 거부의 태도를 취한다. 인간은 그를 사로잡는 충동으로부터 벗어나려고 몸부림친다. 그러나 그는 그렇게 함으로써, 충동을 부채질할 뿐이고, 그럴수록 그는 더욱 혼미에 빠질 뿐이다.

기본적 금기들에서 자연(활성한 에너지의 낭비, 절멸의 주연으로서의 자연)에 대한 인간의 거부가 보인다면 우리는 죽음과 성을 더 이상 구분할 수 없을 것이다. 자연은 모든 존재의 본령이라 할 지속에의 욕구를 거슬러서 무한 낭비를 행사하는데, 성과 죽음은 그러한 무한 낭비의 감각을 지닌 수많은 존재들과 더불어 누리는 축제의 최고조의 순간에 다름 아니다.

긴 관점에서 보건 짧은 관점에서 보건, 번식은 그것을 낳은 존재들의 죽음을 요구하며(한 세대의 죽음은 새로운 세대의 탄생을 예고하듯이) 새로운 존재는 오직 소멸을 확장시키기 위해 태어난다. 부패와 성행위는 다양한 양상들에도 불구하고 인간의 정신에 보여 주는 유사성 때문에 결국 우리들에게 똑같이 반감과 구역질을 자극한다. 죽음과 관련된 금기와 번식을 겨냥한 금기 사이에 아주 오랜 시간적 개입이 있다 해도 금기들은 둘을 향해 같은 반응을 일게 하며 그만큼 금기들은 밀접하다고 하겠다.(가장 완벽한 금기조차도 사실은 더듬거림 속에 대략 만들어졌다.) 그럼에도, 아니 오히려 그렇기 때문에 더욱 우리는 거기서 어떤 뚜렷한 일관성(그것들이 우리에게 분리 불가능한 복잡한 것으로 보이는 일관성)을 느낄 수 있다. 인간은 자연의 불가능한 어떤 것(우리에게 주어진 어떤 것)을 부지불식간에 그리고 단번에 거머쥔 줄 알지만 사실 그것은 자연의 요구이며, 아무것도 충족시킬 수 없는 그 열광적 파괴 작업을 부추겨서 인간을 거기에 참여시키는 것은 자연이다. 자연은 모든 존재로 하여금 포기하기를 요구하며, 더 나아가 그 죽음의 축제에 몰려들기를 요구한다. 인간이 인간일 수 있는 것은 극복할 수 없는 혼미에 휩싸여서도 '아니'라고 부정할 수 있을 때, 그리고 그렇게 노력할 때 비로소 가능한 것이다.

인간이 과연 노력했을까? 사실 인간은 폭력에(자연의 극단적인 폭력에) 아니라는 분명한 대답을 한 적이 없다. 오직 기력이 다하면 자연의 충동에 눈을 감았을 뿐이다. 그러나 그것은 활동 정지 상태의 최후가 아니라 잠깐 동안의 휴지였을 뿐이다.

이제 금기 너머에 도사리고 앉아 있는 위반에 대해 고찰해 보기로 하자.

5장
위반

위반은 금기를 부정하는 대신 오히려 금기를 초월하고 완성시킨다

금기에 대한 언급이 불편한 이유는 금기 대상의 불안정성 때문만이 아니라 비논리성 때문이기도 하다. 같은 대상에 대한 반대 명제가 불가능한 경우가 결코 없다. 위반이 불가능한 금기도 없다. 어떤 때는 위반이 허용되며, 어떤 때는 위반이 처방전으로 제시되기조차 한다.

"살인하지 말라."라는 엄숙한 계명을 생각하면 우리는 실소를 금할 수 없다. 축복 받은 군대와 찬양의 신이 동시에 그렇게 노래한다. 그러나 금기는 살해와 어쩔 수 없는 공모 관계에 있다. 전쟁의 폭력성은 신약 성서의 신을 배반했음이 틀림없다. 그러나 구약 성서에 나타난 군대의 신과는 그다지 대립되지 않는다. 살해의 금기는 이성의 차원에서 생각해 보면 전쟁의 처단을 의미하는 것이며, 그래서 우리를 선택 앞에 서게 할 것이다. 금기를 인정하고 군대의 살상을 막기 위해 무슨 일이든지 하든지, 아니면 겉치레와 규칙을 지키는 싸움을 해야 한다. 그러나 그렇다고 해서 이성의 세계를 받쳐 주는 금기들이 합리적이라는 말은 아니다. 초기에는 폭력에 대한 평온한 반대만으로 두 세계를 간단히 갈라놓을 수 없었을 것이다. 다시 말해 반대 자체가 어떤 식으로든 폭력적 성격을 띠지 않았다면 또는 모든 사람에게 해당되는 어떤 부정적인 폭력적 감정이 폭력을 끔찍한 것으로 만들지 않았다면 이성만으로는 설득력 있게 둘 사이의 관계를 확립할 수 없었을 것이라는 말이다. 끔찍한, 비합리적 공포가 아니면 정도를 넘어선 광란을 견딜 수 없었을 것이다. 평안과 이성의 세계를 가능케 하는 터부란 그런 성격을 지닌다. 그러나 터부는 원칙적으로 폭력이 그렇듯이(인간의 폭력은 본질적으로 계산이 아닌, 분노, 공포, 욕망 등의 감정 상태에서 비롯되지 않던가.) 그 자체로는 지성이 아닌 감성에 호소한다. 금기와 관계를 유지하면서 금기를 무시하는 논리를 이해하려면 우리는 금기의 비합리적 성격을 고려해야 한다. 우리의 고찰이 벗어날 수 없는 비합리성의 영역에서는 이런 말이 가능하다. "신성불가침의 금기는 어쩌다가 한번 범해졌다고 해도 여전히 신성불가침한 것"이라고. 심지어 "금기는 범해지기 위해 거기에 있다."라는 어처구니없는 명제까지 가능하다. 이 명제는 지나가는 말로 한번 해 보는 말이 아니다. 그것은 서로 상반된 감정들 사이의 필연적인 관계에 대한 정확한 진술이다. 부정적 감정의 영향을 받는 경우 우리는 금기에 복종한다. 하지만 부정의 감정이 긍정으로 변하면 우리는 금기를 위반한다. 그러나 한번 범했다고 해서 반대 감정의 가능성과 의미가 소멸되는 것은 아니다. 만약 우리가 위반의 폭력이 가져올 수 있는 최악의 상태를 모르거나 또는 희미하게밖에 의식하지 못한다면, 우리는 폭력을 그렇게까지 두려워하지는 않았을 것이다.

"금기는 범해지기 위해 거기에 있다."라는 명제는 살해 금기가 없는 곳이 없지만 그것은 결코 아무 데서도 전쟁을 막지 못했다는 사실을 이해할 수 있게 해 준다. 더 나아가서 살해 금기가 없었다면 전쟁도 불가능했을 것이라고 나는 확신한다.

금기를 모르는 동물들은 조직적인 전쟁은 그만두고라도 전투조차 모른다. 어떤 의미에서 전쟁이란 공격 충동의 집단적 조직이라고 말할 수 있을 것이다. 노동과 마찬가지로 전쟁도 집단적으로 조직된다. 노동과 마찬가지로 전쟁도 목표가 설정되며 지휘자들의 엄밀한 작전에 따라 수행한다. 그러면 전쟁과 폭력이 대립적인 것이라는 말인가? 아니다. 다만 전쟁은 조직된 폭력이라는 말이다. 금기의 위반은 동물의 폭력과는 다르다. 그런데도 그것은 여전히 폭력이다. 다만 이성적(기회가 오면 지혜를 동원하는) 존재의 폭력이라는 점에서 다를 뿐이다. 적어도 금기란 그것을 넘어서면 살해가 가능한 문턱인 셈이다. 그리고 집단이 그 문턱을 넘어서면, 전쟁이 일어난다.

위반(위반은 금기의 무시와는 다르다.)에 제한이 없었다면 위반은 동물적 폭력과 다를 것이 없는 폭력이 되고 말았을 것이다. 그러나 결코 그렇게 될 수 없다. 조직적 위반은 금기와 하나가 되어 사회생활을 규정한다. 그럼에도 금기의 주기적 위반(그리고 규칙성)이 금기의 견고한 불가침성을 침해하는 것은 아니며, 화약을 폭발시키려면 거기에 압력을 가해야 하듯이 또는 심장의 수축과 이완처럼 그것들은 항상 기대된 짝이다. 금기는 압력을 가하면 폭발하기는커녕 오히려 더 힘이 좋아진다. 사실 금기와 위반에 관한 진리는 태고부터의 일인데도 새로운 것처럼 보인다. 그러나 그 진리는 과학을 발원시킨 담론의 세계와는 대립적이다. 우리가 요즘에야 그에 관한 담론을 발견하는 이유는 아마 거기에 있을 것이다. 금기와 위반의 관계를 제대로 인식한 학자는 뛰어난 종교사 해석학자 마르셀 모스이며, 그는 강의를 통해서 그 진리를 체계화시켰다. 그러나 그의 출판 저서를 보면 금기와 위반에 관한 내용은 몇 개의 단편적인 문장에서밖에 확인되지 않는다. 그런 점에서 로제 카유아는 독보적이다. 그는 마르셀 모스의 강의와 조언을 참조한 "축제의 이론"이라는 항목을 통해 처음으로 위반의 양

상을 정교하게 밝힌 작가이기 때문이다.[1]

끝없는 위반

대체로 금기가 그렇듯이 금기의 위반도 규칙을 지키지 않는 것은 아니다. 위반이 결코 자유로운 것은 아니다. 어떤 때, 거기까지, 그것이 가능하다.가 위반의 의미이다. 그러나 일단 제한이 한번 무너지면 그것은 단순히 장애물이 제거되는 데 그치지 않고, 무한한 폭력적 충동에 불을 지를 수 있다. 그러므로 장애물은 단순히 제거되는 것이 아니며, 위반의 순간에조차 장애물은 더욱 견고히 지켜져야 한다. 때로 위반의 순간에조차 규칙의 중요성은 여전한데, 왜냐하면 일단 동요가 시작되면 그것을 진압하기란 쉬운 일이 아니기 때문이다.

그러나 제한이 없는 예외적인 어떤 무한정의 위반을 가정해 볼 수도 있을 것이다.

관심을 가질 만한 예를 하나 들어 보겠다. 이를테면 폭력이 금기를 넘어설 수 있다. 그러면 규칙은 무능한 것이 되고, 단단한 어떤 것도 더 이상 폭력을 가둘 수 없는 것처럼 보일 수 있다. 죽음은 근본적으로 폭력을 막는 금기를 초월하며 또 이론적으로 보면 폭력은 죽음의 원인이다. 대체적으로 죽음에 이어 오는 단절의 감정은 작은 혼란을 부르는데, 그 과도한 혼란의 충동을 제한하고 규율하면서 그것을 소멸시킬 수 있는 것이 장례식과 축제이다. 그러나 죽음이 절대 존재, 본질적으로 죽음을 이기는 존재로 보였던 절대 존재를 덮친 경우에는 감정이 이기며 무질서는 끝을 모른다.

---

[1] 「위반의 신성: 축제의 이론」, 『인간과 신성』, 2판(갈리마르, 1950), 125~168쪽.

카유아는 그러한 행동들의 이미지를 오세아니아의 국민들에게서 찾아낸다. 그는 이렇게 말한다. "사회와 자연의 모든 삶이 왕의 신성한 인격 속에 집약적으로 상징화되는 경우 왕의 죽음은 위기를 야기시키고 의례적 방종을 조장하는 순간이 온다. 왕의 죽음은 갑작스럽게 덮친 천재지변과 아주 똑같은 결과를 초래한다. 이제 사회적 차원의 모독 행위가 행해진다. 모독 행위는 위엄, 계급, 권력…… 등을 파고든다. 민중의 폭력과 광란은 전혀 제지를 받지 않는다. 오히려 민중은 생전에 고인의 뜻을 따르는 것이 당연한 것이었듯이 광란을 당연한 것이라고 생각한다. 샌드위치 섬의 군중들은 왕이 서거하자 평상시에는 죄악시하던 모든 일들을 자행했다. 그들은 방화하고 약탈하고 살해를 서슴지 않았으며 여자들은 공공연한 매음 행위를 서슴지 않았다……. 피지 섬은 더 뚜렷한 예를 보여 준다. 추장의 죽음은 곧 약탈 신호와도 같은 것이었다. 추장이 죽자 조공을 바치던 부족들은 수도를 점령하여 갖은 강도짓과 약탈을 서슴지 않았다."[2]

"이러한 위반들은 모독에 그치지 않으며 어제 생겨나서 내일 가장 성스럽고 가장 범하기 어려운 것이 되어 있는 규칙조차 침해한다. 말하자면 그것들은 가장 엄청난 신성 모독으로 드러난다."[3]

"더러움과 부패가 최고조에 이르는 죽음이라는 시점에 이르면", "세상이 더럽고 역겨운 죽음으로 가득 차서 참을 수 없는 때가 되면" 무질서가 발생하는 것을 알 수 있다. 그러한 무질서는 "임금의 시신 중에 썩을 만한 것이 다 썩고 더 이상 썩지 않는 단단하고 신성한 뼈를 보일 때에야 비로소 극성스러움을 멈추기에 이른다."[4]

위반의 메커니즘은 이처럼 폭력이 폭발하면서 시작된다. 인간은 천성

---

2) 같은 책, 151쪽.
3) 같은 책, 151쪽.
4) 같은 책, 153쪽.

적으로 금기의 위반에 저항하고 싶어 했으며 또 저항한다고 믿었다. 인간은 폭력 충동을 자기 안에 가두면서 그것을 현실에서도 가둔 것으로 생각했다. 그러나 폭력을 가로막기 위해 사용한 방어벽이 더 이상 효과가 없어지면 인간이 지키던 금기들도 덩달아 의미를 상실하기에 이른다. 지금까지는 잘 다스려져 왔던 폭력 충동이 폭발하면서, 이제 인간은 마음대로 살해를 저지르기에 이르며, 성적 과잉을 조절하지 못하는 인간은 지금까지 조심스럽게 하던 짓을 이제 아무런 두려움 없이, 절제 없이 공개적으로 해 댄다. 왕의 시신이 창궐하는 부패의 영역에 머무는 한, 사회 전체는 폭력의 지배를 벗어나지 못한다. 왕의 생명을 죽음의 힘으로부터 보호하던 방어벽이 무너지자 무절제를 적절히 통제하면서 사회 질서를 유지하던 규칙들도 힘을 잃고 한꺼번에 와르르 무너지기에 이른 것이다.

왕의 죽음이 초래하는 이 '엄청난 모독 행위들'을 조절할 수 있는 것은 아무것도 없다. 다만 죽은 왕의 시신이 육탈되고서야 비로소 형태도 없이 분출하던 무절제의 시간은 막을 내린다. 따라서 이렇게 불리한 경우에 있어서조차도 인간의 위반은 동물적 삶의 일차적 자유와는 다르다. 인간의 위반은 일상적으로 지켜지던 금칙에 한번 도전할 뿐, 한계를 유보해 둔다. 인간의 위반은 위반의 보완물인 세속의 세계를 파괴하지 않은 채 그것을 넘어서는 행위이다. 인간 사회가 오직 노동의 세계인 것만은 아니다. 세속의 세계와 신성의 세계는 동시에 (혹은 연속적으로) 위반을 구성하며, 둘은 위반의 두 가지 보완적 형태들이다. 세속의 세계는 금기의 세계이다. 신성의 세계는 제한된 위반으로 열린 세계이다. 그것은 축제의 세계이고 군주들의 세계이고 신들의 세계이다.

신성이 상호 대립적인 금기와 위반을 동시에 의미하는 한 위의 시각은 쉽게 이해가 안 된다. 본래 금기의 대상은 신성하다. 신성한 것을 부정적인 방법으로 지시하는 금기는 우리에게 (종교적인 차원에서) 어떤 공포감, 전율을 자아내는 힘이 있을 뿐 아니라, 최종적으로 그 감정은 헌신 더 나아가 경배로 변한다. 신성의 육화인 신들은 경배하는 모든 사람들을 두려움에 떨게 한다. 인간들은 두 가지 충동에 동시에 복종한다. 하나는 두려움에 의한 거부적 충동이고, 다른 하나는 매혹에 이끌린 경배의 충동이다. 금기 또는 터부는 신성과 한 가지 점에서 다를 뿐인데, 요컨대 신성은 금기의 매혹적 양상이라는 점이다. 따라서 신성은 금기의 어떤 변형이라고 할 수 있다. 신화의 주제는 바로 그러한 것들에서 출발하며, 적어도 그런 것들로 얽혀 있다.

경제적 양상만이 신성과 금기에 대한 명백하고도 분명한 구분을 가능하게 해 줄 수 있다. 금기란 노동을 의미하며 노동이란 생산을 의미한다. 노동이라는 세속의 시간에는 사회는 재원을 가능한 한 축적하는 반면 소비는 생산에 필요한 최소한의 양으로 억제한다. 반면 축제는 신성의 시간이다. 축제가 반드시 위에서 본 것 같은 왕의 죽음과 그에 이은 금기의 대대적인 제거를 의미하는 것은 아니다. 그러나 그렇더라도 축제의 시간에는 일상적으로는 금기이던 것이 허용되며 이따금은 오히려 위반이 강요되기도 한다. 일상적인 노동의 시간으로부터 축제의 시간으로 건너가면 카유아가 말한 것처럼 어떤 가치 전도가 발생한다.[5] 경제적인 각도에서 보면 축제는 노동으로 축적해 놓은 재원들을 무절제하게 마구 허비한다. 지금 문제는 극단적인 대립이다. 금기보다는 위반이 종교의 근본을 이룬다라고 대뜸 말하기는 어렵다. 그러나 낭비가 축제의 기초이며 종교적 행위의 절정에는 축제가 있다는 말은 인정할 수 있을 것이다. 축적과 낭비는 종교적 행위를 구성하는 두 단계이다. 이런 관점에서 출발해 보면 종교란 춤사위와 비슷하다. 도약을 위해 움츠려야 하는 것이 춤이 아니던가.

본질적으로 인간은 격렬한 자연적 충동을 거부하지만 거부는 충동

---

5) 같은 책, 125~168쪽.

과의 단절을 의미하는 것이라기보다는 오히려 더 깊은 조화를 예고한다. 조화는 부조화의 감정을 배면으로 밀어 놓는다. 그러나 그럼에도 부조화의 감정은 여전히 얼마나 잘 유지되는지 기회만 있으면 여전히 어지럽게 조화를 점령한다. 역겨움, 혼미에 이은 역겨움의 극복…… 종교적 태도는 말하자면 춤사위가 보여 주는 역설적 단계를 보여 준다.

전체적으로 보면 충동의 복잡성에도 불구하고 그 의미는 충분히 밝혀진다. 종교는 본질적으로 금기의 위반을 요구한다는 것이다.

혼란은 공포감(공포감이 없이는 종교의 근본을 생각할 수 없다.)에 의해 도입 유지된다. 매 순간 도약을 위한 일보 후퇴가 있으며 그것은 종교의 본질이다. 그러나 이러한 시각은 명백히 불완전한 시각이다. 오해는 합리적 또는 실천적 세계의 의도와 잘 들어맞는 일종의 역전 현상이 기만적인 내적 도약의 발판 구실을 하는 일을 그칠 때 비로소 쉽게 풀릴 수 있을 것이다. 기독교도 그렇고 불교도 그렇고 우리가 알고 있는 종교가 대부분 그러하듯이 공포감과 역겨움은 뜨겁게 끓어오르는 영적 생명의 전주곡이다. 애초의 강력한 금기들에 기초한 영적 생명의 잔치는 축제의 의미를 가지며 이때 그것은 규칙의 준수가 아니라 위반이다. 기독교와 불교에서 법열은 공포의 극복에 근거한다. 모든 것을 앗아 가는 극단과의 조화는 이따금 공포와 역겨움이 우리의 가슴을 더욱 깊은 데까지 괴롭히는 종교의 경우 더 분명히 나타난다. 허무의 감정보다 더 심하게 우리를 충일 속에 내던지는 감정은 없다. 그러나 그 공허는 결코 소멸과는 다르다. 그것은 낙담한 태도의 초월, 위반이다.

위반이 무엇을 뜻하는지 분명히 밝히려면 덜 복잡한 다른 예들을 드는 것보다는 그것의 완성된 형태를 보여 주는 기독교 또는 불교에서의 충일을 당장 들여다보고 싶다. 그러나 그렇더라도 우선 나는 그보다 다소 덜 복잡한 위반의 형태인 전쟁과 제사를 순차적으로 살펴보겠다. 그런 다음 육체적 에로티즘을 살펴볼 것이다.

6장
살해, 사냥 그리고 전쟁

카니발리즘

부정확한 예외적 위반을 제외하면 금기의 위반은 대부분 관례와 관습이 예상해서 정해 놓은 규칙을 벗어나지 않는 범위에서 행해진다.

금기와 위반의 시소게임은 특히 에로티즘에서 명백하게 드러난다. 에로티즘의 예가 없었다면 그 게임에 대한 정확한 이해도 어려웠을 것이다. 역으로, 시소게임에서 출발하지 않는다면 에로티즘에 대한 정밀한 조망도 불가능했을 것이다. 시소게임은 전체적으로 종교 영역의 특성이기도 하다. 그러나 나는 우선 죽음에 대해 고찰해 보겠다.

다음 사실은 중요하다. 즉 죽은 사람들을 대상으로 하는 금기는 공포가 있을 뿐 욕구가 없다는 사실이다. 반면 첫눈에도 성적 대상들은 거부와 유혹, 금기와 금기 제거라는 끊임없는 시소게임의 기회를 제공한다. 프로이트는 금기에 대한 해석의 기초를 원시적 필요성에서 찾았는데, 요컨대 명백히 약한 대상들을 향한 과도한 욕구를 제한하는 방어벽이 금기의 기원이었다는 것이다. 시체에 접촉하는 것을 제한하는 금기에 대해 말할 때 먼저 말해야 할 사실은 시체와 관련된 금기도 다른 사람들이 시체를 먹지 못하게 하기 위한 것이라는 것이다. 물론 그 욕망은 우리에게 해당되는 욕망은 아니다. 우리에게는 그런 경험이 없다. 그러나 고대 사회는 카니발리즘의 욕망과 그것의 제거가 교체된 예를 보여 준다. 당시 사람들은 결코 도살 가축이 아닌 줄 알면서도 종교적인 규칙에 따라 인간을 먹곤 했다. 인육을 먹는 사람은 그 일이 금기라는 사실을 알고 있다. 그러면서도 그는 근본적인 것이라고 판단하는 그 금기를 경건하게 범한다. 우리는 뚜렷한 예를 제사 후의 영성체 행위에서도 볼 수 있다. 그때 우리가 먹는 인간의 살은 신성한 것으로 간주된다. 그러나 이때에도 우리가 금기를 모르는 동물적 상태로 돌아가는 것은 결코 아니다. 우리의 욕망은 아무런 생각 없는 동물이 욕망하는 욕망의 대상과 다르다. 우리의 욕망의 대상은 '금기'이며 그것은 신성하다. 그리고 대상을 욕망케 하는 것은 그것을 가로막는 금기이다. 신성한 카니발리즘은 욕망을 자극하는 금기의 기본적인 예다. 금기가 시체의 살을 맛있게 하지는 않을 테지만, 그러나 금기는 '경건한' 식인종으로 하여금 살을 먹게 하는 명백한 이유가 된다. 금기에 의해 매혹적 가치가 생성되는 역설적인 예는 에로티즘에서 다시 보게 될 것이다.

결투, 집단 보복, 그리고 전쟁

인육을 먹고 싶은 욕망은 우리에게 낯선 것이 분명하지만 살해 욕망은 결코 그렇지 않다. 우리 모두가 살해 욕망을 느끼는 것은 아니고 그것이 성욕만큼 강한 것도 아니지만, 실질적으로는 인간 속에 살해 욕망이 유지되고 있음을 부인할 수는 없을 것이다. 역사를 통해 볼 때 빈번하게 발생한 이유 없는 대살육은 모든 인간에게 살해 가능성이 잠재함을 반증해 준다. 성적 욕망이 성을 금하는 복잡한 금기와 무관하지 않듯이 살해 욕망은 살해를 금하는 금기와 무관하지 않다. 그러나 성행위가 어떠어떠한 경우에 한해 금지되듯이 살해 행위도 어떠어떠한 경우에만 금지된다. 살해의 금기가 성의 금기에 비해 보다 강하고 보편적인 방식으로 살해를 제한하고 있기는 하지만 살해의 금기도 성의 금기와 마찬가지로 어떤 상황에서만 그것을 금하고 있을 뿐이다. "살인하지 말라." 이 간단한 살해의 금기가 보편성을 지니고 있는 것도 사실이다. 그러나 그것은 "전쟁의 경우와, 어떤 사회체가 인정하는 몇몇 경우가 아니면"이라는 조건이 암시돼 있다. 그렇다면 살해의 금기 역시 "육체적 존재는 오직 결혼에 의해 완성에 이를 수 있을 것이다."라는 말로 인정되고 "관례를 따르는 어떤 경우" 허용되는 성의 금기와 다르지 않다.

결투, 집단 보복, 전쟁 등에서는 살해가 용인된다.

암살의 살해 행위는 죄가 된다. 암살은 금기의 무지 또는 무시와 관계한다. 결투, 집단 보복, 전쟁 등은 익히 알고 있는 금기를 범하지만 규칙을 준수해 가면서 범한다. 근대의(그래서 마침내 금기가 위반을 압도하는 지경에 이르게 된 근대의) 정교한 결투는 금기의 위반을 종교적으로 치르던 초기의 결투와는 너무 다른 것으로 만들어 버렸다. 초기의 결투는 중세 시대의 결투가 보여 준 개인적 양상을 보이지 않았을 것이다. 초기의 결투는 오히려 전쟁과 같은 것이었다. 적대 관계의 부족들은 부족들을 대표하는 장수들을 내보내 규칙에 따라 결투를 벌이게 했으며, 그 결투의 결과, 승자의 능력에 자신들을 맡겼다. 장수들은 기이한 결투를 벌였다. 그 기이한 결투는 상호 집단 살육을 기획하고 있는 양 진영의 군대가 지켜보는 가운데 행해졌다.

집단 보복도 결투와 마찬가지로 규칙이 있다. 한마디로 집단 보복은 어느 땅에 사느냐가 아니라 어느 편에 속하느냐로 진영이 결정되는 전쟁이라고 할 수 있을 것이다. 집단 보복 역시 결투 또는 전쟁 못지않은 엄격한 규칙을 따른다.

사냥, 동물의 살해에 대한 속죄

결투, 집단 보복 그리고 우리가 조금 뒤에 언급하게 될 전쟁은 사람의 죽음과 관계한다. 살해를 금하는 규칙은 거대 동물과 인간이 구분되기 전부터의 일이다. 그러니까 거대 동물과 인간이 구분되는 것은 나중의 일이다. 애초에는 인간과 동물이 구분되지 않았다. 그러한 현상은 고대의 생활 습관을 그대로 답습하는 '사냥족'들에게서 아직도 확인할 수 있다. 고대의 원시 사냥족들에게 있어서는 사냥 역시 결투, 집단 보복, 전쟁 못지않은 위반의 한 형태였다.

그럼에도 둘 사이에 근본적인 차이는 있다. 요컨대 인간의 동족 살해는 인간이 동물성에 가깝던 초기 원시인들의 시대에도 발생하지 않았다는 사실이다.[1]

반면 당시 동물들의 사냥은 습관이었을 것이다. 사실 사냥이란 돌로 만든 연장과 무기가 가능하게 하는 것인 만큼 노동의 결과라고 말할 수 있다. 그러나 금기를 일반적으로 노동의 결과라고는 하지만 그러한 결과에 이르기까지는 우리가 생각하는 것보다 상당한 시간이 걸렸을 것이며, 인간은 동물의 살해 금기를 아직 의식하지 못한 채 사냥을 해 왔을 것이다. 아무튼 단호한 위반이 없었다면 사냥으로의 복귀도 없었을 것이고 금기가 이렇게까지 지배적일 수도 없었을 것이다. 사냥의 금기에 나타나는 금기의 특성도 다른 금기와 마찬가지로 일반적 특성을 지닌다. 내가 강조하고 싶은 사실은 전체적으로 보면 사냥의 금기도 성의 금기와 다르지 않아서 사냥과 관련된 금기를 사냥족들에게서 살펴보는 것처럼 성 금기의 이해를 잘 돕는 것도 없다는 사실이다. 금기

---

1) 동물계에는 동족 살해에 대한 금기가 없다. 그러나 사실 동물의 행동에 있어서 본능이 결정하는 동족 살해는 예외적인 것이다. 동물계에 있어서 종종 볼 수 있는 그들 사이의 **전투조차도** 원칙적으로 살해에 이르지는 못한다.

는 절제만을 강제하는 것이 아니라 위반의 실천을 의미한다. 사냥도 성행위와 마찬가지로 사실 전적으로 금지될 수는 없다. 금기는 필연적인 생명 활동을 전적으로 제거할 수는 없으며, 그래서 거기에 종교적인 위반의 의미를 부여하는 것이다. 금기는 생명 활동을 제한하며 형태를 조절한다. 금기는 그것을 어긴 사람에게 속죄를 부과할 수 있다. 사냥꾼과 전사(戰士)는 살해로 인하여 신성했다. 다만 속세로 돌아오기 위해 그들은 더러움을 씻어 내고 깨끗해질 필요가 있었다. 속죄 의식은 사냥꾼과 전사를 깨끗하게 하기 위한 의식이었다. 고대 사회는 그러한 속죄 의식에 친숙해져 있었다.

선사 시대 연구가들은 대체적으로 동굴의 벽화가 주술적인 의미를 지닌다고 본다. 동굴의 벽면에 그려진 그림들은 사냥꾼들의 탐욕의 대상이며, 따라서 사냥꾼들은 그 동물들을 잡고 싶은 욕망의 실현을 희망하면서 거기에 그림을 그렸다는 것이다. 그런데 나는 그렇게 생각하지 않는다. 은밀하고도 종교적인 분위기를 지니고 있는 동굴의 벽화는 사냥의 진정한 의미로서의 위반의 종교적 특성과 일치하는 것이 아닐까? 위반의 놀이와 형상화의 놀이가 화답했을 것이다. 물론 증거를 제시하기는 쉽지 않다. 그러나 선사 시대 연구가들이 그림을 금기와 위반의 시소게임의 시각에서 볼 수 있다면, 그래서 그들이 동물의 죽음에서 동물의 신성한 특성을 분명히 확인할 수만 있다면, 모르긴 몰라도 그들은 인류 초기의 종교가 갖던 중요성을 간파하는 눈이 뜨여서 그 그림을 주술적인 그림이라고 볼 때 불편하게 했을 빈곤한 시각 대신 새로운 시각을 갖기에 이를 것이다. 동굴 벽화는 특별한 어떤 순간, 말하자면 동물이 출현한 순간, 필요하지만 벌을 받을 수도 있는 동물의 살해가 생명의 종교적 모호성을 드러내는 순간, 고뇌의 인간이 거부와 거부의 경이로운 극복을 통해 생명을 완수하는 순간을 그림으로 남기고 싶은 목적에서 그린 그림이었을 것이다. 이 가정(假定)은 동물을 죽인 후

관례적으로 속죄 행사를 치르던 어떤 사냥족과 동굴 벽화를 그린 사냥족들의 삶의 방식이 유사하다는 사실에 근거한다. 이 가정은 죽어 가는 동물의 모습을 담은 라스코의 동굴 벽화에 대한 일관성 있는 해석을 제공하기도 한다. 화가가 죽어 가는 동물을 포착해 그린 동굴 벽화는 죽기 직전의 들소가 죽이는 사람을 노려보는 장면이다. 숱한 그러나 모순적이고 취약한 논란을 야기시킨 이 유명한 그림의 주제는 내가 보기에 살해와 속죄이다.[2]

적어도 이러한 견해는 동굴 벽화에 대한 다분히 빈약한 해석이라고 할 수 있는 주술적(실용적) 해석 대신 태고부터 우리에게 전해 내려온 경탄할 만한 동굴의 그림들이 잘 보여 주고 있는 최고의 놀이로서의 특성, 즉 예술이라는 현상과 일반적으로 아주 잘 일치하는 종교적 해석을 대체케 해 주는 장점이 있다.

전쟁에 관한 최초의 증거

우리는 어쨌든 후기 구석기 시대를 살았던 '프랑스 오베르뉴 지방' 동굴 벽화의 주인공들은 아직 몰랐을, 전쟁보다 먼저 있었을 어떤 원초적 형태의 위반이 사냥에 있었다고 보아야 한다. 적어도 최초 인간들이라고 할 당시 인간들에게 전쟁은 오늘날처럼 중요한 자리를 차지하지 못했을 것이다. 당시의 원시인들은 오늘날까지도 전쟁을 모르고 살아가는 에스키모인들을 연상시킨다.

전쟁에 관한 그림을 최초로 남긴 사람들은 지중해 동부 스페인의 암

---

2) 나의 저서 『라스코와 예술의 탄생』(스키라사, 1955), 139~140쪽을 참조하라. 거기에서 나는 당시의 설명들을 보충하는가 하면 비판했다. 여전히 취약한 다른 설명들이 그 뒤에도 출판되었다. 1955년 나는 개인적인 가정을 제시하기를 거부한 바 있다.

굴 벽화를 그린 사람들이다. 필경 그 그림은 후기 구석기 시대 말기에 서부터 그 시대의 남은 기간에 걸쳐 그려진 것으로 추측된다. 지금보다 만 년 내지 만오천 년 전, 즉 후기 구석기 시대가 끝날 즈음 비로소 전쟁은 인간의 살해를 금하는 동시에 원칙적으로 인간과 유사하게 취급되는 동물의 살해를 금하는 금기를 위반하기 시작한 것이다.

죽음과 관련된 금기와 마찬가지로 위의 금기들에 대한 위반의 흔적도 아주 오래전의 일이다. 그러나 우리가 위에서도 지적했듯이 성에 관한 금기와 위반의 분명한 흔적은 역사 시대부터의 일이다. 우리는 우리의 작업을 에로티즘에 바치고 있지만 그럼에도 위반에 대한 전반적인 언급, 특히 살해 금기의 위반에 대한 특별한 언급이 필요한 이유는 여러 가지가 있다. 전체를 참조하지 않고 에로티즘의 충동과 의미를 포착하기는 어렵다. 에로티즘의 충동들은 우리를 당혹케 하기 때문에 그러한 충동들이 보다 오래전부터 명확히 나타나는 영역에서 모순적 결과들을 우선 확인해 보지 않는다면 우리는 그것들을 따라잡을 수 없게 된다.

지중해 동부 스페인족의 그림들은 조직적인 싸움으로서 두 집단 간의 전쟁이 언제부터 있었는지를 알려 줄 뿐이다. 그러나 우리는 일반적으로 고대의 전쟁에 관한 풍부한 자료들을 확보하고 있다. 두 집단 간의 싸움은 그 자체만으로 최소한의 어떤 규칙을 전제한다. 그중에도 명백한 제일의 규칙은 적의 집단을 정해서 적대감을 표시하는 것이다. 우리는 고대인들의 '선전 포고'의 규칙들을 알고 있다. 선전 포고는 공격자의 내부적 결정만으로 충분했다. 그러면 상대에 대한 기습도 가능했다. 그러나 보다 일반적으로는 어떤 의식적 절차를 거쳐 통고하는 것이 위반의 정신에 합당한 것이었던 듯하다. 통고된 후에도 전쟁은 일정한 규칙에 따라 치러졌다. 고대의 전쟁은 축제를 연상케 한다. 물론 오늘날의 전쟁도 그러한 역설에서 크게 멀어진 것은 아니다. 고대에는 화려하고 장대한 전투복 취향이 있었다. 초기의 전쟁은 사치에 가까웠다.

당시의 전쟁은 군주가 영토를 확장하고, 백성이 부를 축적하는 수단이 결코 아니었다. 전쟁은 넘치는 공격성과 과잉의 결과였다.

의식으로서의 전쟁과 작전으로서의 전쟁

근대에 이르면 병사의 전투복은 가능한 한 적의 표적이 되지 않도록 신경 써서 만들어지며, 그것은 전통이 되어 오늘날까지 이어진다. 그러나 손실을 최소한으로 줄이기 위한 그러한 노력은 초기 전쟁의 정신과는 무관한 것이었다. 일반적으로 금기의 위반이 최종 목적이었다. 전쟁이 어떤 목적의 보조적 수단일 수 있었지만 그래도 우선은 그것 자체가 목적이었다. 의식을 거친다고 전쟁이 덜 잔인해지지는 않지만 그럼에도 불구하고 전쟁은 장엄한 의식처럼 세심한 절차를 거쳐 진행되었다. 우리의 시대보다 앞서 중국 봉건 시대의 전쟁이 바로 그런 식이었다. "봉건 제후 령의 전쟁은 결투의 신청으로 시작된다. 제후가 파견한 용장이 적국의 제후 앞에서 자결을 하든지 또는 전차를 달려 적국의 성문을 들이받아 그에게 모욕을 주면 그것이 결투의 신청이었다. 상호 살육에 앞서 제후들의 의전적 공격이 있은 다음 전차들이 뒤섞여 싸움을 하는 대살육이 벌어진다……."[3] 고대의 호메로스 시풍의 전쟁 양상은 보편적인 것이었다. 정말 게임처럼 보였지만 그러나 거기에서 비롯되는 결과는 얼마나 심각한 것이었던지 시간이 흐르면서 전쟁은 게임 규칙의 준수보다는 계산이 앞서게 되었다. 중국의 역사서에 분명한 기록이 남아 있다. "세월이 흐르면서 그러한 기사도 점차 사라져 갔다. 고대의 기사도 전쟁은 가차 없는 싸움과 집단 공격으로 퇴색하

---

3) 르네 그루세·실비 레뇨-가티에, 『세계사』(플레이아드, 갈리마르사, 1955), 1권, 1552~1553쪽.

면서 이제는 한쪽 지방의 주민 전체가 이웃 주민들을 일제히 습격하곤 했다."

사실 전쟁은 규칙 자체를 목적으로 삼고 준수하느냐 아니면 원하는 정치적 목적과 결과에 더 무게중심을 두느냐 하는 갈림길에서 언제나 방황해 왔다. 오늘날까지도 전문가들 사이에 이 두 가지 의견 대립은 해소되지 않고 있다. 기사도 전통의 군인들에 대해 반대 입장을 가지고 있는 클라우세비치는 적군은 가차 없이 공격해야 할 필요성이 있다고 강조한다. 그는 "전쟁이란 폭력이며 제한이 없는 폭력이다."[4]라고 말한다. 전체적으로 볼 때 클라우세비치의 주장은 그러한 경향이 의식적 절차(과거의 학파는 의식적 절차에 끊임없이 매력을 느끼지만)를 거쳐 전쟁을 치르던 과거와는 달리 근대에 올수록 우세한 것이 되었음을 입증하는 주장이다. 물론 전쟁의 인간적인 면과 기본적 전통을 혼동해서는 안 된다. 전쟁도 어느 정도는 인간의 권리 신장에 기여하는 점이 있다. 그러나 전쟁의 전통적인 준법 정신이 인간의 권리 신장을 도울 수 있었던 것은 사실이지만, 그렇다고 그 규칙들이 전쟁에서 오는 손실 또는 전사의 죽음까지 막을 수는 없었다. 사실 금기의 위반에 제한이 있다 해도 그것은 형식에 그쳤을 뿐이었다. 일반적으로 공격적 충동이 분출하지는 않았으나 일정한 여건만 주어지면 빈틈없이 지켜지던 규칙들은 무너졌으며 일단 무너지면 그 광포성은 걷잡을 수 없는 것이었다.

전쟁의 조직성과 잔인성

인간의 전쟁은 동물의 폭력과는 달라서 동물로서는 불가능한 잔인

---

4) 카를 폰 클라우세비치, D. 나빌 옮김, 『전쟁론』(미뉘사, 1955), 53쪽.

함이 있다. 특히 적군의 집단 학살을 수반하는 전투는 포로 학대의 서막이었다. 이러한 잔인성이 바로 인간이 저지르는 전쟁의 양상이다. 전쟁의 그러한 특징들을 살펴보기 위해 여기 모리스 다비를 인용해 본다.

　　아프리카에서는 포로들을 고문하고 죽이며 심지어 굶겨 죽이기까지 한다. 특히 포로들을 아주 비인간적으로 다루는 종족으로는 치어(langue Tchi ― 옮긴이 주)족들이 있다. 그들은 남자, 여자, 아이 가릴 것 없이(아기를 등에 업은 어머니들과 아직 채 걷지도 못하는 아이들을 포함하여) 열 명 또는 열다섯 명씩 벌거벗긴 채 밧줄로 목을 연달아 묶어 놓는다. 더 무서운 것은 포로는 금방이라도 머리 위로 굴러떨어질 것만 같은 통나무 더미에 팔이 묶여 있다는 것이다. 아무것도 먹지 못해 피골이 상접한 채 꽁꽁 묶인 그들은 몇 달씩 승리 군에 끌려 다닌다. 감시병들은 그들을 말할 수 없이 잔인하게 다룬다. 그러다가 전세가 역전되면 그들을 자유롭게 풀어 주는 대신 무차별하게 살해한다. 람세이어와 쿤은 한 포로의 사례(아크라라고 하는 토착인)를 소개한다. 그는 '장작처형'을 당했는데, 말하자면 잘린 나무 밑둥에 가슴 부분이 철사줄로 옮아 매인 채 4개월여를 아무것도 먹지 못해 굶주려 죽고 만 것이다. 탐사 팀은 이번에는 포로들 중에서 바싹 마른 어린아이를 발견하고는 어린아이에게 일어나 보라고 했는데, 아이는 '뼈가 앙상하게 온통 드러나 보이는 해골처럼 몸을 겨우 일으켜 세웠다.' 거기에서 발견된 대부분의 포로들은 차라리 움직이는 해골이었다. 한 소년은 영양 부족으로 너무 수척해서 머리의 무게를 목으로 받쳐 줄 힘조차 없었으며, 앉자마자 머리가 무릎 속에 묻힐 정도였다. 피골이 상접한 다른 한 소년의 기침 소리는 곧 죽어 가는 노인의 헐떡임 같았다. 더 어린 어떤 소년은 영양 부족으로 너무 약해서 서 있을 수조차 없었다. 아샨티스족은 선교사들이 그 광경을 보고 흥분하자 오히려 놀라는 기색이었다. 그리고 한번은 선교사들이 굶주린 몇 아이에게 먹을 것을 주려고 하자 감시병들이 달려들어 그들을 거칠게 떼어 놓았다. 다호메이에서는 부상당한 포로는 간호를 받지 못할뿐더러 노예로 쓸 수 없는 포로들은 뼈만 앙상한 채 반 식물 상태로 지낸다. …… 포로의 아래턱은 아주 값나가는 전리품이며…… 그래서 다호메이인들은 부상당한 그러나 아직 살아 있는 포로의 턱을 떼어 낸다. …… 피지인들이 적의 요새를 함락시킨 후 벌이는 장면은 너무 끔찍해서 일일이 묘사할 수 없을 정도이다. 그들에게 있어서 가장 덜 잔인한 것은 성(性)과 나이를 구분하지 않는다는 점이다. 그들은 산 포로들의 사지를 절단해 내는가 하면 성적 욕망이 충동질하는 모든 잔인한 행위를 서슴지 않기 때문에 전쟁에 패배한 족속들은 사로잡히기보다는 차라리 죽음을 택한다. 멜라네시아의 타고난 운명론에 젖은 그들은 일단 전쟁에 패하면 아예 도망갈 생각을 하지 않은 채 철퇴의 난무에 머리를 내맡긴다. 그러나 불행하게도 산 채로 포로가 되면 그들은 처참한 꼴을 당하게 되는 것이다. 그들은 마을 한가운데 끌려와 고문에 능한 젊은 상류층 소년들에게 넘겨지기도 하고 아니면 철퇴를 맞고 정신을 잃은 채 불길이 치솟는 화덕에 끌려 들어가기도 한다. 뜨거운 불길에 그들이 고통을 참지 못하고 미친 듯이 몸부림치면, 구경꾼들은 그 장면을 지켜보면서 웃음을 터뜨린다…….[5]

폭력(폭력 그 자체가 잔인한 것은 아니다.)은 위반을 통해 보면 그것을 조직하는 사람의 일이다. 잔인성은 조직적 폭력의 한 형태이다. 잔인성은 에로티즘과 필연적 관계를 갖는 것이 아닌데도 위반에 의해 조직되는 다른 형태의 폭력으로 이어진다. 에로티즘도 잔인성과 마찬가지로 기획된다. 잔인성과 에로티즘은 금기의 한계를 벗어나기로 결심한 사람의 정신 속에 똬리를 튼다. 그 결심이 물론 일반적인 것이라고 할 수

---

5) M. R. 다비, 『원시 사회에 있어서의 전쟁』, 영문판 번역(페요사, 1931), 439~440쪽.

는 없다. 그러나 일단 한쪽에 발을 들여놓으면 다른 쪽에 몸을 담는 일도 어렵지 않다. 술 취한 사람에게는 모든 금기의 위반이 가능하듯이 잔인성과 에로티즘은 일단 둘 중의 하나를 넘으면 별 차이가 없는 이웃사촌들이다. 결심은 안정으로의 복귀가 마련돼 있을수록 힘을 발휘한다. 안정으로의 복귀가 예정돼 있지 않다면 게임은 있을 수 없을 것이다. 밀물이 있으면 썰물이 있는 것과 마찬가지다. 한 영역에서 다른 영역으로의 이행은 그것이 기본적 틀을 벗어나지 않은 범위에서만 가능하다.

잔인성은 에로티즘으로 이어질 가능성이 있으며 마찬가지로 포로의 대량 학살은 카니발리즘이 궁극적 목적일 수 있다. 그러나 전쟁 상황이라 해도 동물성으로 돌아가 철저히 금기를 망각하는 일은 생각할 수 없다. 아무리 광분하는 폭력 속에도 인간성을 느끼게 하는 무언가는 남아 있는 법이다. 아무리 피에 굶주려 제정신을 잃은 군인들도 서로를 무조건 살육하지는 않는다. 물론 발광의 밑바닥을 차지하고 있는 규칙의 실체를 파악하는 일이 쉬운 일은 아니다. 그럼에도, 역사를 통해 볼 때, 카니발리즘의 금기는 그런 비인간적인 광분을 저지하는 금기이다.

폭력의 가장 잔인한 형태는 원시인의 야만이 아님을 주목해 둘 필요가 있다. 규율에 근거한 효과적 군사 작전을 수행함으로써 마침내 전사들 집단으로부터 한계 초월의 기쁨을 앗아가 버린 군사 조직은 전쟁을 전쟁 충동과는 별개의 메커니즘으로 이끌어 간다. 오늘날의 전쟁은 내가 말하는 게임으로서의 전쟁과는 너무 거리가 멀어져 버렸으며, 정치적인 내기의 의미밖에 없는 근대의 전쟁은 가장 슬픈 정신병적 일탈이 되어 버렸다. 초기의 전쟁도 거의 변호해 주고 싶은 생각이 들지 않는다. 왜냐하면 그것은 필연적 발전 과정에서 금방 근대식 전쟁을 예고하더니, 그렇게 변모해 버렸기 때문이다. 위반과 관련 깊은 초기 군사

조직과는 상관없는 것이 되어 버린 오늘날의 군사 조직은 이제 인류를 막바지에 몰아붙이기에 이르렀다.[6]

---

[6] 일단 시동이 걸리기만 하면…….

7장
살해와 제사

살해 금기의 종교적 제거, 제사와 신성한 동물성의 세계

    살해 욕망의 무차별한 분출이라고 할 수 있는 전쟁은 전체적으로 볼 때 종교의 영역을 벗어난다. 전쟁과 마찬가지로 제사도 살해 금기의 위반이라는 점에서는 다름이 없지만, 그것은 특별한 종교적 행위이다.
    우선 제사는 헌물을 전제한다. 제사에는 피가 없을 수도 있다. 그러나 피가 필요한 제사인 경우에는 동물이 대체 제물이었음을 기억해 두자. 문명이 발달하면서 인간을 제물로 바치는 일이 끔찍하게 여겨졌다. 그러나 대체 방식이 동물 제사의 기원은 아니었다. 인간을 제물로 바치는 제사는 보다 최근의 일이며, 우리가 알고 있는 가장 오래된 고대의 제사들은 동물을 제물로 바치는 것이었다. 필경 우리 눈에 인간과 동물이 결정적으로 다르게 보이기 시작한 것은 신석기 시대, 즉 동물을 사육하던 이후의 일일 것이다. 금기는 인간과 동물을 구분할 수 있게 하는 변별 기능을 지닌다. 인간만이 금기를 지키기 때문이다. 그러나 동물 사육 이전의 원시 인간의 눈에는 인간과 동물이 다르지 않았다. 아니 오히려 동물은 금기를 지키지 않기 때문에 신성했으며, 인간보다 신성하게 보였다.

대체적으로 가장 오래전의 고대에는 인간의 절대권을 근본적으로 제한하는 금기와는 무관한 동물들이 신이었다. 일단 동물의 살해는 어떤 강한 신성 모독의 느낌을 느끼게 했다. 공동체가 바친 제물은 신성의 의미를 획득했다. 제사는 제물을 축성했고, 신격화시켰다.

제물은 동물이라는 이유 때문에 벌써 신성했다. 신성이란 폭력과 관련된 저주를 거침없이 표현하는 것을 말하는데, 동물은 저주를 주저 없이 선동하며 폭력을 포기하지 않으니 신성한 존재였다. 원시인들은 동물도 기본적 규칙을 모를 리 없다고 생각했으며, 폭력과 충동 자체가 이미 규칙의 위반임을 모르지 않을 것이라고 생각했다. 잘 알면서도 동물은 근본적으로 규칙을 위반하는, 다시 말해 의식적이고도 절대적으로 그것을 위반하는 존재라고 생각했다. 그러다가 동물 안의 폭력은 폭력의 극치인 죽음을 계기로 흘러넘치면서 남김 없이 동물을 사로잡았던 것이다. 얼마나 신성한 폭력인지 그 폭력은 제물을 계산된 삶을 살아가는 보통 사람의 평범한 세계 너머로 끌어올리는 폭력이다. 계산된 삶과 관련시켜 볼 때 폭력과 죽음은 인간의 삶을 사회적으로 규율하는 예의와 규칙을 존중하지 못하니 광적인 것임에 틀림없다. 죽음은 순박한 의식으로 보면 오직 원죄, 위반의 결과일 뿐이다. 다시 한 번 말하면 죽음은 합법적 질서를 난폭하게 전복시킨다.

죽음은 동물의 본질인 위반의 특성을 완성시킨다. 죽음은 동물의 존재 깊은 곳을 파고드는데, 그 깊은 곳에서 드러나는 것은 다름 아닌 피의 의식이다.

이제 "불연속적인 우리에게 죽음은 존재 연속성의 의미를 갖는다."라는 서문의 주제로 돌아가 보자.

제사에 관해서 나는 이렇게 말했다. "제물이 죽으면, 참관자들은 그 죽음이 계시하는 본령에 참여한다. 그 본령이란 종교사가들의 말을 빌리면 신성이라고 하는 것이다. 이 엄숙한 의식이 집전되는 동안 불연속적 존재의 죽음을 지켜본 사람들에게 계시되는 존재의 연속성, 그것이 바로 신성이 아닐까! 격렬한 죽음은 불연속적 존재에 파열을 초래한다. 침묵이 감돌고, 제사를 참관하던 사람들이 그 자리에서 느끼는 것은 제물이 도달한 존재의 연속성이다. 우리가 평소에 모르던 그 느낌은 종교적 장중함과 집단이 준비한 화려한 죽음만이 가져다줄 수 있는 느낌이다. 만약 우리가 비록 어린 시절의 것이라 해도 개인적으로 경험한 종교에 대한 의식을 되살릴 수 없다면, 우리는 참관자들의 마음 깊은 곳에 계시되는 것이 무엇인지를 상상조차 할 수 없을 것이다. 모든 점으로 고려해 보건대 원시 시대의 제사에 깃든 신성은 근본적으로 오늘날 종교의 신과 크게 다르지 않음을 알 수 있다."[1]

지금까지 살펴본 바에 의하면, 신의 연속성은 불연속적 존재들의 질서를 규율하는 규칙의 위반과 깊은 관련이 있음을 알 수 있다. 불연속적 존재인 인간은 불연속성을 유지하려고 한다. 그러나 죽음 또는 적어도 죽음의 장면은 인간에게 연속성을 경험하게 하는 것이다.

본질은 여기에 있다. 인간과 동물은 금기의 충동을 통해 보면 구분되었다. 동물은 죽음과 번식(폭력)의 게임에 한껏 몰두하는 데 반해 인간은 거기에서 벗어나려고 했다. 그러나 인간은 위반의 충동이라는 이차적 충동에 의해 동물과 가까워진다. 인간은 동물에게서 금기의 규칙을 벗어나는 어떤 것, 폭력(극단, 죽음과 번식의 세계를 지배하는 폭력)을 향해 열린 어떤 것을 보았다. 필경 인간과 동물의 이차적 일치, 새로운 측면의 전개는 아직 유인원에 가깝던 네안데르탈인 이후에 나타난, 즉 우리와 더 가까운 완성된 인간이라고 할 수 있는 동굴 벽화의 인간에 이르러서였을 것이다. 그 인간은 이미 우리에게 잘 알려진 것처럼 동물

---

[1] 이 책, 24쪽 참조.

에 대한 신비한 그림들을 남긴 인간이다. 그러나 그는 자신의 모습은 거의 그린 일이 없다. 인간을 그리는 경우에는 위장시켰는데 말하자면 얼굴에 동물의 탈을 씌워 그 뒤에 숨곤 했다. 인간의 얼굴을 그대로 가지고 있는 경우에도 형체가 분명치 않아서 기이해 보였다. 오늘날 우리가 원초적인 동물성에 수치심을 느끼는 데 반해 당시의 인간은 그와는 달리 자기 자신의 모습에 수치를 느끼고 있었음이 분명하다. 그러나 당시의 인간이 일차적 충동의 기본적 결정을 외면했다는 말은 아니다. 다시 말해 후기 구석기 시대의 인간은 죽음과 관련된 금기를 지키고 있었으며, 친족의 시체를 매장했다. 한편 네안데르탈인조차 지키던 성 금기(모든 인간 행실의 근본이었다고 할 수 있는 근친상간과 월경에 관한 금기)를 후기 구석기 시대의 인간이 몰랐을 리도 없었을 것이다. 다만 동물성과의 일치는 일방적 형태의 금기 준수를 배제시켰다. 네안데르탈인 시대인 중기 구석기 시대와 후기 구석기 시대(고대인의 관습과 고대 사회의 자료를 통해 우리가 알고 있는 위반의 체계들은 후기 구석기 시대에 비로소 제대로 도입되었다.) 사이의 정확한 구조적 구분은 어려울 것이다. 우리가 가정의 수준에서 말하자면 동굴 벽화의 사냥꾼들은 일반적으로 생각하듯이 주술적인 목적으로 그림을 그렸더라도 동물을 신성하게 생각했기 때문에 그랬을 것이라는 것이다. 동물의 신성은 가장 오래된 금기의 준수와 금기들의 제한적 위반(나중에야 그것이 위반이었음이 확인되지만)을 전제한다. 인간은 어떤 의미에서 동물성과 조화를 이룰 때 위반의 세계에 진입할 수 있으며, 금기를 유지한 채 동물성과 인간성을 결합시키면 신의 세계(신성의 세계)에 진입할 수도 있다. 우리는 이 변화를 드러내 주는 형태들을 모르며, 심지어 과거에 제사가 치러졌는지조차 모른다.[2] 우리는 아주 먼 과거 인간들의 성생활에 대해서도 거의 아는 바가 없다.(성기의 그림들이 자주 보인다는 것을 언급할 수 있을 뿐이다.) 그럼에도 이제 갓 생겨난 세계에 대해 말하자면, 그 세계는 신적인 동물성의 세계였고 애초부터 위반 정신이 분출하는 세계였을 것이다. 위반 정신이란 인류에 부관된 금기들로서는 제한할 수 없는 죽어 가는 동물 신, 죽음을 통해 폭력을 부추기는 신의 정신이다. 금기는 사실 실제 동물 세계와 관계가 없으며 신화적인 동물성의 세계와도 관계가 없다. 그리고 금기는 동물의 가면으로 인간성을 숨긴 절대적 인간과도 관계가 없다. 따라서 갓 태어난 그 세계의 정신을 이해하는 일은 쉬운 일이 아니다. 그 세계는 자연과 신성이 뒤섞인 세계였기 때문이다.[3] 그러나 변화를 따라갈 줄 아는 사고 능력의 소유자는 다음을 쉽게 이해할 수 있다. 동물성 또는 자연의 부정으로[4] 형성된 인간 세계는 스스로를 한 번 더 부정한다. 그리고 제2의 부정은 인간 세계를 애초의 부정으로 되돌리는 대신 초월에 이르게 한다.

물론 이렇게 묘사된 세계가 후기 구석기 시대의 세계와 정확히 들어맞는다고 할 수는 없다. 다만 위의 세계를 동굴 벽화 인간의 세계였던 것으로 생각하면 그 시대와 그 시대의 작품들을 쉽게 이해할 수는 있을 것이다. 그러나 가장 오랜 역사 시대부터 알려진 그 세계는 훨씬 나중에 가서야 존재가 확인된다. 그 세계의 실존은 민속학에 의해, 그리고 근대 과학이 고대 인간들에 대해 행한 관찰들에 의해 인준을 받는다. 이집트와 그리스 같은 역사 시대의 인간들에게도 동물은 절대적 실존, 즉 제사에서 죽음이 불러일으키는 신들에 대한 일차적 이미지의 느낌을 주었다.

---

2) 몽테스팡 동굴의 벽화에서 발견된 머리가 잘린 곰의 모형(H. 브뢰유, 『동굴 벽화 예술의 400세기』, (몽테냐크, 1052), 236~238쪽)은 곰을 희생시켜 제사를 지내던 전기 구석기 시대의 유사한 의식을 떠오르게 할 수 있다. 시베리아의 사냥족들, 일본의 아이노족들이 생포한 곰으로 치르던 제사는 아주 고대적인 성격이 있는 듯하다. 그 제사는 몽테스팡 동굴 벽화에서 발견된 그림과 비교된다.
3) 말을 바꾸자면, 전복을 통한 사유의 전개가 가능한 변증법적 사유의 사람.
4) 정확하게 말해서, 노동에 의해 형성된 인간 세계.

이 이미지는 내가 시도한 원시 사냥족들 세계의 그림의 연장선상에 자리 잡는다. 나는 사실 그 사냥꾼의 세계에 대해 먼저 언급했어야 한다. 요컨대 그 세계의 동물성은 인간의 폭력이 몸을 사려 웅크리고 있는 하나의 대성당이었다. 사실 동굴에 그려진 동물성의 세계와 동물을 제물로 바치는 제사의 세계는 상호 이해를 돕는다. 동물의 제사에 대해 우리가 알고 있는 것은 동굴 벽화의 세계를 이해할 수 있게 한다. 동굴 벽화는 제사를 이해할 수 있게 해 준다.

고뇌의 극복

금기를 있게 한 고뇌의 태도는 생명의 맹목적 충동과 그에 대한 초기 인간들의 거부(물러섬)를 대립시켰다. 노동으로 의식의 눈을 뜬 초기 인간들은 끊임없이 태어나고 죽는 그야말로 현기증 나는 현상 앞에서 불편을 느꼈을 것이다. 전체적으로 보면 인생은 번식과 죽음의 방대한 움직임이다. 생명은 끊임없이 생명을 탄생시키며, 또 생명을 사라지게 만든다. 초기 인간들은 그 앞에서 혼란을 느꼈을 것이다. 그들은 번식의 혼미 또는 죽음을 금기 또는 거부와 대립시켰다. 그러나 그들은 결코 거부 속에 갇히지는 않았다. 그들이 거기에 갇히는 것은 다음에 거기에서 빠져나오기 위한 것이었을 뿐이다. 그들은 거기에 들어갈 때처럼 거기에서 빠져나올 때도 갑자기 과감하게 빠져나왔다. 인간성을 이루는 것은 내가 보기에는 고뇌, 아니 극복된 고뇌, 고뇌의 초월이다. 삶이란 본질적으로 과잉이며 낭비이다. 삶은 모든 힘과 자원을 무제한으로 낭비한다. 삶은 그것이 창조한 삶 자체를 파멸시킨다. 살아 있는 모든 존재들은 그 움직임에 수동적이다. 극단적인 경우 우리는 우리의 생명을 위험하게 하는 어떤 것을 기꺼이 원하기조차 한다.

그렇게 되기를 바라는 힘이 우리에게 항상 있는 것은 아니다. 우리는 기진하며, 때로 우리의 욕망은 무능한 것으로 남는다. 또는 위험성이 너무 크거나, 죽음이 도사리면 원칙적으로 욕망은 저지당한다. 그러나 우연히 그럴 기회가 오면 이따금 우리의 열렬한 욕구 대상은 우리로 하여금 미친 듯이 우리 자신을 낭비하게 하는가 하면 파멸로 이끌어 가기조차 한다. 막대한 에너지와 돈의 낭비 또는 심각한 죽음의 위협을 사람들은 저마다 다르게 견뎌 낸다. 사람들은 할 수 있는 한 가장 많은 낭비와 가장 큰 위험(그것은 힘의 정도(양)와 관계한다.)을 추구한다. 우리는 설마 하고 생각하지만, 그것은 대부분 그럴 만한 힘이 없을 경우이다. 힘만 있으면 우리는 곧 낭비하고 위험에 몸을 내맡긴다. 힘과 수단만 갖추어지면 우리는 누구나 끊임없이 낭비하며, 부단히 위험에 직면한다.

보편적 유효성을 지니는 이 주장을 예증하기 위해 나는 고대의 풍속 아니 고대에 관한 언급을 잠시 유보해 두고 싶다. 대신, 우리가 사는 오늘날의 많은 사람들이 알 수 있는 사실 하나를 예로 들겠다. 가장 널리 보급된 문학, 즉 '탐정 소설'(또는 통속 소설)을 예로 들어 보자. 그 책들은 대개 주인공의 불행과 주인공을 짓누르는 위기로 가득 차 있다. 주인공에게 곤경, 고통이 없다면 주인공의 삶은 결코 우리의 흥미를 끌 수도 우리에게 매력적인 것이 될 수도 없으며, 독자로 하여금 주인공의 모험에 동참하도록 유인할 수도 없을 것이다. 위험을 면제받은 독자는 무상성 때문에 정작 거기에서 보아야 할 것을 보지 못하는데, 기실 독서란 우리가 힘이 없어 체험하지 못하는 것을 대신 체험하게 해 주는 것이다. 독서란 다른 사람의 모험이 자아내는 존재 상실의 위기를 고통을 치르지 않은 채 한번 느껴 보는 일이라고 할 수 있다. 만약 우리에게 그럴 만한 정신적 힘만 있다면 우리 자신도 한번 그렇게 살아 보고 싶은 것이다. 소설의 주인공을 꿈꾸어 보지 않은 사람이 어디 있겠는가? 그러나 그 욕망은 신중함(또는 비겁함)보다 강하지 못하다. 우리가 오직 허약함 때문에 실천에 옮기지 못할 뿐인 저 깊은 곳의 명령이 어떤 의미를 갖는가는, 다름 아니라 우리가 열정적으로 읽는 이야기들이 말해 주고 있다.

문학은 사실 종교의 후사를 잇는 종교의 상속자이다. 제사는 한편의 소설이며, 다른 말로 하자면 피를 보는 소설과 다를 것이 없다. 거칠게 보면, 제사는 한편의 연극, 예컨대 오직 동물 또는 인간 제물이 죽음에 이르는 연기를 마지막 에피소드로 집약시킨 드라마이다. 제사 의식은, 근본적으로 볼 때 정해진 날에 치르는 신화의 공연, 즉 신의 죽음이다. 우리를 놀라게 하는 것은 아무것도 없다. 상징적인 형태로 매일 치러지는 미사도 마찬가지다.

고뇌의 놀이도 마찬가지다. 인간이 가장 큰 고뇌, 죽음에까지 이르는 고뇌를 원하는 이유는 마침내 죽음과 폐허 너머에서 그것의 극복을 맛볼 수 있기 때문이다. 그러나 고뇌의 극복은 오직 한 가지 조건에서만 가능하다. 즉 고뇌는 그것을 원한 감성이 이겨 낼 수 있는 고뇌여야 한다는 것이다.

제사에서는 가능한 최대의 고통이 요구된다. 그러나 한계에 이르면 뒷걸음질이 불가피하다.[5] 인간이 동물과 구분되면서부터 동물의 죽음은 부분적으로는 고통의 의미를 잃었기 때문에 이제는 동물을 제사 지내는 대신 인간을 제사 지내곤 했다. 그러다가 문명이 견고한 자리를 차지한 나중에는 그와는 반대로 인간을 제사 지내는 일이 너무 야만적으로 보였기 때문에 다시 동물을 대신 제사 지내기 시작했다. 아주 후

---

[5] 제사 행위에 친숙한 아즈텍족들의 경우 아이들이 죽는 모습을 차마 볼 수 없어서 행렬을 이탈하는 사람들에게는 벌금이 부과되었다.

에 이르면 이스라엘족들은 아예 피의 제사를 혐오했다. 기독교도들은 상징적 제사밖에 몰랐다. 이제 죽음을 만연시킬지도 모를 과잉과의 타협점을 찾아야 했으나 더욱 필요한 것은 그럴 만한 힘이었다. 그렇지 못하면 금기의 힘만을 강화시키는 역겨운 세상이 되어 버릴 것이기 때문이었다.

8장
종교적 제사에서 에로티즘으로

기독교와, 위반의 신성성에 대한 인식 부족

서문에서 나는 고대인들은 애정 행위와 제사를 동일한 것으로 간주한다고 했다. 고대인들은 제사를 우리보다 직접적으로 느꼈다. 오늘날 우리의 제사는 그런 제사와는 거리가 멀다. 미사의 공물이 제사의 재현이라고 해도 결코 생생한 느낌을 주지는 못한다. 십자가 예수의 이미지가 아무리 강해도 피의 제사와 미사가 동일하게 느껴질 수는 없다.

문제는 기독교는 일반적으로 규칙 위반을 혐오한다는 데 있다. 사실 복음서는 엄격하게 지켜지는 형식적 금기의 제거를 독려하지만 그것은 진정한 의미의 위반이 아니다. 이제부터 중요한 것은 규칙의 가치를 의식함에도 불구하고가 아니라 그 가치에 반박하기 때문에 위반하는 것이다. 십자가 희생의 개념에서 중요한 것은 위반의 성격이 변질되어 버렸다는 점이다. 그 제사도 물론 살해, 피의 제사임에 틀림없다. 예수를 죽이는 일은 죄이며, 죄 중에도 가장 무거운 죄로서의 위반이다. 그러나 내가 말한 위반에 죄, 그리고 속죄가 있다면, 그 죄와 속죄는 결연한, 심지어 의도된 행위의 결과이다. 의지의 이러한 일치는 오늘날 우리들로 하여금 고대의 태도를 이해할 수 없게 만드는 부분이기도 하며 더 나아가 분노를 살 사고방식이다. 성스러워 보이는 규칙의 의도적 위반은 결코 마음에 불편을 초래하지 않을 수 없는 일이다. 그런데도 미사의 제사를 집전하는 사제들은 예수를 십자가에 못 박은 죄는 죄가 아니라고 한다. 만약 주모자들이 그 일을 죄인 줄 알았더라면 그 죄는 저지르지 않았을 죄이며, 따라서 그들의 무지가 죄라는 것이다. 행복한 죄라! 교회는 사실 그 지복의 죄과를 찬양한다. 물론 이러한 견해는 이 죄의 필연성을 드러내는 하나의 견해임에 틀림없다. 원래 예배는 원시 인간의 사고와 공명하였다. 그런데 이제 기독교의 논리를 만나면서 그것은 방향을 잃고 만다. 위반의 신성을 근본적으로 부인하는 것이 기독교의 근본이다. 그것은 기독교도들이 한계 너머의 반항적 역설의 상태에 이르렀을 때에도 변함이 없는 진리이다.

성교와 제사에 대한 고대의 비교

위반을 무시한 채 고대인들이 이 두 가지를 어떻게 보았는가에 대해서 알려고 한다면 그것은 아무런 의미가 없는 일이 될 것이다. 위반을 근본으로 삼지 않으면 제사와 성행위 사이에 다른 공통점은 없다 해도 과언이 아니다. 제사는 의도적 위반이며 거기에 희생당하는 존재의 돌연한 변화를 지켜보기 위한 고의적 행위이다. 존재가 죽음을 맞는다. 그는 죽기 전까지는 개체성에 갇혀 있다. 서문에서 밝힌 바 있듯이[1] 그의 존재는 아직은 불연속적인 것이다. 그런데 죽음에 의해 그는 돌연 존재의 연속성에 이르며, 그의 개별성은 사라진다. 이 난폭한 행동은

---

1) 이 책, 24쪽 참조.

제물의 한계 특성을 빼앗아가는 대신 그에게 무한정, 영원을 부여해서 그가 신성의 세계에 돌입하도록 하는데, 자, 이 격렬한 행위를 어떻게 의도된 행위가 아니라고 말할 수 있겠는가. 욕망하는 대상(희생물)의 옷을 벗기고, 그 안에 깊숙이 파고 들어가고 싶은 사람의 행위가 의도적인 것이듯이 위의 행위도 의도적인 것이다. 피의 제사장이 제물로서의 인간 또는 동물을 해체시키듯이 사랑하는 남자는 사랑의 대상인 여자를 해체시킨다. 여자는 그녀를 덮치는 남자의 손아귀에 그녀의 존재를 빼앗긴다. 여자는 타인과 거리를 두고 지키던 그녀의 단단한 요새가 일단 무너지면 수치심도 잃는다. 그녀는 갑자기 생식 기관에서 터져 나오는 성적 유희에 몸을 맡기며, 마구 파고들어 그녀를 넘치게 하는 비인격적 폭력에 그녀를 연다.

방대한 변증법적 논리에 친숙하지 않으면 가능하지 않은 이러한 자세한 분석이 고대인들에게 가능했을까? 제사와 성적 체험의 심오한 유사성을 정확히 파악하기 위해서는 그것들에 관한 많은 테마들의 종합이 필수적이었다. 그들은 당연히 심오한 양상들과 전체적 모습을 의식하지는 못했을 것이다. 그러나 제사의 경건성과 에로티즘의 충일을 둘 다 내적으로 체험한 사람이 없지는 않았을 것이다. 그런 사람이라면 정확한 비교에 의한 것은 아니지만 두 가지 체험에 유사성이 있음을 감지할 수 있었을 것이다. 그러나 기독교에서는 그런 가능성이 사라져 버렸다. 거기에서는 폭력을 통해 존재의 비밀에 이르려는 의지와 경건의 거리가 너무 멀기 때문이다.

제사와 애정 행위에 있어서의 육신

제사의 외적 폭력과 존재의 내적 폭력은 출혈과 신체 기관의 유출이라는 점에서 서로 같다. 그 피, 팽창한 생체 기관들은 해부실에서의 그것과는 달랐다. 우리가 고대인들의 감정을 복원시켜 내려면 과학이 아닌 내적 체험이 필요할 것이다. 이때는 피가 솟구칠 듯이 성기가 팽창하며, 비인격적인 생명력이 솟구쳐 오른다고 추정할 수 있다. 동물이 죽으면 동물의 불연속적 개체 대신 생명의 유기적 연속성이 들어서는데, 영성체 의식은 참관자들에게까지 연속성이 이어지도록 한다. 영성체를 삼킬 때의 짐승의 역한 냄새는 생명의 관능적 분출과 죽음을 동시에 느끼게 한다. 우리는 고기를 먹을 때 대체적으로 애초 그것이 붙어 있던 신체 기관에서 떼어 내어 양념과 요리를 한 후에만 먹는다. 제사는 먹는 행위를 죽음 속에 드러나는 생명의 진리와 연결시켰다.

보통 제사는 삶과 죽음을 일치시키며, 죽음에서 삶의 분출을 느끼게 하고, 삶에서 죽음의 무게, 죽음이 주는 현기증과 죽음의 서곡을 느끼게 하는 일을 한다. 삶은 죽음에 이어져 있으면서, 그러나, 동시에 죽음은 삶의 표징이자 무한에로의 열림으로 거기에 있다. 오늘날에는 제사라는 것이 체험의 영역 밖에 있기 때문에 우리는 체험 대신 상상을 하는 수밖에 없다. 그러나 제사의 의미와 그것이 지니는 종교적 의미를 이해하지 못한다고 해서 그 광경에 대한 우리의 반응마저 부인할 사람은 없을 것이다. 바로 역겨움이다. 우리가 제사에서 생각해 내야 하는 것은 바로 역겨움의 극복이다. 그러나 신성한 변화가 없는 개별적인 제사의 양상들은 마지막까지 역겨움을 줄 수 있다. 가령 가축을 도살 또는 칼질하는 장면은 대부분 오늘날의 사람들을 역겹게 할 것이다. 반면 식탁에 오른 요리는 전혀 역겨움을 주지 않을 것이다. 그렇다면 오늘날 우리의 체험은 과거 제사가 갖던 경건함을 거꾸로 체험하게 한다는 말도 가능할 것이다.

애정 행위와 제사를 비교 검토해 보면 '거꾸로'라는 말이 실감날 것이다. 애정 행위와 제사가 드러내는 것은 육신이다. 제사는 동물의 질서 잡힌 삶 대신 기관들의 맹목적 충동을 들어서게 한다. 성적 발작도 마찬가지다. 성적 발작은 성기를 팽창시키며, 맹목적인 유희는 마침내 연인들의 의지를 초월한다. 성찰의 의지 대신 피로 부푼 기관의 동물적 충동이 자리 잡는다. 이성으로는 도저히 억제할 수 없는 폭력은 성기를 자극하여 폭발 직전까지 몰아가며, 그러다가 갑자기 희열이 오고, 폭풍우는 극복된다. 의지가 자리를 비우면 육신의 충동은 한계를 넘는다. 육신은 예의의 규칙과는 대립된 과잉으로 우리 안에 있다. 육신은 기독교적 금기에 사로잡힌 사람들의 타고난 적인데, 그러나 만약 시간과 장소에 따라 다른 형태로 성적 자유를 억압하는 막연하면서도 보편적인 어떤 금기가 있다면,[2] 내 생각에, 육신은 위협받는 그 자유의 회귀를 구현한다.

육신, 정조, 성적 자유의 금기

금기에 대해 전반적으로 언급하면서도, 그것을 명확히 정의할 수 없어서 (아니 정의하고 싶지 않아서) 나는 정의를 피해 왔다. 사실 그것은 정의하기가 어렵기 때문에 그것에 대해서 말하는 일은 쉬운 일이 아니니다. 정숙함이라는 것도 임의적이며 가변적인 것이다. 그것처럼 개인차가 심한 것도 없다. 성행위에 대한 보다 보편적인 저주에 대한 언급을 상대적으로 파악이 어렵지 않은 근친상간 또는 월경 같은 금기들의

---

[2] 이 책, 55~56쪽 참조.

뒤로 미룬 이유는 거기에 있다. 나는 여전히 성행위에 대한 언급은 나중으로 미루어 두겠다. 그리고 그것에 대한 정의도 뒤로 미룬 채 우선은 모호한 성 금기의 위반들에 대해서 고찰해야겠다.

조금만 위로 거슬러 올라가 보자. 내가 보기에는 성 금기가 있다면 어떤 폭력적인 요소에 대한 금기일 것이다. 여기서 폭력이란 육에 가해지는 폭력이며 그것은 다른 말로 번식 기관의 유희를 지칭한다. 나는 성적 기관들의 유희에 대한 객관적인 관찰을 한 다음 육의 초월이라는 근본적인 내적 체험에 접근해 보겠다. 그리고 앞서 말했듯이 나는 제사가 동물의 죽음을 통해 드러내는 팽창의 내적 체험을 기본적인 출발점으로 삼아 출발하겠다. 에로티즘의 근본으로 돌아가 말하자면, 우리는 파열의 경험, 그리고 폭발적 파열이 몰고 오는 폭력의 경험을 가지고 있다.

9장
성적 팽창과 죽음

성장의 형태로 고찰해 본 번식 행위

에로티즘은 전체적으로 금기의 위반이며 인간적인 행위이다. 에로티즘은 동물성이 끝나는 데서 시작하면서 동시에 동물성에 기초하고 있다. 인간은 그러한 동물적 근거를 외면하고 혐오하면서도 여전히 간직한다. 동물성은 에로티즘과 얼마나 관계 깊은지 동물성 또는 야수성이라는 용어는 에로티즘을 늘 따라다닐 정도이다. 무낭하게노 금기의 위반은 동물의 구현으로서의 자연으로의 회귀를 의미했다. 어쨌든 금기가 저지하는 활동은 동물의 활동과 비슷한 어떤 것이다. 신체적 성욕과 에로티즘은 뇌와 사고와의 관계처럼 서로 뗄 수 없는 관계에 있다. 마찬가지 이유로 생리학은 사고의 객관적 근거로 남는다. 에로티즘에 대한 우리의 내적 체험을 객관적으로 관찰하기 위해서는 동물의 성적 기능을 다른 여건에 대입시켜 볼 필요가 있다. 아니 우리가 맨 먼저 해야 할 일은 다름 아닌 그 일이다. 사실 동물의 성적 기능은 우리의 내적 체험을 쉽게 이해할 수 있게 도와주는 면들이 있다.

내적 체험에 접근하기 전에 우선 신체적 조건에 대해서 한번 살펴보기로 하자.

객관적으로 보면, 생명은 성 불능이 아닌 한 소비하지 않을 수 없을 정도로 항상 넘치는 에너지를 끌어모으며, 그래서 그 넘침은 사실 새로운 한 단위를 잉태시키든지, 또는 순전히 허비를 위한 허비를 함으로써 해소된다.[1] 그러나 이러한 관점에서 보면 성행위의 근본적인 양상이 흐려지고 만다. 번식을 목적하지 않는 성행위도 근본에 있어서는 생장으로서의 원칙을 벗어나지 않기 때문이다. 총체적으로 보면 생식선이 증대된다. 이해를 돕기 위해서 가장 단순한 생식의 형태인 세포 분열을 예로 들어 보자. 하나의 세포는 일단 분열 조직이 증대된다. 그러다가 어느 정도의 생장점에 이르면 조직은 두 개로 갈라진다. a가 $a'+a''$로 나뉘었다고 하자. 이때, $a'+a''$는 a에서 비롯된 것이기 때문에 둘이 a의 생장의 결과임은 부인할 수 없다.

그러나 이때 주의해야 할 점은 a의 일부분이 a'가 되고, a의 다른 일부분이 a''가 되었겠지만, 그렇다고 하더라도 a'와 a''가 결코 a일 수는 없다는 사실이다. 하나의 조직 단위를 위기에 몰아넣는 생장의 의외의 특성에 대해서는 나중에 다시 언급하기로 하겠다. 다만 한 가지 지적해 두고 넘어가고 싶은 것은 번식도 생장의 한 형태라는 사실이다. 일반적으로 볼 때 번식이란 성행위의 가장 명백한 결과인 개체의 증식에서 비롯된다. 그렇게 본다면 유성 생식에 의한 종족의 번식도 원초적 분열에 의한 무성 생식의 다른 한 가지 양상으로 볼 수 있다. 유기체의 모든 세포들이 그렇듯이 생식선도 분열한다. 근본을 보면 모든 생체 단

---

[1] 사회의 경제 활동에 관한 문제는 모호할 것이 없다. 그러나 인체의 활동은 우리의 이해를 벗어난다. 성 기능의 생장과 팽창은 항상 서로 관계하며, 그 둘은 뇌하수체의 지시를 받는다. 그러나 칼로리의 소비가 둘 중의 어느 것, 즉 생장의 방향으로인가 아니면 생식 행위의 방향으로인가를 분명히 가를 수는 없다. 뇌하수체는 그것을 어떤 때는 생식에 또 어떤 때는 생장에 분배하기 때문이다. 그렇게 보면 의심의 여지가 없는 것은 아니지만 거인증은 성적 기능을 억제하고 성적 조숙증은 생장의 정지와 일치할 수도 있다.

위는 생장한다. 생장하다가, 팽창의 상태에 이르면 분열한다. 그러니까 생장(팽창)은 분열의 조건이며 우리는 그것을 번식이라고 부른다.

총체의 생장과 개체의 헌신

객관적으로 볼 때 우리의 애정 행위가 끌어들이는 것은 다름 아닌 번식이다.

그러므로 애정 행위는, 나의 글을 잘 따라온 사람은 알겠지만, 생장이다. 그러나 애정 행위 중의 생장은 우리의 생장은 아니다. 성행위나 분열은 존재 자체를 생장시키지는 않는다. 존재는 짝짓든지 또는 분열하든지 할 뿐이다. 번식은 비개인적 생장을 끌어들인다.

내가 허두에서 구분한 순전한 낭비와 생장은 그러므로 순전한 낭비가 아닌 총체적 생장에 기여하는 비개인적 생장과 개인적 생장으로 구분할 수도 있을 것이다. 이기적 생장의 기본적 양상은 한 개체가 아무런 변화를 겪지 않은 채 생장할 때만 가능하다. 생장이 우리를 초월하는 어떤 존재나 총체를 위한 생장이라면, 그때의 생장은 생장이 아니라 헌신이다. 주는 자는 다시 얻는다. 그러나 그는 일단 주어야 한다. 전체를 얻기 위해서는 우선 전적으로 생장의 의미가 갖는 것을 포기해야 하는 것이다.

유/무성 생식에 있어서의 죽음과 연속성

우선 분할에서의 열린 상황을 자세히 한번 들여다보자. 무성 생물 a의 내부에는 연속성이 존재했었다. a'와 a''가 나타나는 순간 단번에 연속성이 제거된 것은 아닐 것이다. 중요한 것은 분열 위기가 시작될 때 지금까지의 연속성이 사라지는 것인가 아니면 끝나면서 사라지는 것인가가 아니라 정지된 어떤 순간이 개입한다는 사실이다.

어느 순간 a′가 아닌 어떤 부분이 a″와 연접해 있다. 그러나 팽창은 연속성을 위기에 몰아넣는다. 팽창은 존재 분할의 변화를 일으키며, 존재는 변화의 바로 그 순간 분할된다. 위기의 순간을 지나면 아직까지는 대립적이지 않던 존재들이 조만간 대립하게 되는 것이다. 분할의 위기는 팽창에서 비롯되는데 그러나 위기가 곧 분리는 아니다. 그것은 아직 모호한 상태이다. 팽창에 돌입하면 존재는 안정과 휴식의 상태에서 격렬한 동요의 상태로 변한다. 격동과 동요는 존재 전체에, 그리고 연속성에 영향을 미친다. 연속성의 한복판에서 시작된 동요는 마침내 분할의 폭력을 부르는데, 존재의 불연속성은 바로 거기에 기인하는 것이다. 분할이 완료되고, 두 존재가 완전히 구분되면, 존재들은 다시 안정을 되찾는다.

세포의 팽창은 이렇게 하나의 개체에 위기를 초래한 다음 새로운 두 개의 개체를 창조해 내기에 이른다. 그러나 그것은 유성 번식의 위기를 부르는 암수 성기의 팽창에 비하면 초보적인 것이다.

그럼에도 양쪽 위기에는 본질적인 공통점이 있다. 첫째, 두 경우 공히 팽창이 과잉에 기인한다. 둘째, 번식체와 피번식체를 통째로 보면 개체들이 증대하는 점도 마찬가지다. 그리고 마지막으로 두 경우 모두 개체성이 상실된다는 점이다.

분열 세포는 불멸의 것으로 보이지만 그렇지 않다. 세포 a는 새로운 세포 a′에도 a″에도 살아남지 못한다. a′는 a″일 수도 없으며, a일 수도 없다. 분할된 바로 그 순간 a는 존재하기를 그친 것이고 사라진 것이고 죽은 것이다. 그것이 어떤 흔적이나 시체를 남기는 것은 아니나 그래도 죽은 것이다. 세포의 팽창은 창조적 죽음으로 끝나며 새로운 존재들(a′와 a″)의 연속성은 그 끝 지점에서 시작된다. 왜냐하면 애초에는 하나였지만 분할이 완료되는 순간 새로운 존재들은 모체를 벗어나기 때문이다.

두 가지 번식의 방식에 공히 나타나는 위의 양상은 대단히 중요한 의미를 갖는다.

두 경우 공히 존재들의 총체적 연속성이 나타난다.(객관적인 고찰에 의해서 드러났듯이 연속성은 한 존재에서 다른 존재로, 개체적 존재에서 다른 존재들의 총체로 변하는 번식의 이행 과정에서 나타난다.) 그러나 죽음은 연속성이 나타날 때마다 나타나서 비개인적 불연속성을 여지없이 소멸시킨다. 무성 생물의 번식은 죽음을 피하는 동시에 죽음을 맞는다. 번식 중 무성 생물의 주검은 죽음 안에 사라지며 죽음은 얼버무려진다. 그런 점에서 무성 생물의 번식은 죽음의 최종적 진실을 말해 준다고 할 수 있다. 죽음은 존재들(그리고 존재)의 근본적인 불연속성을 예고한다. 불연속적 존재만이 죽는다. 그리고 죽음은 불연속성의 거짓을 드러낸다.

내적 체험으로의 회귀

유성 번식의 형태들을 보면 존재의 불연속성이 어느 정도 유지되는 듯하다. 죽고 난 후에도 불연속적 존재는 완전히 사라지는 것은 아니며, 흔적을 남긴다. 해골은 수백만 년 보존되기도 한다. 유성 번식의 꼭짓점을 차지하는 존재인 우리는 자기 안에 어떤 불연속의 원칙인 불멸성이 간직되어 있다고 고집스럽게 믿고 싶어 하며, 사실 그렇게 믿는다. 육체를 구성하고 있는 요소들의 부패로 끝나기는 하지만 육체의 잔해에 속은 나머지 인간은 자신의 '영혼', 불연속성을 심오한 진리처럼 여긴다. 해골의 영원성을 근거로 인간은 '육신의 부활'까지 상상하게 되었다. 해골은 '최후의 심판'이 있는 그날 재결합할 것이고, 부활한 육신들은 최초의 모습 그대로 영혼을 되돌려 받을 것이라는 것이다. 외적 조건을 이렇게 과대 포장하다가 우리가 놓치기 쉬운 것이 있는데, 다름 아닌 연속성이다. 연속성은 유성 생식에서도 역시 근본적이라고 할 수 있는 것이다. 생식 세포들은 분열하는데, 이쪽에서도 저쪽에서도 애초의 단위를 객관적으로 포착하기가 어려운 일은 아니다. 하나의 분열 세포로부터 다른 분열 세포로의 연속성은 언제나 그리고 기본적으로 명확하게 확인된다.

존재들의 불연속성과 연속성의 차원에서 유성 생식에 개입하는 새로운 현상 하나가 있다면 그것은 암수의 최소 단위 존재들, 즉 세포들의 결합이다. 그 결합은 근본적 연속성을 마침내 드러내 보여 주는데, 잃어버렸던 연속성이 그 결합을 통해 되찾아지는 듯하다. 유성 존재들의 불연속성은 어둡고 무거운 세계를 낳으며, 개체의 고립감은 더 이상 끔찍할 수 없는 불연속성의 세계에 근거한다. 죽음과 고통이 주는 불안은 고립의 벽을 감옥의 벽보다 더 단단하고 슬프고 적대적인 것으로 만들었다. 슬픈 그 세계의 틀에 갇힌 길 잃은 연속성이 회복될 수 있는 길은 수태라는 특별한 상황뿐이다. 가장 간단한 생물들의 경우에조차 명확하게 드러나는 불연속성이라는 술책이 없었다면 수태(결합)는 가능하지 않았을 것이다.

복합 존재들의 불연속성은 일단 침범 가능해 보이지 않는다. 우리는 원칙적으로 불연속적 존재들이 통합할 수 있다거나 복분해될('위태롭게 될') 수 있다고 상상하지 못한다. 동물들의 고립감은 성적 열병에 사로잡히는 그 순간 오히려 극에 달한다. 어느 순간, 죽음과 고뇌의 두려움이 극복된다. 그러다가 마침내, 배면에 불연속적 환상과 모순만을 안은 채 고뇌하던 동류의 동물들 사이에 어떤 연속감이 갑자기, 큰 피해를 입지 않은 채, 생기를 되찾기에 이른다. 이상한 것은 완벽하게 닮은 꼴인 동성 간에는 그러한 감정이 가능하지 않다는 것이다. 원칙적으로 어떤 이차적 상이성만이 심오한 동화, 최종적으로는 아무 차이가 없는 동화를 가능하게 하는 듯하다. 심지어 소멸의 순간을 빠져 달아나는 어떤 것을 강렬하게 느낄 수조차 있다. 성의 차이는 필경 동류라는 유사성이 유지하게 해 주는 막연한 연속감을 기만하는가 하면 선명하게 해서 고통을 준다. 이러한 인간의 내적 체험을 과학적 자료에만 의거하여 동물의 반응과 비교하면 반박의 여지가 있다. 과학적 시각은 단순하다. 동물의 반응은 생리적 현상들에 의해 결정될 뿐이다. 솔직히 말해 동족의 유사성도 관찰자에게는 생리학적 현실이다. 성의 차이는 그와는 다르다. 차이에 의해 더욱 분명히 드러날 뿐인 유사성의 개념은 내적 체험에 근거한다. 나의 논지가 차원을 달리할 수밖에 없는 이유는 거기에 있다. 그것은 이 책의 특징이기도 하다. 인간을 대상으로 하는 연구는 종종 그렇게 차원을 달리할 수밖에 없다고 생각한다. 과학을 앞세운 연구는 주관적 체험의 몫을 가능한 한 축소시키지만 나는 그와 달리 객관적 지식의 몫을 방법적으로 축소시켰다. 사실 내가 번식에 관한 객관적 자료들을 제시할 때는 그것들을 달리 적용시켜 볼 뒷생각이 있어서였을 뿐이다. 우리는 미세 생물체의 내적 체험은 말할 것도 없고, 일반 동물의 내적 체험도 경험할 수 없다. 짐작조차 불가능하다고 말해 두고 싶다. 그러나 미세 생물체도 복합 동물처럼 내적 체험은 있다. 즉자적 실존에서 대자적 실존으로의 추이는 복잡한 동물이나 인간에게만 국한되는 것은 아닐 것이다. 나는 미세 생물보다 더 작은 불활성 미립자의 대자적 실존조차도 부인하지 않는다. 그리고 나는 그러한 대자적 실존을, 이 용어들도 결코 만족할 만한 것은 못 되지만, 우선 내부 체험 또는 내적 체험이라고 부르겠다. 내적 체험은 우리가 경험할 수 있는 성질의 것도 아니며, 가정하여 섣불리 상상할 수 있는 성질의 것도 아니다. 그럼에도 불구하고 우리는 그것이 내포하는 자아에 대한 느낌을 인정하지 않을 수 없다. 그 느낌은 자아에 대한 의식과는 다른 것이다. 자아에 대한 의식이란 사물에 대한 의식에 뒤이어 오는 의식으로서, 오직 인간에게만 고유한 의식이다. 그러나 자아에 대한 느낌은 그것을 느끼는 존재가 불연속적 고립감에 얼마나 깊이 빠져드는가에 따라 필연적으로 다르게 나타날 수밖에 없는 느낌이다. 고립감은 객관적 불연속성에의 가능성과 비례 관계에 있고 연속성의 가능성과는 역비례 관계에 있다. 반면 자아에 대한 느낌은 얼마나 견고하고 안정적인가가 문제로서 고립감의 정도에 비례한다. 성행위의 순간은 고립이 절정에 달한 순간이다. 성행위는 외적으로 감지되는 행위인데도 자아에 대한 느낌을 잃게 하며, 자아를 위기에 빠뜨린다. 우리는 위기에 대해 말하고 있다. 그 위기는 객관적 사건이 내부에 일으키는 위기이다. 그리고 그 위기는 객관적으로 인지되는 위기지만 내부를 근본적으로 뒤흔들어 놓는 위기이다.

유성 번식의 객관적 보편적 여건

위기의 객관적 근거는 팽창이다. 무성 생물의 세계에서는 그 현상이 처음부터 뚜렷하게 나타난다. 우선 생장이 있다. 생장은 번식(필연적 분열)을 결정하며 번식은 팽창한 존재의 죽음을 결정한다. 유성 생물들에서는 이러한 단계적인 양상이 덜 분명하게 나타난다. 그러나 유성 생물의 경우에도 성기의 활동을 발동시키는 것은 다름 아닌 과잉 에너지이다. 그리고 단순 생물의 경우와 마찬가지로 유성 생물의 경우에도 과잉은 죽음을 부른다.

다만 유성 생물의 경우 금방 죽음이 찾아오지는 않는다. 대개 유성 생물은 과잉이 있은 후에도, 다시 말해 무절제한 과잉 후에도 살아남는다. 죽음이 성적 위기의 탈출구인 경우는 아주 드문데, 그 경우 의미는 매우 크다. 상상력을 동원하자면 절정에 이어 오는 침몰은 얼마나 심한지 차라리 하나의 '작은 죽음'이라고까지 말할 수 있다. 죽음은 인간적으로 보면 격렬한 동요에 이어 오는 썰물을 상징하는데, 그러나 죽음은 그러한 막연한 비유만으로 이해되지 않는다. 우리는 종족의 번식과 죽음이 긴밀히 연결되어 있음을 잊어서는 안 된다. 번식에 기여한 인간이 번식 후에도 살아남는 것처럼 보인다. 그러나 기실 그 생존은 하나의 유예 기간에 지나지 않는다. 우리가 새로운 존재의 탄생을 지켜보지만, 우리는 집행유예를 선고받은 셈이며 새로운 존재는 선대를 저당 잡고 태어나는 것이다. 유성 생물이 번식 후에 즉시 죽는 것은 아니다. 그러나 어쨌든 번식 행위는 길게 보면 여전히 죽음을 부른다.

    과잉은 필연적으로 죽음을 초래하며, 존재의 불연속성(존재들의 고립)을 유지시켜 주는 유일한 것은 정체뿐이다. 개체들을 가로막는 장애물들을 제거하려는 충동과 불연속성은 숙명적인 대립 관계에 있다. 삶(삶의 충동)은 물론 일정 기간 동안이나마 장애물을 요구하는데, 그것이 없다면 복합 생물체는 물론 어떤 유효한 생물체도 생각할 수 없을 것이다. 그러나 그렇더라도 삶이란 충동이며, 일단 생명을 부여받은 존재는 어떤 것도 그 윤무를 벗어날 수 없다. 무성 생물은 스스로의 충동과 생장 때문에 죽는다. 반면 유성 생물은 과잉의 충동(전반적 동요)에 저항한다. 그러나 잠정적으로 그럴 뿐이다. 사실 유성 생물은 완전히 기진하거나 조직이 완전히 망가진 경우가 아니면 죽지 않는다. 존재들의 증식만 있는 막다른 길에서의 유일한 탈출구가 있다면 그것은 죽음이다. 인공 조직이 인간의 삶을 연장시켜 주는 세계는 생명이 약간 연장되는 외에 아무것도 엿볼 수 없는 악몽의 세계를 떠오르게 한다. 그럼에도 끝내 거기에 있는 것은 번식이 부르는, 삶의 과잉이 부르는 죽음이다.

안과 밖에서 관점을 달리해 들여다 본, 근본적인 두 양상에 관한 비교

삶의 이러한 양상들은 번식과 죽음이 긴밀한 관계를 맺고 있음을 명명백백하게 보여 준다. 그러나 내가 앞서 말했듯이 한 존재의 생명의 기본은 단연코 내적 체험이다. 우리에게 이해되거나 전달될 수 있는 성질의 것은 아니라 해도 우리는 일차적 체험에 대해 말할 수는 있다. 바로 존재의 위기이다. 존재는 어떤 시련에 부딪히면 내적 체험을 한다. 다시 말해 연속성에서 불연속성으로 또는 불연속성에서 연속성으로의 추이 과정에서 발생하는 존재의 위기를 체험한다. 우리는 아무리 미세한 존재조차도 자아에 대한 느낌, 자아의 경계에 대한 느낌은 있을 것이라고 인정했다. 그런데 그 경계에 변화가 발생하면 존재는 근본적인 감정에 침해를 입을 것이고, 그러면 자아 감정을 가진 존재는 위기를 느끼는 것이다.

유성 번식 생물에 있어서도 객관적인 양상들은 결국 분열 번식체와 다르지 않았다. 그러나 인간의 체험으로서의 에로티즘은 객관적인 여건, 즉 기본 양상들로부터 아주 멀리 떨어져 있음을 알 수 있다. 특히 에로티즘을 보면, 우리가 느끼는 팽창의 느낌과 출산 의식은 관계가 없다. 원칙적으로 에로틱한 희열이 크면 클수록 그 결과 태어나게 될 아이 생각은 덜 하게 된다. 그런가 하면 죽음의 고뇌와 죽음은 희열의 대척점에 있는 것들임에도 불구하고 최후의 사정에 이어 오는 슬픔은 죽음을 미리 맛보게 한다. 에로티즘의 내적 체험과 번식의 객관적 양상들에 관한 비교가 가능하다면 그 가능성은 다른 어떤 것에 근거한다. 거기에는 한 가지 기본 요소가 있다. 번식은 고립된 존재의 경계, 즉 객관적으로 볼 때 자아에 대한 느낌, 존재에 대한 느낌을 내재성의 차원에서 위태롭게 한다. 번식은 자아에 대한 느낌과 필연적 연관성을 가진 불연속성을 위기에 빠뜨린다. 존재감의 경계에 불연속성이 있으며, 그래서 아무리 막연한 것이라도 자아에 대한 느낌은 불연속적 존재의 감정에 다름 아니라고 할 수 있다. 특히 성행위에서 보면 타자에 대한 느낌은 자아에 대한 느낌 너머로 둘 또는 여럿 사이에 애초의 불연속성과는 대립적인 어떤 연속 가능성을 개입시킨다. 성행위 중의 타자는 연속성의 가능성으로 제시되며, 타자는 바느질 자국도 없는 개체의 불연속성이라는 옷자락에 흠집을 내겠다고 끊임없이 위협한다. 동물계를 살펴볼 때, 사실 타자란, 다시 말해 닮은 형태의 다른 동물이란 그저 단역 배우에 불과할 뿐이다. 제3자가 기본 요소이긴 하지만 3자는 차라리 무색의 배경이라고 해도 무방할 것이다. 그러나 성행위시는 다르다. 성행위가 개입하면 거기에는 중대한 변화가 발생한다. 그 순간 타자는 긍정적이라기보다는 부정적으로 팽창과 폭력의 혼란과 관계를 맺는 존재로 제시된다. 각 개체는 상대가 자기를 부정하듯 일단 상대를 부정하며, 그러한 부정은 결코 서로가 서로를 인정하지 못하게 한다. 접근의 과정에서 역할을 하는 것은 유사성이라기보다 상대의 팽창이다. 한쪽의 폭력은 상대 쪽의 폭력을 부른다. 쌍방 간에 중요한 것은 자아를 자아 밖으로(개체적 불연속성의 밖으로) 내모는 내적 충동이다. 두 존재의 만남이 이루어지면, 암컷은 느리게, 그러나 수컷은 이따금 벼락 치듯이, 성충동을 자아 밖으로 분출시킨다. 교접에 이르면 서로 접근하던 한 쌍의 암수는 이제 불연속적 개체를 벗어나 비록 순간적이나마 하나로 결합되면서 연속성의 흐름을 맛본다. 진정한 의미에서의 결합은 없다. 다만 폭력의 지배를 받는, 성적 결합의 일정한 작용과 반작용으로 연결된 두 개체들이 쌍방 간에 자기를 벗어난 위기의 상태를 함께 나누는 것이다. 두 존재들은 연속성을 향해 함께 열린다. 그러나 막연한 의식뿐 남는 것은 아무것도 없다. 발작이 지나면 각자의 불연속성은 여전히 거기에 있다. 성행위는 가장 진하면서도 의미 없는 발작인 셈이다.

에로티즘의 내적 체험과 기본 요소

성행위의 동물적 체험에 대해서 말하다 보니 내가 앞에서 말한 유성 번식에 관한 객관적 자료로부터는 멀어진 듯하다. 나의 의도는 미생물의 삶에서 추출한 간략한 자료들에서 출발하여 동물 체험에 접근하는 것이었다. 나는 동물적 체험에서는 없는 인간의 내적 체험과 의식에 의존했다. 사실 나는 근본을 고찰할 필요성의 범위를 크게 벗어나지는 않았다. 게다가 어떤 특별한 명증성이 나의 주장들을 뒷받침해 준다.

그러나 나는 중언부언을 피하기 위해서 유성 번식의 객관적 자료들에 관한 도표를 살펴보는 일은 그만두었다.

모든 것은 에로티즘이라는 교차로에서 만난다.

인간의 삶을 사는 한 우리는 내적 체험에 있어서 모두가 동일한 출발 선상에 있다. 겉으로 확인되는 에로티즘의 모든 요소들은 최종적으로는 모두 내재화된다. 내가 보기에 불연속에서 연속으로의 에로티즘의 변화 과정에서 외적 요소들에 특성을 부여하는 것은 죽음에 대한 인식에 기인하는데, 왜냐하면 인간의 정신 안에서 불연속성의 파열(그리고 그에 이어 오는 가능한 연속성으로의 미끄러짐)과 죽음이 당장 긴밀한 관계를 갖도록 만드는 것은 바로 죽음에 대한 인식이기 때문이다. 그 요소들, 우리는 그것들을 바깥에서 식별할 수 있다. 만약 내부로부터 밖에 체험하지 못하는 것이라면, 우리는 그것들의 의미를 알 수 없을 것이다. 게다가 죽음에 대한 내적 인식이 인간에게 안겨 주는 과잉, 어지러운 혼란과 죽음의 긴밀한 연결 관계를 알게 하는 것은 객관적 여건의 어떤 비약이다. 성행위의 팽창과 연결된 혼란은 심한 기력 감퇴를 부른다. 만약 내가 외적으로 동일성을 확인할 수 없다면 어떻게 성적 팽창과 기력 감퇴의 역설적인 체험에서 초월적 게임을, 죽음에서 생명체의 개별적 불연속성(잠정적일 수밖에 없는 그 불연속성)을 파악할 수 있겠는가?

 에로티즘에서 무엇보다 뚜렷이 나타나는 현상은 팽창의 무질서가 인색한 현실, 닫힌 현실의 질서를 뒤엎는다는 점이다. 동물의 성행위는 이처럼 팽창의 무질서를 끌어들이는 행위이며, 그것을 막거나 거기에 저항할 수 있는 것은 아무것도 없다. 고삐 풀린 동물의 무질서는 무한 폭력에 빠진다. 파멸이 끝나면 혼란스럽던 물결도 잠잠해지고 이어 불연속적 존재는 다시 고독에 갇힌다. 개체로서의 동물의 불연속성에 변화를 줄 수 있는 것은 오직 죽음뿐이다. 동물은 죽는다. 아니면 일단 무질서가 지나가면서 다시 불연속성이 고개를 쳐든다. 인간의 경우를 보면 그와는 달리 성적 폭력은 상처를 남긴다. 상처가 저절로 아무는 경우는 극히 드물다. 그래서 그것을 아물게 할 필요가 있다. 끈질기게 주의(고뇌는 주의를 기울이게 하지만)를 기울이지 않으면 상처는 아물지 않는다. 성적 무질서와 관계 깊은 고뇌는 우리로 하여금 죽음을 인식케 한다. 무질서의 폭력은 무질서를 체험하는 사람이 죽음을 인식하고 있는 경우 그의 내부에 죽음의 심연을 열어 놓는다. 죽음의 폭력과 성적 폭력의 관계는 다음과 같은 이중적 의미를 갖는데, 어떤 측면에서 육체적 발작이 심하면 심할수록 그것은 실신에 가까우며, 다른 측면에서 실신은 시간을 끌면 끌수록 관능을 돕는다는 것이다. 죽음의 고뇌가 반드시 관능을 부르지는 않는다. 그러나 관능은 죽음의 고뇌에 빠질수록 심화된다.

 에로틱한 행위가 언제나 공공연하게 부정적 측면만 지니는 것은 아니며 항상 파열만은 아니다. 사실 깊은 곳을 은밀히 들여다보면 인간적 관능의 근본으로서 파열은 쾌락의 원천임을 알 수 있을 것이다. 죽음의 불안에 휩싸인 순간 우리의 호흡을 거두어 가는 것과 절정의 순간에 우리의 호흡을 멎게 하는 것은 어찌 보면 같은 성질의 것이다.

  에로티즘의 원칙은 얼핏 보기에는 그러한 역설적인 공포와는 전혀 무관한 것처럼 보인다. 에로티즘은 우선 생식기의 팽창이다. 우리의 내부에 있는 동물적 충동이 위기의 최초 원인을 제공한다. 물론 생식기의 흥분은 의지와는 무관하다. 그것은 의지의 동의 없이도 발동한다. 성기의 흥분은 질서를 무너뜨리며 유효성과 위신의 근거가 되는 체계를 무너뜨린다. 성적 발작의 초기부터 사실 존재는 분열을 일으키고, 통일성은 무너진다. 그 순간 육체의 팽창은 정신의 저항과 부딪친다. 외적 동의만으로 충분하지 않다. 육체의 발작은 동의를 넘어 침묵을 요구하며 정신의 부재를 요청한다. 육체적 충동은 이상하리만치 인간적 삶을 낯선 것으로 만든다. 인간적 삶이 침묵하기만 하면, 부재하기만 하면 육체적 충동은 때를 기다렸다는 듯이 인간적 삶의 밖으로 터져 나간다. 그 충동에 자신을 맡기는 사람은 더 이상 인간이 아니며, 이제 그것은 맹목과 망각을 최대로 누리면서 폭력을 휘두르는 짐승이다. 그러한 폭력의 난무를 저지하는 것이 다름 아닌 막연한 그러나 보편적인 금기인데, 그것은 우리가 바깥에서 수집한 정보보다는 인간의 근본에 잠재되어 있는 어떤 내적 체험에 의해 체득하는 것이다. 보편적 금기는 명확히 규정된 것은 아니다. 예의의 차원에서 볼 때 임의성이 있는 금기의 양상들은 시간과 장소에 따라 그리고 사람과 상황에 따라 다르게 나타난다. 기독교 신학에서 말하는 육신의 죄는, 거기에 진술된 금기가 얼마나 무기력한가, 그리고 거기에 붙인 주석의 분량이 얼마나 엄청난가를 두고 보면(빅토리아 시대의 영국이 생각난다.) 요행과 변덕에 다름 아니어서 폭력에 대한 폭력, 거부를 위한 거부에 지나지 않는 것으로 보인다. 우리로 하여금 성행위의 비인간적 측면을 깨닫게 해 주는 것은 성행위시 누구나 빠지는 상태에 대한 체험 그리고 사회적으로 용인된 행동과 그것과의 불화에 대한 체험뿐이다. 피가 솟구치면서 생활의 균형이 흔들린다. 갑자기 열병이 우리를 점령하는 것이다. 물론 그 열병이 우리에게 전혀 낯선 것은 아니다. 그러나 그러한 열병을 모르는 어떤 순진한 사람이 우연히 거기에 사로잡힌 비길 데 없이 아름다운 여인을 몰래 엿보는 장면을 상상해 볼 수 있다. 그는 광견병에 걸린 미친 여자를 보는 것이 아닌가 하고 의아해 할 것이다. 그토록 고고하고 아름다운 그녀의 자태와 인격 대신 미친 암캐가 날뛰는 것이 아닌가……. 그것을 병이라고 말하는 것은 약과다. 당분간 인격이 죽는다. 잠정적인 그녀의 죽음은 암캐에게 자리를 내주고, 암캐는 죽은 여인의 침묵과 부재를 누린다. 그것도 모자라 암캐는 침묵과 부재를 소리치면서 누린다. 인격이 돌아오면, 암캐는 꼬리를 감추고, 암캐가 헤적이던 관능도 막을 내린다. 분출이 반드시 폭력을 의미하는 것은 아니다. 그러나 분출은 폭력의 제1단계라고 할 수 있다.

  그것은 자연스러운 충동이다. 다만 자연스러운 충동임에도 불구하고, 장애물을 부수지 않으면 자연스럽게 흐를 수 없다. 따라서 정신의 측면에서 보면 자연스러운 흐름과 장애물의 전복은 같은 현상을 다른 관점에서 표현한 것에 지나지 않는다. 자연스러운 흐름은 장애물의 전복을 의미하고, 장애물의 전복은 자연스러운 흐름을 의미한다. 장애물의 전복이 죽음은 아니다. 다만 이렇게 이해할 수는 있을 것이다. 죽음의 폭력은 생명이라는 축조물을 완전히(결정적으로) 전복시키는 반면, 성적 폭력은 그것을 잠정적으로 한순간 전복시킨다. 기독교 신학은 사실 육신의 죄 때문에 정신적으로 멸망한 사람을 죽은 사람 취급한다. 관능의 순간에는 필연적으로 죽음을 떠오르게 하는 작은 파열이 따른다. 거꾸로 죽음에 대한 생각은 관능에 몸을 마구 던지게 만들기도 한다. 대개 그런 생각은 생명의 전체적 안녕과 유지에 위험한 위반이 아닌가 하는 느낌으로 변한다. 위반이 없다면 자유로운 흐름과 폭발은 불가능할 것이다. 위반이 자유로운 흐름에 유일하게 필요한 것은 아니다.

그러나 위반이 뚜렷하지 않으면 성행위를 완수하고도 그것이 요구하는 자유의 느낌은 가능하지 않을 것이다. 많은 경험으로 감각이 무디어진 사람은 최종적 쾌락에의 느낌을 얻기 위해 이따금 노골적인 상황을 찾기도 한다. (또는 상황 자체는 아닐지라도 그런 상황을 반각성의 상태에서 상상하면서 즐기는 사람도 있다.) 그러한 상황이 항상 무서운 것만은 아니다. 많은 여자들이 강간당한 이야기를 주고받으면서 즐기지 않는가. 그러나 의미 깊은 파열의 밑바닥을 차지하는 것은 무한 폭력이다.[2]

성의 자유에 대한 보편적 금기와 역설성

성 금기의 특징 중의 특징은 성 금기는 위반에 의해 비로소 밝혀진다는 점이다. 성 금기는 교육으로 밝혀지기도 하지만, 그러나 그것은 결코 언명되지는 않는다. 교육은 엄중한 경고로 되는 것이 아니듯이 침묵으로 이루어질 수도 없다. 금기는 금지된 지역에 대한 은밀한 발견(처음에는 부분적으로)을 통해 우리에게 직접적으로 나타난다. 처음에는 그보다 신기한 것이 없다. 우리는 쾌락을 알도록 허용받는데, 그 안에 들어가면 쾌락의 개념은 신비(쾌락을 결정하는 동시에 단죄하는 금기의 표현)와 구분되지 않는다. 위반을 통해 밝혀지는 이러한 새로운 사실은 어느 시대에나 한결같은 것은 결코 아니었다. 50년 전만 하더라도 교육의 역설적인 측면은 더 분명하게 드러났었다. 그러나 여전한(아마 그것

---

2) 폭력과 에로티즘의 파열의 일치 가능성은 보편적인 동시에 소름 끼치는 사실이다. 나는 마르셀 에메의 한 구절(『우라누스』(갈리마르), 151~152쪽)을 인용해 보겠다. 마르셀 에메는 아주 평범하면서도 감각적으로 상황을 그려 내는 재주가 있는 작가이다. 마지막 문장은 이렇다. "소심하고, 쩨쩨하고, 비겁한 그 두 프티부르주아들이 르네상스 식 식당의 희생자들을 바라보는 모습은 서로 몸을 끌어안은 채 파닥거리는 두 마리의 개를 연상케 했다……." 이는 어떤 한 부부가 피를 흘리면서 끔찍하게 처형된 민병대원들을 바라보는 장면이다.

은 태곳적부터 변함없는 것일 텐데) 것은 우리의 성행위는 은밀하게 행해져 왔고, 또한 그것은 어디에서도 정도의 차이는 있을지언정 근엄한 인간적인 측면과는 대립적인 것이었다는 것이다. 그래서 에로티즘의 본질은 성적 쾌락과 금기의 풀 수 없는 엉킴에서 얻어진다. 인간을 놓고 볼 때, 쾌락의 현현 없이는 금기가 있을 수 없고 금기의 느낌 없이는 결코 쾌락도 있을 수 없다. 자연적 충동이 밑바닥에 있다. 그리고 유아기에는 자연적 충동밖에 없다. 그러나 우리의 기억에 없는 유아기의 쾌락은 결코 인간적인 차원의 쾌락은 아니었다. 물론 내게 반대하는 사람도 있을 것이고, 예외가 없는 것도 아닐 것이다. 그러나 그러한 반론과 예외들은 이 확고한 사실을 뒤엎을 수 있을 정도는 아니다.

인간 세계에서의 성행위는 동물의 성행위와 구분된다. 인간의 성행위는 본질적으로 위반이다. 그러나 금기 위반이 동물적 자유의 회복을 의미하는 것은 아니다. 노동 행위와 마찬가지로 위반도 인간만의 것이다. 노동 행위가 조직적이듯이 위반 행위도 조직적이다. 에로티즘은 넓게 보면 조직된 행위이며, 조직적 행위인 한, 그것은 시대에 따라 변한다. 나는 에로티즘을 다양성과 변화 가운데서 고찰해서 도표로 제시해 보이겠다. 에로티즘은 특히 결혼이라는 위반을 통해 그 의미가 가장 뚜렷하게 나타난다. 그러나 결혼은 아주 복잡한 위반의 한 형태이긴 하지만, 위반으로서의 성격이 더 복잡 다양하게 드러나는 한 형태이다.

위반으로서의 특성, 죄과로서의 특성.

10장
결혼과 향연의 위반

위반으로서의 결혼과 봉건 시대 영주의 초야권

결혼은 대체적으로 에로티즘과는 무관한 것으로 간주되곤 했다.

예컨대 어떤 사람이 행동으로든 생각으로든 일상을 벗어나면 우리는 그때마다 에로티즘에 대해 말하곤 한다. 에로티즘은 한 치의 흐트러짐 없이 점잖은 행동을 하던 인간의 이면을 엿보게 해 준다. 그 뒤로 우리가 부끄러워하는 감정, 신체의 부분 그리고 존재 방식이 보인다. 좀 더 분명히 이야기하자면, 결혼에서와는 달리 생소한 측면이 에로티즘에서는 지속적으로 그리고 많이 나타난다는 말이다.

우선 결혼은 성행위의 합법적 틀이다. "육신은 결혼으로써만 완성에 이를지니……." 어떤 청교도 사회라고 해도 결혼은 문제 삼지 않는다. 나는 지금 결혼에도 마찬가지로 적용되는 위반의 성격에 대해서 말하려고 한다. 얼핏 보면 모순적인 듯하다. 그러나 우리는 규칙 위반의 일반적 의미와 전적으로 일치하는 위반의 다른 예들을 생각해 보아야 한다. 특히 이미 우리가 살펴본 제사는 본질적으로 금기를 의식을 갖추어 위반하는 대표적인 예이다. 모든 종교적 충동은 어떠어떠한 경우에는 파괴를 인정하는 규칙의 역설적 특성을 내포한다. 내가 보기에는 결혼이라는 것도 위반이며, 따라서 결혼도 일종의 역설을 내포하고 있다. 위반을 예상하고 더 나가 합법적인 것으로 인정하는 결혼 규칙 자체가 이미 역설이지 않은가. 제사에서 살해의 완수가 금기인 동시에 의식이듯이, 결혼을 결혼으로 만드는 첫날밤의 성행위는 요컨대 허락받은 강간이다.

누이나 딸에 대한 절대적인 소유권은 식구들에게 있지만, 그들은 그 권리를 변칙적인 힘을 행사하는 외부의 낯선 사람에게 양도한다. 변칙적인 힘을 행사하는 외부의 낯선 사람은 그 변칙성 때문에 위반이 가능하며, 결혼을 통해 최초의 성행위를 허락받는다. 물론 이것은 하나의 가정이지만, 그러나 결혼을 에로티즘의 영역에 대입시키려 하고 있는 만큼 위의 측면은 아마 무시할 수 없는 측면일 것이다. 흔한 체험이다 보니 약해지긴 했지만 위반으로서의 특성은 결혼에도 변함없이 깃들어 있으며 특히 민간 혼례는 그러한 특성을 더욱 분명하게 드러낸다. 혼외 정사든 혼인 정사든, 성행위는 결코 대죄의 의미를 떨칠 수 없다. 처녀의 경우엔 대죄의 의미가 더욱 심할 수밖에 없으며, 처음일 때는 더욱 그렇다. 그런 의미에서 위반 능력은 같은 규칙을 따르고, 같은 거주 상소에서 사는 사람으로서는 생각할 수도 없는, 아마 낯선 사람만이 가능한 능력이며, 그런 의미에서 위반 능력이라는 용어가 부적절한 용어는 아닌 듯싶다.

어떤 여자에게 처음으로 가해지는 중대한 행위, 즉 짝짓기를 수치스러운 것으로 여기게 하는 막연한 금기가 문제인 경우, 아무나가 아니라 위반 능력을 가진 사람에게 그 일을 의지하는 방법은 대체적으로 용인되었던 듯하다. 종종 그 일은 일반적으로 약혼자 본인은 갖지 못한 능력, 즉 금기의 위반 능력을 가진 사람들에게 맡겨졌다. 그들에게는 어떤 절대적 특성이 있었는데 그 절대적 특성 덕분에 그들은 모든 사람들에게 적용되는 금기를 면제받을 수 있었던 것이다. 원칙적으로 사제단이 결혼을 앞둔 여자를 처음 범할 사람들을 지정했다. 그러나 하나님의 일꾼에게 그러한 일을 맡기는 일이 기독교 세계에서 더 이상 용납되지 않기에 이르렀다. 봉건 영주에게 낙화권이 주어진 것은 바로 그래서였다.[1] 성물을 범접할 수 있는 능력을 소유한 사제나 영주들이 없었다면, 성행위는, 특히 그것이 최초의 성행위인 경우에는 더더구나 너무나 위험해서 가까이 할 수 없는 금기로 여겨지기만 했을 것이다.

반복

결혼이라는 단어는 변화를 의미하는 동시에 상태를 말하는 것이기도 하기 때문에 우리는 거기에서 그것의 에로틱한 면, 다시 말해 그것의 위반적 성격을 놓치기 일쑤다. 상태만을 강조하다가 변화를 잊기 십상이라는 말이다. 게다가 오래전부터 여자는 그 경제적 가치 때문에 상태의 측면이 늘 강조되어 왔던 것이 사실이다. 상태 안에서 중요한 것은 기다림과 결과이지 순간 자체가 의미를 갖는 강렬한 순간들이 아니다. 결과를 기다리는 일, 가정과 아이들 그리고 그들의 유지에 필요한 노동은 강렬한 순간들과는 거리가 멀다.

가장 심각한 문제는 결혼이란 습관이고 습관은 강도를 약화시키곤 한다는 데에 있다. 성행위의 반복은 대체적으로 반복 행위(우리를 두려움에 사로잡히게 만드는 것은 첫 접촉뿐이다.)에 기인하는 쾌락 차원의 의미의 부재, 위험의 부재 그리고 무해성 사이에 놀라운 화해를 안겨 준

---

[1] 어쨌든 영지의 최고 지도자이기 때문에 영주에게 그 일의 권한을 위임하던 초야권은, 사람들이 생각하는 것처럼, 아무도 감히 반대할 수 없는 폭군의 부당한 특권은 아니었다. 적어도 그 기원은 다른 데에 있었다.

다. 이 화해는 무시할 수 없는데 왜냐하면 그것은 에로티즘의 본질적인 측면과도 무관하지 않기 때문이다. 성생활의 개방화 추세도 무시할 수 없다. 그러나 시간을 끌면서 이루어지는 육체의 은밀함이 없다면 포옹은 천박하고 덧없는 것으로 전락하고 말 수 있으며, 조직적인 것으로 이어지질 수 없는, 갑작스러운 동물적 충동과 다르지 않은 충동은 대개는 기대하던 쾌락을 얻을 수 없다. 교환 취미는 아마 병적 증상일 수 있으며, 모르긴 몰라도 거듭된 욕구불만으로밖에 인도되지 못할 수도 있다. 반면 습관은 초조함이 허용하지 않던 어떤 것을 깊이 음미할 수 있게 하는 힘을 지닌다.

반복에 관한 한 상반된 두 견해가 상호 보완한다. 우리가 의심할 수 없는 사실 하나는 풍요로운 에로티즘을 구성하는 얼굴, 외모, 태도 등은 기저에서 불규칙적 충동을 요구한다는 것이다. 만약 육체적 삶이 폭발적 변덕을 따라 자유롭게 발산되지 않는다면 아마 그것은 너무나 초라한 것으로 남을 것이고, 동물의 짓뭉개기에 가까운 것이 되어 버릴 것이다. 만약 습관이 꽃을 피울 수만 있다면 동요와 불규칙성이 발견하고 자극한 것을 행복한 삶으로 연장시키지 말란 법도 없을 것이다. 그렇다면 법보다 강한 어떤 힘을 사랑에 부여하는 비합법적 사랑에의 전염에 의지하지 않고도, 한마디로 결혼한 관계에서도 깊은 사랑이 마비되지 않는 사랑이 있지 않을까?

제의적 주연

어쨌든 결혼이라는 틀은 폭력을 억압하며 거기에 거의 배출의 기회를 주지 않는다.

축제는 결혼 너머로 위반의 기회를 부여하는 동시에 정상적인 활동과 질서를 되찾을 수 있게 한다.

 이미 언급한 바 있는 "왕의 서거에 뒤이어 오는 축제"도 일단 무질서가 끝이 없을 것처럼 보였고 제멋대로인 것처럼 보였지만 시간이 흐르면서 결국은 막을 내렸다. 왕의 시신이 육탈되면서 무질서가 범람하던 폭력은 수그러들고 금기의 놀이가 재개되었던 것이다.

 덜 무질서한 축제로 볼 수 있는 제의적 주연은 성적 충동의 자유와 대립 관계에 있는 금기를 잠정적으로 정지시킬 뿐이었다. 예컨대 디오니소스 축제를 보면 방종은 이따금 비밀 단원에게만 허용되었다. 그러나 이때의 위반은 에로티즘을 너머 더 분명한 종교적인 의미가 있었다. 우리는 모르긴 몰라도 세속과 현실의 무게가 광란을 언제나 눌러 이긴다고 생각할 수 있다. 그러나 술의 만취, 에로티즘, 종교적 법열 등 주변에 깃든 어떤 초월의 가능성마저 부인할 수는 없다.

 주연에서 축제의 충동은 힘을 솟아나게 만들며, 일반적으로 모든 한계를 부정하는 쪽으로 치닫는다. 노동이 규율하는 삶의 한계를 부정하는 것이 축제라고 한다면 주연(酒宴)은 전적인 전복의 신호라고 할 수 있다. 주연에 사투르누스제가 포함된 것은 우연이 아니다. 사투르누스제가 시작되면 주인은 하인 노릇을 하고 하인은 주인의 침대에 눕는 등 사회적 질서가 완전히 뒤집혔다. 이러한 일탈은 고대부터 있던 성적 욕망과 종교적 법열의 일치에서 그 정확한 의미를 찾는다. 아무리 심한 무질서가 도래해도 주연이 에로티즘을 이끌어가는 방향은 동물적 성 너머의 바로 그 방향이었다.

 일치적 에로티즘의 단계를 벗어나지 못하는 결혼에서는 전혀 그런 모습이 나타나지 않았다. 폭력이든 아니든 위반이 문제임에는 변함이 없었지만 결혼에 의한 위반은 심각한 것이 아니었다. 결혼의 위반은 아무리 가능하다 해도 관습이 주문하지 않는, 아니 관습이 싫어하는 것들을 개입시키지 않는다. 엄격히 말해서 오늘날 부부간의 정사가 결혼의 일반적 양상이 되었지만 그러나 부부간의 정사도 여전히 은밀한 분출, 즐거운 감춤, 암시 등 억제된 에로티즘의 의미를 갖는다. 반면 주연은 신성의 특성까지 지니는 성적 광란을 본령으로 삼는다. 고대의 에로티즘의 양상은 다름 아닌 주연에서 비롯되었다. 주연의 에로티즘은 본질적으로 아주 위험한 극도의 일탈이다. 그것의 폭발적 전염성은 생의 모든 가능성을 무차별하게 위협한다. 원시 시대의 무녀들은 광란의 극에 달하면 자신들의 젖먹이 어린아이들을 산 채로 뜯어 먹었다. 그러다가 후기에 이르면 무녀들은 자신들이 젖을 주어 기른 염소를 산 채로 잡아먹었는데, 그렇게 해서라도 이전의 끔찍한 일을 되살렸던 것이다.

상서로운 종교를 지향하는 것은 아닌 주연은 근원적 폭력으로부터 속세와 화해를 이루는 평온하고도 당당한 특성을 도출해 낸다. 주연은 불길한 쪽에서 효과가 나타나며, 광란과 미망 그리고 탈주를 부른다. 여기에서도 일종의 결정적인 종교적 순간에 이르면 우리는 존재 전체를 맹목적으로 내던지고 싶은 충동에 사로잡힌다. 물론 그 충동은 인류가 생명의 무제한적 번식을 받아들일 때 이차적으로 발생하는 것이다. 금기에 함축된 거부는 죽음의 폭력을 향해 문을 열고 서로 뒤엉키는 거대한 무질서와 대립하면서 존재의 옹색한 고립으로 이어졌다. 그와 반대로, 금기의 제거는 봇물을 터트리고, 주연에 빠진 존재들을 서로 끝도 없이 뒤엉키게 만들었다. 주연에 의한 뒤섞임은 결코 성기의 팽창이 초래하는 뒤섞임에 그치지 않는다. 주연의 무질서는 아예 처음부터 종교적 몰입으로 시작했다. 원칙적으로 자신을 내팽개치는 그러한 무질서는 생명의 미친 듯한 번식을 결코 막지 않기 때문이다. 인간 조건을 뛰어넘어 존재케 하는 이 거대한 주연의 회오리는 농경 사회인들에게 당연히 신적인 것으로 보였을 것이다. 무분별한 외마디들, 무질서한 광란의 몸짓들과 춤들, 무질서한 포옹들 그리고 무질서한 감정들 등등을 끝도 없는 발작이 부추겼다. 상실의 양상들은 그렇게 인간으로 하여금 무분별로의 탈주를 조장했다. 그 안에서 인간 활동의 견실한 요소들은 빠져 달아났으며, 이제 더 이상 제자리를 지킬 수 있는 것은 아무것도 없었다.

농경 의식으로서의 주연

고대인들의 주연은 대체로 나의 해석과 전혀 유사하지 않게 해석되곤 한다. 그래서 나는 농경제를 단지 전염성 마법제로 축소 해석하는 성향이 있는 전통적 해석에 대해서 먼저 언급하지 않을 수 없다. 농경제를 준비하는 사람들은 농경제가 논밭의 풍요를 보장해 준다고 믿었다. 둘의 관계를 부인할 사람은 아무도 없다. 그러나 풍요의 기원을 능가하는 어떤 일을 오직 풍요의 기원으로 귀착시키면 아쉬움이 남을 수밖에 없다. 주연이 어느 곳에서나 또 언제나 풍요를 기원하는 기원의 의미가 없었던 것은 아니지만, 과연 주연에 그러한 의미밖에 없었는지는 한번 자문해 볼 일이다. 다시 말해 주연을 그런 식으로 해석하는 일은 어떤 관습의 농업적 특성, 즉 우리의 관습과 농경 문화의 관계를 밝히는 데는 의의가 있겠지만, 주연의 효과적 가치가 사실을 충분히 설명했다고 자부한다면 그것은 순박한 소치이다. 노동과 물질적 유용성이 미개인들의 행동 방식(세속적 행동 방식과 종교적 행동 방식을 포함하여)을 결정했음은 또는 적어도 조건지었음은 부인할 수 없는 사실이다. 그러나 그 말은 주연이라는 특별한 관습이 토지의 비옥을 비는 강복 의식과 근원적인 관계를 맺고 있다는 말은 아니다. 노동은 세속의 세계와 신성의 세계를 갈라놓았다. 노동은 자연에 대해 인간의 거부를 대립시키는 금기의 원칙 자체이다. 자연을 상대로 한 투쟁에서 금기가 떠받들고 지지하는 노동 세계의 경계선은 신성의 세계를 그와는 반대의 세계로 정했다. 노동으로 건설된 질서, 즉 속세의 질서로 온전히 환원되지 않는 신성의 세계는 어떤 의미에서 보면 자연 세계에 다름 아니다. 그러나 신성의 세계를 자연 세계라고 할 수 있지만 그것은 오직 어떤 의미에서만 그럴 뿐이다. 다른 의미에서 보면, 신성의 세계는 노동과 금기의 결합 행위에 선행하는 세계, 즉 자연 세계를 초월한다. 신성의 세계는 그런 의미에서 속세의 부정이며, 나아가 신성의 세계는 바로 그 부정에 의해 결정된다. 그러나 신성의 세계가 기원과 존재 근거를 실존적 자연에서 찾지 않고, 유용한 활동의 세계를 자연과 대립시킬 때 발생하는 새로운 질서의 탄생에서 찾는다는 점에서 볼 때는 노동의 결과이다. 신성의 세계는 노동을 통해 자연과 분리되기 때문이다. 그러므로 노동이 신성의 세계를 얼마만큼 결정짓는가를 간파하지 못한다면, 우리는 신성의 세계를 이해할 수 없을 것이다.

노동으로 이루어진 인간의 정신은 일반적으로 행위에 대해서도 노동의 유효성과 유사한 유효성을 기대한다. 신성의 세계에서는 어느 순간에 이르면 금기에 의해 저지당하던 폭력이 폭발하기에 이르는데, 그것은 단순한 폭발 이상의 의미, 즉 유효성이 부여된 행위의 의미를 갖는다. 금기에 의해 억압된 폭력이 폭발할 때 그것은 전쟁이나 제사처럼 (또는 주연처럼) 애초부터 계획된 것은 아닐 것이다. 인간이 저지르는 위반이 되면서 폭발은 조직된 폭발이 되었으며, 가능한 효과가 이차적으로 그러나 여지없이 나타나는 행위들이 되었을 것이다.

전쟁이라는 행위의 효과는 노동의 효과에 못지않은 것이었다. 제사도 인간이 다루는 연장이 발휘하는 힘과도 같은 어떤 힘이 개입해서 큰 결과를 초래하였다. 주연에 기대하는 효과는 차원이 다르다. 인간 세계에서 본보기란 전염적인 성격을 지닌다. 어떤 사람은 춤이 그로 하여금 춤을 추게 하기 때문에 춤을 춘다. 전염적 행동은, 이 경우는 지극히 현실적인데, 그것을 구경하는 다른 사람들뿐만 아니라 자연까지도 거기에 끌어들이는 특성을 지닌다. 이미 위에서 말한 성행위도 그와 같아서 식물 같은 생장 작용을 총체적 성장으로 인도하는 것이 바로 성행위이다.

그러나 효과를 염두에 둔 행위라 해도 위반은 오직 이차적으로 그럴 뿐이다. 인간의 정신은 전쟁에서든 제사에서든 또는 주연에서든 실제적 또는 상상적 효과를 기대하고 폭발적 전복을 조직했다. 원칙적으로 전쟁은 정치적 기도가 아니고, 제사는 주술적 행위가 아니다. 마찬가지로 주연의 기원은 풍요로운 수확을 기원하는 염원이 아니었다. 주연, 전쟁, 제사는 살해, 성적 폭력 등을 저지하는 금기라는 같은 뿌리에서 솟아난 것들이다. 필연적으로 그러한 금기들이 폭발적 위반 충동을 불러일으켰던 것이다. 물론 옳고 그른 해석을 떠나 사람들이 전쟁, 제사 같은 주연에서 효과를 얻을 목적이 결코 없었다는 말은 아니다. 그러나 그 이후 중요한 것은 노동이 조직한 인간 세계의 톱니바퀴에 폭력이 개입(부차적인 것인 듯하면서도 오히려 본질적인)했다는 사실이다.

그러한 상황이 되자 폭력은 더 이상 자연계의 동물만을 의미하지 않았다. 고뇌에 이어 폭발한 폭력은 즉각적인 만족을 넘어 신적 의미에 이르려고 했다. 이제 그것은 종교적인 것이 되기에 이르렀다. 폭력은 그러한 충동 중에도 인간의 의미를 지니게 되었다. 그리고 폭력은 노동의 원칙 위에 노동의 공동 사회를 구축한 인과 관계의 질서에 통합되기에 이르렀다.

11장
기독교

방종과 기독교의 형성

 어쨌거나 주연에 대한 근대적 해석은 배제되어야 한다. 그러한 해석은 주연에 빠진 사람들의 수치심을 또는 최소한 수치심의 일시적 정지 상태를 전제하기 때문이다. 그러한 견해는 너무 피상적인 데다가, 고대인들이 상당히 동물적이었음을 내포한다. 사실 몇 가지 점에서 볼 때 고대인들은 오늘날의 우리보다는 동물에 가까웠던 듯이 보이며 그들 중 어떤 이들은 동물의 감정을 가졌던 것도 사실이다. 그러나 동물과 인간은 다름 아닌 인간의 생활 방식 때문에 뚜렷이 구분된다는 것이 나의 입장이다. 고대인들이 현재의 우리가 동물과 대립적인 것처럼 동물과 대립적인 것은 아니다. 그러나 비록 고대인들이 동물들을 형제로 본다고 해도 그들을 인간이게 하는 반응들은 우리들을 인간이게 하는 반응과 결코 거리가 멀지 않다. 그들이 사냥하던 동물들이 그들과 같은 생활 조건 속에 살았던 것도 부인할 수 없지만 그들이 동물들에게서 인간의 감정을 인정했다면 그것은 잘못 알고 그랬던 것뿐이다. 아무튼 그렇더라도 원시인(또는 고대)의 수치심과 우리의 수치심은 양상이 다르게 나타날지언정 정도의 차이는 없다. 원시인의 수치심은 아주 다를 뿐이다. 원시인의 수치심은 무의식적 자동 현상처럼 개입되기보다는 훨씬 형식적이다. 그러나 덜 강한 것은 아니며 어떤 깊은 고뇌가 생생하게 유지시키는 신념에서 나오는 것이다. 전체적으로 볼 때 주연은 휴식의 일환이 아니라 그와는 반대의 무질서와 폭력이며 종교적 열병과도 같은 것이다. 주연은 축제라는 거꾸로 된 세상에서 어떤 이면의 진실이 전복적 힘을 드러내는 순간이다. 그 진실은 무한 융합의 의미를 갖는다. 주연의 폭력은 에로티즘을 낳을 수 있는데, 그 영역은 애초에는 종교의 영역이었다.

그러나 주연의 진실은 또 한번의 가치 전도가 이루어진 기독교 세계를 통해 우리에게 이르렀다. 원시 종교는 위반의 정신을 금기에서 길어 냈다. 그러나 전체적으로 볼 때 기독교는 위반 정신과는 대립적이다. 기독교의 틀을 벗어나지 않는 범위에서 종교의 발전을 가능케 한 변화의 추세는 위의 상대적 대립과 깊은 관계가 있다.

중요한 것은 대립의 정도를 규명하는 일이다. 사실 만일 기독교가 위반 정신의 출발 지점인 기본적 충동에 등을 돌렸다면, 내 생각이지만, 거기에는 종교적인 아무것도 남아 있지 않았을 것이다. 그러나 기독교의 종교적 정신은 그와는 반대로 일단 연속성 속에서 본질을 찾아 그것을 잘 간직했다. 연속성은 신성의 체험을 통해 우리에게 주어진다. 신성은 연속성의 본질이다. 기독교는 단호하게 모든 것을 연속성에 걸었다. 기독교는 거기에 이르는 길, 어디서 유래한 것인지는 모르지만 그럼에도 세밀한 전통과 더불어 지켜 온 길조차 무시할 정도였다. 그 길을 헤쳐 가던 노스탤지어(욕망)는 전통적 신앙이 종종 빠지곤 하던 곁길(그리고 계산)에 빠져 부분적이나마 길을 잃을 수도 있었던 것이다.

그러나 기독교에는 이중적 충동이 있었다. 기독교는 근본적으로 아무런 계산 없는 사랑의 가능성을 향해 열려 있고 싶어 했다. 잃었던 그러나 신에게서 되찾은 연속성은, 섬망의 제의적 폭력 너머로 신자의 계산 없는 미친 듯한 사랑을 불렀다. 신적 연속성에 의해 현성용(顯聖容)된 사람들은 신 안에서 상호간의 사랑으로 승화되곤 했다. 기독교는 이기적이고 불연속적인 이 세상을 사랑의 불로 활활 타오르는 연속성의 세계로 바꾸어 놓겠다는 희망을 결코 한 번도 버린 적이 없었다. 초기의 위반 충동은 그렇게 빗나갔고, 기독교는 전혀 반대 방향의 길, 즉 폭력 초월의 비전을 찾아가게 되었다.

그 꿈에는 숭고하고 매혹적인 어떤 것이 있었다.

어쨌거나 그 꿈은 보완물이 있었는데, 그것은 고집스럽게 살아남는 불연속성의 세계와 신성의 세계, 연속성의 세계를 나란히 놓겠다는 것이었다. 신적 세계는 사물의 세계에 뿌리를 내리지 않을 수 없었다. 이러한 복잡한 양상은 역설적이다. 모든 것을 연속성에 귀의시키려는 단호한 의지는 일단 성공을 거두었지만 그 성공은 방향이 전혀 다른 불연속성의 세계와 어우러져야 한다는 조건이 있기 때문이다. 기독교의 신은 가장 독성이 강한 감정, 즉 연속성의 감정 위에 세워진 형태의 신이다. 연속성은 한계의 극복에서 얻어진다. 그러나 그것은 본질적으로 그리고 언제나 변함없이 무질서라고 하는 것을 조직하려는 충동, 이른바 위반이라는 것의 결과이다. 조직 세계에 초월을 끌어들인다는 점에서 위반은 조직적 무질서의 원칙이다. 위반은 그것을 실천하는 사람들이 달성한 조직으로부터 조직으로서의 특성을 이어받는다. 이 조직은 노동에 근거하는 동시에 존재의 불연속성 위에 근거한다. 불연속성의 세계와 노동의 조직적 세계는 단 하나의 같은 세계에 대한 다른 표현일 뿐이다. 도구 또는 노동의 결과는 불연속적 사물이다. 도구를 사용하는 사람과 생산에 종사하는 사람은 이미 그 자체로 불연속적 존재이며, 불연속성에 대한 의식은 불연속적 사물의 제작과 사용으로 더 깊어져

만 간다. 죽음은 노동이라는 불연속적 세계와의 관계를 통해 계시된다. 노동 때문에 불연속성이 뚜렷하게 드러나는 존재들에게 죽음은 불연속적 존재의 무기력을 더욱 분명하게 부각시킬 뿐인 일종의 본질적 재앙이다.

개별적 존재의 불안한 불연속성 앞에서 인간의 정신은, 기독교적으로 볼 때, 두 가지 방식으로 대응한다. 하나는 우리가 존재의 본질이라고 믿는 어떤 꺾이지 않는 느낌, 잃어버린 연속성을 되찾으려는 몸부림이고 다른 하나는 제2의 충동으로서 인간이 죽음이라는 개체의 불연속성의 한계를 벗어나려는 시도인데, 말하자면 인간은 죽음도 침해하지 못하는 불연속성을 상상해 내는 것이다. 인류는 불연속적 존재들의 불멸을 상상한다.

초기의 기독교는 모든 것을 연속성에 걸었다. 그러나 그 다음 단계의 기독교는 계산 없이 관대하게 베풀던 모든 것을 거두어들였다. 위반이 폭력을 발판으로 연속성을 조직했다면 연속성에 모든 것을 거는 기독교는 바로 그 연속성을 불연속성의 범주에 끌어들이고 싶어 했다. 사실 기독교는 기존의 경향을 끝까지 밀어붙이는 일 외에 다른 일을 하지 않은 셈이다. 그러나 기독교가 이전에는 아직 불분명하던 것을 분명하게 했다는 데에는 이의를 제기하고 싶지 않다. 기독교는 신성, 신적인 것을 창조신이라는 하나의 불연속적 인격체로 변형시켰다. 게다가 기독교는 모든 불연속적 영혼들을 현실적인 이 세상의 너머에까지 이어지게 만들었다. 기독교는 저세상을 천국과 지옥으로 나누어 거기에 부수한 개체들이 신과 함께 영원한 불연속성을 부여받은 채 들끓게 했다. 신의 선택을 받은 사람들, 신의 형벌을 받은 사람들, 천사, 악마 등은 하나여야 할 전체에서 제멋대로 분리되고 갈라져서 영원한 파편으로 구천을 맴돌았다.

수많은 우연의 피조물들과 개체가 되어 버린 창조신은 선택받은 선민과 신의 상호적 사랑을 통해서 또는 형벌을 받은 사람들을 향한 증오심을 통해서 고독을 부정하려고 했다. 그러나 그 사랑은 결정적으로 고립을 담보하는 것이었다. 부숴진 전체를 빠져나간 어떤 것이 열어 놓는 새 길이 있으니, 그 길은 고독에서 전체에 이르는 길, 불연속성에서 연속성에 이르는 길 다시 말해 위반이 먼저 지나간 폭력의 길이었다. 일차적 잔인성에 대한 기억이 아직 사라지지 않았는데, 일탈의 순간, 전복의 순간 대신 사랑과 복종의 일치와 화해가 추구되었다. 기독교적인 제사가 어떤 변모 과정을 거쳤는지에 대해서는 이미 위에서 언급하고 지나 왔다. 그래서 이제는 기독교가 신성에 어떤 변화를 초래했는지에 대해서 개괄해 보겠다.

신성이라는 개념의 일차적 모호성과 기독교에서의 그것의 축소화 과정, 선은 신성으로 악은 불경으로……

기독교의 희생에서 희생의 책임은 신도의 의지에서 찾을 수 없다. 신도는 잘못한 정도만큼 그리고 과실의 정도만큼 십자가의 희생에 공헌할 뿐이다. 신성의 영역은 그 때문에 깨졌다. 종교가 아직 우상 숭배의 단계를 벗어나지 않았을 때는 위반 자체가 신성이었다. 그때에는 불결한 쪽도 순결한 쪽 못지않게 신성했다. 불결과 순결이 동시에 전체 신성의 영역을 구성하고 있었다.[1] 그런데 기독교는 불결을 배척했다. 금기의 위반이 없이는 신성에 이를 수 없는데도, 죄를 전제하지 않고는 신성을 생각할 수 없는데도, 기독교는 죄를 배척한 것이다.

---

1) 로제 카유아, 『인간과 신성』(갈리마르사, 1950), 2판, 35~72쪽 참조. 카유아의 이 텍스트는 『종교사』(키예사, 1948) 제1권에서는 '신성의 모호성'이라는 항목으로 다루어지고 있다.

순결한 신성, 상서로운 신성이 고대의 이교도 세계를 지배했지만 그것들은 이내 초월의 서곡으로 축소되었고, 불결하고 불길한 신성이 근본으로 남았다. 그러나 기독교가 끝까지 불결한 것과 불순한 것을 배척 또는 외면할 수만은 없었다. 기독교는 나름대로 신성의 범주를 정했다. 기독교의 새로운 정의에 의해 불결, 불순, 죄 등은 신성의 세계 밖으로 밀려났다. 그렇게 밀려난 불순한 신성은 불경의 세계가 되었다. 죄와 위반의 성격이 분명한 것은 신성한 기독교의 세계에서는 아무것도 버틸 수가 없었다. 그래서 악마, 즉 위반의 천사 또는 위반의 신(불복종과 반항의 천사 또는 불복종과 반항의 신)은 신의 세계로부터 추방당했다. 악마도 원래는 신의 세계에 속해 있었다. 그러나 위반은 기독교적 질서(유대 신화의 연장인 기독교 세계)에서 더 이상 신성의 근본이 아니라 타락의 근본이었다. 악마에게 신의 특권이 없었던 것은 아니지만 악마는 이제 그 특권을 잃어버린 타락한 신이었다. 엄격히 말해서 악마가 세속적 존재로 변했다고 할 수는 없다. 비록 신성의 세계에서 쫓겨났을지라도, 악마는 아직 초자연적 특성을 간직하고 있었다. 그러나 기독교는 그것을 내버려 두지 않았으며, 온갖 방법을 동원하여 악마에게서 종교성을 박탈하려고 했다. 악마에 대한 경배, 불경한 신성에 대한 경배는 세상에서 추방당하고 말았다. 기독교 교리를 거부하고 죄악에서 신성의 능력과 느낌을 구하는 사람은 누구나 화형을 면할 수 없었다. 아무것도 사탄을 신이 아니게 할 수는 없었음에도 기독교는 영원한 진리를 가혹한 형벌로 부정했다. 기독교는 종교의 양상을 유지하던 예배에서조차도 종교에 대한 범죄적 우롱밖에 보지 못했다. 신성하게 보이는 부분에서조차도 모독밖에 보지 못했다.

불경에 원칙이 있다면 그것은 신성을 불경스럽게 사용하는 것이다. 이교도의 한복판에서조차 불경한 접촉은 불결을 초래할 수 있었다. 그러나 유독 기독교 세계에서만큼은 불결의 세계가 불경 그 자체였다. 더럽혀지지 않은 순수한 것들임에도 불구하고 불경은 불경이라는 이유로 불경이었다. 기독교 세계에서는 신성과 불경 세계의 일차적 대립이 배면으로 사라져 버린다.

그렇게, 불경의 한쪽은 신성의 순수한 쪽과 나머지 반쪽은 신성의 불결한 쪽과 결합하였다. 불경 세계의 악은 신성(神性)의 악마적인 부분과, 선은 신성(神性)의 신성(神聖)한 부분과 결합하게 되었다. 실생활에서의 의미가 어떠하든 간에 선은 신성(神聖)의 빛을 받았다. 신성(神聖)이라는 단어는 애초에는 신성(神性)을 의미했다. 그러나 신성(神聖)은 이내 선에 바쳐진 삶, 즉 선과 동시에 신에게 바쳐진 삶과 연결되었다.[2]

불경은 이교도에서 지녔던 불경과의 접촉이라는 최초의 의미를 되찾았다. 그러나 불경은 거기에 그치지 않았다. 이교도에서의 불경은 어떤 시각에서 보더라도 불행 그 자체였다. 위험에도 불구하고 저지르는 위반만이 신성의 세계로 문을 열어 줄 수 있었다. 기독교의 불경은 비록 유사해 보이긴 하지만 일차적 위반도 아니었고, 고대적인 불경은 더더구나 아니었다. 그래도 불경은 가깝기로 하면 위반과 가까웠다. 역설적이게도 기독교의 불경은 불결과의 접촉을 통해 본질적 신성, 금기의 영역에 접근했다. 그러나 깊은 곳에서의 신성은 교회로 볼 때는 불경이자 악마였다. 형식적으로 볼 때 교회의 태도는 논리가 있었다. 전통으로 굳어진 명확하고 분명한 경계선은 교회가 신성한 것으로 여기는 것을 불경의 세계와는 분리시켰다. 에로티즘, 불순, 악마 등도 불경의 세계를 떼어 내긴 했지만, 기독교처럼 명백히 그런 것은 아니었다. 그것들과 불경과의 경계선은 교회의 신성과 불경과의 경계선처럼 분명히 그어지지 않았다.

---

2) 그럼에도 불구하고 신성과 위반의 **깊은 곳에서의** 유사성은 여전히 뚜렷하다. 신자들이 보기에도, 무기력한 사람보다는 방탕아가 오히려 성인에 가까이 갈 수 있다.

최초의 위반 영역을 보면, 불순은 전통적 의식들이 확고하게 드러내는 형식을 지닌 채 잘 정의되고 있었다. 이교도가 불순하다고 보는 것은 동시에 명백히 신성한 것이었다. 단죄 받은 이교도, 다시 말해 기독교가 불순하다고 보는 것은 더 이상 형식적 예배 대상일 수 없었다. 사바의 향연에 형식이 있었지만 강력한 것은 아니었다. 신성한 형식에서 내몰린 불순은 불경으로 전락하기에 이르렀다.

불순한 신성과 불경이 서로 뒤엉킨 채 오랫동안 우리의 기억 속에 남은 신성의 내밀한 성격과 느낌과는 상반된 것으로 보였다. 그러나 전복된 기독교의 종교적 구조는 오히려 그렇게 되기를 강력히 요구했다. 부분적으로 낡아 빠진 형식주의의 틀 안에서 신성의 느낌이 계속 약해지다 보면 불순한 신성과 불경의 혼합은 더욱 강화된다. 오늘날 악마의 존재에 대한 상당한 무관심은 바로 불순한 신성과 불경이 완전히 동일화되고 있다는 징후이다. 사람들은 차츰, 아니 더 이상 악마의 존재를 믿지 않는다. 그 말은 검은 신성은 이제 더 이상 언급할 필요조차 없는, 더 이상 의미 없는 것이 되어 버렸다는 말이기도 하다. 신성의 영역은 빛으로 경계선이 구분되는 선한 신의 영역에 국한되기에 이르렀다. 이제 그 안에서는 더 이상 저주받을 것이 없다.

이러한 변천 과정은 학문(불경의 측면에서 신성에 관심을 가지고 있는 학문. 그러나 개인적으로 나의 태도는 학문적 태도가 아니며, 형식에 빠지지 않는 나는, 그리고 나의 책은 신성을 신성의 측면에서 고찰하고 있다.)의 영역에 지대한 영향을 주었다. 선과 신성의 일치는 뒤르켕의 제자가 쓴 훌륭한 서서에서 확인된다. 뒤르켕의 세자 로베르 헤르즈는 좌편과 우편이 갖는 인간적 차원의 의미 깊은 차이를 강조한다.[3] 그에 의하면,

---

3) 헤르츠는 기독교인은 아니었지만, 명백히 기독교적 모럴에 젖어 있다. 그의 연구는 일단 《철학 잡지》에 실렸다가, 다시 그의 연구서 『종교적 사회와 민속학 연구』(1928)에서 다루어졌다.

일반적으로 우리는 상서로움을 우측에, 불길함을 좌측에 그리고 그와 마찬가지로 순결을 우측에, 불결을 좌측에 있다고 믿는다. 작가는 요절했으나[4] 그 책은 유명해졌다. 그의 연구는 그때까지 거의 제기된 바가 없던 이 문제를 다른 누구보다도 앞서 다루었을 뿐 아니라 순결과 신성을 동일한 것으로 간주했으며, 불결과 불경을 동일한 것으로 간주했다. 그의 연구는 종교 영역의 복잡성이 아주 분명하게 제시된 마술에 관한 앙리 위베르와 마르셀 모스의 연구 이후 나온 것이긴 했지만[5] '신성의 이중성'에 관한 일관된 증언들은 훨씬 나중에 이르면 전반적으로 인정받기에 이른다.

사바의 향연

에로티즘은 불경의 영역에 속할 뿐만 아니라, 철저한 단죄의 대상이었다. 에로티즘의 변천 과정은 불순의 변천 과정과 크게 다르지 않다. 악과의 동화는 신성의 무시와 밀접한 관계가 있다. 신성이 분명하면 분명한 만큼 에로티즘의 폭력은 고뇌를 일으킬 수 있으며, 더 나아가 역겨움을 불러일으킬 수 있었다. 그러나 그렇다고 해서 에로티즘의 폭력이 불경스러운 악과 동일해지거나 규칙의 위반과 같아질 수는 없었다. 공익 또는 사람들의 보존을 합리적, 이성적으로 보증하는 다시 말해 금기의 감정에 근거한 규칙들이 합리적 유용성에 따라 다르게 나타나는

---

4) 그는 1차 세계대전 중에 죽었다.
5) 『사회학 연감』(1902~1903)의 '마술에 관한 개론'에 실렸다. 위베르와 모스의 신중한 입장은 프레이저(프레이저는 헤르츠에 오히려 가깝다.)의 입장과 대립적이다. 프레이저는 마술 행위를 세속적으로 본 반면 위베르와 모스는 마술을 종교적인 것으로 간주했다. 마술은 대개 왼편, 불순 쪽에 가담하지만, 단순하게 그렇지만은 않아서 복잡한 다른 많은 문제를 부른다. 나는 여기에서 그런 모든 것들을 물고 늘어지지 않겠다.

만큼, 그것들과 금기와 무관한 충동에서 비롯되는 규칙들이 같을 수는 없는 것이다. 물론 에로티즘의 경우에도, 종족의 유지 본능이 작용한다. 정상적인 가정생활과는 거리가 먼 생활을 하는 여자들의 타락조차 예외일 수 없다. 그러나 에로티즘에 대한 전체적인 파악은 오직 기독교의 범주 안에서만 가능하다. 왜냐하면 기독교에서는 에로티즘의 일차적 특징, 즉 에로티즘의 신성은 사라지고, 오직 종족 보존의 요구만이 강하게 드러나기 때문이다.

개인적인 쾌락을 넘어서 에로티즘의 신성의 의미가 유지되는 주연은 교회의 특별한 주목의 대상이었다. 교회는 전적으로 에로티즘을 배척했다. 그러나 에로티즘에 대한 교회의 배척은 혼외정사를 불경으로 보는 데에 기인하는 것이었다. 우선 금기의 위반이 얻어내는 감정은 어떤 값을 치러서라도 배척해야만 했다.

그간의 교회의 투쟁은 그 일이 얼마나 어려웠는지를 반증해 준다. 불순을 배척하고, 이름 없는 그리고 끝없는 폭력을 엄격히 단죄하는 종교의 세계가 처음부터 들어섰던 것은 아니다.

중세 또는 근대 초기의 밤의 향연에 대해서 우리가 아는 것은 아무 것도 없다. 그 점은 부분적으로 밤의 향연을 겨냥한 심한 억압 탓으로 돌려야 할 것이다. 우리의 유일한 정보는 재판관이 고문을 해서 얻어낸 불행한 사람들의 자백이다. 고문을 통해 재판관은 자신의 상상을 희생자들에게 반복해서 말하게 했다. 유일하게 추정해 보자면 결국 기독교의 극심한 핍박을 견디다 못한 이교도들의 축제는 황량한 땅으로 밀려날 수밖에 없지 않았을까? 신학이 시사하는 반(半)기독교적 신화를 한번 떠올려 볼 필요가 있다. 구석기 시대의 시골 사람들은 사탄을 신으로 대체했다. 악마를 되살아난 디오니소스로 보는 일이 전혀 어처구니 없는 일만은 아니다.

몇몇 연구가들은 마녀 집회의 존재 자체를 의심했다. 오늘날에조차도 부두 경배의 존재 사실을 부인하려는 사람이 있다. 오늘날에는 관광 풍속에 불과하지만 부두 경배는 실제로 존재했다. 모든 점으로 미루어 보건대, 부두와 유사성을 보이는 사탄의 경배는 사실은 판관의 정신에서 더 많이 확인되는 것이긴 했지만, 엄연히 존재했다.

이제 간단히 접근할 수 있는 자료들을 통해 고찰해 보기로 하자.

신의 이면에 있는 신을 은밀히 경배하는 고요한 밤의 향연은 축제의 전복 충동에서 출발한 의식(儀式)의 측면들을 더욱 심화시키기에 이른다. 마녀 재판에 참여한 판관들은 소송에 제기된 죄인들로부터 기독교 의식을 조롱했다는 자백을 받아 냈을 것이다. 한편 야연의 제사장들은 그들대로 판관들이 가르쳐 주는바 그들의 의식을 상상해 낼 수 있었을 것이다. 물론 이런 한 가지 점만을 떼어 내서 그것만을 가지고, 그것이 판관들의 상상의 결과인가 아니면 제사장들이 꾸며 낸 것인가를 분명히 판단하기는 어렵다. 다만 우리가 분명하게 짚어 낼 수 있는 것은 신성 모독이 창의성의 원칙이었다는 것이다. 중세 말에 보이기 시작한 이른바 검은 미사는 전체적으로 지옥의 미사와 일치하는 것이다. 위스망스가 참관한, 그리고 『거기에서(La-bas)』에서 묘사하고 있는 검은 미사는 중세의 야연을 근거 있게 해 준다. 물론 17세기 또는 19세기경의 의식들을 중세의 고문에서 비롯된 것이라고 생각하는 일은 좀 지나친 일이 될 것이다. 그러나 야연은 판관들의 신문이 유혹적인 것으로 만들기 전에 이미 매혹이 있었다.

상상이든 아니든 야연은 기독교적 상상에 뿌리를 내리고 있는 어떤 형태와 일치한다. 야연은 기독교가 내포하고 있고, 기독교가 간직하고 있는 폭발적 정열을 묘사하고 있다. 판관들의 상상에 의한 것이든 제사장들의 창의에 의한 것이든, 야연의 상황은 기독교의 상황과 다르지 않다. 기독교보다 비교적 앞서 있던 야연의 위반은 합법적인 것이었다. 신앙은 위반을 요구했던 것이다. 금기와 위반은 대립적인 것이었지만, 일정한 한계만 지킨다면 위반이 가능했다. 기독교가 숨기는 것을 위반은 드러냈다. 신성과 금기는 서로 뒤섞인다. 어떤 폭력적 위반이 신성의 길을 열어 준다. 그러나 이미 말한 바 있듯이, 기독교는 종교적 차원에서 다음과 같은 역설, 즉 신성에의 접근은 죄악이며, 죄악은 곧 불경이라는 사실을 주장한다. 죄악 안에 존재하는 것, 자유롭게 존재하는 것, 자유롭게 죄 안에 머무는 것(왜냐하면 불경의 세계는 신성의 억압을 벗어나기 때문에)은 벌인 동시에 죄인에 대한 보상이기도 했다. 방탕한 사람의 지나친 향락은 신도를 공포에 떨게 했다. 신도가 볼 때, 방탕은 방탕에 빠진 사람을 벌해서 방탕의 부패상을 스스로 드러나게 만들었다. 그러나 부패, 죄악, 사탄은 오히려 원죄자에게는 경배의 대상이었으며, 애무의 대상이었다. 관능은 죄악에 뿌리를 내렸다. 관능은 본질적으로 위반이었으며, 공포의 극복이었다. 따라서 공포가 크면 클수록 거기에서 얻어지는 환희는 그만큼 더 컸다. 상상의 결과든 아니든 야연에 관한 이야기는 한 가지 의미를 담고 있으니 흉측한 환희에의 동경이 그것이었다. 사드의 책들은 야연에 관한 이야기의 연장인 동시에 그것을 넘어선다. 그러나 방향은 다르지 않다. 문제는 언제나 금기의 저편에 이르는 일이다. 의식 절차를 통해서 금기의 제방을 거두면, 불경스러운 자유의 길을 향한 문, 불경의 가능성이 열린다. 위반은 조직적이었고 한계가 있었다. 그러나 불경은 비록 의식적 절차의 유혹에 무너질지라도 그 안에 제한 없는 가능성으로 열린 문, 때로는 무한의 풍요를, 때로는 비참을 향해 열린 문을 안고 있었다. 거기를 넘어서면 탈진이 오고 죽음이 이어질 것이다.

관능과 악행에의 확신

단순한 금기가 조직적 위반을 유도해서 최초의 에로티즘을 가능하게 했다면, 기독교는 조직적 위반을 금함으로써 오히려 관능적 동요를 더 부추겼다.

야연의 밤에서 벌어지는 끔찍한 일들은 상상에 의한 것이든 아니든 사드가 갇혀 있던 고독한 감옥에서 쓴 『120일』처럼 어떤 일반적 형태를 지니고 있었다. 보들레르는 모든 사람들에게 유효 적절한 다음과 같은 말을 남겼다.[6] "나는 이렇게 말하고 싶다. 즉 최고의 관능은, 그리고 유일한 관능은 확실하게 악을 자행하는 데 있다고.[7] 악에 뿌리를 내리고 있는 관능은 남자든, 아니면 여자든, 생득적인 것이다." 나는 서두에서 쾌락은 위반과 관계 깊다고 말한 바 있다. 그러나 죄악은 위반이 아니다. 죄악은 유죄를 선고받은 위반이다. 죄악은 보들레르가 말하는 과실이다. 야연의 이야기들은 과실의 연구에 대한 대답이다. 사드는 악도 과실도 부인했다. 그러나 그는 관능적 발작을 설명하기 위해 불규칙성의 개념을 개입시켜야 했다. 심지어 그는 모독적 언사에 도움을 청했다. 모독자가 모독을 통해 더럽히려는 선의 신성을 부인한다면 그가 생각하기에 그 모독 행위는 무용했다. 그럼에도 불구하고 그는 모독적 언사를 그치지 않았다. 사드에게서 보이는 모독적 언사의 필요성과 무용성은 의미 깊다. 우선 교회는 위반이 가능케 하는 에로티즘 행위의 신성을 부인했다. 그런가 하면 '자유 정신의 소유자'들은 교회가 떠받드는 신성을 인정하려 들지 않았다. 결국 부분적인 것이긴 하지만 교회는 그런 부정 때문에 신성을 현현시킬 수 있는 종교적 능력을 상실하게

---

6) 『불꽃놀이』, Ⅲ.
7) 보들레르에 의해 그렇게 강조되었다.

되었다. 특히 근원적인 불안을 조장하는 악마와 불순이 더 이상 존재하지 않는 교회는 더더욱 그러한 능력과는 거리가 먼 것이 되어 버렸다. 그런가 하면 자유 정신의 소유자들은 더 이상 죄악을 믿지 않았다. 자유 정신의 소유자들은 어떤 특정 상황의 현실을 향해 정진했으니, 그런 현실 안에서 에로티즘은 이제 더 이상 과실이 아니었으며, 확실한 '악이 될 수'도 없었으며, 그래서 결국 에로티즘의 가능성은 열리지 않았다. 완전한 불경의 세계에서는 동물적 메커니즘밖에 남지 않을 것이다. 과실에 대한 막연한 기억이 남을 수도 있겠지만, 그 기억은 헛된 희망으로 머물 것이다.

한 상황의 극복은 결코 출발점으로의 회귀일 수 없다. 자유 안에는 자유의 무기력이 있다. 그럼에도 자유란 자기 자신에 대한 자유 처분권이다. 명징 상태에서의 육체의 유희는 비록 초라하긴 해도 끝없는 변신(이 변신의 양상들은 언제라도 처분 가능한 양상들이었을 것이다.)에 대한 의식적(意識的) 추억으로 열릴 수 있었다. 그러나 다른 한편, 한 모퉁이만 돌면, 검은 에로티즘이 다시 고개를 쳐든다. 결국 심정적 에로티즘(가장 강렬하면서도 타는 듯한 에로티즘)만이 육체적 에로티즘이 잃은 부분을 되찾게 해 줄 것이다.[8]

---

8) 내가 이 책에서 심정의 에로티즘에 숨은 검은 에로티즘의 추억과 그 의미를 더 이상 언급할 수는 없다. 다만 내가 말할 수 있는 것이라고는, 검은 에로티즘은 서로 사랑하는 연인들의 의식 속에 녹아든다는 것이다. 검은 에로티즘의 의미는 그 의식 안에 황혼이 형태로 나타난다. 그것이 죄의 가능성으로 나타날 수도 있지만 잡히지는 않는다. 그러나 붙잡히지 않아도 아무튼 거기에 있다. 죄과의 추억과 과거의 죄과, 즉 최음제는 다르다. 죄과에서는 결국 모든 것이 빠져 달아난다. 환희에 이어 재앙의 느낌과 환멸이 온다. 반면, 심정의 에로티즘에서의 사랑의 대상은 빠져 달아나지 않으며 에로티즘의 전개에 따라 가능한 연속성에 대한 희미한 추억으로 남는다. 신성 모독에까지 이르는 오랜 발전 중에 새겨진, 그 다양한 가능성들에 대한 분명한 의식은 불연속적 존재들에게 법열의 순간들을 열어 그들로 하여금 존재의 연속감을 느끼게 한다. 존재의 한계를 인식하면서 황홀감에 빠지는 능력은 거기에서 얻어진다.

12장
욕망의 대상, 매음

에로티즘의 대상

　나는 기독교의 상황을 신성의 에로티즘 또는 주연에 근거해서 언급했다. 그런데 나는 기독교를 언급하려면 어떤 최종적인 상황(원죄가 되어 버린 에로티즘이 원죄를 모르는 자유로운 세상에서 살아남는 상황)에 대해서도 언급했어야 했다.
　말머리를 앞으로 좀 거슬러가야겠다. 이교도 세계의 틀 안에서 보면 야연은 에로티즘이 이르는 종착역이 아니다. 야연이란 에로티즘의 신성한 측면이다. 존재들의 연속성이 고독을 초월하여 표현한 곳이 거기이기 때문이다. 그러나 어떤 의미에 있어서만 그렇다. 야연의 연속성은 포착이 어려우며, 존재들은 극한에 이르면 혼란한 전체 속에서 길을 잃는다. 야연은 필경 기만적인 것이라고 할 수 있다. 야연은 원칙적으로 개인적 양상의 완전한 부정이다. 야연은 참여자들의 등가를 전제하는 동시에 요구한다. 야연이 최고조에 달하면 개체성은 사라져 보이지 않을 뿐 아니라 각 참여자는 다른 사람들의 개체성도 부인한다. 이는 개체 간 경계선의 완전한 제거이다. 그러나 다른 한편 그것은 성적인 매혹을 느끼는 이성들이 상호간 더이상 차이를 구분할 수 없을 때 비로소 가능하다.

에로티즘의 최종적인 의미는 경계의 제거와 상호 융합에 있다. 그럼에도 불구하고 에로티즘은 일차적으로 욕망의 대상이 있음으로 해서 의미를 부여받는 것은 사실이다.

야연에서는 욕망의 대상이 뚜렷이 드러나지 않는다. 보통 때와는 반대로 야연에서는 성적 자극이 격앙된 충동을 통해 얻어지기 때문이다. 그러나 그 충동은 모든 사람의 충동이다. 대상이 대상임에 틀림없지만 대상으로 인지되지 않는다. 반면 충동의 대상을 인지하는 사람은 그 순간 대상에 의해 자극받는다. 그와는 반대로 평상시의 성적 자극은 어떤 객관적인 요소, 특별한 요소에 의해 유발된다. 동물들을 보면 대개 암컷의 냄새가 수컷의 행동을 결정한다. 수컷 새는 아름다운 소리로 울기도 하고 아름다운 깃털을 자랑하기도 하는데, 이때 수컷은 암컷의 다른 지각 작용들을 끌어들여 암컷으로 하여금 수컷의 존재 또는 수컷과의 성적 충돌이 임박했음을 알게 한다. 후각, 청각, 시각, 그리고 미각은 온통 일체가 되어 앞으로 있을 행위의 정확한 징후를 감지한다. 위기를 고지하는 징후들을 감지하는 것이다. 인간의 경우 고지적 징후들은 강한 에로티즘의 의미를 갖는다. 발가벗은 예쁜 소녀는 이따금 에로티즘의 이미지다. 욕망의 대상은 에로티즘과는 다르며, 그것이 전적으로 에로티즘일 수는 없다. 그러나 에로티즘은 거기를 지나가지 않을 수 없다.

동물의 세계에서부터 이러한 고지적 징후들은 이미 개체 간의 차이를 분명히 드러냄을 알 수 있다. 인간의 경우에도 야연을 벗어나면 고지적 징후들이 개체를 구분할 수 있게 해 주며, 게다가 인간은 고지적 징후들이 재능과 정신 상태, 부의 정도에 따라 각각 다르게 표출되기 때문에 개체 간의 차이가 더욱 크게 나타난다. 고지적 징후들의 발전은 다음 결과를 초래한다. 에로티즘은 일종의 용해와도 같아서 이해관계와 개인적 존재를 한계를 초월하는 방향으로 바꾸어 놓는데, 그 또한 대상에 의해 표현된다는 것이다. 이제 우리는 다음과 같은 역설과 직면한다. 우리는 에로티즘의 대상, 즉 모든 대상의 한계를 부정하는 대상 앞에 서게 된다는 것이다.

욕망의 대상, 여인

원칙적으로, 여자는 남자의 욕망의 대상이며 또한 남자도 여자의 욕망의 대상일 수 있다. 그러나 성생활의 첫걸음은 대체적으로 남자가 여자를 욕망하는 데서 시작한다. 남자는 성생활에서 주도권을 쥐며 여자는 남자의 욕망을 자극하는 힘이 있다. 이 말은 여자가 남자보다 아름답다거나 남자보다 더 매력이 있다는 말은 아니다. 그러나 여자는 수동적인 태도로 남자의 욕망을 건드려, 남자들로 하여금 그녀를 쫓아오게 해서 결합을 꾀한다. 여자는 매혹적인 데 그치지 않고 유혹적이다.

여자는 남자의 공격적 욕망의 대상을 자처한다.

모든 여자에게 매음의 소질이 잠재하는 것은 아니다. 그러나 매음은 여자의 태도 때문에 빚어진 것이다. 여자의 성향 때문에 여자는 남자의 욕망의 대상이 되는 것이다. 정조가 마음에 걸려 전적으로 피하지만 않는다면, 어떤 값에 그리고 어떤 조건에 자신을 내줄 것인가의 문제만 남는다. 조건만 충족되면 여자는 언제나 자신을 물건처럼 제공한다. 매음은 문자 그대로 매매 행위를 끌어들인다. 어떤 여자가 장신구에 정성을 들이고 그 장신구를 통해 아름답게 보이려고 노력한다면 그녀는 자신이 남자의 관심을 끌어야 하는 대상임을 자처하는 것이다. 마찬가지로 어떤 여자가 옷을 벗는다면 그녀는 스스로를 남자의 욕망의 대상으로 제시하는 것이며 특별한 상대에게 자신을 감상해 주기를 요구하는 것이다.

　평상시와는 다른 알몸은 일단 부정(否定)의 의미를 갖는다. 반면 알몸은 알몸이 고지하는 결합의 순간과 아주 가깝다. 알몸은 대상을 부정하면서 대상이 아니려고 하지만, 여전히 대상이다. 비록 잠시 후면 에로티즘의 열광에 묻혀 그녀의 자존심이 무차별한 쓰레기장처럼 될지언정 그 여자의 알몸은 분명히 알몸이다. 우선 알몸에서 드러나는 것은 알몸의 아름다움과 매력이다. 한마디로 알몸의 여자는 다른 대상들과 비교 우위의 가치가 있는 객관적 대상인 것이다.

종교적 매음

　남자가 쫓아 다니는 욕망의 대상으로서 여자는 대체적으로 빠져 달아나곤 한다. 빠져 달아난다는 말은 여자가 대상으로 제시되지 않는다는 말이 아니라 여자의 요구 조건이 쉽게 충족되지 않았다는 말이다. 요구 조건이 충족되어도 여자가 남자의 제안을 수락하지 않고 짐짓 달아나면 값은 오른다. 달아나기의 실패는 논리적으로는 겸양과 연관된다. 욕망의 대상이 달아나기는커녕 몸치장을 하고 앞에서 얼씬거리는데도 눈에 띄지 않는다면 그것은 그녀가 남자의 기대에 미치지 못하기 때문이며 따라서 그러한 여자는 남자의 마음을 사로잡을 수 없을 것이다. 여자에게 기본적인 태도가 있다면 그것은 자신의 제시이나. 그러나 첫 동작(제시)은 꾸민 거절의 태도가 이어진다. 명백한 매음은 제안은 있지만 상대에 대해 꾸민 태도로 따르지 않는다. 매음은 오직 대상으로서의 에로틱한 가치를 강조하는 몸치장만을 허용한다. 원칙적으로 그러한 몸치장은 공격을 피하기 위해 취하는 이차적 동작과는 어긋나는 행동이다. 게임은 매음의 의미를 갖는 몸치장으로 시작된다. 이어 달아나기 또는 이따금 가식적 달아나기가 욕망을 자극한다. 무엇보다도 매음은 게임을 벗어나지 않는다. 여자의 태도는 두 가지 대립된 상보적 태도들로 구성된다. 어떤 여자들의 매음은 다른 여자들의 달아나기를 부르며, 그 반대도 성립된다. 그러나 게임은 가난 때문에 빗나갈 수 있다. 오직 가난이 달아나기의 행동을 결정하면 매음은 하나의 상처로 남기도 한다.

사실 어떤 여자들은 달아나려고 하지 않는다. 그런 여자는 자기를 남김 없이 주고, 선물을 독촉하며, 선물이 없을 때는 더 이상 교태를 부리지도 않는다. 매음이란 처음에는 헌신에 다름 아니었다. 결혼의 경우에 있어서조차도 여자가 대상으로 취급된 때가 있었다. 여자는 가사 특히 농경의 도구였다. 매음은 여자를 남성의 욕망의 대상으로 만들었다. 여자라는 대상은, 적어도 품에 안으면 아무것도 남기지 않고 모든 것을 소멸시킨 채, 오직 발작적 연속성의 순간만을 고지해 주는 대상이었다. 그런데 그 후의 또는 근대의 매음에서는 이해관계가 그러한 양상을 배면에 가려 보이지 않게 만들었다. 매춘부는 우선 돈과 귀중품을 선물로 받았다. 그녀는 곧 그 선물들을 사치와 몸치장에 써서 자신이 더 탐욕스러워 보이도록 했다. 그렇게 그녀는 더 부유한 사람의 선물을 끌어들일 힘을 길렀던 것이다. 이러한 선물의 교환 법칙은 상업적인 거래와 동일한 것이 아니었다. 가령 여자의 혼외정사는 생산적인 사용 가능성의 문을 열어 주지는 못한다. 여자를 에로티즘의 사치스러운 생활에 빠뜨리는 선물에 대해서도 같은 말을 할 수 있다. 매음과 관련된 교환의 법칙은 일반 상거래와는 달리 넘침을 향해 열려 있었다. 욕망을 자극하여 불태우는 그것은 축적된 부를 소진시켰을 뿐 아니라 욕망으로 불타는 사람의 생명까지도 태워 없앨 힘이 있었다.

필경, 매음은 결혼의 보완 형태에 지나지 않았다. 결혼이라는 과도기 형태로서의 위반은 규칙적인 삶의 일부였으며, 남편과 부인 사이의 노동의 분담은 그때부터 시작되었다. 그러나 결혼 관계에서 행해지는 위반은 에로티즘일 수 없었다. 간단히 말해서, 성관계를 처음 열어 준 첫 접촉시의 위반은 강조되지 않은 채 공개적인 성관계들이 지속되었던 것이다. 그러나 매음의 경우는 달랐다. 매음에서는 매춘부가 매번 위반에 바쳐진다. 매춘부에게서는 신성한 면과 성행위에 대한 금기의 측면이 사라지지 않고 나타난다. 그녀의 온 생애는 금기를 범하는 데 바쳐진다. 우리는 매춘부라는 직업을 지칭하는 말과 사실이 어떻게 일치하는지를 밝혀 보아야 한다. 그러면 신성한 매음의 고대 제도를 이해할 수 있을 것이다. 기독교 이전의 또는 기독교권 외의 세계에서는 종교는 매음을 반대하기는커녕 다른 위반의 형태에 대해 그랬던 것처럼 거기에 일정한 양식을 부여했다. 축성된 장소에서 신성과의 접촉을 유지한 채 매음하는 매춘부들은 사제들의 신성과 다르지 않은 신성을 부여받았다.

    근대와 비교할 때 고대의 종교적 매음은 수치심과는 거리가 먼 것이었다. 그러나 차이는 미미하다. 사원의 창녀가 거리의 매춘부로 타락하지 않은 것은 사원의 창녀는 비록 수치심은 아니더라도 적어도 수줍음이 있었기 때문이 아니었을까? 근대의 매춘부는 수치심으로 몸을 휘감고, 수치심을 자랑하는 듯하다. 그러나 기실, 고뇌가 없는 수치란 있을 수 없는 법인데, 그녀는 고뇌를 모른다. 사원의 창녀는 겸허한 태도를 지켰으며, 결코 업신여김 받지 않았으며, 그래서 그녀는 평범한 다른 여자들과 별로 다를 게 없었다. 그녀의 수줍음은 비록 무뎌질 수는 있었지만, 그렇더라도 그녀는 결코 여자가 몸을 맡길 때 느끼는 두려움, 남자가 여자에게 요구하는 도피 반응 등 첫 경험의 원칙을 지켰다.

    야연에서는 융합과 그에 이은 풀림이 수치심을 무력하게 만들었다. 수치심은 결혼이라는 육체적 결합에서 되찾아지지만, 그러나 그것은 일상생활을 하다보면 이내 사라져 보이지 않는다. 그런데 신성한 마음에서는 달랐다. 수치심은 의식이 될 수 있었으며, 그래서 위반의 의미를 띨 수 있었다. 보편적으로 볼 때 남자는 자신이 저지르는 규칙의 위반에 대해 감각이 없는 편이다. 규칙 위반이 있을 때 그가 여자의 당황한 태도를 기다리는 것은 그 때문이다. 여자의 그런 태도가 없으면 남자는 위반을 의식하지 못할 것이다. 짐짓 꾸민 것이든 아니든, 여자는 수줍어하면서 여자의 인간성을 확립시켜 주는 금기를 지킨다. 그러나 금기를 무시해야 할 순간이 온다. 그러면 그때는, 금기에도 불구하고, 금기를 잊지 않은 채, 그것을 의식하면서도, 금기를 어겼음을 수줍음으로 나타내는 일이 중요하다. 수줍음이 완전히 사라지는 것은 오직 천박한 마음에서인 것이다.

우리는, 기독교권 밖의 다른 종교들에서는 에로티즘의 신성과 종교적 성격이 뚜렷하게 나타났음을, 수치심보다 오히려 신성이 지배했음을 기억해야 한다. 인도의 사원에서는 아직도 돌에 새겨진 에로틱한 형상을 많이 볼 수 있는데, 에로티즘이 신적인 것으로 여겨졌음을 말해주는 것이다. 인도의 많은 사원들은 우리의 마음 깊은 곳에 숨어 있는 외설들을 경건하게 부각시켰다.[1]

천박한 마음

사실 매춘부를 타락시키는 것은 돈이 아니다. 돈의 지불은 의식(儀式)으로서 교환의 사이클에 들어갈 수 있었으며, 그래서 그것이 타락한

---

[1] 막스 폴 푸셰, 『인도인들의 사랑의 예술』(로잔 서적조합, 1957), 4절판(비매품) 참조.

상거리를 초래하는 것은 아니었다. 고대 사회에서 결혼한 여자가 남편에게 바치는 육체적 선물(대가로서의 성적 서비스)은 남편에게는 그 자체가 목적일 수 있다. 그러나 천박한 매춘부는 우리를 인간이게 하는 금기와 무관하기 때문에 동물의 지위로 격하되는 것이다. 그녀는 오늘날 대부분의 문명인들이 암퇘지 앞에서 느끼는 불쾌감을 느끼게 한다.

천박한 매음은 필경 불행한 생활 조건에 의해, 금기를 양심적으로 지켜 나갈 수 없는 계급이 생기면서 시작되었던 것 같다. 나는 오늘날의 프롤레타리아가 아닌 마르크스의 룸펜 프롤레타리아를 생각한다. 극도의 비참은 인간들을 인간성의 근본인 금기의 끈으로부터 벗어나게 만드는 한편 위반과는 다른 방식으로 인간들을 풀어놓는다. 일종의 낙심이, 아마도 불완전한 낙심이 동물적 충동을 마구 날뛰게 만든다. 낙심이 동물성으로의 회귀라고 말할 수는 없다. 인간 전체를 아우르는 위반의 세계는 본질적으로 동물성과는 달랐다. 제한적이긴 하지만 낙심의 세계도 마찬가지다. 금기(신성)를 아무렇지도 않게 대하며 사는 사람들, 금기를 세속으로부터 몰아내지도 않은 채 거기에 파묻혀 사는 사람들은 전혀 동물이라고 할 수도 없으면서, 그렇다고 다른 사람들로부터 인간 대접을 받을 수 있는 것도 아니다.(그들은 심지어 동물의 위엄 밑으로까지 추락한다.) 이러저러한 금기의 대상들이 그들에게는 공포도 역겨움도 주지 않으며, 준다 해도 극히 미미한 것이다. 그들이 다른 사람들의 반응을 강하게 느끼지는 않는다고 해도 전혀 모르는 것은 아니다. 죽어 가는 사람을 보면서 "저것 뒈지려고 하네."라고 말한다면, 그렇게 말하는 사람은 사람의 죽음을 개죽음으로 보는 것이다. 그러나 그렇게 말하는 사람은 그가 사용하는 상스러운 말이 불러일으키는 타락과 함몰의 정도를 가늠할 줄 안다. 성기, 성행위 등과 관계하는 욕설들도 비슷한 함몰을 초래한다. 그러한 단어들은 금기이다. 대개 성기를 지칭하는 것은 금기이다. 성기를 마구 들먹거리는 일은 위반을 무차별에 이르게 함으로써 모독과 신성조차 구분할 수 없게 만든다.

 천박한 단계의 매춘부는 함몰의 최종 단계에 있다. 매춘부도 동물이나 마찬가지로 금기에 무관심할 수 있다. 그러나 완전한 무심함에 이를 수 없기에 그녀도 다른 사람들이 지키는 금기가 어떤 것인지를 모르지 않는다. 그래서 그녀는 타락했지만 자신의 타락을 알 가능성이 있다. 그녀는 스스로 인간임을 알고 있다. 그녀는 수치심을 모르지만, 자신이 돼지 같은 삶을 살고 있음을 의식하지 못하는 것은 아니다.

 거꾸로 천박한 매음이 다다른 상황과 기독교의 상황은 상호 보완 관계에 있다. 기독교는 끔찍하고 불결한 모든 것을 배제한 채 오직 신성의 세계만을 만들어 냈다. 반면 천박한 매음은 거기에 대한 보완으로 기독교 세계가 배척한 불경의 세계를 창조했다. 함몰의 그 세계에서는 더러움은 아무렇지 않으며, 노동 세계의 청결함은 배제된다. 기독교의 행동은 그것과 동일한 형태를 보여 주는 매음이 끌어들인 방대한 충동과 잘 구분되지 않는다.

 위반의 가장 뚜렷한 한 가지 측면은 동물과 관련이 있는데 우리는 그러한 위반의 세계에 대해서는 이미 살펴보고 지나왔다. 동물과 인간, 동물과 신성의 혼동(적어도 사냥족들은 아직도 그렇다.)은 고대 인간의 특징이다. 그러나 기독교 이전의 일로서 동물 신성에 대한 인간 신성의 대체는 전복이라기보다는 점진적 발전이었다. 그것을 전체적으로 고찰해 보면, 순수한 종교적 상태(나는 그것을 위반의 원리와 결부시킨다.)에서 모럴이 확립되고 모럴이 압도하는 시기로의 추이에 대한 고찰은 많은 어려운 문제들을 제기한다. 왜냐하면 모럴과 금기가 기독교 세계만큼 강하게 지배하지 않는 다른 문명 세계에서는 그 양상이 매우 상이하게 나타나기 때문이다. 물론 기독교권 밖의 다른 세계에서도 모럴과 동물에 대한 멸시의 관계는 분명히 있는 듯하다. 인간이 동물성을 멸시한다는 말은 모럴의 세계에 동물이 모르는 가치를 부여한다는 말이며, 인간은 동물보다 우월하다는 말이다. "신은 인간을 당신의 형상대로 빚으셨다." 따라서 신성은 결코 동물에 있지 않으며, 최상의 가치는 인간에게 돌아온다. 악마만이 동물성을 속성으로 가지고 있다. 꼬리로 상징되는 그리고 언제나 위반으로 시작하는 동물성은 특히 타락의 표상이다. 선에 대적하고 그리고 선의 필요성과 연결된 의무를 특별히 궁지에 몰아붙이는 것은 함몰이다. 함몰은 모럴의 반발을 보다 쉽게 그리고 보다 전적으로 자극하는 힘을 가진 듯하다. 함몰은 구제불능이다. 그러나 위반은 다르다. 그래서 기독교는 무엇보다도 함몰을 문제 삼는 정도에 따라 에로티즘 전체에 악마의 빛을 비출 수 있었다. 악마는 초기에는 반역한 천사였다. 그런데 악마는 반역으로 얻은 찬란한 빛을 곧 잃고 말았다. 타락은 반역에 대한 응징이었다. 그것은 위반의 측면은 사라지고 낙심만이 지배했음을 의미했다. 위반은 고뇌 가운데서도 고뇌의 극복과 환희를 예고하지만, 타락은 더 심한 타락만이 기다릴 뿐이었다. 타락한 사람에게 무엇이 남겠는가? 그들은 타락 위로 돼지처럼 거침없이 나뒹굴 수 있었다.

나는 '돼지처럼'이라고 했다. 사실 모럴과 함몰이 결합한 기독교 세계에서는 동물은 혐오의 대상 외에 아무것도 아니다. 나는 '기독교 세계'라고 말하는데 왜냐하면 기독교는 사실 완성된 모럴의 형태이며, 가능성들의 균형이 이루어진 유일한 세계이기 때문이다.

에로티즘, 악 그리고 사회적 타락

모럴과 기독교의 사회적 근거와 천박한 매음의 사회적 근거는 같다. 이집트에서 최초의 혁명을 일으킨 계급 간의 불평등과 비참은 기원전

6세기경 문명권 지역에 불안을 초래했는데 우리는 다른 어떤 운동보다도 유대인의 예언 제일주의를 거기에 결부시킬 수 있을 것이다. 그리스 로마 세계를 천박한 매음의 각도에서 관찰하면 천박한 매음이 바로 이 시기에 시작된다는 매우 재미있는 사실을 발견할 수 있다. 실추된 계층은 권력층을 몰아내거나 천민들의 권익을 지키려는 당시의 운동에 거의 참여하지 않았다. 사다리의 맨 아래를 차지하는 그 계층은 아무것도 동경하지 않았다. 모럴이 그들을 치켜세우는 듯했지만 그것은 나중에 그들을 더욱 확실히 짓밟기 위한 것이었다. 그중에도 함몰한 인간들을 가장 무겁게 내리누르는 저주는 교회의 그것이었다.

에로티즘의 신성한 측면은 교회에 무엇보다도 중요했다. 역설적이게도 에로티즘의 신성은 교회가 에로티즘을 엄벌할 중대한 이유였다. 교회는 마술사들은 화형시키면서 창녀들은 살려 두었다. 그러나 교회가 타락한 매음을 인정한 것은 다음에 죄악의 성격을 강조하기 위한 것이었을 뿐이다.

오늘날의 상황은 교회의 이러한 이중적 태도의 필연적 결과이며 신도들의 태도도 마찬가지다. 선과 신성의 동일시, 신성한 에로티즘의 배척에 악의 합리적 부정이 화답했다. 단죄받은 위반이 더 이상 의미를 갖지 못하는 세상, 불경이 미미한 힘밖에 갖지 못하는 세상이 이후에 왔다. 남은 것이라고는 함몰을 우회하는 길뿐이었다. 희생자들에게 타락은 막다른 골목이었다. 그러나 에로티즘의 타락한 양상은 악마적 양상이 잃어버린 미덕을 갖고 있으니 바로 자극이었다. 더 이상 악마의 존재를 믿는 사람은 없었다. 에로티즘의 단죄도 더 이상 힘을 발휘하지 못했다. 타락은 적어도 악의 의미를 갖지 않을 수 없었다. 그러나 그 악은 더 이상 다른 사람들에 의해 고발된 악이 아니었다. 그러한 단죄는 의심스러울 뿐이었다. 매춘부들의 타락의 기원에는 비참한 생활 조건과의 결탁이 있다. 그것은 아마도 무의지적인 것이리라. 그러나 욕설의 경우를 보면, 그 결탁은 인간성과 인간의 위엄에 대한 단호한 거부 행위임을 알 수 있다. 선하게 꾸려 온 삶이라도 일단 타락하면, 즉시 선을 향해 침을 뱉고 인간의 삶을 향해 침을 뱉을 결심이 따른다.

특히 성기나 성행위들은 함몰과 관계되는 명사들을 갖고 있으며, 그 기원은 타락한 세계의 고유한 언어가 된다. 성기와 성행위에는 그것들을 지칭하는 다른 명사들도 있지만 일부는 과학적 용어이거나 사랑하는 사람들이 장난기 어린 투로 또는 수줍어하면서 사용하는 용어들로서 일반적이라고 할 수 없는 것들이다. 그런데 사랑의 행위와 관련된 추잡한 명사들은 우리가 가장 고상한 감정으로 숨겨 둔 비밀스러운 생활과 밀접하고도 철저한 관계를 맺고 있음을 부인할 수 없을 것이다. 타락한 세계에 속하지 않은 우리들 내부에 보편적 끔찍함이 형성되는 것은 바로 입에 담기 거북한 명사들을 통해서이다. 그러한 욕설들은 정직한 세계에서는 단호하게 배척된다. 그것을 주제로 한 토론을 허용하는 세계는 없다.

타락한 세계는 욕설에서 효과를 기대할 수 없다. 욕설은 증오를 표현한다. 그러나 정직한 세계의 연인들에게 그것은 과거에 위반과 불경이 불러일으킨 감정과 유사한 감정을 불러일으킨다. 정직한 여자가 애인을 포옹하면서 "나는 당신의 ××를 사랑해요."라고 말한다면, 그것은 "사랑의 유일 최상의 관능은 확실한 악행에 있다."라고 한 보들레르의 말과 다르지 않은 말이다. 그러나 그녀는 이미 에로티즘이 자체로는 악이 아님을 알고 있다. 악이 악이 될 수 있는 것은 그것이 집단의 추잡함 또는 천박한 마음의 추잡함에 이를 때에 한해서이다. 이 여자는 그러한 세계와는 관계가 없다. 그녀는 그 세계의 도덕적 타락을 혐오한다. 성기가 지칭된다고 해서 그 자체로는 추잡한 것이 아님을 그녀는 알고 있다. 그러나 그녀는 악의 쪽에 흉칙스럽게 도사리고 앉아 있는 사람들에게서 마침내 진실을 드러내는 말을 빌려 쓴다. 그녀가 사랑하는 성기는 저주의 대상이다. 성기가 불러일으키는 끔찍스러움이 더욱 뚜렷해지면서 그녀는 성기를 알게 되고 마침내 그녀는 그 끔찍스러움을 극복하는 순간에 이른다. 그녀는 최초의 금기의 의미를 상실하기보다는 강한 정신의 소유자 편에 가담하고 싶어 한다. 최초의 금기가 없이는 에로티즘도 있을 수 없다. 그래서 그녀는 모든 금기, 수치를 오직 폭력을 통해 부인하는 사람들과 그들의 폭력에 의지하는 것이다.

13장
아름다움

인간의 근본적 모순

고립된 개체를 지속시키려는 의지와 연속성 속에 찢기고, 갈피를 못 잡는 존재의 팽창 사이의 대립은 변화 속에 다시 나타난다. 위반의 가능성은 약해지지만 그럼에도 불경의 가능성은 더 활짝 문이 열린다. 에로티즘이 쓰레기 더미에 던져진다고 해도 타락의 길이 아무것도 찢지 못하는 이성적인 성행위가 갖는 중립성보다는 차라리 백배 낫다. 금기가 더 이상 기능을 못 하거나 우리가 더 이상 금기의 존재를 믿지 않으면, 위반은 불가능하다. 그러나 탈선 중에도 그럴 필요가 있으면 위반의 감정은 유지된다. 그 감정은 포착 가능한 현실에 근거하지 않는다. 그렇다면 불연속성에 의해 죽음을 겪어야 하는 존재인 인간으로서는 불가피한 파열을 거슬러 올라가 보지 않는 한 진실을 파악할 수 없지 않을까? 오직 폭력만이, 몰상식한 폭력만이 이성으로 귀착되는 세계의 경계를 부숴서 우리를 연속성의 세계로 나가게 할 수 있지 않을까!

우리는 모든 방법을 동원하여 경계를 정해 두며, 금기, 신, 더 나아가 타락을 정의해 놓는다. 그리고 일단 그것들이 분명하게 정해지면 우리는 그것들을 벗어난다. 두 가지는 불가피하다. 우리는 죽음을 벗어날 수 없으며, 우리는 또한 '경계를 벗어날' 수 없다. 죽음과 경계를 벗어나는 일은 그러므로 결국 같은 것에 대한 다른 이름일 뿐이다.

그러나 비록 경계를 벗어난다고 해도 또는 죽는다고 해도, 우리는 죽음 또는 경계 너머의 연속성이 지니는 공포는 벗어나고 싶어 한다.[1]
가능하기만 하면 우리는 경계의 임계점에 어떤 형태를 부여한다. 우리는 그것을 대상으로 보려고 애쓴다. 우리는 죽음에 대해 불평을 해대지만 어쩔 수 없으니 죽음의 끝에 이른다. 그러면서 우리는 우리 자신을 속이려고 애쓴다. 우리는 불연속적 삶의 한계를 벗어나지 않은 채, 한계의 극복을 전제하는 연속성에 이르려고 한다. 말하자면 우리는 지혜롭게 이쪽에 머물면서 걸음을 떼지 않은 채 저쪽에 이르고자 한다는 말이다. 우리는 이생의 경계 이쪽 외에는 아무것도 알 수 없고 생각할 수도 없다. 그 너머는 아무것도 없는 것처럼 보인다. 사실 죽음 너머에서는 우리가 일상적으로는 감히 맞설 엄두조차 내지 못하던 상상할 수 없는 것이 시작될 것이다. 그 상상 불가능은 다름 아닌 우리의 무능을

---

[1] 죽음, 연속성의 길에서라면 우리가 어떻게 개인의 불멸을 염려하고, 인간의 머리털에나 신경쓰는 신인(神人)을 생각해 낼 수 있겠는가? 나는 안다. 신을 사랑하게 되면, 이따금 신의 인격은 사라지고, 이해, 표현 너머로 폭력이 드러난다는 사실을…… 나는 안다. 그 폭력, 그 미지의 것은 결코 무능한 이성이나 무능한 인식을 의미한 것이 아니라는 것을…… 그 미지의 것은 인식과 다르며, 폭력은 이성과 다르며, 불연속성은 불연속성을 파괴하고 죽이는 연속성과 다르다. 불연속성의 세계는 이해와 상상 너머의 죽음을(왜냐하면 인식은 불연속성에서 출발할 때 가능하기 때문에) 두려운 마음으로 끌어안기에 이른다. 그러므로 폭력과 이성(연속성과 불연속성)이 공존하는 신과 온전한 실존을 향해 열린 파열의 전망(인식을 향해 열린 미지에의 전망) 사이의 거리는 미미하다. 경험은 신에게서 신의 사랑과는 거의 관계없는 실신 상태를 피하는 방법, 사회 질서와 불연속적 삶을 보장하는 '선한 신'을 보라고 한다. 신의 사랑이 절정 상태에서 얻는 것은 사실 신의 **죽음**이다. 그러나 우리는 거기에서 인식의 한계 외에는 아무것도 알 수 없다. 이 말은 신적 사랑의 **체험**이 우리에게 진리를 드러내지 못한다는 말이 아니다. 이론적 자료가 체험을 그르칠까 두려워할 필요도 없다. 우리는 변함없이 **신적 도취** 상태가 이르게 해 주는 연속성을 탐구할 것이다. 물론 그 탐구를 위한 길에 왕도는 없다.

반증해 주는 것이기도 하다. 우리는 알고 있다. 죽음은 결코 지워 없애는 것이 아니라는 것을. 죽음은 우리의 존재 전체를 그대로 남겨 둔다. 그러나 죽음이 오면, 다시 말해 우리 안으로 죽음이 찾아오면, 개체로서의 우리는 더 이상 존재하지 않는다. 그런데 우리는 우리 내부에 죽음이 찾아와도 죽음의 경계를 인정하려 들지 않는다. 우리는 어떻게 해서든 그 경계선을 뛰어넘으려고 한다. 말하자면 우리는 경계선을 건드리지 않은 채, 그것을 뛰어넘으려고 하는 것이다.

걸음을 떼려는 순간 욕망은 우리를 내팽개치며, 우리는 어쩌지 못한다. 우리를 사로잡은 충동은 우리로 하여금 스스로 깨지게 만들 것이다. 그런데도 넘쳐 오르는 욕망의 대상은 언제나 우리 앞에서 어른거리며, 우리를 욕망이 넘쳐나는 삶에 붙들어 놓는다. 발을 떼지 않은 채, 또는 저 너머의 세계로 넘어가지 않은 채, 넘치는 욕망에 머물 수 있다면 그보다 좋은 일이 어디 있겠는가? 폭력적 욕망의 극단까지 밀고 나가서도 죽지만 않는다면, 욕망의 대상 앞에 머물면서 욕망의 삶을 오랫동안 향유할 수 있다면 그보다 좋은 일이 어디 있겠는가? 그러나 우리는 알고 있다. 우리를 애태우는 그러한 욕망의 대상은 소유가 불가능하다는 것을. 둘 중 하나다. 욕망이 우리를 태워 없애든가, 아니면 욕망의 대상이 우리 안의 불을 잠재우든가. 우리는 오직 한 가지 조건, 즉 대상에 대한 욕망이 차츰 소진되는 조건에서만 대상을 소유할 수 있다. 그러나 욕망 없는 삶이라면 차라리 내게 죽음을! 우리는 환상에 만족한다. 욕망하는 대상의 소유는 우리로 하여금 죽지 않은 채 극단에 이른 느낌을 갖게 해 준다. 우리는 죽음을 거부하는 데 그치지 않는다. 우리는 대상을 욕망(기실 죽고 싶은 욕망)과 연결시키고, 우리의 영원한 삶과 연결시킨다. 그렇게 우리는 우리의 삶을 잃는 대신 오히려 그것을 더욱 풍요롭게 하는 것이다.

일단 소유하고 나면 우리를 경계 너머로 이끈 것이 무엇이었는지 그것의 객관적 양상이 드러난다.[2] 매음이 제시하는 욕망의 대상(매음이란 욕망에 자신을 내주는 외에 무엇이던가.)은, 물론 아주 타락한 경우(천박한 매음이라면 그것은 오물 취급을 받을 테니까)를 제외하면, 소유하고 싶은 아름다운 대상이다. 아름다움은 대상의 의미이다. 대상은 아름다움의 가치를 구성한다. 사실 어떤 대상이 아름답다고 한다면 그것은 간절한 욕망의 표적이라는 말과 다르지 않다. 특히 순간적인 만족(한계를 넘어설 가능성)을 주는 대상보다는 지속적이고 안정된 소유의 욕망을 주는 대상을 우리는 더욱 갈구한다.

아름다움에서 순결함과 더러움의 대립

여자의 아름다움에 대해서 이야기하고 있지만 나는 미에 대한 전반적인 고찰은 피할 것이다.[3] 나는 단지 에로티즘에서 미의 역할만을 한정해서 파악해 보려고 한다. 엄격한 의미로 볼 때 기본적으로 새의 깃털이나, 새의 노랫소리는 새들의 성생활에 영향이 있다고 인정할 수 있을 것이다. 나는 새의 깃털이나 노랫소리가 무엇을 의미하는지에 대해서는 말하지 않겠다. 그러나 그것들의 아름다움에 대해서 반박하고 싶지 않으며 더 나아가서 동물들은 나름대로의 이상적인 형태에 얼마나 잘 일치하는가에 따라 아름다울 수도 있고 그렇지 않을 수도 있음을 인정한다. 그러나 그렇더라도 아름다움이란 주관적인 것이다. 아름다

---

2) 대상으로서의 우리 자신을 부정하는 것.
3) 나는 나의 설명이 부족함을 충분히 인식하고 있다. 나는 다만 에로티즘을 한번 들여다보고 싶은 생각이 있을 뿐이지, 그것을 완전히 개진하려는 것은 아니다. 나는 여기에서 여성의 아름다움을 본질적인 측면에서 고찰한다. 그러나 그것도 이 책의 다른 많은 고찰들이 그렇듯이 역시 부족한 고찰에 머물 것이다.

움이란 보는 사람의 관점에 따라 다를 수 있다. 어떤 경우에는 미에 대한 동물들의 견해와 인간의 견해가 같다고 믿을 수 있지만 그것은 극히 위험한 가정이다. 미에 대한 인간의 기준은 인간이 인간의 이상적 형태를 어떻게 규정하는가가 가장 중요한 관건이라고 말해 두고 싶다. 물론 이러한 이상적인 형태가 획일적일 수는 없을 것이다. 그러나 다양함에도 불구하고 이상적인 형태는 일부 여자들에게는 아주 불행한 일이지만 심한 편차가 있는 신체를 통해서 드러난다. 그렇다면 미적 기준에 관한 한 개인차는 그리 크지 않으리라고 본다. 어쨌든 그것은 아주 단순한 미적 기준임에 틀림없다. 신체는 동물의 아름다움을 감상하는 데 있어서뿐만 아니라, 인간의 아름다움을 감상하는 데 있어서도 가장 직접적으로 적용되는 기준이다.(젊음은 원칙적으로 가장 일차적인 요소이다.)

남녀의 아름다움을 판별하는 데 있어서 덜 분명한 다른 요소가 작용하지 않는 것은 아니다. 바로 동물성이다. 남자와 여자는 동물적인 속성으로부터 얼마나 멀리 떨어져 있느냐에 따라 아름답다고 여겨진다.

문제는 단순하지가 않으며, 거기에는 잡다한 다른 요인들이 끼어들 수 있다. 따라서 나는 세부적인 검토는 피하고, 다만 문제 제기에 그치겠다. 인간의 경우 동물의 형태를 상기시키면 분명히 혐오감이 발동한다. 특히 유인원의 형상은 불쾌하다. 여성 형상의 에로틱한 가치는 내가 보기에는 신체 기관의 물질적 사용이나 뼈의 필요성을 상기시키는 자연적 무게가 얼마나 지워졌느냐와 관계 깊다. 여자는 형태가 비현실석일수록, 동물의 진실, 인간 신체의 생리적 진실에 덜 종속될수록 욕망을 자극하는 여성의 가장 보편적인 이미지에 더 잘 부합한다. 인간의 경우 좀 특별한 의미를 갖는 체모에 대해서는 좀 더 나중에 가서 이야기 하겠다.

앞에 한 말 중 의심의 여지없는 진리 하나를 집어낼 필요가 있다. 그러나 이제부터 말하는 정반대의 이차적 사실도 부인하기 어렵다. 만약 어떤 여자가 아주 끈끈하고 은밀한 동물성을 암시하거나 예고하지 못한다면, 처음에는 그 여자가 탐스럽게 보였다 해도 그 여자는 욕망의 대상으로서 금방 가치를 상실하고(욕망을 불러일으키지 못하게 되고) 말 것이다. 탐스러운 여자의 아름다움은 수치스러운 부분, 즉 털 난 음부, 동물적 부분을 예고한다. 본능은 우리 내부에 그 부분을 탐하게 해 놓았다. 그러나 에로틱한 본능은 성 본능을 넘어 다른 구성 요소에 화답한다. 동물성의 부정적 아름다움은 욕망을 일깨우며, 욕망이 극에 달하면, 우리는 동물적인 부분을 열광적으로 탐닉하기에 이르는 것이다.

에로티즘의 최종적 의미는 죽음이다

아름다움의 추구에는 연속성에 이르기 위한 노력과 동시에 그것을 모면하기 위한 노력이 있다. 이처럼 모호한 노력은 모호성을 그친 적이 없는데 그러나 그 모호성이야말로 에로티즘의 충동을 잘 요약해 주는, 에로티즘의 요체라고 할 수 있다.

증식은 존재의 단순한 상태를 어지럽힌다. 과잉은 경계를 뒤집다가, 어떤 방식으로든 넘침에 이른다.
어떤 존재든 경계를 부여받는다. 존재는 그 경계를 바로 자신의 존재라고 인식한다. 그는 오히려 경계선이 사라질까 하는 두려움에 사로잡히곤 한다. 그러나 경계와 그에 대한 동의를 지나치게 진지하게 여기면 그것은 잘못된 것이다. 경계란 벗어나기 위해 부과되는 것에 다름 아니기 때문이다. 두려움(또는 공포)은 진정한 결정을 지시하지 않는다.

그것은 오히려 경계선을 뛰어넘어 보라고 유혹한다.

우리가 유혹을 느낀다면, 누구나 알다시피 그것은 우리의 내부에 이미 새겨진 경계 초월의 의지에서 비롯되는 것이다. 우리는 경계선을 뛰어넘고 싶다. 그때 느껴지는 공포는 우리가 이르게 될 극단을 의미하며, 그런 앞선 공포가 없이는 우리는 극단에 이를 수도 없을 것이다.

만약 어떤 남자가 얼마나 완벽하게 아름다운지 동물성과는 거리가 멀어 보이는 여자를 더 탐낸다면, 그것은 그 여자를 소유할 때 동물적인 더러움이 더해지기 때문이다. 아름다움은 더럽혀지기 위해 욕구되는 법이다. 아름다운 것에 대한 욕구는 아름다움 자체를 위해서가 아니라, 그것을 확실히 더럽힌 후에 오는 기쁨을 맛보기 위해서이다.

제의를 보자. 속죄양의 선택에 있어서도 비슷한 원칙이 적용되어서, 죽음의 잔인성을 더 확실히 드러내는 것은 완벽성이다. 육체적 결합에서의 인간적 아름다움은 순수한 인간성과 신체 기관의 추한 동물성의 대립을 끌어들인다. 레오나르도 다 빈치는 「수첩」에서 에로티즘에서의 아름다움과 추함의 역설적 대비에 대해 말하면서, "성행위에 사용되는 신체의 부분들과 성행위 자체는 어떻게나 추한지 만약 그 행위를 하는 자들의 얼굴이 아름답지 않다거나 그 행위를 하는 자들이 예쁜 몸단장을 하지 않는다거나 또는 그들에게 광적 충동이 없다면 인간이라는 종은 자연에서 이미 사라지고 없었을 것"이라고 한다. 아름다운 얼굴 또는 아름다운 옷이 숨기고 있는 매력은 얼굴이 예고하는 것을 아름다운 옷이 얼마나 잘 숨기는가에 달려 있다는 사실을 레오나르도는 잘 몰랐던 듯하다. 중요한 것은 그 얼굴, 즉 아름다움을 모독하는 일이다. 여자의 숨겨진 부분을 드러내, 거기에 음경을 삽입시키는 것이다. 아무도 성행위의 추함을 의심하지는 않는다. 죽음이 제사에서 이루어지듯 짝짓기의 추함은 고뇌 속에서 생겨난다. 그러나 고뇌가 크면 클수록(상대의 힘에 비례하지만) 경계 초월의 느낌은 그만큼 커지며, 격정의 환희를 결정하는 것은 바로 그것이다. 취향과 시대적 관습에 따라 상황은 변할 수 있지만, 여자의 아름다움(인간성)은 성행위의 동물성을 더 드러내는(충격적이게 하는) 쪽으로 진행할 뿐이다. 사실 추한 성기나 성행위에 의한 대비 효과에 의해서조차도 차이가 드러나지 않는 여자가 있다면 그 여자만큼 남자에게 실망을 안겨 주는 여자도 없을 것이다. 아름다움이 무엇보다 중요한 이유는 에로티즘의 본질은 더럽히기에 있고, 추함은 더럽혀질 수 없기 때문이다. 금기의 의미와 다름 아닌 인간성은 에로티즘에서 위반된다. 인간성은 위반되고 모독되고 더럽혀진다. 아름다움이 크면 클수록 더럽힘의 의미는 그만큼 커진다.

가능성이 얼마나 무한하고 변화는 얼마나 미세한지 에로티즘의 양상들은 도표로 만든다 해도 실망을 안겨 줄 뿐일 것이다. 여기저기서 반복과 모순을 피할 길 없다. 그러나 우리가 파악한 에로티즘의 충동은 결코 불분명한 것이 아니다. 문제는 언제나 압박으로부터 폭발로의 통로 구실을 하는 대립이다. 두려움을 주는 동시에 매력적인 폭력은 길은 달라도 변함이 없다. 타락한 인간성이 동물성을 의미한다면, 모독은 위반을 의미한다.

나는 미에 관한 이야기를 하면서 모독에 대해 얘기했다. 나는 위반에 대해서도 말했어야 했을 것이다. 왜냐하면 동물은 금기를 모르기 때문에 우리와 관련시켜 볼 때 동물성이란 위반 외에 다른 것이 아니기 때문이다. 그러나 우리가 알기 쉬운 것은 모독의 느낌이다.

편견을 가지고 구분하려 들지만 않는다면 서로 아주 가까이 있는 에로티즘의 상황들 전체를 묘사하는 일은 나로 하여금 반복과 모순을 피해 갈 수 없게 만들었다. 문제를 분명히 하기 위해서는 글을 진행시키는 과정에서도 나 나름대로 그것들을 구분을 해야만 했다. 그러나 그것들은 서로 포개지는 부분을 가지고 있지 않은 것이 하나도 없었다. 결혼은 에로티즘의 모든 형태를 향해 열려 있다. 일반적으로 동물성과 타락은 구분되지 않으며, 반면 야연에서는 욕망의 대상이 아주 분명하게 드러날 수 있다.

마찬가지로 일차적 진리를 분명히 해야 할 필요성 때문에 나는 다른 하나의 진리인 화해의 진리(이것이 없으면 에로티즘 자체가 불가능할 것이다.)를 소홀히 했다.[4] 요컨대 나는 일차적 충동에 가해지는 변화를 강조해야 했다. 그러다 보니 에로티즘이 잃어버린 연속성에의 향수라는 본질로부터 멀어진 듯하다. 인간은 그를 죽음으로 이끄는 어떤 충동을 아무런 두려움 없이 또는 눈속임 없이 따르며 살 수는 없다. 나는 눈속임의(우회적인) 인간의 삶을 내가 말한 길들 속에서 보여 주고 싶었다.

---

4) 개인적 욕망과 사랑, 삶의 지속과 죽음의 인력(引力), 성적 광란과 아이에 대한 배려.

2부 에로티즘에 관한 몇 가지 연구 사례

연구 1
킨제이, 패거리 그리고 노동

> 사랑의 열광은 휴식을 요하고 원기 회복을 기다리니,
> 거기에서 시간을 갉아먹는 무위는 비롯되고.
> 그 때문에 비롯되는 노동을 향한 적개심은
> 사람들로 하여금 돈을 버는 빠른 방법을 강구케 한다.
> ―『창녀의 영광과 비참』, 발자크

사물과 달리 외적으로 감지해 낼 수 없는 체험으로서의 에로티즘

우리는 날아다니는 말벌 위에 비치는 빛의 반사를 관찰하듯이 인간의 성행위를 과학자의 태도로 고찰할 수도 있을 것이다. 인간의 행위도 과학적 탐구의 대상이 될 수 있음은 말할 필요가 없다. 그러나 그렇게 한다면 인간의 행동들은 곤충의 행동이 아니듯이 인간의 행동일 수도 없다. 물론 인간은 일단 동물이다. 인간은 인간의 반응들을 동물의 반응들에 대해 연구하듯 연구할 수는 있을 것이다. 그러나 인간의 반응들 중에는 전적으로 과학적 자료와 동일시하기 어려운 어떤 면들이 있다. 그런 행동들은, 기존의 관념에 의하면, 이따금 인간을 짐승으로 격하시킬 수 있는 행동들이다. 기존 관념은 인간의 짐승 같은 부분을 감추려 하고 침묵시키며 우리의 의식 속에 그것의 합법적인 자리를 갖지 못하도록 한다. 그러나 인간의 행위가 겉보기에는 동물의 행위와 달라 보이지 않아도, 구분해서 고찰하지 않으면 안 된다.

아무리 심하게 타락했어도 인간은 결코 동물처럼 사물 취급받을 수는 없다. 인간에게는 어떤 근본적인 위엄, 고귀성, 이른바 신성한 진리

가 남아 있어서 인간을 결코 사물이게(인간이 잘못 사용되는 경우에조차도) 하지 않는다. 인간은 결코 전적으로 수단이 된 적은 없다. 인간은 비록 일시적일망정 어느 정도 절대적 목적성을 지닌다. 양도 불가능의 어떤 절대적 목적성은 우리로 하여금 인간을 죽이는 일도, 먹는 일도 못 하게 한다. 인간을 죽이는 일이나, 드물게는 먹는 일이 전혀 불가능한 것만은 아니다. 그러나 그런 행위들이 다른 사람들에게 그냥 지나쳐지는 경우는 거의 없다. 적어도 건강한 정신의 사람이라면 그런 행위들이 보통 사람들에게 끼치는 엄청난 의미를 모르지 않을 것이다. 인간의 생명에 대한 이러한 신성성, 즉 터부는 성행위와 관련된 금기들(근친상간, 월경의 터부 그리고 여러 형태의, 그러면서도 근본에 있어서는 다르지 않은 다른 모든 형태의 금기들)이 보편적이듯이 보편적이다.

오늘날 세상에서 사물로의 환원이 가능한 것은 동물뿐이다. 인간은 동물을 아무런 제한 없이 마음대로 처분할 수 있으며, 동물을 대수롭게 여기지 않는다. 인간이 근본적으로는 그가 죽이는 동물과 크게 다르지 않음을 모르는 것은 아니다. 그러나 형태의 유사성은 인정한다 해도 인간의 그러한 은밀한 인식은 묵언의 근본적 반박에 의해 부정당한다. 그와 대립된 다른 주장도 있었지만, 그럼에도 불구하고 인간에게는 정신이, 동물에게는 육체가 있다는 생각은 결코 부인된 적이 없다. 육체는 사물이며, 마치 나뭇조각이나 돌처럼 비속하고 천하고 더럽다. 정신은 주체적이고 내밀한 진리이며 사물로 환원될 수 없는 것은 그것뿐이다. 정신은 불경스러운 육체에 머물지만 신성한 것이다. 그리고 육체는 죽음이라는 동과 제의를 거치지 않고서는 정신이 지니는 신성을 획득할 수 없다.

우리가 이 점을 충분히 이해한다면 결코 단순한 것만은 아닌 다음의 말들도 이해가 가능해질 것이다.

우리는 어쨌든 동물이다. 물론 우리는 인간이며 정신적 존재들이다. 그러나 우리는 우리의 내부에 버티고 들어앉아 있는 동물성이 종종 우리를 엄습하는 것을 느낄 수 있을 것이다. 정신의 반대편에서 들끓는 성적 과잉은 우리 안에 들어앉아 있는 집요한 동물적 삶을 말해 준다. 그렇다면 육체의 편에 자리 잡고 앉아 있는 성행위는 어떤 의미에서 보면 사물처럼 고찰할 수 있는 대상이다. 사실 성은 하나의 사물이다.(신체의 일부분으로서 그 부분도 하나의 사물이다.) 성행위는 그러므로 성이라는 사물의 기능적 활동인 것이다. 한마디로 성은 한쪽 발이 사물이듯이 사물이다.(엄격히 말해서 손은 인간적인 것이며, 눈은 정신적 삶의 상징이지만, 성기와 다리 등은 아주 동물적인 것이 아니던가.) 게다가 흥분이 극에 달하면 우리는 짐승의 수준으로 전락했다고 생각하지 않던가.

그러나 아무리 사실이 그렇더라도 성을 해부학자가 핀셋에 끼워 관찰하는 하나의 곤충과 같은 사물로 취급한다면, 또는 성을 인간 정신의 통제를 벗어난 것으로 간주한다면 우리는 중대한 난관에 봉착할 것이다. 우리가 어떤 사물 앞에 있다고 하자. 그러면 우리는 그 사물에 대해서 명확하게 의식할 수 있다. 어떤 것들은 내용에 겉모습을 부여하는, 즉 내용을 겉으로 드러내는 사물을 통해 접근하기만 하면 파악이 어렵지 않다. 반면 어떤 뚜렷한 외적인 결과들과 결부시킬 수 없는, 그래서 오직 내부로부터 인지될 뿐인 것들이 있다면, 어찌 그에 대해 우리가 분명히 말할 수 있을까?[1] 그리고 그중에도 성만큼 외적으로 관찰하기가 어려운 것이 또 있을까?

---

[1] 내가 **나**에 대해서 명백하게 말하는 것은 나의 존재를, 나를 마치 다른 사람들처럼, 하나의 개별적 현실로 간주할 때 가능하다. 그리고 다른 사람들도, 그들에게 개별적인 모습을 부여해 사물로 대할 때만 나는 그들을 분명히 구분할 수 있다.

자, 이제부터 킨제이 보고서들을 한번 살펴보자.[2] 연구자들은 성행위를 마치 사물처럼 통계 처리하고 있다. 그러나 기실 저자들은 그들이 보고하고 있는 수많은 현상들 중 어떤 것도 외적으로 관찰하지 않았다. 현상들은 그것들을 경험한 사람들에 의해 내적으로 관찰된 것들이다. 그것들이 체계적으로 정리된 것은 사실이지만 응답자들의 고백이나 이야기를 통해서이다. 결과들에 대한 검증, 특히 사람들이 필수적인 것이라고 생각하는 결과들의 보편적 가치에 대한 검증은 체계적이긴 하지만 피상적인 수준을 벗어나지 못한다. 저자들은 사실 결코 무시할 수 없는 신중(오랜 기간에 걸친 반복적 조사, 검토, 같은 조건에서 서로 다른 조사자들에 의해 얻어진 곡선의 비교 등)을 기했다. 인간의 성행위가 그들의 방대한 조사 덕분에 이제 거의 우리의 사정권 안에 들어온 듯하다. 그러나 정확히 말해서, 그들이 보여 준 엄청난 노력은 성행위에 관한 현상들이 그들의 기계적 작업이 행해지기 전까지만 해도 결코 사물이 아니었음을 반증해 준다. 보고서가 나타나기 전까지 성생활이 뚜렷한 사물의 특성을 지니려면 가장 천박한 수준으로 타락해야 했다. 그런데 마침내 보고서는 아주 뚜렷하게라고는 아니라도 어느 정도 뚜렷한 사물의 특성을 성생활에 부여한 것이다. 킨제이의 보고서에 새로운 점이 있다면 바로 그 점이다.

서투름에 몰상식한 측면까지 있는 그러한 이상한 왜곡에 대해 나는 매번 반박의 충동을 느낀다. 그러나 그들의 지적 작업은 오로지 즉각적인 결과만을 노린다. 지적 활동은 결국 하나의 통로이다. 그런데 그것은 원하던 결과 너머로 기대 이상의 어떤 결과를 가져다주기도 한다. 보고서는 성적 현상이 사물이라는 원칙에 근거했지만, 결국 성은 사물일

---

[2] 킨제이·폼로이·마틴 공저, 『인간의 성행위』(파부아, 1948); 킨제이·폼로이·마틴 공저, 『여성의 성행위』(아미오 뒤몽, 1954).

수 없음을 드러내는 결과를 가져다주지 않던가? 일반적으로 의식은 다음과 같은 이중 작업을 수행할 수 있다. 즉 의식은 사물의 내용들을 가능한 한 외적인 관찰을 통해 파악하려고 하지만, 외적인 관찰만으로 만족할 수 없을 때는 내적인 관찰로 되돌아갈 수밖에 없으며, 그것이 가장 좋은 방법일 때가 있다. 내가 해명하려고 하는 것은 그 되돌아가기 게임이다. 그러면 성행위의 무질서도 우리의 사정권 안에 들어올 수 있을 것이라고 믿는다.

성행위에 대한 외적 관찰을 반대하는 나의 입장은 관례 때문만은 아니다. 성의 어떤 전염성이 관찰의 가능성을 배제하는 것이다. 성의 전염성은 세균성 전염과는 다르다. 성의 전염성은 차라리 하품이나 웃음의 전염과 유사하다. 하품은 하품을 하게 한다. 폭소는 웃을 이유가 없는 사람을 웃게 한다. 성행위가 우리의 눈에 비친다면 자극으로 작용할 수 있다. 물론 불쾌감을 자극할 수도 있다. 그러나 어쨌든 성행위 또는 성행위를 예고하는 것, 말하자면 설령 거의 눈에 비치지 않을 정도의 약간의 동요에 지나지 않는 것일 수도 있고 또는 약간 흐트러진 옷일 수도 있지만, 보는 사람으로 하여금 거기에 금방 참여하게 한다.(육체의 아름다움은 망가진 옷매무새조차 게임을 의미하게 만든다.) 그러한 혼란의 상태는 일반적으로 체계적인 또는 과학적인 관찰을 배제한다. 웃는 모습을 보거나 웃음소리를 들으면, 나는 그 웃는 사람의 내적 감정에 참여하게 된다. 내 안에 전달된 내적 감정은 나로 하여금 덩달아 웃게 한다. 참여(전달)하면서 우리가 알 수 있는 것이라고는 우리가 내적으로 느낀 어떤 것뿐이다. 우리는 덩달아 웃으면서 또는 덩달아 흥분하면서 다른 사람의 웃음과 흥분을 인지한다. 바로 그런 점에서 웃음이나 흥분(하품을 포함하여)은 사물이 아니다. 우리는 돌이나 나뭇조각에 참여할 수는 없다. 그러나 우리는 우리가 품에 안은 발가벗은 여자의 심리 상태에는 동참할 수 있다. 레비브륄이 원시인이라고 부른 사람은 돌과 함께 할 수도 있었다. 그건 사실이다. 그러나 그때의 돌은 원시인 앞에서 사물이 아니었다. 원시인이 보기에는 돌도 살아 있는 하나의 생명체였다. 레비브륄은 그러한 사고방식이 오직 원시 인간에게만 고유한 것으로 잘못 보았다. 가령 시(詩)에 있어서, 어떤 시인이 돌이 돌임을 잊고 또는 무시하고 월장석(月長石) 운운한다면, 그것으로 족하다. 그 순간 돌은 '나'의 내밀성에 가담하는 것이다. ("나는 월장석……"이라고 하는 순간 그것의 내밀성에 끌려 들어가는 것이다.) 발가벗기 또는 육체의 향유가 사물과는 달리 마치 월장석처럼 외적으로 포착이 불가능한 것이라면, 거기에서는 놀라운 결과가 비롯될 것이다.

오늘날 너무 흔해 빠져서 식육(食肉)의 차원으로 타락해 버린 성행위에 시의 특권을 부여하는 듯해서 이상하게 보일지 모르겠다. 그러나 사실을 말하자면 시도 오늘날에는 가능하기만 하다면 저질을 원하며 스캔들을 지향한다. 그리고 성적 현상을 놓고 볼 때 더욱 이상한 것은 육체는 사물의 비속성을 예고할 뿐만 아니라, 오히려 바로 동물성 때문에 시적이거나 신적일 수 있다는 것이다. 보고서가 사용한 방법의 기이성과 폭넓음은 대상을 대상으로(객관적 고찰 대상으로) 대할 수 없음을 밝히는 동시에 기실 육체가 시적이고 신적인 것임을 자인하는 셈이다. 엄밀히 말하면 과학적 객관성과 대립된 특성은 주체에 의존할 수밖에 없는 수많은 예증들을 통해 보충되고 있는데, 이는 관찰 대상이 된 주체의 성생활을 다루는 앙케트가 갖는 특성이다. 그러나 그 보충 행위가 요구하는 방대한 노력(다수에의 의존 덕분에 관찰의 주관적 특성은 폐지된 듯하다.)은 성행위의 환원 불가능한 한 요소를 드러나게 해 준다. 그것은 바로 보고서들이 도표나 곡선 너머로 엿볼 수 있게 해 주는 (사물과는 대립적인) 어떤 내적인 요소이다. 그 내적 요소는 결코 빈도수, 행위 방식, 나이, 직업 그리고 계급 등의 외적인 관찰만으로는 파악이 안 되는 것이다. 사실 외적으로 어떤 것이 인지되긴 하겠지만 그 사이에 본질은 빠져 달아난다. 우리는 솔직히 그 책이 성생활을 주제로 다룬 책인가 하는 의문마저 든다. 사람 수, 키, 몸무게, 나이 또는 눈의 색깔 등에 관한 연구가 인간에 대한 연구라고 할 수 있을까? 우리가 생각하기에 인간이 의미하는 것은 그러한 개념 너머에 있다. 그러한 것들이 우리의 관심사가 될 수 없는 것은 아니다. 그러나 그것들은 기지의 사실들에 비본질적인 다른 사실들을 첨가시키고 있을 뿐이다.[3] 마찬가지로 인간의 성생활에 대한 진정한 지식은 보고서를 통해 얻을 수 있는 것이 아니다. 통계, 주당 횟수, 평균 등은 극단을 문제 삼는 어떤 경우에만 의미가 있다. 또는 그러한 지식들은 우리의 지식들을 좀 더 풍부하게 할지는 모르지만 그러나 만약 그것이 가능하다면, 그것도 내가 말한 어떤 느낌이 책을 읽는 동안 느껴질 때에 비로소 가능한 것이다. 예를 들어, 어떤 도표를 보면 열 번째 칸에 미국 국민에게 있어서 오르가슴의 원천이라는 제목이 있으며, 자위, 성희, 혼인 관계 또는 혼외 관계, 수간, 동성연애 등등의 어휘에 숫자가 덧붙여 있는데, 만약 그러한 내용을 읽고 우리가 웃음을 참을 수 없다면 그 웃음은 그것이 보여 주는 불가능에 가까운 몰상식 때문이다. 사물(마치 강철이나 구리의 톤 수처럼)을 지칭하는 그런 기계적인 분류와 내적 진실 사이에는 엄청난 차이가 있다. 그들의 기본적인 연구 방법이 되고 있는 앙케트, 다시 말해 '성에 관한 이야기'를 듣는 일도 사실은 내밀성의 도움을 받지 않고는 가능하지 않음을 저자들도 어디에선가 한번은 고백하고 있는 듯하다. 그들은 "불행한 이야기들"이 자신들의 일이 아니었음에도 "종종 깊은 상처, 낙심, 고통, 불만, 실망, 비극적 상황, 철저한 재앙의 기억을 느끼게 한

---

[3] 신체인류학의 기초 자료라 해도 그것들이 의미를 가지려면 기지의 사실을 설명할 수 있을 때 또는 인간을 동물군 안에서 파악하게 할 수 있을 때이다.

다."라고 고백한다. 이때의 불행은 성행위가 갖는 내밀한 의미와는 관계가 없다. 그러나 적어도 그 불행은 성행위가 역할을 하는, 그러나 끄집어내는 순간 진실이 박탈되는 심층을 지시한다. 여기서 중요한 것은 연구자들 자신도 그들이 보고하는 성적 현상이 얼마나 깊은 곳에 묻혀 있는지를 모르지는 않았으면서도 개의치 않았다는 것이다. 그들의 방향과 취약성은 그들이 방법(관찰을 하는 대신 피관찰자의 이야기에 의존하는 방법)에 예외를 둘 때보다 분명히 드러나는 때가 없다. 그들은 직접 관찰하지도 않은 채 객관적 관찰에서 얻은 자료에 관한 의견(제3자가 자료들을 제공할 수도 있었다.)을 책으로 출판했다. 그들은 어린아이들(6개월에서 12개월 사이의 어린아이)이 자위행위를 통해 오르가슴에 도달하는 데 소요되는 시간(아주 짧은)을 측정해 보기도 했다. 그들은 말하기를 어떤 때는 초침 시계로 또 어떤 때는 크로노미터로 시간을 측정했다고 한다. 관찰과 관찰 대상의 모순, 사물에 유효한 방법과 언제나 불편할 수밖에 없는 내밀성의 모순은 우리를 웃지 않을 수 없는 지경에 이르게 만든다. 성인에 대한 관찰은 더한 난관이 기다린다. 그러나 어린아이의 경우만을 가지고 우선 말하자면, 아무것도 모르는 어린아이, 그 앞에 있으면 우리를 무장 해제시키는 한없는 해맑음은 시계의 작동을 무색하게 하지 않는가. 연구자들의 주장에도 불구하고 진실은 명백히 드러난다. 착각이 아니고는 신성한 것과 그와는 너무나 다른 천박한 사물을 그렇게 혼동할 수는 없다. 어른(또는 어린아이)의 내부에 있는 은밀한 폭력과 그 안의 어떤 육중한 것을 거리낌 없이 천박한 세속의 영역(사물의 영역)으로 끌어내릴 수는 없다. 인간 또는 동물의 폭력이 비록 잔잔한 듯이 비칠지 몰라도 우리는 결코 그것을 아무런 심적 동요 없이 관찰할 수는 없는 것이다.

우리의 의식과 관계하는 동시에 사물의 객관성과 관계하는
노동은 성적 충동을 억제한다
충동을 억제하지 않고 사는 집단은 패거리일 뿐

"동물성은 사물로 환원 가능한 것이다."라는 원칙으로 다시 돌아가 보자. 나는 그 점에 대해 지나치게 고집하지는 않겠다. 다만 보고서에 나타난 자료들을 나름대로 분석해 나가면서 내가 제기한 문제를 밝혀 볼 생각이다.

보고서의 자료들이 풍부한 점은 인정하지만, 짜임새는 없다. 갤럽연구소의 방법을 생각나게 하는 그들의 보고서는 한 가지 문제를 집중적으로 조사했다. 우리는 방대한 자료의 집적과 엄청난 노고에 대해 치하하지 않을 수 없다.(그러나 보고서의 자료를 낳게 한 이론적 개념은 찬사를 받을 수 없다.)

보고서의 저자들에게 성은 "어떤 형태로 제시되든 정상적이며, 받아들일 수 있는 생리적 기능"이다. 그러나 종교적 제약은 그러한 자연적 활동을 제한한다.[4] 최초의 보고서에 나타나는 일련의 아주 흥미로운 숫자는 오르가슴의 주당 빈도수를 나타내는 것이다. 나이, 사회적 부류에 따라 변하긴 하지만, 오르가슴의 빈도수는 전체적으로 7회에 못 미치며, 7회 이상은 높은 빈도수(높은 비율)라고 한다. 그러나 정상적인 유인원의 오르가슴 빈도수는 하루에 한 번이라고 한다. 저자들은 주장하기를 정상적인 남자의 빈도수도, 만약 종교적 제약만 없다면, 다 자란 원숭이의 그것에 못 미치지 않을 것이라는 것이다. 저자들은 앙케트의 결과에 의존한다. 그들은 종교상의 의무를 지키는 정도, 즉 교회에

---

4) 보고서의 저자들은 성행위의 **자연성**을 강조하며 문제의 해결책이 있는 것처럼 생각하지만, 라이오넬 트릴링이라는 한 미국 비평가는 그런 생각은 그들의 지나친 순박성에 기인하는 것이라고 비판하고 있다.

나가는 사람들과 그렇지 않은 사람들의 답을 구분해서 분류했다. 신교도들 중 독실한 사람들은 7.4퍼센트, 그렇지 않은 사람들은 11.7퍼센트가 주당 7차례 또는 그 이상의 빈도수를 나타냈다. 마찬가지로, 가톨릭 신자들의 경우 독실한 사람들은 8.1퍼센트 그렇지 않은 사람들은 20.5퍼센트가 주당 7차례 이상이었다. 이 숫자는 특기할 만하다. 왜냐하면 종교적 의무감은 명백히 성행위에 제동을 걸고 있기 때문이다. 우리는 공평하고 지칠 줄 모르는 관찰자들 앞에 있다. 그들은 그들의 원칙에 알맞은 자료를 작성해 내는 일에 만족하지 않는다. 그들은 그들의 조사를 모든 방향에 걸쳐 두루 실시한다. 빈도수에 대한 통계는 상이한 사회적 계층, 즉 잡역부, 공장 근로자, '화이트 칼라', 중역 등에 대해서도 실시된다. 전체적으로 노동자들은 10퍼센트가 높은 빈도수를 나타냈다. 패거리들(하층민)만이 49.4퍼센트에 이른다. 이 숫자는 주목할 만하다. 여기에 나타난 숫자들은 종교(칼리나 디오니소스의 예배, 탄트라 경전을 숭배하는 힌두교, 그리고 다른 많은 에로티즘의 종교적 형태들을 상기해 보자.)에 못지않은 요인이 있음을 알게 한다. 그것은 다름 아닌 노동으로서, 노동은 본질에 있어서나 역할에 있어서 모호한 아무것도 없다. 인간이 사물의 세계에 질서를 부여하는 것은 노동을 통해서이며, 그 세계에서는 인간도 다른 모든 사물과 마찬가지로 하나의 사물에 지나지 않는다. 노동은 노동자를 하나의 수단이 되게 한다. 인간에게만 있는 인간의 고유한 노동은 동물성과 유일하고도 분명하게 대립한다. 그러나 숫자와 통계를 중시하는 이 보고서는 전적으로 내적인 그래서 사물화가 불가능한 성은 배제한 채 사물화가 가능한 노동과 노동자의 세계만을 떼어 내 관찰하고 있다.

   숫자를 근거로 한 이 대비는 기묘한 데가 있다. 위의 대비는 다양한 많은 수치 사이에 예상 밖의 결과들을 끌어들인다. 이 결과들은 그러나 역설적이게도 내가 조금 전에 강조한 결과들과 더불어 동물적 과잉이 사물로 환원 불가능함을 드러내 주고 있다. 이 말은 상당한 주의를 요한다.

처음에 말했듯이 인간과 사물의 근본적 대립은 동물과 사물의 동일시를 내포하지 않고는 언급 자체가 불가능했다. 한편에 외부 세계, 다시 말해 동물을 포함한 사물의 세계가 있다. 그리고 다른 한편에 내적인 인간의 세계, 다시 말해 (주체적) 정신의 세계가 있다. 그러나 동물이 사물에 지나지 않는다 해도 그리고 그것이 인간과 동물을 가르는 특성이라고 해도, 동물은 삽, 도로 등 움직이지 못하는 사물들과 같은 사물일 수는 없다. 더 정확히 말하면 노동에 의해서 제조되거나 생산된, 그래서 자체와는 무관한 목적에 종속된 채 어떤 신비도 박탈당한 불활성 물건만이 사물이다. 스스로를 위해서는 아무 쓸모없는 것이 사물이다. 그런 의미에서 보면 동물은 사물일 수 없다. 다만 인간이 그렇게 취급할 뿐이다. 동물들은 노동의 대상(사육) 또는 노동의 도구(짐바리, 또는 수레용)로서의 사물이다. 동물은 목적이 아니라 수단으로서 유용한 활용의 범주에 들어가면서 사물로 환원된다. 그러나 그 환원은 동물이라는 존재의 부정에 근거한다. 동물이 사물일 수 있는 것은 인간이 동물을 부정할 힘이 있기 때문이다. 만약 우리에게 그럴 힘이 없다면 동물은 더 이상 사물로 대할 수 없으며,(호랑이가 우리를 덮친다고 생각해 보자.) 우리는 동물을 사물 취급할 수 없다. 이제 그것은 순수한 사물의 상태에서 벗어나 내적 진실을 지니는 주체가 되기에 이르는 것이다.

마찬가지로, 인간의 내부 깊은 곳에 자리 잡은 채 때를 기다려 머리를 쳐드는 집요한 인간의 동물성, 즉 성적 충동도 우리에게 그것을 부정할 수 있는 힘이 있을 때, 그것을 무시하고 살 수 있을 때에만 사물일 수 있다. 우리는 우리의 내부에 도사리고 있는 동물성을 부정해 보지만 소용없는 짓이다. 비록 더럽고 짐승 같은 것으로 낙인 찍혔지만 그래도 인간의 사물화를 최대한으로 막아 주는 것 또한 성이다. 인간의 내밀한 자부심은 정력과 관계 깊다. 인간의 정력은 우리 안의 부정된 동물이 아니라 광대무변한 내적 동물성의 부분과 일치한다. 인간이 소나 돼지의 노동력, 도구 또는 사물로 환원되지 않을 수 있다면 그것은 바로 그 안에서이다. 의심의 여지없이 인간성의 내부에는 (동물성의 반대 의미에서) 동물로도 사물로도 환원시킬 수 없는 요소가 있다. 한마디로 인간은 동물과는 달리 결코 종속될 수도 제거될 수도 없다. 그러나 그 점은 나중에야 분명해지는 부분이다. 인간은 일단 노동하는 동물이며, 노동에 종속된다. 그런 이유에서 인간은 내적 충일의 부분을 거부해야만 한다. 성적 충동의 제한은 결코 임의적인 것이 아니다. 모든 사람은 일정량의 에너지를 가지며, 그중 일부를 노동에 할애하면 에로티즘에 할애하는 에너지는 그만큼 줄어들 수밖에 없다. 인간의 시간 안에서 노동하는 반 동물적인 인간성은 우리 안에서 우리를 사물화시키는 부분이며, 반면 동물성은 우리 안에서 자신을 위한 주체적 실존의 가치를 지켜 내는 부분이다.

이 말을 좀 더 명확하게 표현하자면 '동물성', 즉 성적 충일은 우리 안에서 우리로 하여금 사물이 되지 않게 하는 어떤 것이다. 반대로, 노동 시간의 '인간성'이란 그것이 갖는 특별한 의미로 볼 때 성적 충동을 희생시킴으로써 우리로 하여금 사물이 되게 하는 어떤 것이다.

성적 충일과의 대립으로서의 노동,
사물에 대한 의식의 조건

킨제이의 보고서 중 숫자로 나타난 자료들은 이러한 나의 일차적 원칙에 아주 정확하게 답하고 있다. 노동은 하지 않은 채 온통 '인간성' 부정의 행위만을 일삼는 패거리만이 49.4퍼센트라는 높은 빈도수를 보여 준다. 보고서 작성자들에 의하면 이러한 빈도수는 자연 상태에서의 정상적인(유인원 같은 동물에게서 볼 수 있는) 빈도수이다. 그러나 명확하게 단 하나의 수치로 나타나는 이들 집단의 수치는 문자 그대로 인간적인 삶을 사는 사람들에게서 나타나는 16.1퍼센트에서 8.9퍼센트라는 다양한 분포의 빈도수와 극명한 대조를 보여 준다. 세부적인 지표는 특히 주목할 만하다. 전체적으로 수치는 인간화의 정도에 따라 차이가 나타난다. 사람들이 인간화된 만큼 성적 충일은 줄어든다. 상세하게 옮겨 보면, 인부들은 15.4퍼센트라는 높은 빈도수를 나타낸 반면, 노동공은 16.1퍼센트, 숙련공은 12.1퍼센트, 하급 '화이트 칼라'는 10.7퍼센트, 고급 화이트 칼라는 8.9퍼센트의 빈도수를 나타냈다.

단 하나의 예외가 있을 뿐이다. 고급 '화이트 칼라'로부터 지도 계급에 해당하는 중역으로 넘어가면 수치는 세 단위 이상 건너뛰어 12.4퍼센트에 이른다. 이 수치들이 얻어진 조건을 생각하면 소수점 이하는 무시할 수 있는 수치이다. 인부로부터 고급 '화이트 칼라'에 이르기까지의 감소는 아주 일정한 반면, 고급 화이트 칼라와 중역 간에는 오히려 3.5퍼센트 증가하는데 이 수치는 실질적으로는 약 30퍼센트가 증가한 것이다. 그것은 다른 말로 하면 오르가슴이 주당 두세 차례 증가했음을 말해 준다. 지도 계급으로 건너갈 때의 수치상의 전복은 이유가 있다. 앞의 다른 부류와 비교해 볼 때, 지도 계급은 최소한의 한가로움을 누린다. 지도 계급의 평균적 풍요는 노동량과 반드시 일치하는 것은 아니다. 그러므로 그 계급은 명백히 노동 계급보다는 더한 성적 충동 속에 살 수밖에 없게 된다. 그 계급은 다른 계급보다 인간화되었지만 그렇게 보상받는 것이다.

지배 계급의 예외는 더욱 명백한 다른 의미를 지닌다. 동물성의 신성한 측면과 인간성의 비굴한 측면을 지적하면서도 나는 한 가지 사실은 유보하지 않을 수 없었다. 인간성에는 사물 취급할 수 없는, 노동으로 환원시킬 수 없는 어떤 부분이 있어서 인간은 동물에 비해 굴종시키기가 더 어렵다는 점이다. 그러한 현상은 어떤 사회 계층에서나 확인할 수 있지만 특히 지배 계급에서 더욱 뚜렷하게 나타나는 현상이기도 하다. 사실 사물로의 환원은 상대적 의미밖에 없다. 사물로 존재한다는 것은 그것을 소유하고 있는 사람과의 관계에서만 가능하다. 따라서 물건, 동물, 사람은 사물일 수 있다. 그러나 그때의 그것들은 어떤 한 사람의 사물이다. 특히 사람은 어떤 다른 사람의 것이 되는 한에서만 사물일 수 있다. 그런 식으로 누구는 누구의 사물일 수 있지만 끝없이 그럴 수는 없다. 인간성이 완성되는 시점이 있으며, 그 지점에 이르면 다른 어떤 인간에게도 더 이상 종속되지 않는 사람이 있다. 보편적 종속 관계란 그 관계의 정점을 차지하고 있는 사람이 더 이상 아무것에도 종속되지 않음을 의미한다. 원칙적으로 마지막에 남는 그 몫은 인간성을 사물로의 환원으로부터 해방시켜 줄 수 있는 사람, 자기 안의 인간을 자유롭게 할 수 있는 지도 계급에게로 돌아간다.

대개 최종 단계의 지도 계급은 노동으로부터 자유로웠다. 성 에너지가 측량 가능하다면 알 수 있는 사실인데, 사실 그 계급은 그것을 원칙적으로 패거리에 필적할 만큼 활용했다.[5] 그러나 미국 문명을 애초부터 유일하게 지배한 부르주아 계급이 더 이상 거의 한가롭지 못하게 되면서 미국 문명은 그러한 원칙에서 크게 멀어졌다. 그런데도 미국 문명은 지배 계층의 특권이 일정 정도 유지된다. 비교적 지수는 낮지만 그래도 그것은 상류층의 정력을 잘 드러내 주고 있으며, 이 점에 대해서는 설명을 덧붙일 필요가 있다.

오르가슴의 빈도수에 의거한 킨제이 보고서는 너무 단순하다. 거기

---

[5] 어떤 의미에서 군주 계급이란 것도 국민으로부터 인정을 받은 행복한 패거리 외에 다름 아니지 않을까? 원시 시대에는 족장들에게 일부다처제가 허용되었다.

에 의미가 없는 것은 아니지만 그러나 그것은 본질적인 어떤 것을 무시하고 있다. 킨제이의 보고서는 성행위에 있어서의 지속 시간을 고려하지 않았다는 점이다. 사실을 말하자면 성생활에 소비된 에너지를 측정하는 데 있어서는 사정 횟수만으로는 부족하다. 성적 유희가 요구하는 에너지의 소모도 무시할 수 없는 것이다. 한 번의 오르가슴에 약 10초 정도의 시간을 소비하는 유인원의 에너지 소모량과 성희를 즐기면서 수 시간을 보내는 인간에게 있어서의 에너지 소모량은 비교할 바가 아니다. 성희를 지속시키는 기법은 계급 간에 불균등하게 나타난다. 그러나 킨제이 보고서는 다른 것은 상세하게 다루면서도 그 점에 대해서는 아무런 데이터도 제공해 주지 않는다. 어쨌든 장시간에 걸친 성희는 상류층의 전유물이다. 생활이 어려운 사람들은 동물의 오르가슴에 비해서 약간 길기는 하지만 대개 여자가 오르가슴에 오르기도 전에 끝나고 만다. 12.4퍼센트의 수치를 나타내는 계급만이 전희와 지속 기법을 안다.

내가 상류 사회 남자들의 성적 유희를 비호하려는 의도로 이러는 것은 아니다. 나의 고찰은 다만 위에 설명된 자료의 전체적인 의미를 파악하고, 내적 생명의 충동이 무엇을 요구하는지 알기 위한 고찰일 뿐이다.

우리가 인간 세계라고 부르는 세계는 필연적으로 노동의 세계, 다시 말해 환원의 세계를 지칭하는 것이다. 그러나 노동은 고문대라는 어원이 밝혀 주는 바, 고통의 의미만 있는 것은 아니다. 노동은 인간을 동물성으로부터 벗어나게 해 주는 의식(意識)에 이르는 길이다. 사물에 대한 명료하고도 분명한 의식은 노동을 통해 우리에게 주어졌으며, 학문은 언제나 기술의 동반자였다.

그런가 하면 그와는 반대로 성적 충일은 우리를 의식에서 멀어지게 한다. 그것은 우리의 분별력을 약화시킨다. 더 나아가 지속적 노동은 성적 능력을 감소시키듯이 거침없이 날뛰는 성은 노동 능력을 감소시킨다. 그러므로 노동과 긴밀한 관계에 있는 의식은 성생활과 도저히 부정할 수 없는 양립 불가능성이 성립된다. 인간이 노동과 의식으로 정의되는 한 인간은 성적 충동을 조절해야 하며 때로는 그것을 무시하기도 하고 저주하기도 해야 했다. 어떤 의미에서 그러한 외면은 인간을 대상에 대한 의식으로부터는 아니더라도 자아에 대한 의식으로부터 등 돌리게 만들었다. 동시에 그러한 외면은 세상에 대한 외면, 자아에 대한 무지의 길로 접어들게 만들었다. 그러나 만약 노동 덕분에 인간의 의식이 깨지 않았더라면 인간은 아직도 동물의 어둠 속을 헤매고 있었을 것이다.

사물에 대한 의식과 그에 대해 대립적인 에로티즘에 대한 의식은 저주의 측면을 통해 드러나고 침묵의 각성을 향해 열린다

우리에게 의식이 있다면 그것은 오로지 성에 대한 저주와 무시 덕분이었다. 물론 의식의 운동에서 에로티즘만 격리된 것은 아니다. 우리는 우리 안에서 단순한 사물(확실한 사물)로 환원이 되지 않는 것은 아무 것도 즉각적으로 의식하지 못한다. 명료한 의식은 우선 사물에 대한 의식이다. 그리고 외적 명료성이 없는 사물은 어쨌든 명료하지 않다. 단단한 사물의 단순성을 결여하는 자료들은 일단 동화 과정을 거친 한참 후에야 우리의 의식에 와 닿는다.

그러한 자료들은 무엇보다도 킨제이 보고서에서와 마찬가지 방식으로 우리에게 인식된다. 투박한 사물로 환원되지 않는 심층의 어떤 것은 차라리 그대로 두고 보는 편이 더 낫다. 그럴 때 그것은 더 잘 식별될 수도 있을 것이기 때문이다. 내적 삶의 진실은 오직 그러한 방법을 통해 분명한 의식 세계로 들어올 수 있는 것이다. 내적 체험의 진실은 대체적으로 우리의 손아귀를 벗어난다는 사실을 인정할 필요가 있다. 사실 우리가 그것을 그것 아닌 다른 것으로 보면 오히려 더 모를밖에 다른 길이 없다. 만약 우리가 에로티즘을 자연 기능으로만 본다면, 우리는 바른 의미를 파악하기는커녕 오히려 자연스런 흐름을 오해하게 하는 엉뚱한 규칙만을 밝혀낼 수 있을 뿐 에로티즘의 삶이 예고하는 진실은 우리를 벗어날 것이다.

만약 우리가 죄 많은 성을 순진한 물질적 사물로 환원시키려고 한다면, 우리의 의식은 성생활을 진정으로 고찰할 수도 없을 뿐만 아니라 결코 명료하다고 할 수 없는 성적 동요의 양상은 끝내 이해할 수 없는 것이 되고 말 것이다. 분명한 명료성은 물론 의식의 일차적 요구이다. 그러나 그러한 요구 때문에 오히려 진실은 의식을 비켜간다. 저주는 그러한 양상들을 어슴푸레하게 유지할 뿐이며 거기에서 우리를 사로잡는 것은 공포 아니면 적어도 고뇌이다. 과학은 성생활을 변호하다가 결정적으로 알아볼 수 없게 만들었다. 과학은 의식을 거의 맹목적으로 정화시킨다. 사실 과학의 명료함만으로는 이를 수 없는 것들이 있다. 즉 모호한 어떤 것, 막연한 어떤 것, 그러면서도 성생활의 진실인 어떤 것을 버리는 한 몇몇 요소들이 사물의 극단성으로 환원된 복잡한 체계를 과학은 포착할 수 없다.

내밀성(우리의 깊은 곳에 있는)에 이르기 위해서 우리는 내밀성이 택해 가는 어떤 우회로를 통과할 필요가 있으며, 그것이 불가능한 것도 아니다. 관찰 중인 체험이 온전히 사물의 외재성으로, 가장 초라한 메커니즘으로 환원되지만 않는다면 내밀한 진실로 우리에게 계시되는 것은 바로 그 순간이다. 내밀한 진리는 바로 그 순간 저주의 양상과 더불어 밝혀진다는 말이다. 우리의 내밀한 경험은 의식의 명료한 부분으로 직접 진입할 수 없다. 적어도 충동을 구분해 낼 능력이 있는 명료한 의식은 그렇게 구분된 것을 단죄해서 격리시킨다. 따라서 내밀한 진리가 의식에 이르는 것은 저주 가능성의 형태, 단죄의 형태('죄과'의 형태)를 통해서이다. 의식은 그래서 적절한 상황만 되면 그 공포의 이차적 의미를 인정할 위험을 무릅쓰고라도 필연적으로 성생활 앞에서의 공포감과 혐오감을 유지하거나 유지해야 한다.(사실 여기서 중요한 것은 '죄과'에 대한 설명을 진실로 인정하고 안 하고가 아니다.)

방법적 인식의 이 소중한 명철성은 인간을 사물에 대해 주인이게 하는데 그러나 성적 동요가 폐지시키고 마는 그 명철성(또는 명철성이 우세하면 명철성은 성적 동요를 폐지시킨다.)은 현실적 이유 때문에 진실의 일부를 포기할 수 있으며 마지막에 이르면 언제나 자신의 한계를 고백하기에 이른다. 그렇다면 우리를 비춘다고 해도 한쪽밖에 비출 수 없는 명철성이라면, 그것이 과연 전적인 의미를 부여받을 수 있을까? 거꾸로, 욕망에 사로잡힌 사람이 자신의 충동을 어둠 속에 감춘다면 그 욕망 또한 충분한 의미를 획득한다고 할 수 있을까? 오직 파열의 무질서에 묻힐 때 우리는 적어도 그 무질서의 의미를 알 수 있을 것이며 그럴 때 비로소 우리는 사물을 초월하는 내밀한 진실에 귀 기울일 수 있을 것이다.

킨제이 보고서의 방대한 통계 작업은 그들의 원칙에 위배되는, 더 나아가 자신들을 본질적으로 부인하는 관점에 근거하고 있다. 킨제이 보고서는 부분적으로는 일단 비합리적이었던 어떤 문명의 유물에 대한 순박한 그리고 이따금은 감동적인 항변이다. 그러나 보고서의 한계는 바로 그 순박성에 있다. 우리는 거기에 붙늘리고 싶지 않은 것이다. 우리는 반대로 우회로들이 마침내 우리를 조용한 가운데 내밀성의 의식으로 끌어올려주는 끝없는 충동을 붙잡는다. 인간의 삶의 여러 가지 형태들을 하나씩 하나씩 훑어보다 보면 우리는 언젠가 최종적 초월의 의미를 알게 될 것이다. 과학의 밝은 빛이 아닌 그래서 불가피하게 신중할 수밖에 없는 어떤 빛이 마침내 우리에게 사물들의 진리와는 양립하기 어려운 어떤 진실을 밝혀 줄 것이다. 그 빛은 침묵의 각성을 향해 열린 빛이다.

연구 2
사드의 절대인간

이성의 범주를 벗어나는 사람들, 패거리와 왕

우리가 살고 있는 이 세계는 이성에 순종하지 않은 채 날카로운 감성의 폭력 충동만을 따르는 군중의 변덕스러운 흥분에 대해 아무런 대처도 하지 못한다.

오늘날에는 누구나 자기의 행동에 대해 설명해야 할 필요가 있으며 모든 일에 있어서 이성의 규칙을 따라야 할 필요가 있다. 과거는 유물을 남겨 놓았다. 그러나 패거리는 유일하게 교활한 집단적 폭력을 통해 통제를 벗어난 채 유일하게 노동이 흡수하지 못하는 예외적 에너지로 남아 있다. 이 말은 적어도 구세계와는 달리 차디찬 이성에 의해 훨씬 가혹하게 축소된 신세계에 잘 적용되는 말이다. (물론 신세계 중에서도 중앙아메리카나 남아메리카는 미국과 사정이 다르며, 그런가 하면 그와는 반대 의미에서, 소련 지역은 유럽의 자본주의 국가들과 대립적이다. 킨제이 보고서는 오늘날의 우리에게 부족한 부분이며, 세계 전체를 놓고 볼 때 앞으로도 오랫동안 부족한 부분으로 남을 것이다. 물론 그 통계 자료들이 조잡한 것은 사실이다. 그러나 이 자료들을 무시한 사람들도 소련 식 킨제이 보고서가 갖는 어떤 흥미로운 점을 알지 않을까?)

과거의 개인은 이성을 보호한다는 핑계로 에로티즘의 충동을 그렇게까지 짓뭉개지는 않았다. 옛날 사람들은 최소한 한 사람이라도 전체가 벗어나지 못하는 한계를 벗어나기를 원했다. 모두의 의지에 따라 군주는 부와 여유를 누릴 수 있었으며, 가장 젊고 아름다운 처녀들은 그의 몫이었다. 더 나아가 전쟁은 노동으로 얻을 수 있는 것보다 훨씬 더 많은 것을 승자에게 가져다주었다. 옛날의 승자들은 오늘날 아메리카의 패거리와는 비교할 수 없을 만큼 많은 특권을 누렸다.(그리고 오늘날의 패거리는 얼마나 초라한 모습으로 남아 있는가.) 특히 전쟁의 결과를 연장시키는 것은 노예였다. 그러한 결과는 러시아와 중국 혁명기까지 지속되었다. 그러나 나머지 세계는 시각에 따라 다를 수 있지만 전쟁이 가져다주는 특권을 지금까지 누리고 있거나 그 때문에 고통받고 있다. 인간들 사이의 평등의 차원에서 볼 때 비공산권 세계의 경우 전쟁에도 불구하고 노예 제도의 결과가 가장 적게 나타나는 곳이 있다면 아마도 북아메리카라고 할 수 있을 것이다.

어쨌든 오늘날까지 남아 있는 군주들(대부분 순치되고 이성으로 축소된 군주들)과는 달랐던 옛날 군주들은 더 이상 없다. 평등한 성공을 누릴 수 없는 오늘날의 우리는 과거의 인류가 대리만족을 위해 갖고 싶어 했던 '완전한 인간'을 더 이상 볼 수조차 없게 된 셈이다. 옛날이야기를 들어 보면 실상을 충분히 알 수 있듯이 왕의 방탕은 오늘날의 패거리나 또는 유럽의 부호들이 보여 주는 예들이 얼마나 보잘것없는 것인지를 여실히 보여 준다. 왕권적인 장대, 화려함을 후자의 경우 찾아볼 수 없는 것은 말할 것도 없다. 오늘날은 아예 아주 형편없는 정도에 이르렀다. 옛날에는 일반 서민들의 초라한 생활이 화려하고 장대한 왕의 특권적인 행동으로 상쇄될 수 있도록 꾸며졌다. (마찬가지로 비극의 관전은 만족스러운 삶을 상쇄해 준다.) 고대 세계가 즐기던 희극의 마지막 장면은 가장 고통스러운 해결로 끝난다.

왕권이 혁명에 의해 거부되자
문학이 그것의 절대적 자유를 누리기에 이르렀다

어떤 의미에서 왕권은 폭죽의 다발, 빛을 발하면서도 눈에는 보이지 않는 기이한 폭죽의 다발이었다. 이미 오래전부터 왕의 장대함은 군중의 희망을 충족시킬 수 없게 되었다. 지겨워진 것일까? 각자 자기의 개인적인 욕구를 채우고자 하는 욕심이 더 커진 때문일까?

이집트는 이집트 연원 3000년대에 이르자 파라오만이 누리던 특권적 상황을 더 이상 허용하지 않기에 이르렀다. 반란 군중은 엄청난 특권 중 각자의 몫을 요구했으며, 각자는 군주만이 가능했던 불멸성을 자기도 갖기 원했다. 1789년 프랑스의 군중은 드디어 군중을 위한 삶을 요구하기에 이르렀다. 군주의 화려함과 장대함은 군중을 만족시키기는 커녕 오히려 그들의 분노와 시음을 더 크게 할 뿐이었다. 고독한 인간, 사드 후작은 군중들을 이용하여 자신의 이론을 발전시켰으며, 중상모략이라는 평계를 대면서까지 자신의 이론을 극단으로 밀고 나갔다.

사실 사드 후작의 이론은 현혹된 군중 위로 완전한 개인을 꽃피우기 위한 방법적 비평이자 완수였다. 우선, 사드는 그가 중세 봉건 제도로부터 물려받은 특권을 최대한으로 활용하려고 했다. 그러나 당시의 체제는 이제부터는(거의 언제나 그랬지만) 이성으로 순치되었으며, 대영주의 특권의 남용을 저지했다. 필경 사드에게 있어서의 특권의 남용은 동시대의 다른 제후들과 비교해 지나친 것이 아니었지만, 사드는 서툴고 경솔했다.(게다가 불행하게도 그는 당시 영향력이 있는 장모를 만났다.) 그는 특권 계급에 속했지만 당대에 팽배한 독단의 희생자가 되어 뱅센과 바스티유 감옥에서 옥고를 치렀다. 구체제의 적으로 그는 구체제와 싸웠다. 그는 공포 정치의 극단적 행동들을 지지하지 않았으며, 자코뱅에 가담해서 간사가 된다. 그는 과거에 대한 비판을 지금까지와는 전혀 색 다르고 독자적인 두 가지 방법으로 전개시켜 나갔다. 그는 한편으로 혁명에 가담해서 왕정을 비난했으며, 다른 한편으로 문학의 무한성을 활용했다. 그는 독자들에게 군중이 특권을 누릴 수 있는 절대적 인간성을 제시했다. 사드는 제후나 왕의 특권과 다르지 않은 엄청난 특권을 상상했다. 그것은 악랄한 왕 또는 악랄한 제후들이나 가능한 특권이었으며, 소설은 거기에 전권과 더불어 무혐의를 부여했다. 창작의 무상성과 그 화려한 가치는 아무런 보상도 요구하지 않은 채, 제도가 허용하는 미미한 가능성과는 비교도 할 수 없을 정도의 특권, 한계로부터 자유로운 실존적 삶에의 욕망을 가능하게 했다.

감옥의 고독과 극단적 상상의 순간에 덮쳐 오는 끔찍한 진실

한때 왕성한 한 인물의 변덕스러운 에로티즘을 제한 없이 충족시켜 준 것은 전체의 욕망이었다. 그러나 그것은 사드의 상상에 훨씬 못 미치는 제한적인 것이었다. 사드의 절대적 인물은 독자가 요구하는 정도를 훨씬 넘어선다. 사드의 절대 인물은 군중이 극단으로 몰아간 인물 정도가 아니다. 왕을 통해 모든 사람의 욕망을 충족시켜 주는 대리 만족은 사드가 몽상 속의 극단적 인물들에게서 기대하는 것과는 달랐다. 그가 생각하는 성은 성행위의 파트너가 될 수 없는 그래서 오직 희생자가 될 뿐인 다른 사람들(거의 모든 다른 사람들)의 욕망을 비트는 것이었다. 사드는 주인공들의 단일성(unicisme)을 제안한다. 그에 의하면 파트너의 부정은 자신의 이론적 근간이다. 에로티즘은 원칙적으로 폭력과 죽음이며, 당연히 폭력과 죽음의 원칙은 화합으로 흐르면 위배되고 만다는 것이다. 깊은 곳에 이르면 폭력과 죽음의 원칙은 성적 결합은 위기를 맞으며, 어느 정도 생사의 갈림길에 이른다. 에로티즘은 에로티즘을 제한하는 결합을 깨는 조건에서 에로티즘의 진실인 폭력을 마침내 드러낼 수 있으며, 완결된 폭력만이 인간의 절대적 이미지를 보여 줄 수 있다. 미친개 같은 행동만이 아무것도 막을 수 없는 미친개의 광기를 완성시킬 수가 있다는 것이다.

사드의 실제 삶은 그의 이론과 달랐기 때문에 상대방의 부정으로 요약되는 절대성의 추구는 일종의 허풍처럼 들리기도 한다. 그러나 허약함으로부터 벗어난 사고를 생성시켜 내기 위해서는 허풍이 필요할 때도 있었다. 사드는 실생활에서는 타인을 무시하지 않았다. 그가 가지고 있던 완성의 이미지, 감옥의 고독 속에서 곱씹던 이미지가 타인의 배제를 요구했던 것이다. 문학만이 정열의 유일한 배출구일 수 있었던 바스티유 감옥은 그에게 하나의 사막이었으며, 그 황량한 사막은 그로 하여금 마치 경매장에서처럼 인간이 그때까지 상상할 수 없던 가장 비상식적인 몽상 너머로 가능성의 한계를 밀고 나가게 했다. 타인을 의식하지 않는 충실한 인간의 이미지가 우리에게 제시된 것은 바로 감옥 안에서의 응집된 문학 덕분인 것이다.

모리스 블랑쇼는 이렇게 말했다.[1] 사드의 모럴은, "첫째, 절대 고독에 근거한다. 사드 자신도 그러한 내용을 여러 가지 다른 표현, 즉 '자연은 우리를 홀로 태어나게 한다.' 또는 '어떤 한 사람과 다른 사람 사이에는 결코 아무런 관계도 있을 수 없다.' 등등으로 표현하고 있다. 그러므로 유일한 행동의 규칙은 내게 행복을 주는 모든 것을 내가 택하

---

[1] 『로트레아몽과 사드』(미뉘사, 1949), 220~221쪽 참조. 모리스 블랑쇼의 연구는 사드의 사상을 일관성 있게 정리한 최초의 연구일 뿐만 아니라, 작가의 표현을 빌리면, 그의 연구는 인간의 모든 이해의 조건을 수정하여 인간 자신을 새롭게 이해할 수 있게 해 준 책이다.

는 것이며, 다른 사람에게 좋은 것이라도 내게 나쁜 것은 어떤 것도 아무것도 아니다. 다른 사람에게 아무리 고통스러운 것이라도 나는 그것을 나의 쾌락을 위해 무시할 수 있다. 전대미문의 사기를 쳐서라도 쾌락을 살 수만 있다면 그보다 좋은 일이 어디 있겠는가. 쾌락은 나를 기쁘게 하고, 쾌락은 내 안에 머물지만, 범죄의 결과는 나의 밖에 있으며, 나와는 무관하지 않은가."

모리스 블랑쇼의 분석은 사드의 근본 사상과 잘 일치한다. 사실 사드의 사상은 거짓일 수 있다. 그가 다른 사람들과 맺고 있는 그리고 다른 사람들이 그와 맺고 있는 관계들이 있을 텐데 그의 사상은 관계라는 개인의 현실적 구조를 무시하고 있기 때문이다. 상호 관계는 어떤 인간이든 인간의 삶을 가능하게 하면서 한계를 초래하는데 기실 독립이 그보다 낫다는 것이 그의 생각이다. 이러한 생각은 전대미문의 것이다. 그러나 사드의 사상이 결코 미친 사람의 것만은 아니다. 그의 사상은 근거를 제공하는 현실을 인정치 않는 우를 범하고 있는 것이 사실이다. 그러나 우리에게도 어떤 극단적인 순간은 있는 법이다. 극단의 순간에 이르면 우리는 삶의 근거를 박탈당할 위기에 처한다. 그러한 순간들은 우리의 삶이 기대고 있는 근거를 위기에 몰아넣는다. 우리는 극단으로 치닫지 않을 수 없으며, 그러한 극단에 이르면 우리는 우리를 받쳐 주던 것을 문제 삼을 힘도 얻기에 이른다. 아니 오히려 그러한 순간들을 부인하면 우리는 우리의 진정한 모습을 끝내 보지 못할 것이다.

전체적으로 사드의 사상은 이성이 무시하는 순간들의 결과이다.
정의해 볼 때 극단이란 이성의 범주 밖에 있는 것이다. 이성은 노동과 관계하며, 이성은 규칙의 다른 표현인 근면한 활동과 관계한다. 그러나 관능은 노동을 조롱한다. 우리가 이미 보았듯이 필경 노동은 강도 높은 관능적 삶에 대해 우호적이지 못하다. 유용성과 에너지의 낭비를 고려한 계산법으로 계산해 볼 때 관능적 활동은 비록 유용한 것으로 여겨지더라도 어쨌든 본질적으로는 극단적이다. 보편적으로 관능은 반드시 결과를 요구하지는 않으며 오직 그 자체만을 위해, 그것도 극단적 욕망 속에서 욕구되는 것이기 때문에 더욱 극단적이다. 사드가 개입하는 것은 바로 그 지점이다. 그는 원칙을 내세우지는 않지만, 그러나 그의 이론에 의하면 관능은 범죄 안에서 더욱 강해지며, 감당하지 못할 범죄일수록 극단성은 더욱 강해진다. 우리는 관능적 극단이 어떻게 타인의 부정(한 사람의 입장에서 볼 때 자신의 삶이 근거하고 있는 원칙의 극단적 부정)으로 안내되는지 알 수 있다.

그렇게 해서 사드는 인식적 차원에서조차도 결정적 발견을 해냈다는 확신을 갖기에 이른다. 인간으로 하여금 최상의 만족을 얻게 해 주고, 욕망을 가장 완전하게 충족시켜 주는 것이 범죄라면, 범죄를 막고, 범죄를 누리지 못하게 하는 연대의식을 부정하는 일보다 중요한 일이 또 있을까? 나는 감옥의 고독이 사드에게 그러한 폭력적 진실을 계시해 주었다고 생각한다. 그때부터 그는 그의 이론을 방해하는 것은 모두 심지어 자기 내부의 것조차 무시하기 시작한다. 그도 사실 다른 사람처럼 사랑을 모르지 않았다. 처제와의 도피는 장모를 화나게 만들었으며 그 때문에 장모가 얻어 낸 운명적인 봉인장은 그로 하여금 감옥 신세를 지게 하지 않았던가? 그는 또한 민중의 이익을 위한 정치 투쟁에 가담하지 않았던가? 그는 창문 너머로(공포 정치를 반대하다가 잡혀 들어간 창문 너머로) 단두대의 작동을 보고 두려움에 떨지 않았던가? 그리고 마지막으로, 그는 "타자의 무의미"를 밝히기 위해 (타자에게) 써 두었던 원고를 잃어버린 뒤 얼마나 피눈물을 흘렸던가?[2)] 그러나 그는 아마 타자의 고려가 충동을 마비시키면 성적 매혹의 진실은 그 의미가 충분히 밝혀질 수 없다고 말하고 있었을는지도 모른다. 그를 생에 붙들어 두는 유일한 것이 있다면 그것은 상상 세계였는데, 감옥의 끝없는 침묵 속에서도 그는 그가 붙들 수 있는 거기에 만족하고 싶어 했다.

에로티즘과 무기력의 치명적인 무질서

사드가 밝히는 진실은 그 극단성 때문에 선뜻 받아들이기 어렵다. 그러나 그가 우리에게 제안하는 주장을 통해서 판단해 보건대, 애정은 에로티즘과 죽음이 벌이는 게임의 아무것도 바꾸지 못함을 쉽게 알 수 있다. 소비와 소득이 대립적이듯이 에로티즘과 습관적인 애정 행위는 대립적이다. 우리가 이성적으로 행동한다면, 우리는 온갖 종류의 부를 얻기 위해 노력할 것이며, 우리의 재산을 (또는 우리의 지식을) 증가시키기 위해 일할 것이며, 수단과 방법을 총동원해서 풍요를 누리려고, 더 많이 가지려고 애쓸 것이다. 사회적 차원에서 볼 때 우리의 입장은 원칙적으로 그러한 행동에 근거하고 있다. 그러나 성적 열병에 사로잡히면 우리는 그와는 전혀 다른 방향으로 행동한다. 우리는 무한정 힘을 낭비하며, 또 때로는 폭력적인 정열에 빠져 상당한 재산을 아무런 보상도 기대하지 않은 채 탕진해 버린다. 관능은 파멸적 탕진과 얼마나 가까운지 우리는 관능이 절정에 이른 순간을 심지어 '작은 죽음'이라고까지 부른다. 그 결과 에로티즘의 극단적 양상들이 떠오르게 하는 것은 무질서이다. 발가벗은 상태는 우리가 옷을 입은 상태에서 지키는 예의

---

2) 그는 감옥에서 쓴 소설 『소돔의 120일』에서 처음으로 범죄적 삶, 범죄적 관능에 몰입하는 자유분방한 절대 삶을 처음으로 묘사하고 있다. 1789년 7월 14일 혁명 전야, 그는 감옥의 창밖으로 "파리 시민들이여, 죄수들이 목졸려 죽습니다."라고 외치면서 행인들을 선동시킨 죄로 바스티유에서 다른 감옥으로 이전 수감되었다. 그는 거기에서 아무것도 가지고 나갈 수 없었으며, 『소돔의 120일』의 원고는 바스티유 습격 당시 어디론가 사라져 버렸다. 넝마주이들이 마당의 잡동사니 중 쓸 만한, 이익이 있을 만한 것들을 챙겨 달아났던 것이다. 원고는 1900년경 어느 독일 서적상에 의해 다시 발견되었다. 서적상 본인조차 다른 모든 사람들과 인류에게 닥친 엄청난 실질적 손실 앞에서 "피눈물"을 쏟았다고 한다.

를 파괴한다. 그러나 일단 관능의 무질서에 돌입하면 우리는 시시한 만족으로 끝맺지 못한다. 이따금 성적 과잉은 파괴와 배반을 수반하기도 한다. 발가벗은 상태도 그렇지만 반쯤 벗은 육체가 주는 야릇한 기분에 대해서도 언급하지 않을 수 없다. 사실 반쯤 벗은 또는 반쯤 입은 옷은 육체의 무질서를 더욱 강조할 뿐이며 그 때문에 육체는 더욱 무질서하게 보이며 더욱 벗은 것이 될 뿐이다. 학대와 살해는 그러한 파멸의 충동을 연장시킨다. 마찬가지로 매음, 욕설 등 에로티즘과 관계하는 모든 상소리들은 관능의 세계를 타락과 멸망의 세계로 인도하는 데 한몫 거들 뿐이다. 우리는 오직 마구 탕진할 때 마치 상처가 우리 안에서 열리는 것 같은 진정한 행복을 느낀다. 우리는 우리의 소비가 쓸데없는 것이기를 바라며, 파괴적인 것이기를 확신하려고 한다. 우리는 재산의 증식이 규칙인 세계에서 가장 멀리 떨어져 나가고 싶어 한다. 그러나 '가장 멀리'라는 말은 별로 의미가 없다. 그보다는 차라리 전도된 세계, 거꾸로 된 세계라고 해야 할 것이다. 에로티즘의 진실은 배반에 있기 때문이다.

사드의 이론은 에로티즘의 파괴적 형태에 근거한다. 도덕으로부터의 고립은 구속의 제거를 의미한다. 사드는 낭비에 중요한 의미를 부여한다. 타인의 가치를 인정하는 사람은 결국 구속당할 수밖에 없다. 타인의 존중은 그를 몽롱하게 하며 어떤 절대 갈망을 가늠하지 못하게 한다. 절대 갈망은 도덕적 또는 물질적 자원을 증대시키고자 하는 욕망조차 굴복시킬 수 없는 것 아니던가. 우리는 타인의 존중 때문에 흔히 눈 먼 상태가 되곤 한다. 일반적으로 우리는 성적 진실의 세계를 잠시 들여다보는 것으로 만족하며 나머지 시간은 성적 진실을 외면하는 것으로 일관한다. 그러나 다른 사람들과의 연대감은 한 인간이 절대적 태도를 갖는 데 장애가 될 뿐이다. 인간에 대한 인간의 존중은 우리를 서로를 구속하는 사이클로 안내할 뿐이어서 거기에 빠지면 우리에게 남는 것은 구속의 시간뿐이다. 그러다가 마침내 우리는 인간 모두에게서 절대적 순간을 박탈해 버림으로써 우리의 태도의 근간이 되는 존중마저 가질 수 없는 결과를 맞이하게 된다.

반대로 모리스 블랑쇼가 말했듯이 "사드 세계의 요체는 거대한 부정에 의해 확립되는 절대성의 요구에 있다." 광분하는 자유는 허공을 열어 그 안에서 다른 열망들은 무시해도 좋을 강한 열망의 가능성을 맛보게 한다. 일종의 냉소적 영웅주의는 우리를 존중과 애정으로부터(대체적으로 우리는 그러한 것들이 없으면 견딜 수 없다.) 벗어나게 해 준다. 이러한 관점들은 폭풍우의 날씨 또는 흐린 날씨와 햇빛 찬란한 맑은 날이 다르듯이 우리의 삶과 사드가 주장하는 삶을 멀리 떨어뜨려 놓는다. 우리는 사실 절대성을 성취시켜 줄 또는 적어도 거기에 접근하도록 해 줄 극단적 힘을 확보하고 있지 못하다. 사람들이 침묵하는 가운데도 엄청나게 꿈꾸는 것이 있으니 현실의 절대성이다. 그러나 현실의 절대성은 사실 그 최악의 순간에조차 사드의 소설들이 우리에게 제기하는 폭력에는 훨씬 못 미치는 아주 불완전한 것에 지나지 않는다. 사드 자신조차 자신이 묘사한 절대적 순간을 실현시킬 힘도 용기도 없었던 듯하다. 모리스 블랑쇼는 모든 사람들에게 지배적으로 나타나는 이른바 사드가 말하는 무기력에 대해서도 잘 밝히고 있다. 모리스 블랑쇼는 모든 다른 사람들을 지배하는 어떤 순간, 사드가 무기력이라고 부른 그 순간을 잘 정의한 바 있다. 모리스 블랑쇼에 의하면 "무기력이란 절대적 존재이기를 선택한 사람에게 해당되는 부정(不定)의 정신"이다. 그러나 그것은 어떤 의미에서 보면 에너지의 원인이자 원리이다. 사드는 아마 거의 다음과 같은 식으로 추론한 듯하다. "오늘날의 개인은 어느 정도의 힘을 가지고 있다. 그러나 개인은 그 힘을 소외시켜 타인들, 신(神) 또는 이상(理想)이라고 하는 유령들에게 분배한다. 그러한 낭비성 배분 탓에 오늘날의 개인은 가능성들을 소진시켜 버리는가 하면 더 나아가 자신의 행동을 허약함 위에 자리 잡게 하는 우를 범하고 있다. 왜냐하면 그가 만약 다른 사람들을 위해 자신을 소비한다면 그것은 그가 다른 사람들에게 의지할 필요성을 믿는다는 것을 의미하기 때문이다."치명적인 실수는 거기에 있다. 그는 자신의 힘을 쓸데없이 탕진함으로써 약해질 뿐이며, 그리고 그는 자신이 약하다고 믿기 때문에 자신의 힘을 낭비한다. 그러나 진정한 인간은 자신이 혼자라는 것을 안다. 그리고 그는 그 사실을 받아들인다. 17세기가 흐르는 동안 역사가 그의 내부에 남긴 비겁한 모든 것, 자신이 아닌 다른 사람들과 관계하는 모든 것을 그는 부정한다. 예컨대 동정, 감사, 사랑 등의 감정은 그가 파괴하는 감정들이다. 그런 감정들을 파괴할 때에 비로소 그는 보잘것없는 충동들에 그가 바쳐야만 했던 모든 힘을 회복할 수 있었던 것이다. 더욱 중요한 것은 그는 이 파괴 작업에서 진정한 에너지의 시원을 끌어낸다는 것이다. 사실 여기서 주목해야 할 것은 무감각의 일은 '기생적' 감정을 파괴하는 데 있을 뿐만 아니라, 어떠한 즉흥적인 정열의 싹도 파괴하는 데 있다는 사실이다. 악습에 금방 젖어드는 방탕아는 곧 죽을 조산아에 지나지 않는다. 완전한 괴물의 소질을 타고난 천재적 탕아라고 하더라도 기질을 좇는 데 만족한다면 그는 재난을 맞을 수밖에 없게 되어 있다. 사드는 강조한다. 열정이 에너지가 되려면 일단 억눌렸다가 절대적 무감각의 순간을 지나면서 병합될 수 있어야 한다. 바로 그때 열정은 최대의 가능성을 얻을 수 있는 것이다. 초기 활동기의 쥘리에트는 클레어윌로부터 끊임없이 꾸지람을 듣는다. 쥘리에트가 꾸지람을 듣는 이유는, 그녀는 열정의 순간에만 죄악을 저지르고, 정열의 불꽃 속에서만 죄악의 불꽃을 피웠을 뿐만 아니라, 음탕과 쾌락을 무엇보다도 우위에 두었기 때문이었다. 위험천만한 간편함이다. 질탕한 쾌락보다는 죄악이 더 중요하다. 감정에 복받쳐 저지른 죄악보다는 침착한 가운데 저지른 죄악이 더 중요하다. "감각이 응고된 채 저지른" 죄악, 어둡고 은밀한 죄악이 다른 어떤 것보다도 중요하다. 왜냐하면 그러한 죄악은 자신 안의 모든 것을 파괴한 다음 힘을 모은 엄청난 영혼의 행동이기 때문이다. 영혼은 이제 영혼이 준비한 전적인 파괴의 충동과 온전히 일체가 된다. 오직 쾌락만을 위해서 살 뿐인 방탕아들이 위대할 수 있다면 그것은 그들이 자신의 내부에 있던 모든 쾌락의 역량마저 파괴해 버렸기 때문이다. 그들이 끔찍한 비정상을 지향하는 것은 바로 그 때문이다. 그렇지 않았다면 그들은 정상적인 평범한 관능에 만족했을 것이다. 그러나 그들은 무감각하도록 만들어졌다. 그들은 그들의 무감각, 그 거부되고 망가진 무감각을 고집하며, 그렇게 해서 그들은 무자비하게 되는 것이다. 잔인성은 자아의 부정에 다름 아니며, 그렇게 멀리까지 가다가 마침내 파괴적인 폭발로 변한다. 그러면 이제 무감각은 전존재의 전율을 자기 안에 일으키게 만들며, "영혼은 사람들이 허약함에서 얻을 수 있는 것과는 비교도 할 수 없는 신적인 쾌락으로 현성용하는 일종의 무기력으로 건너간다."라고 사드는 말한다.[3]

죽음과 고통의 승리

나는 단락 전체를 인용하고 싶었다. 왜냐하면 이 단락은 존재를 단순한 현전 이상의 것이 되게 하는 어떤 핵심을 밝혀 주고 있기 때문이다. 현전(現前)이란 이따금 함몰이며, 존재가 존재에 대해 보이는 수동적 무관심, 아니 그보다, 무의미적 탈격으로 흐르게 하는 무색의 순간이다. 또한 존재는 존재의 극단이며, 존재는 불가능을 타고 간다. 극단이 이르는 곳은 관능이 초월적 힘을 얻으면서 더 이상 감각적 여건으

---

3) 모리스 블랑쇼의 앞의 책, 256~258쪽 참조.

로 환원되지 않는 어떤 순간이다. 그 순간, 감각적 여건은 하찮은 것으로 여겨지며, 관능을 지배하는 사유(정신적 메커니즘)가 존재 전체를 차지하기에 이른다. 이러한 극단적 부정이 없다면 관능은 경멸을 모면하기 어려운 은밀한 것으로 남을 것이며, 현저하게 확장된 의식의 운동 안에서 그것이 지켜야 할 실질적인 자리, 절대적인 자리는 끝내 차지하지 못하고 말 것이다. 여주인공 쥘리에트의 방탕의 동반자 클레어윌은 이렇게 말한다. "나는 내가 움직이지 않는 순간에도, 생의 어떤 순간에도 심지어 잠이 들 때조차도, 결정적인 와해를 유도할 만한, 어떤 근본적인 무질서의 원인이 되는, 그리고 내가 죽은 후에도 결과가 지속될 영원한 결과를 낳는 죄악을 찾아내고 싶다."[4] 그런 불가능의 정상 정복은 사실 엄청난 에너지의 소비를 전제하며, 에너지의 엄청난 긴장 없이는 정복하기 어려운 에베레스트 산의 정상보다 더 현기증 나게 하는 정상이다. 에베레스트 산의 정상에 이르기 위한 긴장은 다른 사람들보다 더 높이 오르려는 제한적 욕망에 다름 아니다. 사드가 말하는 타인의 부정의 원리에서는 타인의 무제한적 부정과 자아의 부정이 같은 것이 아니다. 그의 원칙에 의하면 타인의 부정은 자아의 긍정이다. 그러나 금방 알 수 있듯이 개인적 쾌락 너머, 가능성의 극단까지 밀고 간 그러한 무한성이 찾아나서는 것은 어떠한 굴종도 벗어난 절대성이다. 권력을 염려하는 일은 현실적(역사적) 절대성을 변질시킨다. 현실적 절대성은 그것이 바라는 것과는 달리, 단순히 인간의 삶을 필요에의 예속으로부터 벗어나게 하는 데 그 목적이 있는 노력에 불과한 것이다. 그 중 역사상의 군주는 그래도 필요성의 구속에서 벗어난 군주였다. 그는 신하들이 비호해 주는 권력에 힘입어 필요성을 최대로 모면했다. 군주와 신하들 사이의 신의는 군주에 대한 신하들의 복종과, 군주의 절대권

---

[4] 같은 책, 244쪽 참조.

을 신하들이 나눠 갖는다는 데에 근거했다. 그러나 사드의 절대 인간은 현실적 절대권을 갖지 않는다. 사드의 절대 인간은 어떤 구속으로부터도 자유로운 허구적 인물이다. 권력을 비호해 주는 신하들에게 절대 군주가 지켜야 할 신의도 거기에는 없다. 그는 다른 사람들로부터 자유로운 반면, 자기 자신의 절대성의 요구를 따르지 않을 수 없다. 그에게는 보잘것없는 관능을 추구하는 따위의 비천함을 수락할 자유가 없다. 그에게는 자기의 원칙을 위배할 자유가 없다. 주목할 것은 사드는 완전한 배신 행위에서 출발했지만 그럼에도 불구하고 그는 준엄성에 이른다는 점이다. 그는 지상(至上)의 환희를 얻고자 할 뿐이다. 그 환희는 오직 하나의 의미를 갖는데, 그것은 보잘것없는 희열에의 복종을 거부하는 것이다. 그 거부는 위배의 의미를 갖는 거부이다. 사드는 타인들, 예컨대 독자들을 위해서 절대성이 어디까지 이를 수 있는지를 보여 준다. 그에게서 위반의 충동은 위반의 절정에 이를 때까지 멈추지 않는 충동이다. 사드는 그 충동을 피하지 않으며, 오히려 급기야 타인의 부정과 자아의 긍정이라는 초기의 원칙마저도 초월하는 데까지 따라갔다. 타인의 부정은 극단에 이르면 자아의 부정이 된다. 이 충동의 난폭성 안에서는 개인 희열은 더 이상 중요하지 않다. 오직 중요한 것은 죄악이며, 거기에 희생당하느냐 마느냐는 중요하지 않다. 오직 죄악이 죄악의 정상에 오르면 그뿐이다. 그러한 요구는 개인과는 무관해서, 비록 개인이 시동을 걸었다고 해도 충동은 결국 그에게서 떨어져 나가 그의 위에 자리 잡으며, 그를 초월한다. 사드는 개인적 에고이즘을 넘어, 비개인적 에고이즘조차 문제 삼는다. 허구가 그로 하여금 구상할 수 있게 해 준 어떤 것을 가능성의 세계에 진입시키는 것은 우리에게 가능한 일이 아니다. 그러나 우리는 사드의 원칙에도 불구하고 개인적 존재의 극복과 위반 또는 죄악을 결부시킬 필요성을 느낄 수는 있다. 에고이즘에서 시작했으나 에고이즘이 피워 놓은 불에 자신을 태워 없애 버리려고 하는 태도보다 혼란스러운 태도가 또 있을까? 사드는 그러한 절대적 충동을 한 인물을 통해 완벽하게 구현하고 있다.

아멜리는 스웨덴에 산다. 어느 날 그녀는 보르샹을 찾아간다. …… 보르샹은 끔찍한 일을 저지르고 싶은 충동에서 왕에게 음모(보르샹 자신도 가담한 음모)를 꾸민 사람들을 금방 고해바치고 온 길이었다. 그 배반은 아멜리를 열광케 한다. "난 당신의 잔인성을 사랑해요." 그녀가 그에게 말한다. "언젠가는 나도 당신의 희생자가 될 것이라고 약속해 줘요. 열다섯 살 나던 해부터 나는 끔찍한 방탕과 정열의 희생자가 되어 죽고 말 것이라고 생각했고, 그런 생각이 떠오를 때마다 나는 흥분하지 않을 수 없었어요. 나는 내일 당장 죽고 싶진 않아요. 나의 광기가 아직 거기에 이르지는 않았거든요. 그러나 아무튼 나는 오직 그렇게 죽고 싶어요. 죽을 때조차도 범죄를 행한다는 생각을 하면 미치도록 좋아요." 그녀는 다음과 같은 말을 들어 마땅한 머리가 이상한 여자이다. "나는 당신의 골통을 미치도록 사랑하오. 우리는 함께 아주 무서운 일을 저지를 수 있을 거요……. 당신 머리는 썩을 대로 썩었소. 내가 인정하오!" 그러므로 "전적인 인간, 완전한 사람에게는 저지르지 못할 악이 없다. 그가 다른 사람들에게 악을 행하는 일은 얼마나 큰 관능 행위인가! 미덕이 그에게 기쁨을 준다면 그것은 그 미덕이 별것 아니어서 그것을 짓뭉개는 기쁨이 거기에 있기 때문이며, 악덕이 그에게 기쁨을 준다면 그것은 비록 희생을 전제하지만 거기에서 비롯되는 무질서의 만족이 엄청나기 때문이다. 그가 산다면 삶의 사건 하나하나 그에게는 기쁨이 되지 않는 것이 없다. 그가 죽는다면 그는 자신의 죽음에서도 최대의 행복을 끌어내며, 자신의 파멸을 의식하면서도 오직 파멸의 필요성만이 그 정당성을 인정하는 삶의 완성을 볼 뿐이다. 그러므로 부정적 인간은 우주 안의 모든 나머지를 극단적으로 부정하는 동시에, 부정하는 자신마저도 부정한다. 아마도 부정의 힘은 그 힘이 지속되는 동안에는 특권을 행사할 것이고 더 큰 엄청난 부정으로부터 자기를 보호하는 유일한 보호 장비 역할을 할 것이다."[5]

개체를 무시한 부정! 개체를 무시한 죄악!
그것의 의미는 죽음을 초월한 존재의 연속성이다.
사드의 절대 인간은 초라한 우리에게 절대 인간을 초월하는 현실을 제시하는 것이 아니다. 적어도 그는 자신의 탈선을 통해 죄악에의 연속성으로 나아가지 않던가! 그 연속성은 아무것도 초월하지 않는다. 심지어 그는 침몰하는 것조차 초월하지 않는다. 다만 사드는 아멜리라는 인물을 통하여 무한한 파괴와 무한한 연속성을 연결시키고 있다.

---

5) 같은 책, 236~237쪽 참조.

연구 3
사드와 정상적인 인간

쾌락, 그것은 역설이다

　사드의 작품에 대하여 쥘 자냉은 이렇게 말했다.[1] "거기에는 피로 얼룩진 시체, 어머니의 품에서 떼어 낸 갓난아이들, 향연의 막바지에 목이 졸려 죽은 여자들, 피와 포도주를 가득 채운 잔, 전대미문의 고문뿐이다. 사람들은 가마솥을 데우고, 고문대를 만들고, 머리통을 부수고, 지글지글 타는 사람들의 살가죽을 벗기고, 소리 지르고, 욕하고, 저주하고, 가슴에서 심장을 꺼낸다. 매 페이지마다 매 줄마다 그런 광경들로 채워진다. 아, 얼마나 지칠 줄 모르는 잔인함인가? 그의 첫 소설을 보면[2] 한 불쌍한 소녀가 등장한다. 지하에서 지하로 공동묘지에서 공동묘지로 괴물들에게 끌려 다니면서 매를 맞고, 그 매에 상처를 입

---

1) 《르뷔 드 파리》(1834).
2) 『쥐스틴』, 더 정확히 말하면, 1797년 작가가 정성을 다해 출판하고, 1953년 장자크 포메르가 재판한, 가장 자유롭게 쓰인 『신쥐스틴』을 말한다. 『신쥐스틴』의 초판은 1930년 모리스 엔의 정성으로 후르카드 사에서 출간되었으며, 1946년 장 폴랑의 서문과 함께 푸앵 뒤 주르 사에서 재간되었고, 포베르 사에서는 1954년 지금 이 텍스트의 다른 판본을 서문으로 삼아 재출판되었다.

고, 깨지고, 짓밟히고, 죽을 정도로 찢기고, 사지는 잘린다……. 주인공은 죄악이 극에 달해, 더 이상의 끔찍한 짓, 말하자면 근친상간 같은 짓 마저 끝이 나면 상대를 칼로 찔러 죽인 다음 죽은 시체 위에서 헐떡거린다. 더 이상 더럽힐 교회가 없으면, 더 이상 욕해 줄 윤리가 없으면, 주인공은 마침내 자신을 바라보면서 빙그레 웃는다. 그는 두려워하지 않는다. 오히려…….”

비록 자냉의 말은 사드의 목적을 규명하는 일과는 거리가 멀지만 적어도 자냉은 원치 않았음에도 불구하고 사드가 기꺼이 받아들인 하나의 형상을 적절한 용어로 잘 묘사하고 있다. 끔찍한 감정과 순박한 감정까지도 어느 것 하나 의도된 도발과 일치하지 않는 것이 없다. 이러한 시각으로 보기로 하면 우리는 우리 마음에 드는 부분만을 선택해서 생각할 수 있다. 그러나 우리는 인간, 인간의 조건 그리고 인간의 한계가 어떤 것인지를 모르지 않는다. 우리는 벌써 알고 있다. 쥘 자냉 또는 그의 의견에 동조하는 사람들은 사드와 그의 글들을 같은 방식으로 판단할 수밖에 없는 것이다. 사드에 대한 증오를 쥘 자냉과 그의 의견에 동조하는 사람들 탓으로 돌려 봤자 헛된 일이다. 자냉의 몰이해는 오히려 당연한 것이 그것은 평범한 사람들의 허약함과 소멸할 위협에 직면해 있는 감정에서 오는 것이기 때문이다. 사드의 인물은 공포를 두려워하면서 일상성에 매여 사는 사람들과는 결코 양립이 불가능하다. 일상적인 사람들의 행동을 결정하는 동정, 고뇌(비겁함에 대해서도 말해야 한다.)는 관능적 인물들의 절대성을 결정하는 정열과는 정 반대편에 있는 것들이다. 그러나 사실 절대성이란 우리의 비참한 삶에서 그 의미를 길어 낸다. 만약 우리가 고뇌에 찬(다정하고 비겁한) 인간의 행동에서, 정확히 표현해서 요지부동의 필연성밖에 보지 못한다면 우리는 그것을 잘못 판단하는 것이 될 것이다. 관능 자체는 고뇌가 정당한 것이기를 요구한다. 사실 만약 쾌락과 관계가 있는 고뇌가 역설적 측면을 여실히 드러내 보여 주지 않는다면, 고뇌를 겪는 사람의 눈에 견딜 수 없는 것으로 보이지 않는다면, 그것을 어디 쾌락이라고 할 수 있을 것인가?

나는 처음부터 이러한 진리들(사드가 죽음을 무릅쓰고 대든 정당한 판단)에 역점을 두어야 했다. 그가 상대한 사람은 바보나 위선자가 아니라 정상적인 보통 사람이었으며 어떤 의미에서 보면 우리 모두였다. 그는 설득보다는 도전을 원했다. 그래서 가능성의 한계에 도전하여 진리를 뒤엎으려고 한 그를 보지 못한다면 우리는 그를 잘못 아는 것이 될 것이다. 그의 도전이 무한 거짓이 아니었다면 그리고 그가 공격 대상으로 삼은 진지가 난공불락의 요새가 아니었다면 그의 도전은 의미도 가치도 없었을 것이다. 사드가 상상해 낸 '절대 인간'은 가능의 한계를 벗어날 뿐 아니라, 더 나아가 그의 사상은 정의로운 자의 잠을 단 한 순간도 방해하지 않았다.

그런 이유로 해서 우리가 상식적인 관점, 즉 사드의 관점과는 전혀 다른 쥘 자냉의 관점에서 말해 볼 필요가 있다. 이제 사드는 나이 어린 소녀를 살해할지도 모른다고 걱정하는 사람들의 관점에서 말해 보려고 한다.

사드에 대한 찬사는 그를 오도하는 짓이다

사실 사드에 대한 언급은 이미 그 자체로 역설이다. 여기에서 중요한 것은 은밀하게든 공공연하게든 찬사 또는 비난을 분명히 드러내는 일이 아니다. 죄악의 변호자를 찬양하는 일은 그것을 직접 찬양하는 것과 마찬가지로 역설이 아닐까? 그가 희생자를 끔찍한 감각의 세계로부터 광적인, 비현실적인 그리고 순수하게 찬란한 차원으로 건너가게 만들었다고는 해도 그에 대한 찬양은 제물을 가장 높은 곳에 올려놓는 결과를 가져오기 때문에 사드를 찬양하는 일은 그 자체로 모순이다.
 어떤 사람들은 기존의 가장 확고한 가치들을 뒤엎는다는(머리끝에서 발끝까지) 생각만으로 미칠 듯이 열광하기도 한다. 그러한 사람들은 지금까지 확인된 가장 전복적인 사람(사드 후작)을 인류에게 가장 공헌도가 높은 사람으로 즐겁게 꼽을 수도 있다. 그들의 생각에 의하면 이보다 확실한 것은 없다. 죽음 또는 고통(그것이 다른 사람의 죽음 또는 고통이라고 해도)을 생각하면 우리는 전율한다. 슬픈 것과 더러운 것은 우리의 가슴을 저미게 한다. 그러나 비록 우리가 우리의 못난 시선을 돌린다고 해도 우리의 공포의 대상은 영광의 광채가 여전한 태양과도 같은 의미로 우리에게 다가온다.
 적어도 도저히 마주볼 수가 없는 태양과 비교되고 있다는 점에서 사드는 당대의 사람들에게 상상력을 유발시키는 동시에 공포심을 주었다. 그러한 괴물이 살아 있었다는 생각만으로 반발의 힘을 불러일으키지 않았을까? 그런데 반대로 근대의 사드 옹호자는 결코 신뢰받은 적이 없다. 아무도 그의 견해 때문에 어떤 나쁜 결과가 초래될 것이라고 믿지 않았다. 가장 적대적인 사람들은 거기에서 허풍 또는 무례한 장난질을 보았을 뿐이다. 허풍을 떨면서 장난질 치던 사람들이 기존의 지배적인 모럴을 벗어나지 않는 한 사드의 찬양은 결국 기존의 지배적인 모럴을 강화시키는 데 기여할 뿐이다. 그들은 기존의 지배적인 모럴을 흔드는 일이 쓸데없는 일이며, 그것이 생각보다 굳건한 것임을 막연하게나마 알고 있는 것이다. 합리적인 사람의 사상과는 양립이 불가능한 사드의 사상이 그 안에서 근본적인 가치를 잃지 않는다면 어떻게 거기에 일관성이 있다고 볼 것인가.

 사드는 도저히 용납할 수 없는 가치들을 주장하기 위해 수없이 많은 작품들을 써 냈다. 그의 말대로라면 삶은 쾌락의 추구이며 쾌락은 삶의 파괴에 비례한다. 다른 말로 환언하면 삶은 삶의 원리를 엄청나게 부정할 때 비로소 가장 강렬한 쾌락에 이를 수 있다는 것이다.

의미를 비워서 대수롭지 않은 것으로 환원시키지 않는 한 사드의 주장은 일반적으로 용납될 수 없는, 아니 아예 제기될 수조차 없는 황당무계한 주장이 아닐까? 진지한 사회라면 단 한 순간이나마 그의 주장을 받아들일 수 없으리라는 사실을 누군들 알 수 없을까? 차라리 사드를 악랄한 인간으로 보는 사람은 그를 찬양하는 사람보다 그와 그의 의도를 더 잘 이해한 사람이라고 할 수 있다. 사드는 격분과 반항을 원한다. 그렇지 않으면 역설적 쾌락은 단순한 시가 되고 말 것이다. 거듭 말하지만, 나는 오직 사드가 거부감을 일으키는 사람들에게, 그들의 입장에서, 말해 보려고 한다.

지금까지의 연구에서 나는 사드가 어떻게 다른 사람들의 현실을 부정한 채 자신만의 절대적인 가치를 자신만의 극단적 상상 세계로 끌어들일 수 있었는지에 대해 말했다.

이제부터 나는 그 가치가 다른 사람들(그 가치가 부정하는 다른 사람들)에게 갖는 의미를 연구하려고 한다.

신성은 악덕 이상으로 역설적이다

사드의 주장에 반감을 갖는 사람이라고 해서 폭력적 파괴와 관련된 상렬한 삶의 원칙을 배척할 수 있는 것은 아니다. 어느 시대에나, 어느 곳에서나 신성의 원칙은 인간들을 현혹시켰으며 인간들을 괴롭혔다. 인간은 대상이 어떤 것이든 붙잡아 불을 질러 자신을 멸망의 길로 인도하는 폭력, 일종의 은밀한 내적 흥분, 본질적 광란을 신적인 것 또는 신성한 것이라고 불러 왔다. 그 흥분은 전염성이 있어서 이 사람 저 사람에게로 옮겨 다니다가 일단 받아들이는 눈치만 보이면 죽음의 독을 주입하였다. 그것보다 더 큰 일이 어디 있겠는가? 희생양이 신앙(희생양을 경배에 바치는 것이 최종 목적인 신앙)의 대상이라면, 그런 신앙은 지체 없이 모호한 신앙이라고 말해야 한다. 종교는 신성한 대상을 찬양하고 파멸의 원리를 모든 힘의 근본, 가치의 원인으로 삼으려고 노력하는 한편 거꾸로 그것을 일상적 삶의 세계와는 별개의 세계, 즉 뛰어넘을 수 없는 저 너머의 세계에 한정시키고 싶어 한다.

신성의 폭력적이고 유해한 양상은 일반적으로 제사 의식에서 두드러지게 나타난다. 제사 의식은 종종 극단적인 잔인성마저 보이는데, 어떤 때는 갓난아이를 뜨겁게 타오르는 금속 괴물에게 바치기도 하고, 제물을 산 채로 버드나뭇단에 붙들어 맨 뒤 불을 지르는가 하면, 사제들은 산 여자들의 껍질을 벗겨서 아직 피가 마르지 않은 가죽으로 옷을 만들어 입기도 했다. 물론 그 정도로 끔찍한 경우는 드물고 그러한 잔인성이 항상 제사에 요구되는 것은 아니었지만, 잔인성이 제사의 의미를 돋보이게 한 것만은 사실이다. 맹목적인 것처럼 보이지만 십자가의 처형을 포함해서 기독교 의식(意識)과 신성의 끔찍한 특성을 연관 짓게 만들지 않는 잔인성이 없다. 신은 신의 제일 원리인 소진, 파멸의 필요성을 충족시킨 다음에야 인간의 수호자가 되었던 것이다.

여기에서는 종교적 현상들을 대입할 필요가 있다. 종교적 현상들은 사드의 몽상에 어떤 우위성을 제공한다. 물론 아무도 그의 몽상이 허용될 성질의 것이라고 생각하지는 않지만, 그러나 이성을 가진 사람이라면 어떤 측면에서는 그의 몽상이 인간성의 요구에 부응하는 것임을 인정할 수밖에 없을 것이다. 과거를 살펴보더라도 우리는 그 요구가 얼마나 보편적이고 절대적인 것인가를 부인하기 어렵다. 그런데 잔인한 신성에 종사하는 사람들은 반대로 신의 잔인한 파괴를 드러내놓고 제한하려고 했다. 그들은 결코 필요성을 무시하지 못했으며 필요성이 지배하는 규칙의 세계도 무시하지 못했다.

제사의 파괴와 관련해서 내가 사드에 대해 앞서 제시한 이중적 난관은 그러므로 이미 해결을 본 셈이다. 배려하는 삶과 열병적인 삶(활동의 억제와 격앙)이 종교 행위 덕분에 서로의 보호 아래 일정하게 유지되었다. 유용한 활동이 근간을 이루는 속세의 호구지책(속세가 없다면 호구지책이고 소비재고 간에 아무것도 없을 것이다.)은 정기적으로 보장받았다. 그러나 그 반대의 원칙도 여전히 유효했으며, 강력한 파괴력이 고개를 쳐들어 신성의 감정과 공포의 감정을 자극하곤 했다. 고뇌와 희열, 강밀함과 죽음은 축제 속에 뒤엉켰다. 공포는 격앙을 낳았으며 소비는 유용한 활동의 최종 목적이 되었다. 그러나 거기에 적당한 어울림은 없었다. 서로 반대되는 그리고 양립 불가능한 두 원칙들 사이에 결코 손쉬운 화해란 없었다.

평범한 인간은 신의 또는 에로티즘의 역설을 병적인 것으로 본다

그러나 종교적 차원의 이러한 고찰은 한계가 있다. 이러한 고찰은 보통 사람을 상대하며 그래서 보통 사람의 입장에 설 수 있기는 하지만 그럼에도 불구하고 그것은 보통 사람의 의식 바깥의 어떤 요소를 개입시키고 있다. 근대인에게 신성의 세계는 하나의 막연한 현실이다. 그러나 막연한 것인데도 그 세계는 결코 부정된 적이 없으며, 비록 구체적으로 붙잡을 수 있는 것은 아니지만 우리는 그것에 대해 이야기해 왔다. 그 세계는 우리가 조건을 분명히 붙잡을 수 있는 또는 메커니즘이 분명히 의식되는 행동이 아니긴 하지만 근본에 인간의 어떤 행동들을 담보하고 있다. 그러한 인간의 행동들은 잘 알려져 있으며 우리는 그 행동들의 역사적 진실을 의심할 수도 없다. 더 나아가 그것들이 하나의 의미, 내가 이미 말했듯이, 필경 어떤 절대적 보편적 의미를 갖는다는 사실을 의심할 수도 없다. 그러나 그렇게 행동하던 옛날 사람들뿐만 아니라 우리들도 아직 그 의미를 명확히 알지는 못한다. 단호하게 이거다 싶은 해석은 없다. 합리적 인간은 가혹한 자연과 고뇌 덕분에 계산하는 습관을 갖게 되었으며 합리적 인간의 관심의 대상이 될 수 있는 것은 그러한 행동들과 일치하는 한정된 현실뿐이다. 그런데 그러한 현실의 존재 이유를 모른다면 어떻게 과거의 종교에 깃든 공포의 정확한 의미를 파헤칠 수 있을까? 합리적 인간은 사드의 상상을 쉽게 떨쳐 버릴 수 없듯이 종교도 쉽게 떨치지 못하며 종교와 사드의 상상을, 예컨대 추위, 배고픔, 목마름 등등 필요성이라는 합리적 차원에 머물게 할 수도 없다. 신성이라는 어휘가 영양분, 따뜻함 등등의 어휘와 같을 수는 없는 것이다.

한마디로, 합리적 인간은 뛰어난 의식을 갖고 있기 때문에 종교적 차원의 현상들은 극히 외재적으로 그의 의식에 가 닿으며 그래서 그는 그 종교적 현상들을 어쩔 수 없는 경우가 아니면 인정하지 않는다고 보아야 할 것이다. 또는 인간은 그것들이 과거에 실질적으로 가졌던 권리는 인정한다고 하더라도, 거기에 공포가 깃들지만 않는다면 그것의 현재적 권리는 결코 인정하려 들지 않는다. 이 시점에서 한마디 덧붙이면 종교의 고대적 요구와 비교해 보면 차라리 사드의 에로티즘이 어떤 의미에서 훨씬 쉽게 의식에 들어온다. 악행과 살해를 저지르고 싶은 욕구와 성적 충동이 무관하지 않음을 부인할 사람은 없을 것이다. 종교가 어떤 일탈 현상의 설명에 불과한 것이라면, 사디즘이라고 명명된 인간의 성본능은 인간에게 숨겨진 어떤 근본적인 잔인성을 더 잘 설명해 준다고 할 수 있다. 그러므로 사드는 숨겨진 인간의 본능을 잘 묘사함으로써 인간으로 하여금 서서히 의식(철학적 용어를 쓰면, 인간의 자아

의식)에 이르게 한 공헌이 있다. 일반적인 용어가 되어 버린 일종의 사디즘은 사드의 공헌이 얼마나 큰 것이었는가를 반증해 주고 있다. 그런 의미에서 내가 쥘 자냉의 이름에 부여한 관점은 수정된 셈이다. 그의 관점은 여전히 합리적이고 염려하는 사람의 관점이긴 하지만 사드라는 이름이 의미하는 바의 것을 단호하게 버리지는 못했기 때문이다. 쥐스틴과 쥘리에트가 묘사하는 본능들도 이제는 시민권을 획득했다. 오늘날에는 쥘 자냉 외에도 많은 사람들이 그것들을 인정한다. 그들은 더이상 얼굴을 가리지도 않으며, 분개하면서 그것들을 이해할 가능성을 배제하려 들지 않는다. 그러나 그들이 인정하는 것들이 병적인 것은 사실이다.

그래서 종교의 역사는 미약하게나마 의식을 사디즘으로 안내한다. 그런가 하면 역으로 사디즘의 정의는 얽히고설켜서 도저히 풀 수 없을 것 같은 종교적 현상들을 이해하는 데 도움을 준다. 사드가 자신의 이름을 붙인 성적 본능들은 마침내 병적인 것으로 여겨지는 공포로서의 제의적 공포들을 전체적으로 이해할 수 있게 해 주기 때문이다.

이미 말했듯이 나는 위의 견해에 반대할 생각은 없다. 쥐스틴과 쥘리에트의 잔인성을 지지하고 동조할 충분한 힘이 있는 경우를 예외로 두면 그것을 근본적으로 증오 받아 마땅한 것이라고 말하지 않을 사람은 아무도 없을 것이다. 그런 행위는 인간의 근본을 부정하는 행위이기 때문이다. 우리는 우리가 이루어 놓은 것을 파괴하려고 하는 것은 최선을 다해서 저지해야 한다. 만약 본능이 우리를 부추겨 그것을 파괴하게 한다면, 우리는 차라리 본능을 단죄해서라도 그것을 지켜야 한다.

그러나 의문은 다시 고개를 쳐든다. 그러한 본능들이 목적으로 삼고 있는 부정을 완전히 회피할 방법은 과연 있는 것인가? 그 부정은 어디에서 오는 것일까? 밖에서 오는 것일까? 그것들은 인간에게 비본질적인 그리고 치유가 가능한 인간의 병적인 현상일까? 원칙적으로 제거할 필요가 있고 제거가 가능한 개인의 현상인가 아니면 집단의 현상인가? 한마디로 인류에게서 제거해 버려야만 하는 요소들인가? 그렇지 않으면 인간은 그와는 반대로 이성, 유용성, 그리고 질서 위에 세워진 모든 것을 파괴하는 어떤 막을 수 없는 힘을 자신의 내부에 갖고 있는 것일까? 운명적으로 존재 원칙을 인정하는 동시에 부정하는 것이 실존인가?

악습은 인간의 심부(心部)에 자리 잡고 있는 심오한 진리이다[3]

사디즘은 우리 안에 혹처럼 존재하기도 하는데, 과거에는 인간적 의미를 획득하기도 했던 그것이 오늘날에는 그렇지 못해서, 우리는 우리 내부의 사디즘을 고행을 통해 기꺼이 그리고 금방 억누르는가 하면 다른 사람의 그것은 벌로 다스린다. 마치 외과의사가 맹장을 절단해 내듯이, 또는 조산원이 아이를 분만시키듯이, 또는 민중이 그들의 왕을 그렇게 하듯이 간단히 처치해 버린다. 그러나 비록 그것이 의식을 비켜가는 것이라고는 하지만 인간의 어떤 절대적이고 환원 불가능한 부분은 아닐까? 피가 통하는 기관이라고 할 수는 없지만 어떤 내밀한 원칙이 그 징후를 알게 하는 거역할 수 없는 절대적인 심부(心部)가 아닐까?

전자의 경우 이성의 인간이 정당화될 것이다. 인간은 인간의 안위를 위하여 도구를 무한히 개발해 내고, 자연 전체를 자신의 법으로 환원시킬 것이며, 인간을 이제까지 그렇게도 불행에 빠뜨리던 숙명적인 괴벽

---

3) 이 말은 새로운 말이 아니어서 누구나 인정할 수 있는 말이다. "모든 인간은 가슴속에 잠자는 돼지를 품고 있다."라는 말은 아무도 이의를 제기하지 않고 쓰고 있는 말일 정도로.

을 멀리하고, 전쟁과 폭력도 피할 것이다. 그의 괴벽은 수정이 필요한 그리고 간단히 수정이 가능한 하나의 나쁜 습관에 불과할 것이다.

후자의 경우 그러한 습관의 제거는 인간의 실존을 치명적인 상태에 빠뜨리고 말 것이다.

이 명제는 상세한 설명을 요한다. 이 명제는 얼마나 심각한 것인지 단 한 순간도 불명료한 상태로 두어서는 안 되는 것이기 때문이다.

그러나 우선, 이 명제는 인간성에 거역할 수 없는 어떤 극단이 있음을 전제한다. 그 극단이란 인간성으로 하여금 태어나서, 자라고, 그리고 지속하려는 모든 것에 대한 불가항력적인, 끊임없는 파괴와 파멸에 동참케 하는 어떤 것이다.

둘째, 이 명제는 극단성 그리고 거기에 동참하는 일에 어떤 신적인 의미, 더 정확하게 말하자면 신성의 의미를 부여한다. 우리의 내부에는 자원을 불태워, 소진 또는 소멸시키려는 욕망이 숨어 있다. 대체적으로 소진, 소멸은 우리에게 행복감을 안겨 준다. 그것들은 우리에게 신적인 것으로 또는 신성한 절대적인 것으로 보인다. 그러한 것들은 우리에게 유용성과는 무관한, 그 자체 외에는 아무 데도 쓸모가 없는, 그래서 결코 그 후의 다른 어떤 결과에도 예속되지 않는 절대적 태도를 가능하게 하는 것이다.

셋째, 그러나 위의 명제가 의미하는 바는 인류가 이러한 태도들(이성이라는 일차적 충동이 거부한 태도들)과 무관하게 산다면 즉 만약 가끔 이성의 원리에 완전히 역행하는 행동을 하지 않는다면 인류는 점차 쇠약해지다가 온통 노인들의 상태와 같은 상태로 바뀌어 버릴지도 모른다는(물론 전적으로 그렇다고 말할 수는 없지만, 오늘날에는 그런 현상을 많이 볼 수 있다.) 것이다.

넷째, 위의 명제는 필요성과도 관계를 맺는데, 오늘날의 인간(정상적인 인간을 의미한다.)은 자아의식을 회복해야 하고, 파멸적 결과를 제한하기 위해서는 자아의식이 절대적으로 희구하는 것이 어떤 것인가를 제대로 알아야 할 필요성이 있는데 위의 명제는 그러한 필요성과 관계를 맺고 있다. 요컨대 정상적인 인간은 가능하다면 결과들이 원하는 정도를 넘을 정도로까지 유발되지 않게 해야 하며, 그래서 그 결과들은 자유롭게 다룰 수 있어야 하고 감당할 수 없을 때는 언제라도 단호하게 거기에 저항할 수 있어야 한다는 것이다.

인간의 삶에 나타나는 극단적인 두 가지 양상

위 명제는 정상적인 인간의 사고라고 할 수는 없지만(정상적인 사람은 대체로 그와 반대로 생각한다. 정상적인 사람은 폭력이 제거 가능하다고 생각한다.) 그렇다고 정상적인 사람에게 전혀 어울리지 않는 것은 아니며, 그 점을 인정한다면 정상적인 사람이 결코 받아들일 수 없는 것은 아무것도 없다. 그런 점에서 위의 명제는 사드의 선동적 주장과는 다음과 같은 점에서 근본적으로 다르다.

나는 지금 결과가 가장 명백한 원리들만을 고찰하고 있다. 그러나 나는 인간의 얼굴에 이중적 면모를 부여하고 있는 것도 사실이다. 어떤 의미에서 보면 인간은 근본적으로 정직하고 올바르다. 노동, 아이들에 대한 걱정, 친절, 그리고 신의 등은 사람들 사이의 관계를 올바르게 해 준다. 그런데 그와는 반대의 측면에서 보면, 인간 세계는 폭력이 난무하며, 조건만 주어지면 그렇게 착하던 사람들이 금방 강도로 변하고, 방화범으로 변하고, 강간하고, 죽인다. 거기에 형벌을 내리는 사람들도 역시 그들이다. 극단과 이성은 반대말이다.

이 양 극단은 문명과 야만(또는 야수)이라는 용어들과 관련된다. 그러나 이 단어들을 한쪽에 야만인이 있고, 다른 한쪽에 문명인이 있는 것처럼 사용하면 그것은 잘못된 것이다. 사실 야만인은 입을 다물고 있는 반면 문명인은 입이 개방되어 있기 때문에 말하는 쪽은 항상 문명 쪽이다. 더 정확히 말해서 언어는 문명인의 표현이라고 정의되기 때문에 폭력은 말이 없다. 언어의 이러한 불공정성은 많은 결과를 낳았다. 대부분 문명은 '우리'를 의미하며, 미개는 '다른 사람들'을 의미한다. 문명과 언어는 결속하여 폭력을 문명과는 상관없는 것일 뿐만 아니라 인간과는 무관한(인간은 달리 표현해서 언어라고도 할 수 있으므로) 것으로 추방시켜 버렸다. 그러나 잘 살펴보면 사실은 같은 민족들이 그리고 같은 사람들이 야만적 행동을 취하는가 하면 문명적 행동도 취한다. 말을 못 하는 야만인이 없는 것은 아니며, 그들도 말을 할 뿐만 아니라 문명생활의 기초인 신의와 친절을 모르지 않는다. 거꾸로 야만성을 드러내지 않는 문명인도 없다. 관습이 되어 버린 린치는 사실 오늘날 절정에 이른 문명권에서 자행되고 있다. 언어가 처한 그러한 막다른 골목에서 언어를 구해 내려면, 다만 말이 없을 뿐이지 폭력이 인류 전체의 현상임을 인정하지 않을 수 없다. 그리고 또 인정해야 할 것은 인류 전체가 거짓말을 하고 있음을 그리고 언어 자체가 그 거짓말 위에 근거하고 있음을 인정해야 한다.

폭력은 말이 없으며, 따라서 사드의 언어는 역설이다

일상 언어는 폭력의 표현을 거부하며, 거기에 유죄 선고를 내려 그것을 부적절한 것으로 본다. 언어는 폭력의 모든 존재 이유와 변명의 여지를 박탈하고, 부정한다. 그러나 그래도 폭력은 발생하며 어딘가에서는 죄가 저질러진다. 마찬가지로 미개인들은 죽음을 마술이라고 생각하거나 또는 그와 유사한 어떤 것에 의한 인간의 처벌로 생각했다.

문명 사회에서의 폭력과 미개 사회에서의 죽음은 마치 폭풍이나 하천의 범람처럼 그냥 일어나는 것이 아니었다. 그것은 어떤 중요한 죄과에 의해 일어나는 것이었다.

그러나 언어로 표현되지 않는다고 해서 어떤 것이 제거되는 것은 아니다. 폭력도 죽음만큼이나 피할 수 없다. 언어가 비록 우주적인 소멸의 법칙(끈질긴 시간의 작업)을 벗어났다고는 하나 그 때문에 고통을 겪고 제한을 받는 것은 폭력이나 시간이 아니라 오히려 언어뿐이다.

죽음에 대한 비합리적 부정이 죽음을 제거할 수 없듯이 폭력은 무용하고 위험한 것이라는 합리적 부정이 폭력을 제거할 수도 없다. 그러나 폭력의 표현은 이미 말했듯이 이중적 저항에 부딪힌다. 하나는 폭력을 거부하는 이성의 저항이고 다른 하나는 폭력과 관계한 말들을 침묵으로 멸시하는 폭력 자체에 대한 저항이다.

물론 이 문제를 이론적으로 고찰하기는 어렵다. 차라리 나는 구체적인 예를 하나 들겠다. 나는 언젠가 나를 우울하게 만드는 어떤 사형수의 글을 읽은 적이 있다. 그러나 나는 그 글을 매질을 하던 형리가 썼다면 어떻게 썼을까? 하고 생각해 보았다. 나는 불쌍한 형리가 글을 쓰고 있다고, 그리고 내가 글을 읽고 있다고 상상한다. "나는 욕을 하면서 그를 덮쳤다. 손이 묶여 있기 때문에 그는 나에게 대항할 수 없었다. 나는 주먹으로 그의 면상을 갈겼다. 그가 쓰러졌다. 나는 구둣발로 그를 짓이겼다. 역겨웠다. 나는 부어오른 그의 얼굴에 침을 뱉었다. 나는 폭소를 터트리지 않을 수 없었다. 죽은 놈을 모욕한 것이다." 이 글 중 몇 줄은 억지스러운 데가 없지 않지만, 불행하게도 전혀 황당무계한 것만은 아니다……. 그러나 형리라면 절대 이런 식으로 글을 쓸 리는 없다.

일반적으로 볼 때 사형집행인은 비록 기득권의 이름으로 폭력을 행사하기는 하지만 결코 폭력의 언어를 구사하지는 않는다. 오히려 그가 사용하는 언어는 필경 그를 변호하고 정당화시키며 그에게 존엄한 존재 이유를 부여하는 권력의 언어이다. 폭력자는 입을 다문 채 협잡과 한패가 된다. 그의 쪽에서 볼 때 협잡의 정신은 폭력으로 열린 문이라고 할 수 있다. 인간이 극형에 목말라 하는 한 합법적 사형집행인의 기능은 능력을 상징한다. 사형집행인은 업무를 집행할 때면 같은 인간들을 향해 정부에서 사용하는 용어를 사용한다. 만약 그가 욕망에 사로잡혀 있는 사람이라면, 그는 엉큼한 침묵으로 그만의 쾌락을 즐길 수 있을 것이다.

사드의 주인공들의 태도는 내가 임의로 말을 시킨 위의 사형집행인의 태도와는 사뭇 다르다. 사드의 인물들은 내밀 일기의 형태를 띠고 있어서이기도 하겠지만 문학에서처럼 일반인을 상대로 말하지는 않는다. 그들이 말을 할 때는 자기네끼리이다. 사드의 탕아들은 자기네끼리 말을 주고받는다. 그들은 쉽게 자신들이 옳다는 주장의 장광설로 빠진다. 그들은 자신들이 대부분 자연을 따른다고 생각한다. 자연의 법칙을 따르는 것은 자기네뿐이라고 자랑한다. 그러나 그들의 주장은 사드의 생각과는 일치하지만 자기네들 사이의 일관성은 결여하고 있다. 이따금 자연에 대한 증오는 그들을 열광시킨다. 어쨌든 그들이 절대 가치로 떠받드는 것들은 폭력, 극단, 범죄, 고문 등이다. 그리고 폭력은 존재한다고 결코 말하지 않은 채 또는 존재의 권리를 주장하지도 않은 채 존재하는 반면 사드의 인물들은 폭력의 본령으로서의 깊은 침묵을 어기고 있다.

진실을 말하자면 사드의 소설을 가득 메우고 있는 추문들, 폭력에 대한 이야기와 논의들은 추행과 폭력을 저지르는 사람들의 것이라고 볼 수 없다. 만약 그런 사람들이 있다면 그들은 거기에 대해서는 아마

침묵하며 살았을 것이다. 그러므로 위의 이야기들과 논의들은 사드가 다른 사람들을 상대하기 위해 고안해 낸 사드의 말이다. (그러나 사드는 자신의 이야기에 일관성이나 논리성을 부여하려고 하지는 않았다.)

따라서 사드의 태도는 위에 예를 든 형리의 태도와는 대립적이다. 오히려 그와는 정반대의 태도를 보였다. 사드는 글을 쓰는 과정에서 협잡을 거부했으며, 대신 침묵할 수밖에 없었을 인물들에게 그 일을 뒤집어 씌웠다. 사드는 다른 사람들을 상대로 역설적 주장을 펴기 위해 그들을 이용했던 것이다.

어떤 모호함이 사드의 태도의 근저에 있다. 사드는 말한다. 그러나 그는 침묵하는 삶의 이름으로, 완전한 고독, 벙어리의 이름으로 말한다. 자신이 대변인 노릇을 하고 있는 고독한 인간은 결코 타인을 고려하지 않는다. 그는 절대 존재이며, 아무것도 설명하지 않으며, 아무도 고려하지 않는데 그것은 고독 속에서이다. 그는 혼자이며, 그리고 그는 결코 허약한 감정 때문에 사람들이 자기네끼리 맺곤 하는 관계 속에 들어가지 않는다. 이러한 태도는 극단적 에너지를 요하는 태도일 뿐 아니라 바로 극단적 에너지가 문제가 되는 태도이다. 모리스 블랑쇼는 그러한 정신적 고독의 복잡한 관계를 설명하던 중 고독한 자가 어떻게 선적인 부정에 이르는지를 보여 준다. 그는 우선 모든 타인을 부정한다. 그러다가 어떤 무서운 논리에 의해 마침내 자아마저 부정하기에 이른다. 범죄자는 자신이 불러일으킨 죄악의 조수에 밀려 파멸을 맞게 된 희생자이면서도 범죄가, 어떤 의미에서 신성화된 범죄가 범죄자 자신을 마침내 축성하는 승리를 만끽한다. 폭력은 모든 담론의 가능성에 종지부를 찍는 이 복잡한 부정을 그 안에 안고 있다.

요컨대 사드의 언어는 일상 언어가 아니다. 사드는 아무나 상대하지 않으며, 인류의 한복판에서 비인간적 고독을 성취할 수 있는 소수를 상대한다.

만약 어떤 사람이 말을 한다면 아무리 목적 없이 말한다 하더라도 그것은 다른 사람들이 그에게 부과한 고독을 깨는 행위이다. 그런가 하면 폭력은 논리, 규칙, 언어적 원리로 요약되는 타자에 대한 신의와 대립되는 행위이다.

사드의 언어, 그 끔찍한 역설을 어떻게 정의해야 옳은가?

사드의 언어는 말하는 화자와 말을 듣는 상대의 관계를 부인하는 언어이다. 진정한 고독 속에서는 어떤 성실성의 징후도 보이지 않는다. 사드의 언어가 어느 정도 그랬듯이 성실한 언어가 들어설 자리는 없다. 역설적 고독(사드는 그 고독 속에서 언어를 사용했으니까)은 겉보기와 다르다. 사드의 역설적 고독은 인류로부터 탈피하고 싶은, 인류의 부정에 자신을 바치고 싶은 고독이다. 자신을 바치다니! 그의 극단적 삶(그리고 끝도 없는 감옥)은 사드에게 마침표를 찍게 하지는 않았어도 그를 고독한 자로 만들었는데, 고독한 자의 협잡에는 아무런 한계도 있을 수 없었다. 인류에 대한 부정이 인류에게서 비롯되지 않았다면, 그것은 자기 자신에게서 비롯된 것일 것이다. 그러나 나는 그 둘의 차이를 모르겠다.

사드의 언어는 희생양의 언어다

위선적인 사형집행인의 언어와는 극단적 반대편에 있는 사드의 언어는 희생자의 언어이다. 이는 놀라운 양상이다. 그는 바스티유 감옥에서 『소돔의 120일』을 쓰면서 희생자의 언어를 고안해 냈다. 당시 그가 형벌을 내린 사람들과 관계를 유지하고 있었다면 그것은 잔인한 형벌로 고통당하는 사람으로서였다. 나는 이미 폭력은 말이 없다고 했다.

그러나 부당하다고 생각되는 이유로 벌을 받는 사람은 침묵할 수 없는 법이다. 거기에 대한 침묵은 처벌에 동의하는 일에 다름 아닐 것이다. 달리 방법이 없는 경우 대부분의 사람들은 증오와 멸시로 만족한다. 사드 후작은 감옥 안에서 반항했으며, 반항이 자신의 내부에서 진술되게 했다. 그는 오직 폭력이 말할 수 있는 것만을 말했다. 반항하는 그는 자신을 변호하든지 아니면 언어를 소유한 도덕적 인간의 결전장에서 일전을 불사해야 했을 것이다. 언어는 처벌을 기초한다. 그런가 하면 언어만이 거기에 이의를 제기할 수 있다. 감금 당시에 쓴 편지들은 그가 스스로를 방어하기 위해 얼마나 열중했는가를 보여 준다. 물론 그것들 중 어떤 것들은 '사건들'을 대수롭지 않게 언급하고 넘어가는가 하면 어떤 것들은 그를 개선시키기보다는 오히려 그를 부패시킬 뿐인 처벌과 처벌의 이유가 얼마나 공허한 것인가를 환기시키기도 한다. 그러나 그러한 항변들은 피상적인 것들에 지나지 않는다. 사실, 사드는 단번에 전투에 임했다. 그는 자기 자신, 그를 벌한 사람들, 신 그리고 뭉뚱그려 말해서 그의 관능적 광기를 방해하는 모든 한계에 대항하여 싸움을 전개했다. 그는 그 길로 들어서자마자 우주, 자연 그리고 그의 절대적 열정을 가로막는 모든 것을 들이받았던 것이다.

사드는 자신을 변호하기 위해 타인들을 상대로 말했다

자신에 대한 잔인한 조치가 있자 사드는 협잡을 거부한 채 마침내 자신의 폭력에 고독의 목소리를 부여하는 황당한 짓을 저지르기에 이른다. 감금당한 상태에서 그가 옹호한 것은 다른 사람 아닌 자기 자신이었다.
그의 목소리가 일반적 언어의 수준을 넘어서 폭력이 요구하는 표현에 이를 수는 없었다.

어떤 측면에서 보면 비정상적 끔찍함은 말을 함으로써 다른 사람들이 아닌 자신이 자처한 고독을 잊어버리려는 사드의 의도와 잘 일치하지는 않는 듯이 보인다. 간단히 말해 사드는 그 고독을 배반했다. 공동의 필요성을 대변하는 정상적인 사람의 측면에서 보면 그의 말은 필경 이해될 수 없는 것이었다. 그의 변론은 의미를 얻을 수 없었다. 그 책은 고독을 가르쳤으며 더 나아가 고독 속에서 고독을 가르쳤던 것이다. 그의 교육이 전파되기까지는 1세기 반이 흘러야 했다. 그러나 우리가 그에게서 역설을 보지 못한다면 아직도 우리는 그를 올바로 이해하고 있지 못하다는 말이다. 많은 사람들이 그에게서 느끼는 불쾌감 그리고 그에게 보여 주는 멸시만이 사드의 사상이 가져다주는 당연한 결과이다. 그 멸시는 적어도 본질을 담고 있다. 그런가 하면 사드의 찬사가 주색에 빠진 사람을 고독에 참여시키지는 않은 것을 보면 오늘날 그를 향한 극소수의 찬사는 그를 인정하는 것이라기보다는 욕망의 다른 표현일 뿐이다. 사실 오늘날의 사드 예찬론자들의 모순은 사드의 모순을 연장시키고 있을 뿐이다. 그렇다고 해서 우리가 막다른 길목을 벗어난 것은 아니다. 막다른 길목을 의식하고, 수수께끼를 알아낼 결심이 서 있을 때 비로소 우리는 다른 세계(접근을 불허하는 고독의 세계)로부터 우리에게로 들려오는 어떤 소리를 들을 수 있을 것이다.

사드의 언어는 오히려 우리를 폭력에서 멀어지게 한다

우리는 마침내 최종적인 난관을 의식하기에 이르렀다. 사드에 의해 표현된 폭력은 폭력을 폭력이 아닌 어떤 것 아니 오히려 그 반대되는 어떤 것, 즉 폭력의 합리적, 반성적 의지로 바꾸어 놓았다.

기회만 있으면 사드를 언급하는 철학적 논의들은 사드의 독서를 오히려 힘들게 만들었다. 사드의 책을 읽기 위해서는 인내와 체념이 필요하다. 사드의 언어는 다른 사람, 어떤 다른 사람들의 언어와도 다르기 때문에, 끝까지 밀어붙여 볼 만한 가치가 있다고 다짐하고 다짐해야 한다. 게다가 그의 언어는 단조로운 듯하면서도, 위압적인 힘이 있다. 우리가 사드의 책 앞에서 느끼는 공포감은 등산가가 까마득한 기암절벽 앞에서 느끼는 공포감과 비교될 수 있을 것이다. 조금만 움직여도 우리는 거기에서 떨어질 수 있다. 그 공포는 우리를 무시한다. 아 그러나! 공포가 있으니 어떤 의미가 우리에게 제기되는 것 아닌가? 산은 오직 우리에게 우회를 강요하기 때문에 매력이 있다. 사드의 책도 마찬가지다. 높은 산꼭대기는 인간과 아무 상관없이 거기 있지만 작품은 인간을 전제하며 인간이 없으면 작품도 가능하지 않다. 인간은 광적인 것을 스스로 잘라 낸다……. 광기의 거부는 불가피하고도 적절한 태도에 다름 아니다. 그렇다고 하더라도 사드의 사상을 광기로 몰아붙일 수는 없다. 그의 사상은 극단, 혼미의 극단일 뿐이지만 그것은 우리가 전혀 쳐다볼 수 없는 그런 극단은 아니다. 그 극단을 피하는 일은 우리 자신을 피하는 것과 마찬가지다. 그러나 그 정상에 가까이 갈 수도 없을뿐더러, 기슭에 기어오를 기력조차 없는 우리는 그저 두려운 그림자가 되어 살아갈 뿐이다. 말하자면 우리는 우리 자신의 모습을 똑바로 보지 못한 채 두려워 떨고 있는 것이다.

범죄적 방탕의 이야기를 자르고 들어와(또는 방해하고 들어와) 범죄자와 탕아가 옳고, 오직 탕아만이 옳다고 하는 긴긴 장광설로 돌아가 보자. 장황한 분석들, 추론들, 미개한 과거의 관습에 대한 박학다식한 정리, 철학에 근거한 역설적 공격 등등의 일관성 없는, 그리고 무람하고도 끈질긴 그의 주장들은 우리를 오히려 폭력에서 멀어지게 한다. 왜냐하면 폭력이란 광란이고, 광란이란 폭력이 우리에게 가져다주는 관능적 열광에 다름 아니기 때문이다. 거기에서 지혜를 얻으려고 하면 우리는 우리를 아득하게 만들어 줄 관능적 열정, 극도의 격정적 충동과는 멀어진다. 에로티즘의 중심으로서의 폭력은 진리를 사실상 가장 어려운 문제 앞에 직면케 한다. 일정한 활동 규칙을 따라가면 우리는 의식(意識)적인 존재가 된다. 우리의 내부에 있는 모든 것들은 각각 제자리를 잡고 잘 연결되어 있어서 서로 명백히 구분될 뿐만 아니라, 의미도 분명하다. 반면 에로티즘이 이해 불가능한 극단의 분출에 이르는 것은 우리가 그러한 연결들을 폭력으로 뒤흔들 때이다. 우리의 내부에는 어떤 것도 놓치지 않는 명료한 의식이 있다. 그러나 그러한 의식조차 감지하지 못하는, 그럼에도 불구하고 우리가 일반적으로 가장 탐스러운 것으로 여기는 절대적 섬광이 있다. 인간의 삶은 결코 일치할 수 없는 이질적인 두 부분으로 이루어져 있다. 하나는 유용한 목적, 즉 종속적 목적에서 그 의미를 찾을 수 있는 합리적 부분으로서 의식을 통해 밝혀지는 부분이다. 다른 하나는 기회만 오면 다른 쪽을 무시하려고 하는 절대적인 부분으로서, 그것은 모호한데 아니 오히려, 더 정확하게 표현하자면, 눈이 부시도록 밝아서 아무것도 볼 수 없게 하는 그런 것이다. 그것은 어떻게 해서든 의식을 피해 달아난다. 따라서 문제는 이중으로 복잡하다. 의식은 의식의 영역을 폭력에까지 확장시키고자 한다.(의식은 인간의 많은 자리를 차지하고 있는 폭력으로 하여금 그 자리를 양보해 주기를 바란다.) 다른 쪽에서는 폭력이 경계선을 넘어 의식에까지 침투해 들어오려고 한다.(폭력이 가져다주는 환희가 의식에 비쳐서 더 강해지고, 더 깊어지고, 더 결정적인 것이 되도록.) 그러나 일단 폭력에 묻히면 우리는 의식에서 멀어지게 되며, 역으로 폭력적 충동의 의미를 명백히 포착하려고 하면 할수록 우리는 폭력이 지배하는 광기와 황홀감으로부터는 멀어진다.

더욱 즐기기 위한 방법으로
사드는 의식의 안정과 무관심을 폭력에 끌어들였다

아주 세밀한(아무것도 미진한 채 남겨두지 않을 정도로 세밀한) 사드론을 쓴바 있는 시몬 드 보부아르는[4] 거기에서 이렇게 말했다. "사드를 유별나게 만드는 것은 육(肉)에 빠지되 헤매지 않고 육을 실현시키기 위해 애쓰는 어떤 의지적 긴장이다." 육을 에로티즘의 의미가 가득한 이미지로 받아들인다면, 그것은 옳고 틀림없는 것이다. 물론 그러한 논리를 전개시키는 사람이 사드에 그치는 것은 아니다. 포착 가능한 이미지들이 흥분한 사람에게 사물처럼 뚜렷하게 부각된다는 점에서 에로티즘은 동물의 성과 다르며, 그래서 에로티즘은 의식적 존재의 성행위라고 할 수 있다. 그러나 본질적으로 그것은 우리의 의식을 벗어난다. 시몬 드 보부아르는 사드가 자신을 자극하는 이미지를 하나의 사물로 만드는 과정에서 얼마나 지난한 노력을 기울였는지를 증명하기 위해 그가 보여 준 행동을 단 하나의 방탕 행위를 통해 예시하고 있는데, 여기에 그것(마치 법정에서 증인이 증언한 진술과도 다름이 없는)을 자세히 인용해 보기로 하자. "그가 자신에게 매질을 가하게 한 것은 마르세유에서였다. 그는 벽난로에 달려가 방금 맞은 매의 회수를 칼에 새기곤 했다." 거기에 그치지 않는다. 그의 소설들은 치수로 가득하다. 성기의 길이가 손가락이나 끈의 길이처럼 명확하게 제시되는가 하면, 파트너는 애무 중에 상대방의 성기의 길이를 재면서 즐거워하기도 한다. 그리고 인물들의 장광설은 내가 이미 위에서 말한 대로 역설을 내포하고 있다. 벌 받은 사람의 무죄 증명처럼. 어떤 진정한 폭력이 그들을 빠져 달아

---

[4] 그녀는 그녀의 연구서에 "사드를 화형시킬 것인가?"라는 좀 특이한 제목을 달았다. 처음에 그것은 《탕 모데른》지에 실렸다가, 『특권』(갈리마르, 1955)의 제1부에 다시 실렸다. 불행하게도, 보부아르의 그 연구는 함께 실린 사드의 전기가 압권을 이루었고, 따라서 그의 전기적인 사건이 과장되었다.

난다. 그러나 그렇게 답답할 정도로 완만한 진전을 거듭하지만 사드는 바로 그 덕분에 마침내 폭력과 의식을 연결시키는 데 성공하며, 그는 이제 우리를 흥분시키는 어떤 것을 마치 사물에 대해 언급하듯이 말할 수 있기에 이르는 것이다. 충동을 지연시키던 우회적인 행위는 이제 오히려 그것을 더욱 즐길 수 있게 해 준다. 물론 관능의 절정에 금방 도달할 수는 없었다. 그러나 그것이 늦어졌다고 해도, 한껏 뒤집힌 의식의 과감성이 쾌락에 보태 주는 것은 영원 소유(벌써, 환상적 관점에서의 영원한 소유!)의 느낌이다.

사드의 패덕적 우회에 의해 폭력은 마침내 의식 안에 들어오고

사드의 글은 폭력과 의식의 이율배반성을 밝히는 동시에 그것들의 독특한 의미를 밝혔다고 볼 수 있다. 그것들은 사람들이 외면하고 임시 방편식의 부정을 통해 피하기만 하던 어떤 것을 의식의 영역에 끌어들인 셈이다.

사드의 글들은 의식의 본령이라고 할 수 있는 성급하지 않은 관찰 정신을 폭력에 대한 성찰과 접목시키고 있다. 그의 글들은 그에게 가해진 벌이 근거 없는 것이었음을 충분히 증명할 만큼 효과적이고 생생하게 전개된다. 적어도 『쥐스틴』의 초판은 특히 그랬다.

이제 우리는 차분한 이성에 의지한 사드의 폭력에 이르게 된다. 폭력은 원하기만 하면 언제라도 완벽한 비이성을 되찾을 수 있다. 그렇지 않으면 관능은 폭발할 수 없을 테니까. 그러나 동시에 폭력은 모든 능력을 무기력하게 하는 감옥에서조차 의식과 인식의 기원인 명철한 시선과 자유로운 자아를 유지할 수도 있다.

사드는 감옥 안에서 이중적 가능성에로의 문을 연 셈이다. 아마 누구도 정신적 잔학성에의 의지를 사드만큼 철저히 밀고 나간 사람은 없었을 것이다. 그는 동시에 인식에 가장 열중한 사람 중의 하나였다.

모리스 블랑쇼는 『쥐스틴』과 『쥘리에트』에 대해 이렇게 말했다. "어떤 시대의 어떤 문학에도 이러한 스캔들은 없었다……."

사실, 정확히 말하자면, 사드가 의식에 가담시키고 싶었던 것은 의식에 대해 반항적인 어떤 것이었다. 가장 반항적인 것만이 그가 보기에는 쾌락을 자극하는 가장 강력한 방법이었다. 그는 그렇게 해서 가장 독특한 계시에 이르렀을 뿐만 아니라, 의식이 감당하기 어려운 어떤 것을 의식에 제시하기에 이르렀다. 그는 불규칙에 대해 말하는 것만으로 만족한다. 우리가 지키는 규칙은 일반적으로 생명의 유지를 목적으로 한다. 그 결과 불규칙은 우리를 파괴로 인도한다. 그러나 불규칙이 항상 그처럼 부정적인 의미만 담고 있는 것은 아니다. 원칙적으로 발가벗는 행위도 일종의 불규칙이다. 그러나 옷을 벗는 일은 쾌락 차원에서, 현실의 파괴가 개입되지 않은 채 이루어진다. (발가벗기가 규칙적인 행위가 되면, 다시 말해 의사의 방에서나, 나체촌에서의 발가벗는 행위는 아무 역할도 할 수 없음을 주목하자.) 사드의 작품들은 공통적으로 문란한 불규칙을 다룬다. 사드의 작품은 성충동을 자극하는 아주 간단한 불규칙성, 예를 들어 발가벗는 행위에 대해 주로 역설하고 있다. 특히 사드의 작품에 등장하는 잔인한 인물들에 의하면, 불규칙만큼 '뜨겁게' 해 주는 것은 아무것도 없다. 사드의 가장 중요한 업적은 관능적 도취에서 정신적 불규칙을 찾아낸 데 있다. 그 열광 안에서, 길은 원칙적으로 성행위를 향해 열려야 한다. 그러나 불규칙의 결과는 그것이 어떠한 것이든 직접적인 것보다 훨씬 엄청난 것이다. 사드에게는 방탕에 빠져 쾌락을 얻을 때 못지않게 살해나 고문, 가정과 국가의 파괴, 아니면 단순한 도둑질을 통해 쾌락을 얻는 일이 가능했다.

강도가 강도질을 하면서 느끼는 성적 충동은 사드와는 별개로 관찰된 바가 있다. 그러나 사드 이전에는 법의 위반과 성적 충동 사이의 일반적 메커니즘을 파악한 사람이 없었다. 사드는 금기와 위반의 대립적 상보 관계를 몰랐다. 그러나 그는 그 단계를 건너뛰었다. 사실 금기의 보완적 위반에 대한 의식(아주 때늦은 의식)이 그 역설적 교육 내용을 우리에게 제시하기 전까지 일반적 메커니즘은 결코 전체적으로 의식될 수 없었다. 사드는 그러한 공포와 연결된 불규칙의 논리를 어떻게나 잘 전개했던지 아무도 거기에 주의를 기울이지 못했다. 사드는 의식에 반항하는 동시에 의식에 빛을 주려고 했을 것이다. 그러나 의식에 반항하는 동시에 의식에 빛을 비출 수는 없었다. 다만 오늘날 우리가 이해하기로, 사드가 주장한 잔인성이 없었다면 우리는 고통스러운 진실이 숨기고 있는 접근 불가능의 지대에 그렇게 손쉽게 다가갈 수는 없었을 것이다. 또한 사드가 없었다면 우리는 인간의 종교적 행위에 대한 인식(금기와 위반에 대한 인식과 무관하지 않은 종교적 행위에 대한 인식)으로부터 성행위에 대한 인식에 그렇게 쉽게 다가갈 수는 없었을 것이다. 우리의 깊은 통일성은 마지막에 가서야 드러난다. 그리고 오늘날, 평범한 인간조차 위반이 자신에게 어떤 것을 의미하는 것인지를 의식할 수 있다면, 그것은 사드가 길을 닦아 놓았기 때문이다. 이제 보통 인간도 자신의 의식이 자신의 의식에 가장 난폭하게 반항하는 어떤 것, 가장 난폭하게 우리에게 반항하는 우리 안의 어떤 것에 문을 열어야만 함을 알게 되었다.

연구 4
근친상간의 수수께끼

『친족의 기본 구조』[1]라는 약간 폐쇄적인 제목으로 1949년 출간된 클로드 레비스트로스의 방대한 저서는 '근친상간'의 문제를 해결하려는 노력이 엿보이는 저서이다. 근친상간의 문제는 사실 가족 범위 내의 문제이다. 두 사람의 성관계나 결혼을 방해하는 어떤 금기는 항상 친족의 정도 또는 형태이다. 역으로 친족이라고 하는 확정적 사실은 두 사람의 성적 관계의 관점에서 보면 서로에 대한 개인 간의 입장이라는 의미를 갖는다. 이 사람과 저 사람은 결혼할 수 있고 이 사람과 저 사람은 결혼할 수 없다. 결국 이러저러한 사촌 간이라는 말은 대부분 그런 관계의 사람들에게 결혼을 금하는 어떤 특별한 지시 작용을 한다.

근친상간을 고찰하다 보면, 우리는 근친상간 금기의 보편성에 놀라지 않을 수 없다. 모든 인류는 어떤 형태로든 근친상간 금기를 알며 다만 양상이 다를 뿐이다. 어떤 식의 친족 관계는 금기이다. 예컨대 아버지에게서 난 아이와 누이에게서 난 아이는 근친상간에 묶여 결혼할 수 없다. 그런가 하면 다른 곳에서는 형제자매의 아이들은 서로 결합이 불

---

[1] PUF 출판사 간.

가능하지만 아버지의 자식과 누이의 자식은 훌륭한 결혼 조건이 될 수도 있다. 그런가 하면 아주 개방된 곳에서는 자식과 부모 또는 형제와 자매 간의 결혼을 금하는 데 그치기도 한다. 그러나 일반적으로 고대인들의 경우에는 이러저러한 개인들이 부류별로 아주 명확하게 분류되어 성관계 금지 여부가 결정되어 있었다.

우리는 상이한 두 가지 상황을 우선 고찰해 볼 필요가 있다. 레비스트로스의 고찰을 보면, 그는 "친족의 기본 구조"라는 제목으로 혈연관계가 일차적으로 결혼의 비합법성 또는 가능성을 결정하는 기본적이고도 결정적인 규칙으로 작용함을 보여 준다. 그러나 이어 그가 "복합 구조"라고 부르는(그가 나중에 출판한 저서에는 이 제목이 빠져 있다.) 상황에서는 결혼의 결정권이 "경제적 또는 심리적 차원의 다른 메커니즘"으로 건너간다. 위의 두 가지 범주는 변함이 없는 것들이다. 그러나 거기에는 항상 금기의 범주들이 있으며, 그렇다면 어떤 범주의 신부를 선택해야 하는가는(엄격하게가 아니면 우선적으로라도) 더 이상 관습의 문제가 아니다. 그러한 상황은 우리의 경험과는 한참 멀다. 레비스트로스에 의하면 금기의 연구는 당연히 그것을 보충하는 '특권'의 연구와 분리시킬 수 없으며, 금기는 따로 떼어서 고찰할 수 있는 성질의 것이 아니다. 그는 저서의 제목을 근친상간이라는 명사를 피하고 금기와 특권(좀더 모호하게 표현하자면, 권장과 반대)이라는 불가분의 체계를 선택했는데, 아마 그런 이유 때문이었으리라.

근친상간이라는 수수께끼에 대한 해답들

레비스트로스는 인간과 동물의 차이와 문명과 자연의 차이를 같은 것으로 본다. 이어 그는 근친상간의 금기(물론 이때 그는 그와 더불어 그것을 보충 설명하는 외혼 제도를 생각한다.)에 대해 이렇게 말한다. "자연에서 문화로의 추이는 기본적으로 근친상간의 금기에 힘입어, 그것에 의해서, 그 안에서 이루어진다."[2] 그래서 근친상간에 대한 공포에는 우리가 인간임을 말해 주는 어떤 요소가 있을 것이다. 거기에서 빚어지는 문제는 동물성에 인간적인 어떤 것을 보탰다는 점에서 인간 자신의 문제일 것이다. 그러므로 우리는 우리의 모든 것을 걸고 '동물들'의 막연하고도 자유로운 성적 접촉, 형식도 절차도 없는 자연적 성생활에 대해 반대하는 것이다. 그러한 형식에서 읽히는 것이 있다면 그것은 인간을 인간에게 드러내려는 욕망을 인식에 결합시키려는 야망, 그렇게 해서 우주의 가능성을 떠맡으려는 야망이다. 그렇게 엄청난 요구 앞에서 레비스트로스는 책임을 회피할 수도 있으며, 자신의 목적은 겸허한 것임을 상기시킬 수도 있다. 그러나 인간의 최소한의 행동 방식에조차 개입하고 들어오는 그 요구(또는 충동)를 언제나 제한할 수는 없으며, 한 걸음 더 나아가 근친상간의 수수께끼를 풀려는 그의 의지는 단호하다. 그의 목적은 살짝 밖에 비치지 않는 것을 어떻게 드러내는가 하는 것이다. "자연에서 문화로의 추이"를 완수한 어떤 행동 방식이 과거에 있었다면, 그것의 의미를 밝혀내는 일처럼 흥미로운 일이 어디에 있겠는가?

사실을 말하면, 우리는 겸손해질 필요가 있다. 그 문제를 다룬 많은 연구가들이 있었지만 고무적인 견해는 드물었으며, 클로드 레비스트로스도 그의 길을 앞서 간 선구자들의 실수들을 우리에게 낱낱이 밝히고 있다. 한마디로 그들은 고무적이지 못했다.

합목적적 이론은 금기에 우생학적 의미를 부여한다. 그 이론에 의하

---

[2] 『친족의 기본 구조』, 30쪽.

면 근친상간의 금기는 부계 혈족 간의 결혼에 의한 잘못된 결과를 예방하기 위한 것이었다. 그러한 견해를 옹호하는 사람들(예컨대 루이스 모건 같은 사람)이 적지 않다. 그러나 "그러한 이론은 16세기 이전에는 전혀 찾아볼 수 없던 비교적 최근의 것이다."[3]라고 레비스트로스는 밝힌다. 그럼에도 그 이론은 아주 보편화된 이론이다. 근친상간에 의한 아이들은 저능아로 태어날 확률이 많다는 사실만큼 보편적인 것이 없다. 물론 그러한 거친 주장을 뒷받침할 만한 아무런 관찰도 없었다. 그런데도 사람들은 굳게 믿는다.

어떤 사람들의 주장에 의하면, "근친상간의 금기는 사회에 투사된 인간의 감정과 성향 외에 다름 아니며, 인간의 천성으로 충분히 설명되는 것"이라고 한다. 본능적인 혐오!라고 사람들은 말한다. 레비스트로스가 아무리 그 반대 사실을 증명해도 소용없다. 정신분석학은 근친상간에 대한 인간의 보편적인 강박관념(꿈과 신화에 의해 뚜렷이 드러나는 강박관념)을 내세운다. 그렇지 않다면 근친상간의 금기가 그렇게까지 엄숙하게 표현될 수 있었겠느냐는 것이다. 그러나 이러한 상이한 주장들에는 근본적인 약점이 남아 있다. 변화들의 결과가 인간의 삶을 확립했듯이 위의 비난은 동물에게서는 볼 수 없는 비난이며 역사를 통해 얻어진 그래서 단순히 사물 차원으로 환원시킬 수 없는 어떤 것이기 때문이다.

사실 역사적 설명을 덧붙일 수는 있다.

맥 레난과 스펜서는 전쟁 부족에게는 배우자를 포로에게서 취하는 방법이 있었으며 그것이 정상적인 것으로 받아들여지다가 굳어진 형태가 외혼 제도임을 알아냈다.[4] 뒤르켐은 한 집단의 구성원들에게 동일

---

[3] 같은 책, 14쪽.
[4] 같은 책, 23쪽.

집단의 피, 즉 여자들의 월경의 피가 터부였으며 그래서 금기는 여자들로 하여금 동일 집단의 남성들을 거부하는 한편 다른 집단의 남성들은 받아들이도록 했음을 알아냈다. 물론 그들의 해석은 논리적으로는 틀리지 않지만, 논리적 연결이 너무 허약하고 임의적인 점에서 허점이 드러난다.[5] 뒤르켕의 사회학적 이론에 이어, 우리는 형제에 의한 부친 살해를 동물과 인간을 가르는 근본으로 보는 프로이트의 정신분석학적 가정을 보탤 수 있을 것이다. 프로이트에 의하면, 아버지는 아들들이 부인이나 딸에 손대지 못하게 하기 위해서 금기를 부과하며, 형제들은 상호 질투와 견제를 통해 금기를 유지한다는 것이다. 사실 프로이트의 신화는 아주 엉뚱한 추측에 지나지 않는다. 그러나 강박관념을 실감나게 표현한 그의 신화가 사회학자의 딱딱한 논리보다 훨씬 낫다.[6] 레비스트로스는 프로이트의 신화에 대해 이렇게 말한다.

그의 신화는 문명의 발단이 아닌, 문명의 현재를 아주 성공적으로 설명하고 있다. 어머니나 누이에 대한 욕망, 아버지의 살해 그리고 아들들의 후회는 역사 전체와는 물론이고 역사상의 어떤 사실과도 아마 일치하지 않을 것이다. 그러나 그것들은 오래전부터의 그리고 영원히 지속될 꿈을 상징의 형태로 번역해 내고 있다. 그리고 꿈의 특권, 인간들 모르게 인간의 사유를 변조시킬 수 있는 꿈의 힘은 정확히 말해 언제나 문화가 거기에 대해 방해 공작을 하기 때문에, 다시 말해 꿈에 본 행위는 오히려 결코 저질러지지 않았기 때문에 더욱 강하게 느껴질 뿐이다.[7]

---

5) 같은 책, 25쪽.
6) 같은 책, 609~610쪽.
7) 레비스트로스(같은 책 609쪽 주석 1번)는 크뢰버의 『회고』에서 「토템과 터부」를 참조한다.

금지된 결혼과 합법적인 결혼의 구분과 그 구분의 한정적 의미

어떤 해결은 명쾌한 듯하고 다른 어떤 해결은 싱거운데, 우리는 그런 목전의 요구를 초월해서, 서두르지 않고 집요하게 천착해 들어갈 필요가 있다. '머리가 깨질 정도의' 비인간적이고도 복잡한 의미밖에 없는 자료 앞에 서 있을지언정 결코 좌절해서는 안 된다.

이 문제는 아마 사람들이 끝내 밝힐 수 없었던 수수께끼 중의 하나이며, '누가 오래 참는가'를 시험하는 문제 중의 하나이다. 이것은 말할 수 없이 지겹고 끝도 없는 게임이다. 고대의 인류는 하나의 숙제, 터무니없이 복잡한 구조를 가지고 있어서 푸는 자체로 재미있는 여자 배분의 문제를 풀기 위해 복잡한 결합 양상을 생각해 냈는데 레비스트로스의 방대한 저서는 3분의 2가량을 그 복잡한 남녀의 결합 방식에 대한 꼼꼼한 점검에 바쳐진다.

나는 여기에서 그 복잡한 구조 안으로 한번 들어가 보지 않을 수 없다. 에로티즘을 이해하기 위해서는, 들어가기조차 어려운 그 어둠을 일단 통과한 다음 거기에서 다시 빠져나오는 도리밖에 없다.

레비스트로스는 이렇게 말했다. "동일한 세대를 구성하는 구성원들은 공히 두 그룹으로 나뉜다. 한편에 형, 누나, 오빠 등등으로 호칭되는(촌수가 어떻든 간에) 종형제자매들(평행적 종형제자매들)이 있고, 다른 한편에는 다른 혈통과 성씨를 가지고 태어나는(촌수가 어떻게 되든지 간에) 그래서 서로 호칭도 다르고 결혼까지도 가능한 방계 종형제자매들(교차적 종형제자매들)이 있다." 이것이 출발 지점에 있는 간단한 그리고 기본적인 형태의 정의인데, 그러나 그것은 무한한 변형이 가능하며 하나의 변형은 하나의 문제를 제기한다. 위의 기본 구조 자체가 이미 하나의 수수께끼이다. 이렇게 물을 수도 있다. "두 경우 공히 가까운 정도는 같을 텐데, 왜 동성에서 출생한 종형제자매들과 이성에서 출생한 종형제자매들을 구분하는가? 전자의 결합이 근친상간(평행적 종형제자매 관계는 형제자매와 같은 관계이므로)인 데 반해 어떻게 후자의 결합은 용인되는가? 아니 오히려 어떤 때는 그러한 결합을 선호하는데(때때로 교차적 종형제자매들은 잠재적인 결혼 상대가 되는 사회가 있다.) 왜일까? 따라서 이러한 구분은 생물학적 기준과는 양립이 불가능한 기준이다……."[8]

물론 상황은 어느 모로 보나 복잡하며, 선택은 임의적이고 무의미한 듯하다. 그럼에도 불구하고 많은 변이들 중 어떤 한 가지 차별성은 특권적 가치를 갖는 듯하다. 평행적 종형제자매 관계보다 교차적 종형제자매 간의 관계는 결혼에 있어 특권을 가지며 더 나아가서 부계의 교차적 종형제자매 관계보다 모계의 교차적 종형제자매 관계가 더한 특권을 갖는다. 가능한 한 간단히 밝혀 보자. 가령 나의 작은아버지의 딸은 나와 평행적 종형제자매 관계에 있다. 우리가 사는 '기본적인 사회구조'에서 나는 그녀와 결혼할 수 없으며, 나는 합법적인 방법을 통해서는 그녀와 성관계를 가질 수가 없다. 나는 그녀를 나의 친누이와 똑같이 취급하며, 동시에 나는 그녀를 누이라고 부른다. 그러나 고모의 딸(아버지의 누님의 딸)은 나와 교차적 종형제자매 관계에 있으며 또한 외삼촌의 딸도 나와 교차적 종형제자매 관계에 있다. 전자와의 관계는 부계에 의한 교차적 종형제자매 관계이고, 후자는 모계에 의한 교차적 종형제자매 관계이다. 나는 그녀들 중 누구에게든 자유롭게 청혼할 수 있으며, 고대 사회에서는 그러한 결혼이 보편적이었다.(이 경우 고모에게서 난 딸이 외삼촌에게서 난 딸일 수도 있을 것이다. 외삼촌이 고모하고 결혼했을 수도 있겠기 때문이다. 교차적 종형제자매 간의 결혼이 금기시되지 않는 사회에서는 흔히 있는 일이다. 이때의 교차적 종형제자매를 나는 쌍무적

---

8) 같은 책, 127~128쪽.

관계로 지칭하겠다.) 그러나 그런 교차적 종형제자매들과의 결혼이 금기시될 수도 있다. 어떤 사회는 고모의 딸(아버지 쪽 종형제자매 관계)과는 결혼을 금지하지 않는 반면, 외삼촌의 딸(어머니 쪽 종형제자매 관계)과는 결혼을 금하기도 한다.[9] 물론 그 반대의 현상이 있는 곳도 있다. 그러나 고종과 이종에 대한 나의 느낌이 동일하지는 않아서 후자와 결합하고 싶은 의지가 있을 때보다 전자와 결합하고픈 의지에 대한 금기 의식이 훨씬 강하게 나타난다. 레비스트로스도 밝히듯이 "편무적 종형제자매 관계의 결혼을 비율로 따져 볼 때 후자와의 결혼이 전자와의 결혼보다 훨씬 지배적이다."[10]

여기에서는 우선 혈통에 의한 친족의 기본 구조가 결혼을 금할 수도 있고, 또는 결혼을 장려할 수도 있음을 알았다.

그런데 그런 식으로 관계를 밝히려고 하면 오히려 안개가 더 짙게 드리울 뿐임은 말할 필요도 없다. 상이한 친척 관계의 형식적인 구분은 아무런 의미가 없다. 뿐만 아니라 우리에게는 부모 또는 누이와 나머지 다른 사람들을 명백하게 가를 어떤 장치가 있는 것도 아니고, 가른다 해도, 장소에 따라 위에서 살펴본 것처럼 상이한 결과들을 초래하지 않던가! 우리는 원칙적으로 금기의 이유를 상대방의 특성, 즉 상대방이 나와 윤리적으로 맺고 있는 관계 그리고 그 관계의 성격에서 찾으려고 했다. 그러나 그러한 방법은 우리를 오히려 문제의 핵심에서 멀어지게 했을 뿐이다. 레비스트로스조차 그러한 임의적 기준이 사회학자들에게 얼마나 불리한 것인지를 지적한 바 있다. 레비스트로스는 이렇게 말한다.

---

9) 같은 책, 544쪽.
10) 같은 책, 같은 곳.

그들은 동성 방계 종형제자매들과 이성 방계 종형제자매들의 차이를 마치 수수께끼를 풀듯이 밝혀낸 다음 교차적 종형제자매들의 결혼을 간신히 용서한다. 그들은 덧붙여 외할아버지의 딸(즉 이모)과 아버지의 누이의 딸(즉 고모의 딸)의 차이를 신비처럼 구분해 낸다……. [11]

사실 저자가 이렇게 근친상간이라는 복잡한 수수께끼를 물고 늘어지는 이유는 복잡한 수수께끼를 보다 잘 풀기 위해서이다.

원칙적으로 전혀 이해관계가 없음에도 불구하고 어떤 구분이 있다면 우리는 그것이 어떤 차원의 결과들을 생산해 내는지 알아야 할 것이다. 어떤 범주가 고려되느냐에 따라 결과가 상이하다면, 구분의 의미도 덩달아 나타날 것이다. 레비스트로스에 의하면 고대의 결혼 제도는 배분적 교환 체계가 지배했다고 한다. 여자를 얻는 일은 부를 얻는 것과 다름없었다. 더구나 여자는 신성한 가치를 지녔다. 여자가 곧 부였다. 부의 재분배는 사활을 건 문제였기 때문에 거기에는 규칙이 따르지 않을 수 없었다. 아마 근대의 무정부 사회가 그러한 문제를 떠맡았다면 해결할 수 없었을 것이다. 고대에는 사전에 결정권이 부여된 교환 회로들이 이따금 실수를 하기도 했지만 비교적 골고루 여자들을 남자들에게 배분하는 업무를 잘 수행해 냈다.

외혼 제도, 여자의 증여 그리고 분배를 위한 규칙의 필요성

우리가 고대의 상황 논리를 쉽게 따라갈 수는 없다. 이완의 사회, 무한한 가능성을 향해 문이 활짝 열려 있는 사회를 사는 우리가 적대감

---

11) 같은 책, 545쪽.

에 의해 분리되고, 소규모 그룹으로 떼 지어 살던 고대 사회를 간단히 이해하기는 어렵다. 규칙의 보장을 요구하는 그 불안한 사회가 어떤 사회였는지를 알려면 노력이 필요하다.

물론 여자의 거래를 오늘날의 자원 거래와 같은 것으로 보는 일은 경계해야 할 일이다. 심지어 가장 나쁜 경우이긴 하지만 '매매 결혼'이라는 표현이 상기시키는 개념조차도 원시 현실(오직 이해관계의 규칙에 따라 이루어지는 좁은 의미의 오늘날의 거래 양상과는 아주 달랐던 원시 현실)과는 아주 거리가 멀다.

클로드 레비스트로스는 결혼이라는 제도적 구조를 고대인을 자극한 보편적 교환 충동에서 집어낸다. 그는 마르셀 모스의 훌륭한 저서 『증여에 관한 소론』의 결론을 참조한다.

> 오늘날 고전이 되다시피 한 그 책에서 모스가 우선 목표로 삼는 것은 교환이 원시 사회에서는 거래의 형태로보다는 상호 증여의 형태로 이루어졌음을 밝히는 일이다. 이어 모스는 원시 사회에서의 상호 증여는 오늘날의 사회에서보다 훨씬 중요한 자리를 차지하고 있었음을 밝힌다. 그리고 마지막으로 그 원시 교환의 형태는 오로지 경제적인 성격에 그치지 않고, 그가 말하는 이른바 '전체적 사회 현상' 다시 말해 사회적, 종교적, 신비적, 경제적, 실리적, 감상적, 법적, 윤리적 의미가 깃든 전체적 현상을 단적으로 말해 주는 것이라고 한다.[12]

그런 교환들은 항상 어떤 제의적 성격을 지니며, 베풀기의 원리가

---

12) 같은 책, 66쪽. 초판이 1923~1924년 사이에 《사회학 연감》에 실려 나온 마르셀 모스의 「증여에 관한 소론」은 최근 다시 그의 여러 글들과 함께 『사회학과 인류학』(PUF, 1949)으로 출판되었다. 물론 나는 그것이 새로운 경제 개념을 기초했다고는 말하지 않겠다. 그러나 그는 새로운 관점을 열어 준 셈이다.

적용된다. 경제 원칙을 벗어나는 어떤 물건들은 비밀스러운 또는 유용한 소비를 못 하게 되어 있다. 일반적으로 말하는 이른바 사치품들이 그것들이다. 오늘날에도 사치품들은 기본적으로 의식을 치르는 데 쓰인다. 그것들은 선물이나 리셉션이나 축제를 위해 남겨 두곤 한다. 무엇보다도 샴페인이 그런 것들 중의 하나이다. 샴페인은 특정한 때 마시는 술인데 그 경우 샴페인은 규칙에 따라 제공된다. 물론 우리가 마시는 어떤 샴페인도 거래의 대상임에는 틀림없다. 생산자에게 술값이 지불된다. 그러나 그것을 마시는 순간을 보자. 그것을 산 사람은 오직 그것의 일부분을 마실 뿐이다. 그것은 단지 있음으로 해서 다른 순간과는 다른, 다른 어떤 순간 또는 재화와도 같지 않은 축제의 의미를 지니는 재화의 소비이며, 따라서 그것의 소비는 어떤 원칙이 적용된다. 그래서 그것의 소비는 마음 깊은 곳의 기대를 만족시켜 주기 위해 '넘쳐흘러야' 하고 무한정 '흘러넘쳐야' 한다.

　레비스트로스의 논문은 그러한 고찰에 영감을 받아 시작한 논문이다. 그에 의하면 딸과 결혼하는 아버지, 누이와 결혼하는 오라버니의 행위는 결코 친구를 초대하지 않은 채 '스위스 식' 지하실에 내려가 혼자 술을 마시는 행위와 같은 행위이다. 아버지는 딸이라 부를, 오라버니는 누이라 부를 의식의 교환 회로에 가담시켜야 한다. 딸과 누이는 그들에게 주어진 선물이다. 그러나 그러한 교환 회로는 일정한 환경에 적용되는 어떤 총체적 규칙, 놀이의 규칙과도 같은 규칙들을 전제한다.

　클로드 레비스트로스는 상당 부분 이해관계를 초월한 그 교환 체계를 원칙 면에서 설명하고 있다. "선물들은 그에 상당하는 다른 것과 그 자리에서 교환되거나 또는 다음 기회가 오면 그것보다 더한 가치를 지닌 다른 선물을 주어야 할 부담을 안고 받아들여지곤 한다. 그리고 그러한 주고받기는 좀 더 후에는 이전 것보다 더 가치 있는 새로운 선물을 받을 권리를 마련하곤 한다."[13] 여기에서 우리가 주로 기억해 두어야 할 것은 그러한 선물 주고받기의 목적은 "경제적인 이득이나 혜택"이 목적이 아니라는 사실이다. 때로 베풀기는 제공된 물건의 파괴까지 끌어안는다. 순수하고도 단순한 파괴는 마력적인 힘이 있다. 소유하는 사람 또는 주는 사람 그리고 받는 사람을 흐뭇하게 하는 사치품은 이미 생산 자체에 노동의 파괴라는 역설을 담고 있다. (이 파괴 행위는 축적의 결과를 노리는 생산적 자본주의에 역행하는 행위이다.) 제의적 교환에 어떤 물건을 바치는 일은 그것을 생산 회로에서 제외시키는 행위와 다른 행위가 아니다.

교환에 의한 결혼을 언급하고자 할 때는 상업 정신, 즉 흥정 또는 이해타산과는 다른 측면에서 접근해야 한다. 매매 결혼조차 그러한 교환 운동의 일부이다. 레비스트로스에 의하면 "매매 결혼 역시 모스가 분석한 기본적인 제도 중 하나의 양상이다."[14] 물론 그러한 결혼의 형태들은 도처에서 상대방을 자유롭게 선택할 수 있는 오늘날 우리들의 결혼 형태와는 거리가 멀다. 그렇더라도 고대의 결혼은 여자를 상거래나 이해타산의 대상으로 취급하지는 않았다. 고대의 결혼은 여자들을 축제에 가담시켰다. 결혼에서 여자의 의미는 누가 뭐라 하든 오늘날 샴페인의 의미와 가깝다. 혼기의 여자들은 "처음에는 사회적 가치보다는 자연스러운 자극제로 우리에게 제시된다." 레비스트로스는 말한다.[15] "결혼 후에도 마찬가지인데, 말리노프스키에 의하면 트로브리앙 군도의 경우, 남자는 여자에게 마푸라라고 부르는 대가를 지불하는데, 그것은 여자가 제공한 육체적 서비스에 대한 보상으로 지급하는 반대급부

---

13) 같은 책, 67쪽.
14) 같은 책, 81쪽.
15) 같은 책, 82쪽.

이다."[16]

 그렇게 여자란 본질적으로 말의 엄격한 의미로 볼 때 트임의 의미를 갖는 소통에 바쳐진다. 때문에 여자들은 그녀들을 마음대로 다룰 권리가 있는 부모 측의 증여의 대상이 되곤 한다. 개별적 관용 행위가 전체적인 관용의 회로에 기여하는 세계에서는 부모들은 딸들을 주어야 한다. 나는 내 딸을 내줄 때 아들(또는 조카)에게 다른 여자를 얻어 줄 수 있다. 관용이 통용되는 일정한 전체를 놓고 볼 때 중요한 것은 원무 또는 오케스트라의 복잡한 운동이 그렇듯이 미리 합의된 유기적 소통이다. 근친상간의 금기에서 부정은 긍정의 결과이다. 누이를 주는 오빠는 자기와 가까운 여자와의 성적 결합을 부정하기 때문에 그러한 행동을 취하는 것이 아니라, 누이는 다른 사람과 결합시키고 자기는 다른 여자와 결합하겠다는 결혼의 보다 큰 의미를 긍정하기 때문인 것이다. 눈앞의 향락과 달리 증여에 의한 교환 체계에는 보다 방대하고도 심원한 소통이 있다. 더 정확히 말하면, 축제는 자아에로의 웅크림을 거부하며 운동을 전제한다. 그러므로 지고의 가치는 논리적이고 계산에 밝은 탐욕스러운 사람에게는 거부된다. 성관계는 그 자체가 소통이고 운동이며 축제의 성격이 있다. 왜냐하면 성이란 본질적으로 소통이며 성관계는 대뜸 트임을 자극하는 것이기 때문이다.[17]

 격렬한 관능의 운동이 진행되는 한 그것은 거부와 물러섬을 요구한다. 물러섬이 없다면 아무도 그렇게 멀리 뛸 수는 없을 것이다. 물러섬 그 자체가 원무를 있게 하는, 원무의 새로운 전개를 준비하는 규칙이다.

---

16) 같은 책, 81쪽.
17) 같은 책, 596쪽.

증여에 의한 교환 차원에서 몇몇 친척 관계가 갖는 현실적 특권

위의 내용은 레비스트로스가 강조하는 내용은 아니다. 그는 오히려 그와는 반대되는 여자의 아주 색다른 가치, 즉 여자의 물질적 유용성을 강조한다. 내가 보기에 물질이 우선하는 사회만 아니라면 여자의 물질적 유용성은 최초의 충동을 지시하는 열정의 놀이에서는 대체적으로 이차적 양상에 불과하다. 그런데도 그 점을 간과한다면 우리는 실현된 교환의 효과를 제대로 볼 수 없을 것이고, 레비스트로스의 이론 자체를 잘못 이해하는 우를 범하게 되어 결국 결혼 제도의 현실적 결과들을 온전히 들여다 볼 수 없게 될 것이다.

이 이론은 지금까지는 하나의 빛나는 가정에 불과했다. 그런데도 그것은 매력적이다. 이제 차이가 미미한 여러 친척 관계들 중에서 어떤 친척과는 결혼할 수 없다고 하는 모자이크 같은 금기들의 의미를 파악하는 일이 남았다. 레비스트로스는 이러저러한 친척의 형태가 교환에 미치는 영향 관계를 푸는 일에 매달렸는데 그것은 그가 자신의 가정에 근거를 마련하기 위한 것이었다. 그러기 위해 좋은 방법은 가장 확실한 교환 양상에 의지하는 것이라고 생각했으며, 그래서 그는 교환 충동을 추적했다.

내가 처음에 언급한 유혹적 대상으로서 여자의 가치(레비스트로스도 강조하지는 않지만 거기에 대해 언급한다.)와 그 반대의 효용적 측면, 즉 여자의 소유가 남편에 대해 갖는 환산 가능한 서비스로서의 물질적인 가치는 서로 대립한다.

여자의 물질적인 측면은 부인할 수 없으며, 그러한 측면을 무시하고는 여자 교환의 운행을 올바르게 이해할 수 없다. 나는 두 관점의 명백한 모순에 대해서는 나중에 지적하려고 한다. 그러나 나의 해석과 레비스트로스의 해석이 전혀 다른 것만은 아니다. 우선 그의 주장을 들어 보자.

......우리가 확인할 수 있었듯이, 대부분의 원시 사회(어느 정도는 오늘날 사회의 농촌 사람들도 거기에 포함되지만)에서 결혼은 경제적인 면에서 중요한 위치를 차지한다. 우리 사회에서는 독신자의 경제적 지위와 결혼한 남자의 경제적 지위 사이에, 전자가 더 자주 옷장을 갈아치워야 하는 차이 외에 거의 차이가 없어 보인다.[18] 그러나 경제적 욕구의 충족이 부부와 남녀 간의 노동의 분담에 전적으로 의존하던 집단의 상황은 다르다. 남자와 여자는 기술적 특성이 달랐으며, 그래서 일상생활에 필요한 물건들을 만들어 내기 위해 상호 의존해야 했을 뿐만 아니라, 그들은 서로 다른 종류의 식량을 생산하기 위해 협력하지 않을 수 없었다. 그러므로 완전 급식 특히 일상의 급식은 하나의 가정이 가능케 하는 진정한 의미의 '협력적 생산'에 달려 있었다.[19]

한 젊은이가 결혼이 필요한지 아닌지에 대한 결정은 어떤 의미에서 비준을 받아야 한다. 만약 여자의 교환을 제대로 통제하지 못한다면, 무질서한 사회가 도래할 것이다. 어느 면에서 보면 교환은 아무렇게나 행해지지 않고 상호성의 규칙을 전제하는데 바로 그런 이유 때문이다. 그러나 다른 면에서 보면 교환 체계는 아무리 완벽하다 해도, 그것이 모든 경우에 정확하게 적용될 수는 없다. 여러 가지 다른 규칙들이 생겨났다가 없어지곤 했던 것은 그 때문이다.

그래도 대원칙에는 변함이 없으며, 교환 체계는 그러한 대원칙의 기조 위에서 이루어진다.

물론 "부정적 측면은 금기의 거친 측면에 불과할 뿐이다."[20] 어디에

---

18) 여기에는 분명이 과장이 있다. 왜냐하면 오늘날에는 경우에 따라서 상황이 아주 현격하게 다르기 때문이다. 또한 우리는 고대인들의 경우에도 독신자의 처지가 항상 동일한 것이었는지를 의심해 볼 수도 있다. 내 개인적인 견해로는 레비스트로스의 이론은 사실 규명을 위해 '이해관계'가 활용되고는 있지만 그럼에도 주로 '베풀기'에 의존하고 있는 듯하다.
19) 같은 책, 48쪽.
20) 같은 책, 64쪽.

서나 중요한 것은 상호적 또는 순환적 움직임을 가능하게 하는 전체적 규칙을 정하는 일이다. "상호 결혼이 금지된 집단은 경우에 따라 상호 결혼이 가능한 집단 또는 불가피한 집단을 동시에 생각나게 한다. 딸이나 누이를 이성으로 대하지 못하게 하는 금기, 그녀들을 다른 사람에게 주도록 하는 규칙은 다른 사람의 딸이나 누이에 대해 권리를 주장할 수 있다는 말이다. 금기의 모든 부정적인 측면은 반대쪽의 긍정적인 측면을 전제한다."[21] 그러면 다음과 같은 말도 성립될 수 있다. "어떤 여자를 내가 사용하기를 포기하고, 그 여자가 다른 사람에게 사용된다면, 다른 어딘가에는 내가 사용할 수 있는 포기된 여자가 있을 것이다."[22]

"교차적 종형제자매 간의 근친 결혼이 상호적 결혼을 목적으로 누이들을 교환하는 아주 자연스럽고도 직접적인 방법 중의 하나"[23]였음을 처음 밝힌 사람은 프레이저였다. 그러나 그는 거기에 그쳤을 뿐 전체적인 설명은 하지 못했으며, 그런가 하면 사회학자들도 거기에 대해서는 만족할 만한 개념을 제시하지 못했다. 예컨대 평행적 종형자매 간의 결혼에서 보면 집단은 잃는 것도 얻는 것도 없으며, 교차적 종형자매 간의 결혼은 한 집단에서 다른 집단으로의 교환을 유도한다. 현실적으로 볼 때 종자매는 종형제와 같은 집단에 속하지 않는다. "그런 식으로 성립되는 것은 상호성의 구조이며, 상호성의 원칙에 따라 얻은 집단은 내줄 의무가 있으며, 양보한 집단은 요구할 권리를 얻는다."[24] "평행적 종형자매들은 같은 가족 태생으로서 동일한 위치 다시 말해 정적인 평형의 위치에 있다고 할 수 있다. 그런가 하면 교차적 종형자매들은 대립적 위치 다시 말해 서로 비교해 볼 때 역동적 불균형의 상태에

---

21) 같은 책, 같은 곳.
22) 같은 책, 65쪽.
23) 같은 책, 176쪽.
24) 같은 책, 178쪽.

있다……."[25]

그러므로 평행적 종형 자매들과 교차적 종형 자매들 간의 수수께끼는 교환에 유리한 해결책과 침체 성향을 보이는 다른 해결책의 차이에서 찾을 수 있을 것이다. 그러나 이러한 단순한 대립에서 우리가 볼 수는 있는 것은 이원론적 구조뿐이며 교환은 제한적이다. 두 집단 이상이 문제가 되면 일반적 교환으로 건너가게 된다.

일반적 교환에서 보면, 집단 A의 남자는 집단 B의 여자와 결혼하며, 집단 B의 남자는 집단 C의 여자와 결혼한다. (그리고 이러한 관계는 한없이 확장될 수 있다.) 이러한 상이한 상황 속에서, 종형자매 간의 교차 관계가 교환의 특권적 형태였다면 모계 종형자매 간의 결혼은 구조적 이유 때문에 교환의 가능성을 한없이 확장시킬 수 있게 만든다. 레비스트로스에 의하면, "모든 세대, 모든 서열 간에 물리 법칙이나 생물학적 법칙 같은 빈틈없는, 조화로운 원무가 이루어지려면 외삼촌의 딸과 '내'가 결혼할 수 있다는 규칙을 선포하기만 하면 된다." 그러나 반면 "고모의 딸과의 결혼은 모계 쪽 교환 사슬로의 확장, 다시 말해 교환의 필요성과 언제나 분리 불가능한 관계에 있는 인척과 세력의 확장이라는 목적을 이루기 힘들게 만든다."[26]

레비스트로스 이론의 이차적 의미로서의 경제적 양상

레비스트로스 학설의 모호성에 우리는 놀라지 않을 수 없다. 사실 어느 측면에서 보면, 여자의 교환 다시 말해 여자의 증여는 주는 사람(그

---

25) 같은 책, 같은 곳.
26) 같은 책, 560쪽.

러나 그는 오직 반대급부를 전제하고 준다.)의 이해관계를 위기에 빠뜨린다. 물론 교환은 일반성에 근거하고 있다. 그것은 포틀래치(potlatch)라는 이름의 제도, '증여-교환'의 이중적 양상과 일치하는 것이다. 포틀래치는 계산의 극치이자 극복이다. 그러나 레비스트로스가 에로티즘의 성격과 포틀래치의 관계에 그다지 주목하지 못한 것은 유감스러운 일이다.

에로티즘은 유혹과 공포, 긍정과 부정의 엇갈림을 끌어들이면서 성립된다. 종종 결혼과 에로티즘이 대립적인 것처럼 보이는 것은 사실이다. 그러나 그것은 우리가 아마 부차적인 양상을 가지고 판단해서일 것이다. 성행위의 조건들이라는 것도 금기와 금기의 제거를 결정하는 규칙들이 확립되면서 비로소 결정되었을 것으로 본다. 결혼은 성관계가 본질적으로 이와 같은 규칙에 의존하던 시기의 유물 아닐까. 애초에 물질적 차원의 가정을 확립하는 외에 다른 목적이 있었다면 과연 그래도 성행위와 관련된 금기와 금기 제거의 제도가 그렇게 엄격한 것으로 발전했을까? 모든 점으로 미루어 보건대, 내밀한 관계의 게임은 그러한 규칙들 속에서 고려된 듯하다. 그렇지 않다면 근친 거부의 반자연적 충동을 어떻게 설명할 것인가? 거기에는 그 강렬함으로 볼 때 일종의 내적 혁명이라 할 수 있는, 범한다는 생각만으로도 공포가 정신을 까마득하게 하는, 아예 상상을 거부하는 특별한 충동이 관계한다. 여자의 포틀래치, 외혼제, 즉 탐욕 대상의 역설적 증여의 법칙은 아마 그러한 거부의 충동에 기인한 것이다. 번식 활동처럼 극복하기 어려운 충동을 억제하는 것이 아니었다면 금기와 같은 제재를 그렇게도 강하게 그리고 어디에서는 행사할 필요가 있었을까? 거꾸로, 금기의 대상은 금지되었다는 사실 하나만으로 강력한 탐욕의 대상이 되곤 하지 않던가? 적어도 처음에는 그러지 않았을까? 외관상으로 보면, 금기는 성본능과 관계하기 때문에 오히려 대상의 성적 가치를 강조했다. 또는 그 대상에 에로틱한 가치를 부여했다. 인간과 동물이 다른 점은 바로 거기에 있다.

자유로운 활동의 제지는 억제하기 어려운 동물적 충동에 새로운 가치를 부여한다. 근친상간과 인간에게 성이 갖는 가치(강박적 가치) 사이의 관계가 그리 쉽게 드러나지는 않는다. 그러나 그 가치는 존재하며, 그것은 전체적으로 검토되는 성 금기의 존재와 분명한 관계가 있다.

내가 보기에는 이들의 상호적 움직임이 에로티즘의 본질이 아닌가 싶다. 레비스트로스를 따라가다 보면 그것은 또한 근친상간 금기와 연결된 교환 규칙의 원리로 보이기도 한다. 에로티즘과 교환 규칙의 관계를 명확히 밝히는 일은 쉬운 일이 아니다. 왜냐하면 후자는 결혼을 목적으로 삼고 있는데, 이미 앞에서도 말했듯이, 결혼과 에로티즘은 종종 대립적인 측면을 드러내고 있기 때문이다. 번식을 목적으로 한 경제적 결합의 양상은 결혼의 주요 양상이 되었다. 결혼의 규칙들이 역할을 한다면 규칙의 적용의 대상은 일차적으로 성생활의 모든 흐름이었을 것이다. 그러나 규칙들은 나중에는 부의 재분배 외에 다른 의미를 가지지 못한 듯하다. 여자는 노동과 수태 능력이라는 제한된 의미밖에 갖지 못했다.

그러나 이러한 모순적 결과는 충분히 예견할 수 있는 것이었다. 일정한 시기 외에는 에로틱한 생활을 통제할 수 없다. 그래서 규칙들은 결국 에로티즘을 규칙의 밖으로 내몰게 되었다. 에로티즘이 일단 결혼과 분리되자, 레비스트로스가 그 중요성을 잘 지적하고 있듯이 결혼은 무엇보다도 물질적 가치만을 갖게 되었다. 탐욕 대상(여자)의 분배를 목적한 규칙들은 동시에 노동력으로서의 여자의 재분배를 보장해 준 셈이다.

**레비스트로스의 이론은 동물과 인간의 차이를
전체가 아닌 한 단면만 제시하고 있을 뿐이다**

레비스트로스의 이론은 고대 사회에서 근친상간 금기의 기이한 양상들이 제기한 주요한 문제들을 아주 명확하게(뜻하지 않은 명확함으로) 풀어낸 듯하다.

그러나 내가 이미 언급한 근친상간 금기의 모호성은 그것의 심원한 의미는 아니더라도 적어도 일단 그것의 의미를 축소시키고 있다. 근친상간 금기의 본질은 삶 전체가 문제가 되는 '전체적 사회 현상', 교환 행위 안에 있다. 그런데도 경제적인 차원의 설명은 오직 그것만이 유일한 열쇠인 양, 처음부터 끝까지 거기를 벗어나지 않는다. 나는 원칙적으로 거기에 반대할 생각은 전혀 없다. 그러나 우리가 우선 말하고 있는 것들은 근친상간의 규칙들이지 경제적 활동이 근간을 이루는 역사의 결정체들이 아니다. 나는 레비스트로스가 이처럼 반대 양상을 설명한 것이 아니라면 필요한 유보를 해 두었기를 바란다. 그러나 전체적인 조망을 했는지 여부는 좀 더 뒤에 가 봐야 안다. 사실 레비스트로스도 전체적인 조망의 필요성을 느꼈던 것 같다. 그러나 그는 책의 마지막 부분에 가서야 그렇게 할 뿐이고, 그것도 우리로서는 징후밖에 볼 수 없다. 개별적 양상의 분석은 아주 완벽하게 이루어졌지만, 그것을 포괄하는 전체적인 고찰은 스케치에 머물고 말았다. 물론 학계를 지배하는 철학적 풍토에 대한 반발이 원인이었을 수 있다.[27] 그러나 대상을 유리시키고, 시야를 좁게 만드는 객관적 과학에만 매달려서는 자연과 문화의 차이를 쉽게 파악할 수 없다. 필경 한계를 정해 두려는 그러한 욕망은 동물성이 아니라 자연에 대해, 인간이 아니라 문화에 대해 말하는 경

---

27) 레비스트로스에게는 그런 혐오감이 없었던 듯하다. 그러나 인위적으로 떼어 낸 개별적인 것에 대한 고찰(그것은 과학적 고찰이다.)로부터 개별적인 대상을 배제하는, 즉 철학이 개입하는 전체에 대한 사고로 옮겨갈 때 비롯되는 모든 결과를 레비스트로스가 인식했다고는 확신할 수 없다. (철학이라는 이름을 사용할 때, 철학은 다른 게 아니라 대개 개별적인 문제들을 **보다 폭넓게**(위험을 안고) 고찰하는 것이라고 할 수 있다.)

우 두드러지게 나타난다. 그것은 하나의 추상적 시각에서 다른 추상적 시각으로 이동하는 태도이며, 어떤 변화에 존재 전체가 앙가제되어 있는 순간을 배제하는 태도이다. 그러나 내가 보기에 전체는 어떤 한 상태 또는 따로따로 열거된 상태들을 통해서는 파악하기가 어렵다. 그리고 사실 인간의 도래 시점에서의 변화는 존재 전체의 변화와 유리시켜 생각할 수 없을뿐더러, 파멸을 통한 전 존재의 노출에 의해 인간과 동물성이 대립될 때 문제되는 것과도 분리시켜 생각할 수 없다. 환언하면 존재는 역사를 떠나서 파악이 가능하지 않다는 말이다. 존재는 따로 열거된 상태에서가 아닌 변화 속에서, 어떤 상태에서 다른 상태로의 변화를 통해 파악하는 수밖에 없다는 말이다. 반면 자연과 문화를 언급하면서 레비스트로스는 추상적 관념들을 나열했다. 그러나 동물로부터 인간으로의 추이 과정에는 분리가 가능한 명백한 상태들도 있겠지만 그렇지 않은 상태도 있음을 알아야 한다.

인간의 특성

노동의 출현, 역사적으로 분명한 금기들, 아마도 주관적인 지속적인 반감들과 극복할 수 없는 혐오감 등은 동물과 인간을 구분할 수 있게 하는 명백한 기준이며, 그것은 아주 오래전으로 거슬러 올라가 보아도 마찬가지이다. 나는 원칙적으로 이론의 여지 없는 현상 하나를 예로 들겠다. 다름 아니라 "인간은 자연 여건을 그냥 그대로 받아들이지 않고, 그것을 부정하는 동물"이라는 것이다. 인간은 그런 식으로 외부의 자연 세계를 변화시키며, 그렇게 인간은 도구와 물건을 만들어서 새로운 세계, 즉 인간의 세계를 건립한다. 인간은 거기에 그치지 않고 자기 자신을 부정하며, 스스로를 교육시키며, 그리고 동물이 아무런 제한을 두지 않는 욕망 충족 행위로서의 자유로운 흐름을 거부한다. 여기서 인정해야 할 사실은 인간이 부정하는 두 가지, 즉 주어진 세계에 대한 부정과 동물성에 대한 부정은 서로 긴밀한 관계를 맺고 있다는 사실이다. 둘 중 어느 것이 우선인가를 따지는 일 또는 교육(종교적인 금기의 형태로 나타나는 교육)이 노동의 결과인가 아니면 노동이 교육의 결과인가를 아는 일은 우리의 일이 아니다. 그러나 인간이 있는 한 한편에 노동이 있으며 다른 한편에 금기를 통한 인간의 동물성 부정이 있다.

인간은 본질적으로 동물적 욕구를 부정한다. 대부분의 금기들은 거기에 관계하며, 그것은 얼마나 보편적이고 당연하며 이론의 여지가 없는지 전혀 의문을 제기할 수 없을 정도이다. 월경의 금기에 관해서는 민속학이 자세히 다루고 있다. 그리고 우리는 나중에 거기에 대해 언급할 기회가 있을 것이다. 그러나 외설(알몸에 대한 금기)에 관한 일반적 금기에 특별한 형태를 부여하고 있는 대목은 엄격히 말하면 "아담과 이브가 자신들이 벗었음을 알고"라고 말하는 성경뿐이다. 또한 본질적인 인간의 현상 중의 하나인 배설물(excreta)에 대해서는 아직까지 아무도 구체적으로 언급하지 않는다. 성인들의 입장에서 볼 때 배설물과 관련된 규칙은 결코 깊이 생각할 주목의 대상도 아니며, 금기에 포함시킬 수 있는 성질의 것도 아니다. 그러니까, 동물로부터 인간으로의 극단적이고도 부정적인 이행의 양상이 그것을 기준으로 이루어지기 때문에 아무도 거기에 대해서 말하지 않는 것이다. 우리는 그것을 인간의 종교적 반응에 포함시키지 않는 대신 거기에 터무니없는 터부를 입힌다. 부정은 얼마나 절서한지 거기에서 어떤 뚜렷한 것을 확인하고 인정하는 일조차 불편하게 여기는 것이다.

죽음에 대한 인식과 관련된 인간의 세 번째 특성과 관련해서는 문제를 너무 복잡하게 만들지 않기 위해 당분간 언급하지 않겠다. 다만 동물과 인간의 차이를 분명하게 해 주는 거의 논란의 여지가 없는 위의 개념은 대체로 헤겔에게서 비롯된 개념임을 이 기회에 밝혀 두고 싶다. 어쨌든 헤겔은 인간의 두 번째 특징은 회피한 채 첫 번째 특성과 세 번째 특성만을 인정하면서 우리와 마찬가지로 견고한 금기들을 따른다.(거기에 대해 말은 하지 않으면서.) 그래도 얼핏 보기보다는 덜 불편한데 왜냐하면 동물성 부정의 기본적 형태는 가장 복잡한 형태에서도 재확인되기 때문이다. 그러나 정확히 근친상간이 문제가 되면 우리는 외설이라는 평범한 금기를 무시해도 괜찮은 것인가 의심하지 않을 수 없다.

근친상간 규칙들의 다양성과 성 금기 대상들의 일반적 다양성

이렇게 출발하여 근친상간을 정의하지 말란 법이 있는가? 우리는 구체적으로 "이것은 외설이다."라고 말할 수는 없다. 외설은 상대적이다. '불'이나 '피'처럼 외설이 있는 것은 아니며, 다만 '정숙함을 훼손시키는 행위'가 있을 뿐이다. 만약 어떤 사람이 어떤 것을 외설스럽게 여겨 그것을 외설스럽다고 말하면 그것은 외설스러운 것이다. 외설은 사물이 아니라 사람의 정신과 사물과의 관계에서 비롯되는 것이다. 그런 의미에서 우리는 어떤 것을 외설스럽다고 판단하거나 그렇게 보면 외설스럽다고 말할 수 있다. 그러나 그러한 외설적인 상황들은 언제나 변덕스러우며, 잘못 정의된 요소들을 전제하며, 아무리 확실한 것이라도 임의성을 벗어날 수 없다. 마찬가지로, 일상생활과의 타협도 부지기수다. 근친상간도 실체가 없는 임의적인 상황 중 하나로, 다만 인간의 정신 속에만 있는 것이다.

근친상간에 대한 이러한 식의 표현은 상당히 불가피한 동시에 필요한 표현으로서 만약 우리가 그것의 보편성을 제시하지 못한다면 우리는 음란과 관련된 금기의 보편적 특성도 쉽게 증명할 수 없을 것이다. 근친상간은 성의 부정 또는 육체적 동물성과 인간의 근본적 관계를 증명하는 일차적 증언이다.

인간은 성을 짐짓 피하거나 또는 개인적으로 능력이 없어서 거기에서 벗어나는 경우가 있긴 했지만 근본적으로 외면할 수는 없었다. 성현들조차 유혹은 있었다. 우리는 성행위가 개입할 수 없는 영역을 정해 두는 일 외에 다른 일을 할 수 없었다. 성행위가 개입할 수 없는 장소, 상황, 사람들은 그렇게 해서 생겨난 것이다. 성행위가 금지된 장소, 상황에서 성행위를 하는 사람들에게는 그것이 어떤 양상의 성행위이든 외설이 적용되었다. 그러나 장소, 상황, 사람들을 정하는 일은 가변적이며, 임의적이다. 따라서 알몸 자체가 외설일 수는 없다. 알몸은 거의 어디에서나 외설로 간주되기도 하지만 같은 정도로 그런 것은 아니다. 창세기는 알몸에 대해 언급하는데, 요컨대 음란의 느낌에 다름 아닌 수치심은 동물에서 인간으로의 이행 과정과 관련이 있는 것이다. 그러나 금세기 초에는 수치스럽게 느껴지던 것이 오늘날에는 전혀 수치스러운 것이 아닐 수도 있고, 또는 적어도 덜 수치스럽게 느껴질 수도 있다. 해수욕객들의 반라는 프랑스의 해변에서는 그렇지 않은데 스페인의 해변에서는 아직도 충격적이다. 그러나 프랑스에서조차도 어떤 도시에서는 해수욕복이 상당한 사람들을 현혹시키기도 한다. 마찬가지로 가슴이 패인 옷을 낮에 입으면 어울리지 않는데, 저녁에 입으면 어울린다. 또한 의사의 방에서는 완전한 알몸도 외설이 아니다.

같은 조건에서도 제한 조건은 개인에 따라 다르게 나타난다. 원칙적으로 함께 기거하는 사람들의 성적 접촉은 아버지와 어머니의 관계, 즉 당연한 부부관계에 국한시킨다. 그러나 상황, 장소, 국면에 따라 금기가 가변적이고 불확실하듯이 제한의 범위도 불확실하고 가변적이다. 우선 여기에서 '함께 기거하는 사람들'이라는 표현은 한 가지 조건,

그것도 결코 명확하지 않은 하나의 조건에서만 적용되는 것이다. 우리가 알몸을 대상으로 삼을 때와 마찬가지로 이 영역에서도 그에 못지않게 임의성과 편이성이 재확인된다. 특히 강조할 점은 편이성의 영향이다. 레비스트로스는 특히 그것의 역할을 명쾌하게 풀어 나간다. 허용된 친척과 금지된 친척의 임의적 경계선은 교환 회로를 공고히 할 필요성에 따라 다르게 나타난다. 유기적 회로가 더 이상 쓸모가 없어지면, 근친상간의 상황은 축소된다. 그것이 더 이상 유용하지 않으면, 사람들은 결국 장애물(임의성에 충격을 느끼면서)을 무시하기에 이른다. 반대로 금기의 성격이 강화되면 그만큼 그것의 보편적 의미는 더 확고해진다. 말하자면 금기의 본질적 의미가 뚜렷해진다는 것이다. 뿐만 아니라 경계선은 무리만 없다면 점점 확장된다. 중세의 이혼 법정에서는 실생활과는 관계없이 이론적으로 따져서 근친상간이면 궁정 귀족 간의 합법적인 이혼 사유가 성립되었다. 그것은 그렇다 치고, 중요한 것은 완전한 인간성의 원칙과 동물적 무질서의 대비이다. 완전한 인간성은 어느 모로 보면 육체와 동물성을 감춘 채, 마치 그것과는 상관없는 듯이 살아가는 영국 빅토리아 시대의 귀부인들을 닮았다. 사회적으로 볼 때 완전한 인간성은 관능적 무질서를 단호하게 배척하며, 자연적 원리를 부성하고, 그러한 여건을 부정하는 반면 깨끗한 집, 정리된 공간, 그리고 존경스러운 사람들, 순박한 동시에 범할 수 없는 사람들, 온화하되 범접할 수 없는 사람들이 그의 집을 드나드는 것만을 허용한다. 그것은 딸에 대한 아버지의 욕망 또는 아들에 대한 어머니의 욕망을 억제하는 상징으로 작용할 뿐 아니라 인간을 열정이라는 폭력과 더러움으로부터 보호하기 위해 성적 욕망을 초월한 고상한 인간성의 이미지(지성소) 역할까지 한다.

인간의 본질은 근친상간의 금기에 있으며
그에 따른 여자의 증여에 있다

이 말은 레비스트로스의 이론과 결코 상반되지 않음을 다시 확인해 두자. 육체적 동물성에 대한 극단(가능한 최상의 극단)적 부정의 개념은 필연적으로 레비스트로스가 들어선 두 길의 접합 지점, 더 정확히 말해 결혼 자체가 앙가제되는 지점에 자리 잡는다.

어떤 의미에서 결혼은 이해관계와 순수성, 금기와 관능, 관용과 탐욕을 결합시켜 준다. 그러나 애초 결혼은 오히려 그와는 전혀 반대, 즉 증여 쪽에 기울어 있었다. 그 점에 대해서는 레비스트로스가 잘 밝히고 있다. 그 충동들을 얼마나 잘 분석하고 있는지 레비스트로스 덕분에 우리는 증여의 본질이 무엇인지를 명백히 알 수 있게 되었다. 증여는 거부 자체이며, 동물적 향락의 금기, 유보 없는 즉각적 향락의 금기이다. 요컨대 결혼은 부부간의 일이라기보다는 여자(딸이나 누이)를 자신이 갖거나 자유롭게 처분하는 대신 그냥 누구에겐가 증여하는 남자(아버지나 오빠)의 일이다. 여자의 증여는 섹스의 대체 행위이며, 따라서 그것은 풍성하게 베풀수록 성행위와 가까운 의미(낭비적 의미)를 갖는다. 그러나 그러한 형태의 낭비를 가능케 하고 증여를 허용하는 것은 오직 금기가 확립한 거부뿐이다. 비록 성행위처럼 증여에도 고통을 덜어주는 진통제 효과가 있긴 하지만, 그것은 동물성을 벗어나는 해방감과는 전혀 다르다. 인간성의 본질은 바로 초월에서 얻어진다. 근친의 거부(자기의 것을 스스로 금할 줄 아는 유보적 태도)는 동물적 탐욕과는 전혀 다른 인간적 태도이다. 이미 말했듯이, 근친의 거부는 대상의 매혹적 가치를 부각시킬 수도 있다. 그러나 근친의 거부는 근본적으로 존경, 어려움, 유보 따위가 폭력을 눌러 이기는 인간 세계를 창조하는 데 기여한다. 근친의 거부는 탐욕의 대상을 더 중시하는 에로티즘과는 상보적 관계에 있다. 금기 대상의 가치를 존중하지 않았다면 그 반대의 에로티즘도 없었을 것이다. (에로티즘의 탈선이 가능하지 않았다면 그리고 그것이 매력적인 것이 아니었다면 충분한 존경심도 없었을 것이다.)

존중은 필경 폭력의 에움길에 다름 아니다. 존중은 폭력이 금지되는 환경을 결정하는 한편 폭력이 전혀 허용되지 않는 영역에 뜻밖의 폭력의 분출을 가능하게 하기도 한다. 금기는 성행위의 폭력에 변화를 주지 못하며, 오히려 규칙을 지키는 인간에게 동물로서는 감히 가까이 다가갈 수도 없는 문, 규칙 위반의 문을 열어 주기도 한다.

한편에 있는 자유로운 에로티즘이라는 위반의 순간과 다른 한편에 있는 성행위가 용납되지 않는 환경이라는 두 극단적 현실들은 그 사이에 많은 중간 지대의 양상들을 내포하고 있다. 일반적으로 성행위는 범죄의 의미를 갖지 않으며, 한 지역의 여자들을 바깥 지역에서 온 남편들만이 건드릴 수 있는 지역성은 아주 고대적 상황과 일치하는 것이기도 하다. 대체적으로 절제 있는 에로티즘은 관용의 대상이다. 성의 단죄도 엄격해 보이지만 그것은 겉으로 보기에 그럴 뿐이고, 은밀한 조건만 성립되면 위반은 허용되곤 한다. 다만 극단은 엄청난 의미를 띤다. 중요한 것은 그것이 아무리 제한적인 것이라도 에로티즘의 양상이 전혀 용납되지 않는 지대와 그와는 반대로 에로티즘이 전복의 가치를 지니는 위반의 순간들이 존재한다는 사실이다.

이 극단적인 대립은 상황들의 끊임없는 변화를 고려하지 않는다면 이해할 수 없을 것이다. 예컨대 결혼에서 증여의 부분(증여는 축제와 관련이 있으며 증여의 목적은 언제나 사치, 넘침, 풍요이기 때문에)은 축제의 혼란과 관계가 있는 위반의 양상을 드러나게 한다. 그러나 그러한 양상은 분명 희석되었다. 결혼은 성행위와 존중의 절충이다. 결혼은 점점 더 후자의 의미를 띤다. 물론 결혼의 순간, 결혼의 과정은 원칙적으로 그것이 지니는 어떤 위반의 요소를 간직하고 있다. 그러나 부부생활은 어머니와 누이의 세계에서는 질식당한다. 부부생활은 숨을 죽이며, 어떤 의미에서 성생활의 극단성은 중화된다. 그 과정에서 금기가 확립한 순결(어머니와 누이의 본령인 순결)은 부분적으로 서서히 어머니가 된 아내에게로 옮아간다. 그렇게 결혼 상태는 인간적 삶을 추구할 가능성을 자유로운 동물적 욕망 충족과 대립적인 금기의 존중에다 두었다.

연구 5
신비와 관능

성의 공포심에 대한
근대 기독교인들의 폭넓은 관점에 대하여

신비 체험이라는 삶의 극단적 가능성이 제기하는 문제들에 대해 가까이서든 멀리서든 관심을 가지고 있는 사람이라면 브뤼노 드 생마리라는 한 맨발의 카르멜 수도사가 《카르멜 수도회 연구집》이라는 제목으로 내놓은 괄목할 만한 잡지를 알고 있을 것이다. 그 잡지는 이따금 특집을 내놓는데, '신비와 금욕' 사이의 관계에 관한 뜨거운 문제에 바쳐진 오늘의 특집이 그중 하나이다.[1]

카르멜 수도사들의 작업이 보여 주는 폭넓은 시각과 열린 마음 그리고 정확한 정보는 더 나은 예를 찾아볼 수 없을 정도이다. 그것은 결코 예배당의 출판물이 아니라, 그 방면의 온갖 전문가들이 '국제 회의'를 통해 발표한 논문집 같다. 유대교도들, 그리스 정교도들, 신교도들도

---

1) 『신비와 절제, 제7차 아봉 국제 보고서』(데클레 드 브루워 사, 1952), 8절판, 410쪽.《카르멜 수녀》지 30주년 기념호)

초대되어 의견을 교환했다. 특히 논집 중 중요한 부분은 종교와는 무관한 종교사가들과 정신분석학자들에게 맡겨졌다.

작업은 목적은 대단히 열린 눈을 요구했다. 그렇지 않았다면 논문들이 보여 주는 구교도의 단조로움과 배타성 그리고 저자들에게서 읽히는 금욕의 서원은 우리를 거북하게 했을 것이다. 또한 발표들은 한곳에 자리를 잡고 앉아 꼼짝하지 않는 수도승이나 사제들밖에 상대하지 못했을 것이다. 그러나 카르멜 수도사들이 발표한 논문들은 오히려 모든 것을 직접 바라보고, 가장 심각한 문제까지도 끝까지 추궁하고 있다는 점에서 특별하다. 얼핏 보기에 가톨릭의 입장과 프로이트의 입장은 한참 거리가 멀었다. 그런데 놀랍게도 마침내 정신분석학자들이 교회에 초대되어 기독교의 금욕에 관해 강연을 하기에 이른 것이다.

나는 이처럼 부정의 여지없는 성실성 앞에서 공감(그것은 놀라움이라기보다 공감이다.)을 느낀다. 사실, 기독교가 성 문제를 깊이 있게 다루지 말란 법은 없다. 반면《카르멜 수도회 연구집》이 지지하는 입장이 갖는 효과에 대해서는 한번쯤 의구심을 드러낼 수도 있다고 본다. 성 문제를 다루는 데 있어서 냉정한 시각에서의 접근 방식이 과연 최상의 문제 접근 방식이었을까 하는 것이다. 수도사들은 금욕의 기독교적 실천은 성에 대한 두려움에서 비롯된 것이 아님을 주로 밝히려고 했던 듯하다. 문집의 근원적인 질문으로 제기된 조사에서 브뤼노 드 생 마리 신부는 이렇게 묻고 있다. "금욕이 엄청난 해방이 될 수 있다는 것은 알지만 그래도 금욕은 성에 대한 두려움에서 기인하는 것이 아닐까요?"[2] 허두의 논문에서 필립 드 라 트리니테 신부는 "브뤼노 신부가 제시한 질문, 즉 금욕은 성에 대한 두려움에서 비롯되는 것이 아닐까

---

2) 같은 책, 10쪽.

요?에 대해 신학자는 아니라고 대답해야 할 것입니다."[3]라고 말했다가 뒤에 가서는 좀 더 분명하게 "금욕은 성에 대한 두려움에서 비롯되는 것이 아닙니다."[4]라고 밝힌다. 나는 수도자들의 태도와 어조를 보여 주는 이렇게 확신에 찬 답변의 정확성 정도를 논하고 싶지 않다. 그러나 공포가 부재하는 성의 개념에는 반박의 여지가 있어 보인다. 나는 여기에서 공포는 정말 '성'의 기반이 되어 주는가 그렇지 않은가 하는 문제(얼핏 보기에 이 문제는 문집과 무관해 보이지만 기실 그렇지 않다.)를 고찰해 보겠다. 그런 다음 나는 '신비'와 '성'의 관계가 깊고 어두운 심연, 둘이 공히 관계를 맺는 고뇌의 심연에서 비롯되는 것인지 아닌지 여부를 고찰해 보겠다.

성의 신성과 신앙적 삶에 있어서의 성의 특수성

가장 재미있는 연구 중 하나는 성적인 체험과 신비론자들의 체험을 비교한 루이베르나르 신부의 연구인데,[5] 그가 거기에서 강조하는 것은 "성적 결합은 어떤 초월적 결합을 상징할 수 있다는 것"이다. 그는 비록 간단히 언급하고 넘어가고는 있지만 궁극적으로 성과 무관하지 않은 공포의 원리를 암시한다. "성적 결합을 순전히 생물학적 현상으로 만들고 만 것은 과학과 기술의 마인드를 벗어나지 못하는 우리 자신"이다. 성적 결합은 "초월적 신과 인간의 결합"을 드러내 주는 미덕이 있는데 그렇다면 그가 보기에 그것은 인간의 체험이 "이미 그 안에 신성한 사건을 의미하는 내재적 능력을 가지고 있기 때문이다." "종교의

---

3) 같은 책, 19쪽. '아니'라는 단어의 강세는 작가에 의한 것이다.
4) 같은 책, 26쪽.
5) 『부부의 상징적 의미』, 380~389쪽.

현상학은 우리에게 인간의 성이 바로 신성을 의미한다고 가르친다." 인간의 성이 "신성의 의미를 지닌다"라고 하는 베르나르 신부의 편견과 성행위의 "순전한 생물학적 현실"은 서로 대립한다. 신성의 세계가 일방적으로 고상한 의미를 갖는 것은 아주 늦은 근대 수도사에 이르러서일 뿐 고대에는 극히 애매한 의미를 지니고 있었다. 기독교인에게 신성한 것은 반드시 순결한 것이어야 했으며, 불순한 것은 세속의 쪽에 두었다. 그러나 이교도에게는 신성한 것이 불결한 것일 수도 있었다. 그리고 엄밀하게 따져 보면 기독교에서 말하는 사탄도 사실은 신과 아주 가까이 있으며, 원죄 자체도 신성과 근본적으로 다른 것으로 치부할 수 없는 것이다. 원죄는 원래 종교적 금기이며, 이교도의 종교적 금기는 정확히 말해 신성이다. 근대인이 신성한 것 앞에서 떨쳐버리지 못하는 두려움과 전율은 언제나 금지된 사물에 의해 촉발된 공포감과 관련 있다. 이 경우, 왜곡이 없지 않지만 그는 이렇게 결론을 내린다. "우리의 신비주의자들이 내세우는 부부는 성적 의미 작용을 갖지 않는다. 오히려 성적 결합이 이미 초월의 의미를 지니고 있다." 초월한다? 이 말이 의미하는 것은 성적 결합이 더러운 현실과 관계를 맺고 있는 공포감을 부정한다는 말이다.

 이제 이해가 되었기를 바란다. 보나파르트나 제임스 뢰바가 주장한 신비 생활에 대한 성적 해석과 나의 생각은 극과 극이다. 어떤 방식으로든 신비적 감동이 신체의 관능적 충동과 비교될 수 있다면 그것은 뢰바의 글에서 엿볼 수 있듯이 신앙 생활자들의 쾌락이 어느 정도는 성적인 쾌락을 동반하기 때문이다. 마리 보나파르트 신부는 테레사 수녀의 한 문단을 인용한다.[6] "나는 그가 가지고 있는 기다란 금창을 보

---

6) 베르나르 신부는 380쪽에서 뢰바의 『종교 신비가의 심리학』, 202쪽을 참조한다. 파르슈미네 박사는 《프랑스 정신분석학 잡지》(1948년 2절판)의 한 글을 인용하여 마리 보나파르트의 사고를 입증한다.

았다. 창 끝에는 불꽃이 있었다. 그 불꽃은 여러 차례 내 가슴을 찌르다가 창자까지 관통하는 듯했다. 그가 창을 빼내자 나는 마치 창자마저 빠져나가는 듯한 느낌을 느꼈고, 이어 나는 신의 커다란 은총의 불에 휩싸임을 느꼈다. 고통이 너무 커서 나는 신음을 했다. 그러나 그 극단적 고통의 달콤함이 얼마나 크던지 나는 거기에서 빠져나가고 싶지 않았다. …… 육체가 고통의 많은 부분을 감당하고 있었지만 고통은 육체의 것이라기보다는 정신의 것이었다. 나의 영혼을 어루만지는 신의 애무가 얼마나 부드럽던지 나는 나의 말을 거짓말이라고 할 사람들에게 이 사실을 가르쳐 주시라고 신에게 기도드렸다." 마리 보나파르트는 이렇게 결론을 내린다. "테레사 수녀의 신비 체험은 너무나 유명한데 나는 그녀의 고백을 어떤 한 여자 친구의 고백과 비교해 보겠다. 그녀는 지금은 신자가 아니다. 그러나 그녀가 열다섯 살일 때, 강렬한 신비적 발작을 겪고 나서 수녀가 되기를 간절히 염원했다. 그녀는 어느 날 제단 앞에 무릎 꿇고 기도하던 중에 신비한 희열을 느꼈으며, 당시 그녀는 그것을 신의 강림으로 믿었다. 그런데 나중에 남자를 만나고 나서야 그녀는 그것이 성적 오르가슴과 다르지 않은 것이었음을 알았다. 순결한 테레사 수녀는 신비 체험과 성적 오르가슴을 비교해 볼 기회가 없었지만, 비교는 이 경우에도 절실한 것으로 보인다." 파르슈미네 박사에 의하면 "고찰들로 볼 때 신비 체험은 결국 일종의 성 또는 달리 표현하면 신경증에 다름 아니라는 것이다." 솔직히, 테레사 수녀의 '신비 체험'을 보나파르트 신부가 제안한 비교로는 입증 불가능한 것이라고 고집 피울 수만은 없다. 그것을 성적 오르가슴과는 다른 것이라고 주장할 다른 반증이 없다. 그렇게 하기는 힘들어 보인다. 사실 명상 체험은 이미 영적 희열과 성적 감동이 유사하다는 사실을 밝혀냈는데도 마리 보나파르트는 애써 사실을 무시하고 있다. 베르나르 신부는 말한다. "뢰바의 주장과는 반대로, 신비주의자들은 자신들의 신비 체험에 동반하는 성적 충동을 온몸으로 느끼곤 했다. 성 보나방튀르도 정신적 애정 행위를 통해 육적 희열을 느낀 사람들에 대해서 말하고 있다. 테레사 수녀나 생 장 드 라크루아도 거기에 대해서 분명히 말하고 있다……. 그러나 여기서 문제가 되는 것은 그들의 체험 외적인 것으로 여겨지는 어떤 것이다. 어떤 감동이 그들에게 일어나면 그들은 거기에 집착하지 않고, 두려움 없이 공포도 없이 그것을 바라다본다……. 현대 심리학은 가능한 모든 방법을 동원할 때 얻어지는 강력한 감동이 종종 신체 기관의 성적 흥분에 기인한다는 사실을 밝혀낸 바 있다. 여기서 현대 심리학은 생 장 드 라크루아가 말하는 분출(redundantia)의 개념과 조우한다. 마지막으로, 신비 체험의 초기 단계에서 경험하는 충동은 보다 높은 단계, 특히 영적 결혼의 단계에 이르면 더 이상 지속되지 않는다는 사실을 주목하자. 간단히 말해서 법열 도중에 느껴지는 감각적 흥분을 반드시 성적 흥분과 같은 것이라고 볼 수는 없다는 말이다." 이러한 지적이 가능한 모든 질문에 대한 답변이라고 볼 수는 없지만 그럼에도 그것은 종교적 체험이나 신앙생활의 경험이 전혀 없는 정신분석가로서는 도저히 생각도 못 하는 어떤 근본적인 특수한 영역을 드러낸 셈이다.[7]

에로티즘의 분출과 종교적 분출 사이에는 명백한 유사성, 같은 점 또는 상호성이 없지 않다. 그러나 양자의 관계는 두 가지를 내적 체험을 통해 아는 경우가 아니면 충분히 그리고 명료하게 드러낼 수 없다. 환자를 진찰하는 정신과 의사들은 환자를 관찰한다는 점에서 개인의 체험을 명백하게 벗어난다. 그래서 그들은 환자의 오류들을 내적으로 체험하지는 못한다. 결론적으로, 정신과 의사 자신들이 신비 체험이 없

---

[7] 그들은 당연히 정신병 의사라는 직업을 수행하는 데 있어서는 최소한의 신경증세가 필요하다고 생각했다.

는 채 신비 체험에 대해 말하는 것은 아무런 내적 체험 없이 정신병 환자를 다루는 태도와 다를 것이 없다. 결과는 뻔하다. 그들은 체험하지 않은 것이면 모두 이유를 따져 보기도 전에 비정상적인 것으로 간주할 것이다. 그것을 외적으로 판단할 그들의 권리와 병리적 현상의 진단 사이에는 유사성이 있다. 거기다 덧붙이자면, 모호한 동요를 통해 드러나는 그러면서도 아주 쉽게 인지되는 외적인 증세를 통해 보면 신비 체험도 감각적 흥분과 아주 비슷해 보인다. 그래서 그들은 쉽게 신비 체험을 병적인 성 체험으로 여기곤 한다. 그러나 외마디로도 아픔을 드러낼 수 없는 고통만큼 큰 고통이 또 있을까. 알 수 없는 아주 먼 곳에서부터 다가오는 존재의 내적 체험으로서의 신비 체험이 그러한 고통이다. '감각적' 순간들이 앞의 체험과 일치하는 것은 아니다. 실제적으로 성급한 판단을 불허하는 상태들은 정신과 의사들의 체험 영역 안에 들어오지 않는데, 그것들은 개별적으로 체험하는 한에서만 우리가 알 수 있는 체험들이기 때문이다. 위대한 신비주의자들의 묘사들은 원칙적으로 무지를 얼버무릴 수도 있겠지만 그 묘사들은 단순함 자체로 우리를 놀라게 하며, 그것들은 신경성 환자의 증세 또는 신비 체험자의 외마디와 유사한 아무것도 제공해 주지 못한다. 그들의 묘사는 정신과 의사의 해석을 거의 허용하지 않으며, 그래서 관련 자료들은 대개 그들의 관심 밖으로 벗어난다. 에로티즘과 신비 체험이 서로 조응하는 지점을 분명히 짚으려면, 우리는 오직 종교인들만이 가질 수 있는 또는 거의 그들 외에는 갖기 어려운 내적 시선으로 돌아갈 수 있어야 한다.

죽음의 모럴과 일상적 모럴의 상이성

엄밀히 말하면 신비 체험을 다루는 종교가들 모두가 신비 체험을 경험하는 것은 아니다. 그러나 문집의 편집에 참여한 한 사람이 말했듯이,[8] 신비(물론 교회에서 진정한 것으로 인정하는 신비에 국한된 것이기는 하지만)는 "기독교도의 모든 삶을 구성"한다. "기독교적으로 산다는 것과 신비적으로 산다는 것은 동일한 것에 대한 다른 표현에 지나지 않는다." 그리고 "우리가 지고의 상태에서 보는 모든 요소들은 이른바 천한 것이라고 하는 상태에서도 이미 확인되는 것들이다." 내가 보기에는 종교가들조차도 어디부터 빛이고 어디부터 어둠인지는 정확히 알지 못한다. 이미 지적했듯이 그들도 처음에는 섹스와 신성이 구분되지 않는 애매한 개념에서 출발한다. 그러나 실수처럼 보이는 것에서 비롯된 탈선은 내가 보기에 그렇게 심각한 것은 아니며, 어쨌거나 그것은 한번 좇아가 볼 가치가 있는 것이, 그러한 시행착오는 적어도 우리를 빛에 다가갈 수 있게 해 주기 때문이다.

    테송 신부의 견해가 전적으로 만족스러운 것은 아니지만, 그래도 그의 견해는 깊이가 있다. 내가 그의 견해를 차용하는 이유는 여러분이 금방 알아차릴 수 있을 것이다. 테송 신부는 신비 상태에 관한 한 결정권은 모럴이 쥐고 있다고 주장한다. "우리에게 인간의 신비적 또는 종교적 가치를 드러나게 해 주는 것은 바로 윤리적 삶의 가치이다."라고 그는 말한다. "모럴은 신비적 삶을 판단하고 인도한다."[9] 모럴을 신비적 삶의 절대 원리로 삼는 테송 신부는 관능을 배척하기는커녕 신의 의도와 그것이 하나임을 강조한다. 그러한 점은 특히 눈여겨보아야 할 사실이다. 그에 의하면, "두 가지 인력이 우리로 하여금 신을 향하게 한다." 하나는 "우리의 천성에 각인되어 있는 관능이고", 다른 하나는 신비로서 "그리스도로부터 비롯되는" 것이다. "우발적인 불일치가 두

---

8) 테송 신부, 『성, 모럴 그리고 신비』, 359~380쪽; 필립 드 라 트리니테 신부, 『신비적 사랑, 완전한 순결』, 17~36쪽(머리글) 참조.
9) 테송 신부, 앞의 책, 376쪽.

힘을 서로 대립시킬 수도 있지만, 불일치는 오히려 둘 사이에 더 깊은 화합을 초래할 뿐이다."

테송 신부는 교회 교리의 해설자를 자임하면서 "번식을 위한 성행위"가 "허약한 인간이기 때문에 눈감아 줄 수밖에 없는 죄도 아니고 무가치한 행위도 아닌" 단지 결혼이 허용하는 행위라고 규정한다. 결혼이라는 테두리 안에서의 육체적 행위는, "평생 아니 저세상에까지의 결합을 약속한 남녀가 상호간에 주고받는 사랑의 표시인" 것이다. "그리스도는 기독교인들 간의 결혼을 성례를 통해 부부생활에 특별한 은총을 베풀고 있다." 그러므로 "은총 속에 이루어진" 육체적 행위는 그 어느 것도 방해할 수 없으며, "찬양받아" 마땅한 행위인 것이다. 결합은 "인간적인" 것일수록 그리고 선택 배타적일수록 더한 가치를 지닌다. "성생활을 포함한 부부생활이 신앙생활 또는 더 나아가서 신성한 삶에 속하지 않는다고 말할 사람은 아무도 없을 것이다."라고 그는 단언한다.

매우 흥미롭고 의미심장한 주장들이다. 그러나 얼핏 보아도 그러한 시각들은 완전해 보이지는 않는다. 첨예한 시각들이 문집 참여자들의 관심을 끈 것은 그들에게 대립의 폭을 조금이라도 줄여 볼까 하는 간절한 마음이 있기 때문이겠지만 그것들이 관능과 신비 사이에 해묵은 갈등이 존재하는 현실을 거스를 수는 없다.

저자는 자신이 참여한 문집의 일관된 시선, 즉 성생활에 대한 개방적 시선이 가져다 줄 혼란의 가능성을 모르지 않았을 것으로 보인다. 그래서 그는 이렇게 말한다. "최근의 출판물들을 보면 사람들은 부부의 성적 결합보다 더 큰 사랑이 없는 양 지나치게 강조해 왔다. 물론 사람에게 공통된 육체적 행위가 깊은 곳에서 감동과 생명이 메아리치는 사랑의 표현인 것은 사실이다. 그러나 영적인 사랑을 더 잘 드러내는 의지적인 어떤 것이 있음도 간과해서도 안 된다. 우리는 그 점을 분명히 강조할 필요가 있다."그렇게 말한 그는 부부생활을 선택한 사람들에게 소용되는 다음과 같은 복음을 전한다. "신적 삶을 위해서는 죽음의 문을 지나야 하느니."

　이 말은 원칙적으로 무엇보다도 테송 신부가 말한 "신비 생활을 판단하고 인도하는" 모럴과 관련이 있다. 사실, 본질적 특성들이 관능과의 대립에서 비롯되는 것도 아니고, 생활상의 이유(견고한 주제들)에서 비롯되는 것도 아닌 위의 모럴은 "신적 삶을 살기 위해서는 죽어야 한다."는 기본 명제와 관련 깊다. 그래서 그의 모럴은 긍정적인 측면에서 보면 신적인 삶이라는 가치에 근거한다. 그것은 단지 주어진 삶의 유지만을 보장해 주는 본질적 계율에 소극적으로 매달리는 모럴이 아니다. 물론 계율의 준수는 중요하며, 그것 없이는 아무것도 가능하지 않다. 그러나 그것만으로는 신적인 삶을 이룰 수는 없다. 사랑만이 신적 삶의 진실이고 힘이다. 신성의 삶은 계율이 예방하는 악과 대척점에 있는 것도 아닐 것이다. 신성의 삶이 걸려들기 쉬운 병은 오히려 "표면적 엄격성, 형식적 준법 정신, 인습……" 등으로 불리는 마비와 무감각 상태의 병일 것이다. 그래도 모럴은 역시 "교회가 어떤 순간에도 시효를 멸할 수 없는" 규칙과 관계한다. 그러나 규칙 위반이 있다고 해도 신학자는 너무 성급하게 판단하려 들지 말아야 한다. "심리학 방면의 최근의 저서들은 신적인 삶을 살기 위해 신을 향해 열광하는 사람들, 그러나 그러던 중에 정신적인 불균형에 빠져 시달림을 받는 사람들에 대해 대단한 관심을 보이고 있다." "정신분석학은 표면적 또는 의지적 동기의 배후에 숨어 엄청난 영향력을 행사하는 그 부문의 무의식적 동기를 우리에게 밝혀 주었다." 그래서 "모럴 심리학의 신중한 수정"이 불가피하게 되었다. "계율의 위반은 그것이 아무리 심각한 것이라도 그다지 고통스러워할 필요가 없는 것일 수 있다. 왜냐하면 그것은 분명히 그러한 것으로 인지되기 때문이다. 정신생활에 더욱 해로운 것은 범속성에 스스로 매몰당하는 것이고, 또는 자만심에 빠지는 것이다. 이 두 태도는 결코 서로 뗄 수 없는 관계에 있는 것들이다." "사람이라면 모델의 규칙 위반에 대해 너무 양심적으로 책임질 필요는 없다. 결론적으로 말하자면 완성을 향해 가는 사람들 또는 신비가들 심지어 성현들조차 그렇게 인지되었든 또는 인지되지 않았든 위반을 저지르곤 하더라는 것이다." 짐작하겠지만 여기에서 말하는 모델은 사회생활이나 개인 생활에 초점을 맞춘 '평범한 계율'이 아니라, 신적 삶을 위해 자신을 죽이는 신적 열정에 초점을 맞춘 모델이다. 이 모델이 단죄하는 것은 신적 삶을 방해하는 무기력(만족, 자만, 그리고 범속성에 대한 애착)이다. 테송 신부의 제안에 의하면 "모델은 신비적 삶을 판단하고 인도한다."고 하는데 우리는 그의 말을 뒤집어서 "신비는 윤리적 삶을 판단하고 인도한다."라고 말할 수도 있을 것이다. 따라서 모델은 삶의 유지만이 아니라 개화를 요구한다는 말은 너무 당연한 말이다.

사실 나는 그 반대를 요구한다고 말하고 싶었다. 왜냐하면 우리는 이미 살기 위해서는 죽어야 한다는 말을 했기 때문이다.

혼례 비행에서와 종교인의 삶에서의 현재의 순간과 죽음

삶과 죽음과의 관계에는 여러 가지 측면이 있을 수 있다. 둘의 관계는 성적 체험에서나 신비 체험에서나 공히 뚜렷이 나타난다. 카르멜 수도사들이 편집한 문집이 전체적으로 그렇듯이 테송 신부도 성과 삶의 일치를 강조한다. 그러나 어떤 식으로 접근해도 인간의 관능은 결국 한계를 벗어날 수 없으며, 그 한계를 넘어서는 일은 금기이다. 결국 어디에서든 더러움이 개입하는 성 충동은 있다. 그때부터 그것은 '신이 원하는' 유익한 육욕이 아닌 저주와 죽음의 육욕이 된다. 유익한 성행위란 인간에게 고유한 인간의 에로티즘이 아닌, 오직 생식을 위한 동물적 성행위에 가깝다. 원칙적으로 불임의 에로티즘은 악과 악마를 상징한다.

성과 신비의 마지막(그러나 의미심장한) 관계는 바로 그런 식으로 정리될 수 있다. 정신적 불균형을 벗어나지 못한 수도사들과 신자들의 삶에서 그들을 유혹하는 것은 번식 충동이 아니라 에로티즘이다. 그것은 성 앙투안의 유혹과 관련된 이미지들로부터 드러나는 진실이다. 유혹에 빠진 수도사를 사로잡는 것은 다름 아니라 그가 두려워하던 어떤 것이다. 신적 삶을 향한 열망은 자신의 죽음에의 욕망으로 번역되어 나타난다. 모든 요소가 끊임없이 변하는 무궁한 변화는 이제부터 시작된다. 수도사가 원하던 죽음은 사실 그에게는 신적 삶이다. 그러나 생명의 의미를 갖는 번식의 질서를 거부한 그였지만 그는 지금 죽음의 의미를 갖는 유혹에 사로잡혀 있는 것이다. 성적 유혹이 그에게 제기하는 저주나 죽음은 자신의 죽음을 통해 추구하던 신적 삶의 관점에서 보아도 죽음이다. 따라서 성적 유혹은 이중의 죽음을 내포한다. 유혹은 수도사를 "사원의 지붕 위로" 데리고 올라간다. 그 높은 곳에서 두 눈을 크게 뜨고 모든 것을 보게 된 수도사가 과연 모든 가능한 대립들의 관계를 아무런 두려움 없이 깨닫게 될까?

이제 그 "지붕" 위에서는 도대체 무엇이 보이는지 한번 살펴보자.

나는 우선 다음과 같은 역설적 질문을 던지고 싶다. "이렇게 제기된 문제는 이미 자연 안에 답이 있지 않던가?" 자연은 번식 행위 속에 삶과 죽음을 섞어 놓지 않았던가? 성행위가 새끼를 낳은 동물에게 죽음을 안겨 주는 극단적인 경우를 고찰해 보자. 자연의 의도에 대해 언급한다는 것은 터무니없지만 그럼에도 불구하고 실체의 낭비를 목적으로 삼는 생명의 불가피한 충동들은 결코 그냥 넘어갈 수 없는 것들이다. 생명은 열병에 걸린 듯이 제한 없이 낭비될 때 상실과는 명백히 반대되는 결과를 얻는다. 생명은 오직 성장을 지향하는 한에 있어서만 에너지의 극단적 소비에 몸을 맡긴다. 식물이든 동물이든 마찬가지인데 꽃의 사치 또는 교미의 사치는 보기처럼 사치에 그치지 않는다. 사치는 일종의 합목적적 겉치레이다. 꽃과 동물들의 광채는 투박한 지성적 차원에서 기능적으로 보면 아무런 유용성이 없는 것처럼 보일 수도 있다. 무슨 기만 행위냐고 반문할 사람이 있을지도 모르겠다. 번식에 관한 주제로 시작한 내가 그것과는 전혀 상관없는 이야기만 두서없이 늘어놓고 있으니 말이다. 삶은 마구 흐르는 것 같아도 그 안에 담고 있는 축제를 밑도 끝도 없이 아무렇게나 흘러가게 내버려두지 않았다. 엄청난 방탕을 저지르려면 알리바이가 필요한 것과 마찬가지다.

이러한 고찰들이 만족스럽지 않을 수도 있다. 그러나 적어도 이 고찰들은 이제까지 인간들이 아주 가볍게밖에 건드리지 않은 영역을 파고 들어간다. 그동안에는 쇼펜하우어가 제기한 극히 간단한 의견(쇼펜하우어에 의하면 성 충동에는 오직 하나의 의미가 있을 뿐인데, 자연의 합목적성이 그것이라는 것이다.)이 이론의 여지없이 받아들여지고 있었다. '자연'이 터무니없는 방식으로 움직인다는 사실에 주의를 기울인 사람은 아무도 없었다.

사실 이 문제에 대한 포괄적인 검토는 나의 능력을 훨씬 능가한다. 나는 왕성한 낭비의 다른 표현으로서의 삶이 어떻게 동시에 그와는 반대의 충동, 즉 성장 충동을 지향할 수 있게 되는지를 밝히는 데 그치겠다.

그러나 최종적으로 우세한 쪽은 낭비라고 할 수 있다. 번식은 생명을 증식시키려고 하지만 헛수고에 그치며, 생명을 증식시킨다 해도 오직 그것을 죽음에 바치기 위해서일 뿐이다. 생명이 맹목적으로 자기 영역을 확장하려고 해도 더욱 확장되는 것은 오직 죽음의 참해뿐이다. 내가 정반대를 언급해야 할 필요에도 불구하고 낭비를 더욱 강조하는 이유는 그 때문이다.

성행위 이후 동물이 즉시 죽는 극단적인 경우(내게는 아주 중요한 화제이다.)로 다시 돌아가자. 이때 생명체는 생장의 원리를 유지함에도 불구하고 죽어 없어진다. 자신의 죽음을 이보다 완벽하게 실현하는 예는 없을 것이다. 그래서 이제 나는 동물이 결과에 종속된다는 사고방식을 탈피하는 입장을 취하겠다. 이 경우, 개체의 충동은 결과(종족 유지의 의미만을 갖는)를 훨씬 능가한다. 오직 결과가 한 세대에서 다음 세대로의 반복을 보장하는 것이 사실이지만 그렇다고 미래에 대한 무관심, 어떤 의미에서 태양처럼 화려한 순간에의 동의가 폐지될 수는 없다. 순간을 결과에만 종속시키면, 다시 말해 우리가 거기에만 붙들리면 순간은 폐지되고 만다. 제도에 의하지 않고는 아무도 동물의 죽음 자체가 갖는 가치를 외면할 수는 없을 것이다. 동물의 죽음을 종족에 대한 배려 때문이라고 본다면 그러한 인간의 생각은 혼례 비행 순간의 수컷의 행동을 너무 투박하게 단순화시키는 것이 아닐까.

인간의 에로티즘으로 다시 돌아가서, 만약 수도사나 수벌이 죽음을 충분히 의식한 상태에서 혼례 비행을 자유로이 결정한다고 가정하면, 에로티즘은 죽음의 혼례 비행을 하는 수벌에게도, 유혹에 이끌려가는 수도사에게도 같은 의미를 가질 것이다. 수도사가 육체적으로 죽지는 않는다고 해도 그가 열망하던 신적 삶은 잃을 것이기 때문이다. 테송 신부의 표현을 빌리면 "우리를 신에게로 향하게 하는 두 가지 형태(천성적인 성적 욕구와 그리스도에게서 비롯되는 신비적 욕구)의 인력"은 그런 식으로 "우연한 갈등"을 겪는다. 내가 보기에 그 두 가지 형태의 인력은 날카로운 대립을 보이는, 그러면서 동시에 가장 유사성을 분명히 드러내 보이는 순간에 포착하지 않으면 명확한 이해가 어렵다. "심원한 공모" 아닌가? 가능하다. 그러나 유사하기 때문에 대립적인 것이 그것들이라면, 둘 사이의 대립적 특성들을 완화시켜서 파악하는 것도 가능한 일 아닐까?

테송 신부의 용어를 빌리면, 신적 삶은 그것을 추구하는 사람의 죽음을 요구한다. 그러나 아무도 생명이 없어지는 것을 의미하는 죽음을 수동적으로 당하고만 있지는 않을 것이다. 죽음의 공포는 우리로 하여금 신중을 기하게 하지만 죽음은 능동적 행동 지침을 선택케 하기도 한다. 동물들조차도 위험 앞에서는 반사적으로 죽은 체하기도 하고 도망가지 않던가. 그러한 반사 작용들은 죽음에 대한 본질적인 두려움의 표시이며, 그것은 인간에게서 더 복잡한 형태로 나타난다. 그러한 반사적 명령에 복종하지 않는 어떤 순간의 삶은 자신을 죽이는 행위이고, 적어도 죽음과 동일한 수준의 행위라고 할 수 있을 것이다. 사실 자기의 삶에 애착을 갖지 않는 사람은 없으며 그것을 연장시키려고 노력하지 않는 사람도 없다. 사람이라면 누구나 개인의 생애를 연장시키기 위해 끊임없이 노력을 기울인다. 현재의 자신을 버린 채 현재를 미래에 예속시키는 인간은 자아에는 충실할지 모르지만 자만적인 평범한 사람으로서 결국 에고이즘 때문에, 테송 신부가 말하는 신적 삶 또는 좀 더 모호하게 말해 신성한 삶이라고 하는 것으로부터는 멀어지게 된다. 테송 신부는 그러한 삶을 "신적 삶을 위해서는 죽어야 한다."라는 간단한 한마디로 표현하고 있다. '범속성', '자만' 너머로 우리는 어떤 고뇌에 찬 진실의 측면을 보지 않을 수 없다. 그 거대함, 알 수 없는 어떤 웅장함(모든 것을 행위, 인과 관계 또는 목적에 의해서만 설명하는 이지적 시각으로는 이해할 수 없는 어떤 거대함과 웅장함)은 전체를 모르고 부분을 살면서, 자신에게(저속하고 오만한 시각에) 파묻힌 채 급급한 계산으로 세상을 살아가는 사람에게는 두렵게만 느껴진다. 거대함이 그를 끌어당길지라도 그것은 그에게 죽음으로밖에 보이지 않는다. 일종의 혼미 또는 공포에 사로잡히면 우리는 자신을(그리고 자신의 허약한 이기적 시각을) 영원한 부재인 동시에 무한 현존의 심오성과 대질시켜 보지 않을 수 없다. 그런 상황에 처하게 되면 인간도 죽음의 위험에 처한 동물처럼 도망갈 것인지 깜짝 놀라 죽은 체할 것인지 등의 견디기 어려운 복잡한 반사 작용들 때문에 고뇌라고 부르는 고통스러운 입장에 붙들리고 말 것이다. 그러나 어떤 때는 도망가게 만들고 어떤 때는 죽은 체하게 만드는 위험은 외부로부터 오는 현실적인 분명한 것인 반면, 죽음 앞에서 동물의 반사 작용을 지시하는 것은 명확히 정의하기 어려운 대상에 대한 고뇌 속의 욕망이다. 그렇게 죽음의 위험에 처한 존재는 육체적 유혹에 시달리는 수도사의 상황을 떠오르게 하며 또는 동물의 세계에서는 적 때문이 아니라 여왕벌의 빛을 향해 필사적으로 날다가 죽음에 이르는 수벌의 상황과 비교될 수 있을 것이다. 그것들은 둘 다 죽음을 무릅쓴 순간적 섬광이라는 공통 분모를 가진다.

수도사의 유혹과 우울한 환희

여기에서 한 가지 점은 우리가 아무리 강조해도 지나치지 않다. 요컨대 수도사가 임의로 극단적 중요성을 부여하는 성 금기는 유혹의 상황에 이르면 의미가 변질되기보다는 오히려 두드러지게 드러날 뿐인 에로티즘의 비정상적인 사태를 만들어 내기 때문이다. 수도사의 유혹과 수벌의 혼례 비행을 비교하는 것이 조금 역설적인 것처럼, 그리고 해로운 것처럼 보이지만, 그래도 비교하자면 죽음은 둘 모두의 끝이라는 사실이며, 유혹에 빠진 수도사는 말하자면 욕망 충족의 끝에 죽음이 있음을 알고 있는 수벌이라고 할 수 있다. 그러나 대체로 우리는 둘의 유사성을 무시한다. 왜냐하면 인간의 경우 성행위는 원칙적으로 진짜 죽음을 부르지 않으며 오직 수도사들만이 거기에서 도덕적 죽음의 가능성을 보기 때문이다. 그러나 에로티즘은 오직 타락(타락의 공포는 바로 육체적인 죽음을 상기시킨다.)을 초래하는 경우에만 수도사의 모든 가능성을 소진시키면서 온전한 의미를 획득할 수 있다.

수벌과 수도사를 대립적으로 보이게 하는 차이가 오히려 둘의 유사성의 의미를 밝혀 주며, 관능적 열정의 어떤 특질이 둘을 신비(어휘의 공통성 이상의 내적 신비)와 연결시켜 주는지를 드러나게 해 준다.
나는 이미 상황을 깨닫고 있는 수도사와 맹목적인 수벌과는 차이가 있다고 했지만 그 차이는 인간과 동물의 차이로 환원시킬 수도 있다. 이제 나는 제한적 형태로서 그 문제를 능가하는 한 가지 다른 문제를 다루려고 한다. 수벌의 현상도 아니고, 보편적 인간의 현상도 아닌 수도사의 저항에 대해 언급해 보자.(사실 여자의 저항은 더 자주 눈에 띈다. 그러나 여자의 행동이 아무리 의미 있다 해도 여자의 저항은 분명한 의식 없이 저항하는 경우가 대부분이다. 여자는 동물의 암컷이 본능적으로 저항하듯이 저항하는 것일 뿐이다. 오직 수도사의 저항만이 거부의 의미를 충분히 알고 하는 저항이라고 할 수 있다.)
수도사의 싸움은 실패하는 경우 치명적인 타격을 입을 수 있는 영적 삶을 유지하려는 의지에서 출발한다. 육의 죄과는 당장 자유를 향한 영혼의 비상에 종지부를 찍는다. 테송 신부의 말을 들어도 그렇고 모든 교회의 교리가 그렇듯이 "신적 삶을 살기 위해서는 죽어야 한다." 물론 어휘의 모호성을 피할 수는 없다. 신적 삶을 죽이는 죽음과 신적 삶의 조건이 되는 죽음은 대립적이기 때문이다. 이 대립적 측면이 중요한 것은 아니다. 중요한 것은 해로운 힘에 맞서서 어떻게 해서든 삶을 유지시키는 일이다. 삶(영적 진실을 위장한 현실적, 물질적 삶)의 유지라는 주제는 영혼의 삶이 문제일 때도 변함이 없다. 원칙적으로, 죄과 때문에 파괴된 삶은 기본적으로 선이라는 가치를 지닌다. 반면 신적 삶 때문에 죽은 삶은 아마 악일 것이다. 그러나 죽음은 지속을 원하는 어떤 현실을 항상 파괴시킨다. 만약 내가 나 자신을 죽인다면 그것은 지속과 성장이 목적인 존재를 무시하는 태도이다. 내가 죄과로 나의 영적 삶을 파괴시키는 행위도 마찬가지이다. 더 큰 유혹(경탄케 하고 황홀하게 하는 것)은 매번 지속을 위한 생체의 욕구, 단호한 의지를 눌러 이긴다. 저항하고 변하는 것은 어떤 때는 이기적인 개인의 이해타산이고, 어떤 때는 종교적 생활 단체이다. 그러나 그것이 더러운 것이든 아니든 미래에 대한 배려는 언제나 목전의 유혹에 제동을 건다.

이미 언급했듯이 테송 신부는 공개적으로 "우리를 신에게로 이끄는 두 가지 형태의 인력(천성적인 성적 욕구와 그리스도에게서 비롯된 신비)"이 있다고 한다. 신은 (내가 보기에는 그런데) 어떻게 하면 내 손아귀에 들어온 부를 지킬 수 있는가 또는 증대시킬 수 있는가 하는 염려를 떨쳐버리게 하는 어떤 섬광과도 같은 요소가 있다. 수도사들은 내가 본질을 빠뜨렸다고 말할 것이다. 다시 말해 유혹의 상황에 빠지면 갈등은 사랑을 받을 만한 대상과 공포에 합당한 대상을 대립시킨다고 말할 것이다. 그러나 그 말은 옳지 않다. 아니면 적어도 피상적으로 옳을 뿐이다. 나는 반대로 다음과 같은 기본적인 원칙 한 가지를 주장하고 싶다.

유혹에 빠지면 이제 남는 것은 성적 차원의 유혹적 대상뿐이다. 유혹에 빠진 수도사를 방어해 주어야 할 신비적 요소는 더 이상 그에게서 '실제적 힘'을 발휘하지 못하며, 신비의 힘은 오직 자신에게 충실한 수도사가 자신을 끌고 들어간 유혹의 섬망 상태보다는 신비의 삶을 통해 얻은 균형을 지키려고 노력하는 한에서이다. 유혹의 본질은 신적인 것을 더 이상 신비의 형태로 감지하지 못하는(인지할 수 없는) 데 있다. 감지 가능한 순간의 신은 관능적 또는 악마 신이라 할 수 있는데, 사실 그 악마-신, 신-악마도 주요한 신비 체험에서 발견된 신의 제안을 제안하며, 수도사는 유혹에 빠져 타락하기보다는 현실적 죽음을 원하는 사람이기 때문에 더 심오하게 제안한다. 나는 타락이 더러운 나에게 열어 줄 만족의 가망성을 모르지 않는다. 그러나 수도사는 다르다. 수도사는 그런 가능성을 이용할지도 모를 자아를 거부한다. 오히려 규율 또는 교회와 관련된 자아의 내적 타락을 예감한 수도사는 어느 날 공개적으로 일차적 이기심을 포기하기에 이를 것이다. 신 안에서 자신을 포기하는 것은 이차적 자아의 원칙이다. 그러나 유혹의 순간에 이르면 신은 정신 속에 더 이상 감지 가능한 형태로 존재하지 않는다. 신은 이제 신의 본질인 혼미의 효과를 발휘하지 못하며, 그때 드러나는 것은 정반대로 인지 가능한 가치, 즉 일차적 자아의 이익이다. 신은 여전히 문제가 된다고 해도 오직 인지 가능한 형태로일 뿐이다. 마침내 우세한 것은 불꽃 같은 신이 아니라 이해타산이다.

이처럼 유혹에 빠지면 수도사의 저항은 파멸의 혼미가 갖는 의미를 유지한다. 거부의 태도를 취하는 수도사는 사실 자신을 여왕벌에게로 안내해 줄 비상구를 아는 수벌과 같다고 할 수 있다.

그러나 수도사에게 공포가 있다고(거기서 수도사의 거부가 비롯된다고) 해서 수벌을 빛 속의 죽음으로 몰아가는 여왕벌과 수도사를 유혹하는 유혹의 대상이 같은 의미를 가질 수는 없다. 거부 대상은 더러운 동시에 매력적인 것이기 때문이다. 성적 매력은 어찌나 찬란하고 아름다움은 얼마나 황홀한지 수도사는 그 앞에서 넋을 잃고 만다. 그 황홀함은 동시에 공포이기도 하다. 아름다움을 더럽게 만드는 죽음의 훈륜이 그것을 감싸기 때문이다.

유혹의 이러한 모호한 양상은 교회에서 말하는 "우울한 환락"이라는 이름의 확장된 유혹의 형태에서 잘 드러난다.

우울한 환락에는 미의 대상도 성적 매력도 사라지고 없다. 남는 것이라고는 내가 앞서 말한 일종의 죽음의 훈륜과도 같은 추억뿐이다. 이제 대상은 대상이라기보다는 어떤 영혼 상태와 연결된 환경이며, 그래서 더 이상 공포 또는 매력에 대해서 말하는 것 자체가 불가능해진다. 관능의 대상은 두려움을 주면서 의식의 영역 밖으로 밀려나고 우리를 잡아당기는 것은 오직 죽음의 느낌뿐이다. 우울한 환락은 혼례 비행과도 유혹과도 거리가 먼 것이 사실이다. 그러나 비록 우울한 환락이 약간은 희극적이고 무기력하게 보여도 그것을 파악할 수는 있다. 어떤 의미에서 보면 그것은 감각이 마비된 그러면서도 어쨌든 떠 있는 혼례 비행이다. 그러나 이번에는 동물의 맹목성에 비교되는 맹목적 어둠 안에서이며, 그래서 그것은 고통이 되기에 이른다. 사실 그것은 영혼 구원의 욕망과 필사적인 육적 몸부림에 빠지려는 욕망을 화해시키는 하나의 방법이기도 하다. 그러나 탐스러운 대상에 대한 차제의 욕망은 자연스러운 매력이 없는 대상에 대한 욕망이다. 그것은 죽음 또는 적어도 '저주'에의 무의지적 그러나 이해가 가능한 욕망이다.

단죄 받아 마땅한 관능과 죽음

지금까지 풀지 못한 인간의 관능이라는 주제를 밝혀 줄 수 있는 것이 있다면 그것은 환락의 분석이며 유일하게 면밀히 검토된 신비 체험이라는 체험과 환락을 연결시켜 주는 것이 어떤 것인지를 파악하는 방법은 그 방법뿐이다. 사실 카르멜 수도회의 편집자들처럼 인간의 성욕을 가장 고귀한 형태(그를 더럽힌 일탈과는 다른, 즉 신이 원한 인간의 성욕)로만 파악하면 우리는 오히려 신비적 계시로부터는 멀어진다. 합법적인 테두리를 벗어나지 않는 관능은 수벌의 비행이나, 유혹에 빠진 수도사의 생사를 건 치명적 측면을 보지 못하게 하며, 우울한 환락은 오히려 후자와 가장 관계가 멀다.

'신이 원한' 더 나아가 자연스럽고 정상적인 것으로 간주되는 결혼에 국한된 성행위는 수벌이나 수도사의 유혹과는 두 가지 점에서 대립적인데 한편으로 그것은 자연을 비켜가는 일탈과 대립적이며, 다른 한편으로 불의의 낙인이 찍혀 죄로 간주되는 그러나 바로 그런 이유 때문에 금단의 열매처럼 더욱 달콤한 맛이 나는 모든 체험과 대립적이다.

순수한 영혼의 소유자에게 합법적인 성행위는 대체적으로 순수하고 옳은 것으로 간주된다. 물론 가능하다. 그러나 그러한 부분적인 진리는 보다 근본적인 진리를 가려 버린다.

성적 수치의 요소와 관련된 사람들의 일반적인 반응에도 불구하고, 성행위를 필연적인 행동, 즉 하나의 기능으로 간주하는 시각은 교회의 합리적 판단과 일치하는 시각이다. 포옹에는 내가 위에서 여러 차례 반복한 수치심과는 전혀 다른 찬탄할 만한 경이로움이 있다. 포옹은 삶을 가장 행복하게 꽃피우는 행위이다. 이를 상기시키기 위해 포옹이 삶의 절정이자 죽음으로 통하는 문의 의미를 갖는 수벌을 예로 들 필요는 없다. 어쨌든 성행위의 양상들은 애초부터 불신을 자극한다. 통속적으로 오르가슴은 '작은 죽음'이라고 불린다. 여자들의 반응은 성행위 후 죽음을 피하려고 몸을 도사리는 암컷의 반응과 비교될 수 있다. 수도사의 반응과 다른 점이 있다면, 여자들은 성적 접촉에 대한 생각만으로도 두려움이나 공포를 나타낸다는 것이다. 사실 그 양상은 이론적으로 증명된다. 성행위에 필요한 에너지의 소모는 언제나 막대하다는 것이다.[10]

성행위는 공포의 대상인데 공포의 원인을 다른 데서 찾을 필요는 없을 듯하다. 죽음은 특별한 것이며 극단적인 것이다. 성행위가 초래하는

---

10) 내가 여기에서 말하는 것은 단순한 '성 에너지'의 소비가 아니다. 오스왈드 슈바르츠(『성의 심리학』, 갈리마르사, 1951, 9쪽)는 '성 에너지'의 개념을 근거 없는 날조라고 하고 있다. 나도 그의 의견에 공감한다. 그러나 내가 보기에 슈바르츠는 다른 방향으로 쓸 수 있는, 아직 확정적이지 않은 육체적 에너지가 성행위와 항상 관계한다는 사실에 대해서는 주목하지 못했던 듯하다.

정상적인 에너지의 소비는 사실 수벌의 죽음에 비교하면 작은 죽음에 불과하다. 그러나 그것이 명료한 것이든 막연한 것이든 '작은 죽음'도 두려움의 동기인 것은 마찬가지이다. 반면 그것은 욕망의 대상(적어도 인간에 국한시켜 볼 때)이 되기도 한다. 혼미 또는 전복의 느낌이 자극의 본질임은 아무도 부인할 수 없을 것이다. 사랑은 비극으로 치닫는 죽음처럼 우리 안에 있는 또는 없는, 그리고 오직 죽음에 의해서밖에 멈추지 않는 소비의 충동이다. 우리를 도취케 하는 '작은 죽음' 또는 전복과 죽음 사이의 거리는 사실 미미하다.

모든 인간의 내부를 깊게 파고드는 전복에의 욕망은 그것의 모호성 때문에 죽음에 대한 욕망과는 다르다. 그것도 죽음에의 욕망이라고 할 수는 있지만, 그것은 죽음에의 욕망인 동시에 가능성과 불가능성의 양극단을 한꺼번에 거머쥐려는 훨씬 더 강한 삶에의 욕구라고 할 수 있다. 그것은 살기를 멈춘 채 살기를 원하는 또는 삶을 멈추지 않은 채 죽기를 원하는 것으로서 테레사 수녀가 "나는 죽지 않기 위해 죽는다."라는 말로 압축해 표현한 극단적 갈망이다. 그러나 엄밀히 말하면 죽지 않기 위한 죽음은 죽음이 아니다. 그것은 극단적인 삶의 한 상태이다. 죽지 않기 위해 죽는다는 말은 산다는 조건을 전제한다. 그것은 내가 살아 있으면서, 또는 삶을 지속하면서 느끼는 죽음일 뿐이다. 물론 테레사 수녀는 어떤 전복을 겪었다. 그러나 그녀는 전복을 욕망했을 뿐 실제 죽은 것은 아니다. 그녀는 딛고 설 땅을 잃었을지 모른다. 그러나 격렬하게, 그렇게 격렬하게 살았기 때문에 그녀는 죽음, 그녀를 전복시킨 죽음 그럼에도 그녀를 죽게 하지는 않은 죽음의 끝에 이르러서조차도 말을 할 수 있었던 것이다.

관능, 애정 그리고 사랑

그렇게 바라 마지않던 실신은 인간적 관능의 두드러진 모습일 뿐 아니라 신비 체험의 두드러진 양상이기도 하다. 이제 순애보적인 또는 합법적인 성행위에 대해서는 그만 언급하기로 하고, 신비 체험과 단죄 받아 마땅한 에로티즘의 비교로 돌아가 보자. 수도사를 유혹하는 유혹과 우울한 환락은 근본적으로 둘 다 모호하다는 점에서 서로 유사한 테마의 관능으로 수렴된다. 사실 어느 경우든 우리는 욕망의 목적이 생명의 불사름인지 죽음의 불사름인지 구분할 수 없기 때문이다. 생명의 불사름은 죽음을 의미하며 죽음은 생명의 불사름을 의미한다. 앞서 수도사의 유혹에 대해 언급했지만, 사실 우리는 그것의 애매성을 분명히 드러내지는 못하고 건너온 셈이다. 그러나 관능의 혼탁성과 유해성은 유혹의 본질적 요소이다. 유혹은 발판을 잃은 극한 상태에서 남은 힘을 마저 탈진시키려는 실신에의 욕망에 다름 아니다. 나는 이런 관점에서 출발하여 성 체험과 신비 체험이 어떻게 연결되는지, 그 연결의 과정을 정리해 보겠다. 그러나 그것은 나중 일이고 우선 밝혀야 할 일은 그토록 다양한, 심지어 대립적이기까지 한 여러 형태의 성행위들이 어떻게 똑같이 불균형의 순간을 동경하는가에 대한 것이다.

내가 애매하게 말한 실신에의 욕망이 처음부터 파멸의 원리로 나타나지는 않을지라도 일단 불균형의 원리(여기서 문제가 되는 에너지의 상실은 회복 가능한 것이며, 땅이 꺼져 버리는 듯한, 그래서 정신없이 숨 가쁜 동요도 순간에 불과하니까.)로 나타나는 것은 사실이다. 물론 불균형이 지속되는 것은 아니다. 일반적으로 불균형은 불균형의 반복을 보장해 주고, 관능적 삶의 폐해를 보상해 주는 균형 형태의 보완물이다. 그러나 그러한 건강하고 견고한 형태들은 성적 불균형과 유기적 관계를 갖는 한편 심오한 의미는 감춘다.

성기의 가장 중요한 의미 중 하나는 인간의 삶 전체를 아우르는 질서에 무질서를 개입시키는 데서 찾을 수 있다. 위에 말한 질서는 남자와 여자의 애정과 부모와 자식 간의 애정에 근거한다. 사실 성행위를 사회 구조의 근간에 자리 잡게 하는 일보다 우리에게 중요한 것은 없다. 그러나 이 말은 문명적 질서를 심오한 성, 다시 말해 무질서 위에 세우자는 말이 아니라 우리가 제압하고 싶어 하는 무질서의 의미와 질서의 의미를 뒤섞어서, 즉 질서의 의미에 무질서의 의미를 연결시켜서 무질서를 제한하자는 말이다. 물론 이 작업은 에로티즘이 절대 가치를 포기하지 않는 한, 즉 그것이 스스로를 낮추어 동물적 성행위를 자처하지 않는 한 실현 가능성이 없다. 결국 내적으로 에로티즘이 가능한 균형 형태들은 새로운 불균형 또는 결정적 소멸에 선행하는 노쇠 외에 다른 출구가 없다는 말이다.

폭력과 애정이 엇갈린 이성 간의 사랑은 불균형과 균형이 교대로 나타나는 가장 뚜렷한 형태이다. 사랑의 폭력은 사랑의 지속적 형태라고 할 수 있는 애정으로 이어진다. 그러나 서로의 마음을 갈구하는 과정에 이르러서도 그 애정은 여전히 우리가 육체를 추구할 때 발견하는 무질서의 요소, 실신에의 갈망, 육체 안에 깃든 죽음을 끌어들인다. 근본적으로 사랑은 우리로 하여금 상대방에 대한 사랑의 크기만큼 갈증을 느끼게 하며, 상대방을 소유할 수 없을 때 또는 상대방을 잃어버렸을 때는 죽음 못지않은 고뇌를 느끼게 만든다. 따라서 사랑이라는 것은 밑바닥을 들여다보면 어떻게나 소중한지 잃는다는 생각만으로도 벌써 정신이 아득해지는, 그래서 상대방을 끌어안은 채 고통 속에 살기를 욕망하는 그런 것이다. 육신의 열광이 죽음에의 갈망은 아니다. 마찬가지로 사랑도 상실에의 갈망 그 자체는 아니다. 사랑은 실신에 가까이 가되 그 가장자리에서 살고 싶은 욕망이다. 그럴 때 비로소 우리는 상대방에게서 폭력적 황홀감을 느낄 수 있게 되는 것이다.

그러한 초월 충동들(생명을 부지하려고 하는 염려를 무시하는 충동들)을 가소롭게 여기는 것이 있는데, 그것은 바로 사랑이라는 무질서를 할 수만 있으면 질서에 편입시키면서 영속적인 형태를 조직하는 또는 그러기를 원하는 목전의 욕망이 그것이다. 우리가 사랑하는 사람의 상실에 자유를 포기하고 습관을 대립시키지만 않는다면, 그리고 사랑이라는 변덕을 가정, 그리고 최종적으로는 가족이라는 물질적 조직에 종속시키지 않는다면 그것이 우스운 것일 수는 없다. 가정을 우습게 만드는 것은 사랑의 부재가 아니다.(사랑의 부재는 어떤 시각에서 보아도 아무것도 아니다.) 오히려 사랑과 물질 구조를 혼동하는 태도, 열정의 절대성을 잡동사니의 구매에 매몰시키는 행동이 웃음거리다.(물론, 충동을 가장한 채 할 수만 있다면 공동 생활의 구조를 거부하려는 행위도 그에 못지않게 조롱거리가 될 수 있다.)

  사랑은 애초의 관능적 에로티즘과는 달리 충동 안에 자리 잡는데, 관능이 욕망의 무질서에 유리한 존재 이유를 빌미로 제공하는 것은 바로 그 충동을 통해서이다. 그렇다면 둘의 대립은 당혹감을 더해 준다. 마찬가지 모호성이 모든 차원에서 발견된다. 한편으로 볼 때 성 상대의 사랑(적극적인 사회질서에 끼어들어 대체적으로 사회와 조화를 이루는 결혼이라는 변형된 형태로서의 사랑)은 관능을 애정으로 바꾸며, 애정은 밤의 환락적 폭력(그 안에 빠지면 사디즘적인 파열이 발생한다고 보는 것이 일반적이다.)을 부드럽게 해 준다. 쉽게 균형의 형태를 되찾는 것이 애정 아니던가. 그런가 하면, 우리를 정신없게 만드는 근본적인 폭력은 언제나 애정의 관계를 깨뜨리려는, 더 나아가 우리로 하여금 그 관계에서 죽음(아무리 애정이 전제된다 해도 끝내 이르고야 마는 관능적 죽음)과 가까운 어떤 것을 찾아내도록 하는 성향이 있다. 그것은 폭력적 환락의 조건이다. 그러한 폭력적 환락이 없었다면 성적 사랑이 지금까지 그래 온 것처럼 과연 그렇게 신비한 황홀경으로 묘사될 수 있었을까.

패거리, 성적 냉소주의, 음란

얼핏 보면 막연한 실신에의 욕망은 용인될 수 없는 영역까지 무질서가 확장되며, 인간의 삶을 지배하는 애정과 짝을 이룬다. 우리는 불균형이 인정받는 불안정한 비현실적 형태들이 견고한 현실적 형태들(거기에는 후자의 삶이 개입하여 불균형을 제한한다.)과 함께 가도록 하기 위해 항상 노력한다. 그러나 소박한 열정의 무질서에서는 위와 같은 성향이 요구되지 않는 것이 사실이다. 무질서는 악으로 여겨지며, 우리는 그 악에 대항하여 싸우곤 한다. 그러나 내가 지금 언급하고자 하는 냉소적이고, 파렴치하고, 타락한 삶을 살아가는 사람들에게서는 불균형이 원칙으로 받아들여진다. 평범한 우리는 마지못해 거기에 굴복하지만, 그 사람들은 전복적 삶에 오히려 기꺼이 뛰어든다. 언제나 무질서에 묻혀 사는 그들은 무뎌진 무질서의 순간 외에는 더 이상 아무것도 경험하지 못하며, 무질서는 마침내 그들에게 아무런 위력도 발휘하지 못한다. 창녀들 또는 그 창녀들과 한 무리가 되어 사는 사람들은 함몰하든지 또는 무질서에 몸을 맡긴 채 맥없는 쾌락을 지속하든지 할 뿐이다. 물론 그들이 항상 경사의 밑바닥으로 굴러 떨어지는 것은 아니다. 공동의 이익을 위해, 또는 사회의 전반적 균형에 대항하기 위해 그들도 일정한 조직을 가져야 할 필요를 느낀다. 그들은 균형 잡힌 사회의 질서를 거부할 뿐 아니라 더 나아가 파괴하고 싶어 한다. 냉소적인 에고이스트적 삶과 거리를 두는 체하는 그들은 극단적인 반항으로 치닫지도 못한다. 그러나 '복종을 모르는' 그들의 생활 태도는 그들에게 필요한 것을 아무 때나 얻을 수 있게 해 주는 장점이 있다. 기본적으로 협잡에 기울 가능성이 높은 그들은 원할 경우 언제라도 타락한 생활에 몸을 맡길 수 있다. 그들은 파괴적 육욕의 본질적 무질서에 한없이 자신을 맡긴다. 또한 그들은 인간의 삶에 온통 타락과 죽음을 끌어들인다.

아무런 고통을 느끼지 못하는 그들의 심정을 포위하는 것은 엄청난 무기력이다. 그렇게 되기 위해서는 도둑질하는 것으로 족하며, 필요할 경우에는 사람을 죽일 수도 있으며, 그러되 힘을 아끼면서 자신의 생명을 유지하는 것으로 족하다. 아무튼 그들은 다른 사람들을 희생시켜 산다.

거기에는 본질적으로 혐오스러운 수준의 타락, 천박한 좌절이 있을 뿐이다. 그들의 삶을 부러워할 사람은 아무도 없다. 그들의 삶은 인간성의 근본이자 삶의 원동력인 탄력을 잃었기 때문이다. 그들은 미래를 두려워하지 않은 채 최소한의 상상력에 의지하여 오직 가능한 모든 풍기문란을 활용할 뿐이다. 실신에의 취미에 한없이 몸을 내동댕이침으로써, 그들은 실신을 맛도 없고, 흥미도 없고, 별것 아닌 것으로 만들어 버리고 만다.

그 자체만으로 고려해 볼 때 그런 타락의 삶을 사는 사람들에게는 육욕에의 타락이 거의 대수롭지 않은 것으로 보일 수 있다. 그런데 그것은 뜻밖에도 멀리까지 영향을 끼친다. 물론 다 망가진 사람들에게 그러한 삶이 무슨 의미가 있는 것은 아니다. 그러나 무절제와 무질서를 뒤집어쓰고 사는 사람들에게는 무미건조할지 모르지만 절제 있는 도덕적인 삶을 살면서 그들의 삶을 오직 바라볼 뿐인 사람들에게는 색다른 맛을 준다. 창녀들의 음란한 행동과 말은 그런 삶을 일상적으로 사는 사람들에게는 진부할 것이다. 그러나 순수한 보통 사람들에게는 그와는 달리 어지러운 추락으로 작용할 수도 있다. 천박한 매음과 음란성은 모두 에로티즘의 뚜렷하고도 분명한 한 형태인 것이다. 이러한 변형은 성생활의 판도를 무겁게 할 수는 있지만, 그렇다고 그것의 의미를 크게 변질시키는 것은 아니다. 관능은 원칙적으로 조소와 협잡의 영역이다. 땅이 꺼지는 듯한 환락을 추구하면서 침몰은 원치 않는 것이 그것 아니던가……. 거기에 기만이 없을 수 없으며 우리는 그 기만의 맹목적인 주관자인 동시에 희생자인 셈이다. 관능적 삶을 살려고 하는 한 우리는 언제나 순박한 코미디를 연출해야 하며 그중 가장 웃기는 것이 창녀들의 그것이다. 그래서 음란 세계 안에서의 타성과 바깥 세계가 겪는 매혹의 편차가 처음 보는 것과는 달리 더 뚜렷하게 나타나는 것이다. 거기에는 불균형, 근본적인 관능적 불균형이 있다. 그것이 누구든 땅이 꺼지는 듯한 환희의 취향에 자신을 맡기는 사람에게는 돈의 지불과 관계되는 쓸쓸한 코미디 또는 타락의 느낌도 하나의 환락의 요소이다.

신비 체험과 에로티즘의 일치

주요 성행위 이미지들의 서열에서 중요한 자리를 차지한 음란은 마침내 신비 체험과 에로티즘 사이에 건널 수 없는 심연을 파 놓기에 이르렀다. 그것의 비중에 따라 신적 사랑과 육적 사랑은 대립한다. 결국 음란한 방탕과 가장 신성한 감동을 비교하는 일은 필연적으로 하나의 스캔들이 되었다. 정신병리학이 과학적 시각으로, 어느 정도는 답답할 만큼, 신비 체험을 설명하려고 대드는 그날 이후로 스캔들은 계속되었다. 원칙적으로 학자들은 그러한 상태를 모르며, 교회를 옹호하면서 과학자들의 견해를 반박하는 사람들은 종종 스캔들에 저항했는데 그들은 단순화나 시행착오의 너머에 그것들이 왜곡하거나 예고한 진리의 근본을 보지 못했다. 문제를 어느 정도 접근시켜 볼 책임이 양측에 있다. 적어도 카르멜 수도사들의 문집은 상당한 정도로 마음의 문을 열게 해주었다고 인정하자. 그리고 어쨌든 가톨릭 측의 사람들은 비교의 가능성을 향해 문을 연 셈이고, 정신병리학자들은 그들이 설명할 수 없는 부분이 있음을 인정하기에 이른 것이다.

한 걸음 더 나아가, 문제를 다시 취급하려면 입장을 분명히 해야 한다고 생각한다.

내 생각으로는(다시 내 생각을 말하건대) 전통적으로 카르멜 수도사들과 그들의 작업에 공조한 다른 수도사들이 그랬듯이 한쪽 영역과 다른 쪽 영역의 관계를 인정하는 것만으로는 충분치 못하다. 우리는 두 가지 난관을 제거해야 한다. 우선 비교를 위한답시고 정신병리학자들처럼, 물론 그러고 싶지는 않았겠지만, 신비 체험을 격하시켜서는 안 된다. 그러나 종교인들이 그랬듯이 성욕을 숭고하게 떠받들어 천상적인 것으로 만들어도 안 된다. 그래서 나는 절제(또는 순수)의 노력에 화합하는 중간 형태들은 나중으로 미룬 채, 우선 가장 사회적인 형태의 것에서부터 사회적 질서로의 편입을 거부하는 것에 이르기까지 여러 가지 성행위의 형태와 의미를 꼼꼼히 점검해 보겠다. 특히 중요한 것은 후자가 제기하는 문제를 해결하는 일이다. 관능에 추문이라는 더러운 색깔을 입힌 것은 매음과 관련이 있는 음란의 영역이다. 그래서 무엇보다 중요한 일은 음란의 정신적 측면이 에로티즘 영역의 기본적 구도에서 어떤 위치를 차지하는지를 살펴보는 일이다. 음란은 일단 혐오스럽다. 과감하지 않은 보통 사람이라면 거기에서 혐오감 이상의 어느 것도 보지 못하며, 그것은 당연하다. 그러나 음란의 천박한 측면들은 음란을 만들어 내는 사람들의 사회적 지위와 무관하지 않음을 알기란 어렵지 않다. 그들이 사회를 보고 구토하듯, 사회는 그들을 보고 구토한다. 그런데 혐오스러운 성행위는 행위의 의미를 더욱 분명하게 하는 역설적 방법 외에 다름 아니다. 그것의 본질은 실신에 이르는 것이다. 그 속에 사는 사람들을 예외로 치자면, 그녀들의 음란성에 의해 자극 받는 바깥의 사람들에게는 그것이 반드시 천박한 것일 수만은 없다. 거기에 무관심한 듯하고, 정신적으로 고상한 체하는 많은 남자들과 여자들이 거기에서 땅이 꺼져 들어가는 듯한 비밀스러운 쾌락을 맛보지 않는가!

성은 결국 다양한 형태에도 불구하고 불변의 주제를 보여 주는데 일단 그것이 포착되면 우리는 성과 신비 체험과의 관계를 인정하지 않을 수 없다. 음란한 사랑과 아름다운 사랑, 우울한 환락과 수벌의 교미를 비교해 보면 그것들은 겉으로는 달라 보이지만 기실 근본에 있어서는 공통된 특징들을 보여 줌을 알 수 있다. 온갖 계율의 신비주의자들(종교로 인정할 수 없는 희귀한 집단들은 말할 것도 없고, 힌두교도들, 불교도들, 회교도들, 기독교도들 등등)이 앞 다투어 묘사한 법열의 상태, 최면 상태, 영매 상태들은 결국 같은 의미를 갖는다. 중요한 것은 항상 삶으로부터의 벗어남, 삶을 보장해 주는 모든 것으로부터의 무관심인데, 그런 상태에서 존재의 힘이 다할 때까지 고통을 견디면 마침내 평상시에는 억제되던 어떤 충동의 문이 열림과 동시에, 갑자기 무한 존재의 환희가 샘솟게 되는 것이다. 신비 체험과 관능의 차이는 한 가지뿐이며, 육체를 개입시키지 않은 채(명백히 단전호흡의 효과에 의지하는 힌두교도들의 단련 과정에서도 육체의 개입은 가능한 한 제한된다.) 모든 충동을 내부로 응집시켜서 얻는 체험이 신비 체험이다. 이 영역에서 중요한 작용을 하는 것은 무엇보다도, 그것이 부정적인 것일지라도, 사고와 결단력인데(왜냐하면 이때 사고가 겨냥하는 것은 무화시키기들이기 때문에) 그 영역의 일차적 외양은 어느 모로 보나 에로티즘의 외양과는 거의 관계가 없어 보인다. 어떤 존재에 대한 사랑이 신비적 은총의 형태로 나타난다면(유럽에서는 그리스도에 대해, 인도에서는 칼리에 대해…… 그리고 거의 어디에서나 그것은 신을 향한 것인데) 그때 그 존재는 적어도 사유에 의한 존재가 된다.(예수 같은 영감의 존재가 살아 있을 당시에도 그 이름에 합당한 신비적 명상의 대상이었는지에 대해서는 의심의 여지가 있다.)

아무튼 두 영역이 무관하지 않은 것은 확실하다. 신비주의가 주어진 존재에 대한 사랑을 초월한다고는 하지만, 그래도 존재 안에서 길을 찾는 점에 있어서는 변함이 없다. 금욕주의자들에게 존재란 새로운 전개의 가능성이자 수단이다. 단련 과정 중 겪는 신비 체험에 그들이 충격을 받지 않을 수 있을까?(적어도 그가 초보자라면 말이다.) 우리가 이미 말하고 지나 왔지만, 신비 체험의 길을 정진하는 사람들에게는, 성 보나방튀르가 표현한 바 "관능의 밀물이 흘려보내는 용액에 흠씬 젖는" 일이 드물지 않다. 루이 베르나르 신부는 성 보나방튀르를 인용하여 우리에게 "그것은 신비가들의 신비 체험에 고유한 어떤 것"[11]이라고 기술한다. 물론 나는 그의 말이 틀린 것이라고 생각하지는 않는다. 그러나 그러한 사건들은 육욕의 체계와 신비주의의 체계가 근본에 있어서는 다르지 않음을 입증하는 것이다. 나의 논리 전개를 주의 깊게 관찰한 사람에게는 다음과 같은 점이 쉽게 드러날 것이다. 즉 이쪽과 저쪽은 주요 이미지들과 의도들이 서로 유사하며, 그래서 사유에 의한 신비 체험도 결국 성행위의 결과를 낳을 수 있고, 거꾸로 에로티즘도 신비 체험의 결과를 낳을 수 있다는 것이다. 사실이 그러하다면, 상호적 작용 또한 진실일 것이다. 아닌 게 아니라 힌두교도들은 탄트라 예배 중에 성적 자극의 도움을 받아 신비 체험에 도달한다. 힌두교도들은 정신적으로 깨끗하고 젊고 아름답고 고상한 파트너를 선택하는데, 다만 중요한 것은 최종적인 순간에 이르러 사정을 하는 대신 육체적 포옹을 벗어나 정신적 황홀 상태를 체험하는 것이다. 그런 훈련에 몰두하는 사람들을 잘 아는 이들의 말을 믿자면 그들의 체험이 정직하지 못하고 제 길을 가지 못한 것이라고 말하기 어렵다. 물론 제 길을 벗어나는 일이 없지 않아 있을 수 있다. 그러나 그렇다고 해도 그러한 방법을 통해서도 순수한 황홀 상태에 이를 수 있다는 사실을 부인하기는 힘들다.

말하자면, 성 체험과 신비 체험은 비슷한 원칙을 따르고 있으며, 그것들의 교류는 언제나 가능하다.[12]

---

11) 같은 책, 386쪽.
12) 인간의 가능성의 다른 영역에서는 그렇지 않다. 예컨대 철학적 탐구, 수학적 탐구 또는 시를 쓰는 일이 성적 흥분을 발동하지는 않는다. 엄격히 말해서 싸움, 범죄, 절도, 또는 강도질은 성적 충동과 상호성이 있다. 성적 흥분과 엑스터시는 언제나 위반 충동과 관계하기 때문이다.

절대 순간의 조건으로서의 금욕

그러나 교류가 반드시 바람직한 것은 아니며 수도사들의 경련이 의도대로 얻어지는 것도 아니다. 또한 모든 인간 조건에서 해방된 영적 체험, 다시 말해 도저히 가능해 보이지 않는 영역에의 도달이 목적인 신비 체험이 관능을 빌려 이루어진다면, 그것이 과연 옳은 일인지 여부도 따져 봐야 할 일이다. 그래도 그러한 시도는 인간이 추구할 수 있는 시도들 중에서 가장 의미 있는 시도임에 틀림없다. 분명한 것은 그 시도는 복잡한 물질적 조건에 얽매인 채 성생활을 고통스럽고 무겁게 만드는 어떤 경우들과는 관계가 없다는 것이다.(금욕에 대한 종교가들의 여러 가지 무죄 증명들 중 이보다 이의를 제기하기 어려운 것은 없다.) 그런가 하면 신비 체험은 무엇인가를 깨달으려는 욕망에 자극 받은 지성이 마지막 노력을 하는 바로 그 순간 얻어지는데(또는 적어도 얻어질 수 있는데) 그런 차원에서 볼 때 우리가 부인할 수 없는 사실은 신비 체험은 그것의 본질인 죽음을 향한 충동의 정도에 비례해서 해탈 다시 말해 최고의 긴장된 순간에 이를 수 있다는 것이다.

신비 체험의 이해관계에 관하여 한 가지만 강조하자면, 신비 체험은 물질적 조건으로부터 완전히 해탈한 체험이라는 사실이다. 신비 체험은 모든 물질적 조건으로부터의 전적인 해탈을 수행한다. 그런 식으로 신비 체험은 인간이 선택하지 않았음에도 인간에게 강제된 여건에 종속되지 않으려는 인간의 마음과 일치한다. 절대적이라고 말할 수 있는 어떤 상태에 이르는 것이 관건이다. 얼핏 보면 성 체험은 이처럼 신비 체험이 자유롭게 해 준 사건에 종속돼 보인다.

신비의 영역, 특히 신학이 영매라는 이름으로 묘사하곤 하는 상태에 빠지면 우리는 온전한 절대성에 이른다. 기독교적 형태와 구분해서 생각해 볼 수 있는 그 상태는 성 체험과는 양상이 완전히 다를 뿐만 아니라, 다른 사소한 신비 체험과도 아주 다르다. 그 상태의 가장 특징적인 것이라면, 현재 일어나는 일에 대한 완전한 무관심이다. 영매 상태에서는 더 이상 욕망도 없다. 영매에 빠진 사람은 수동적이며, 그에게 닥치는 모든 것을 아무런 미동도 없이 견딘다. 모든 사물과 우주가 투명하게 비치는 무감각한 지복의 상태에 이르면, 희망도 두려움도 공히 사라진다. 그 순간에 이르면 관조의 대상은 무와 하나가 되며(기독교인들이 신과 일체되었다고 생각하는 순간) 동시에 관조의 주체와도 하나가 된다. 이제 더 이상 아무것도 구분할 수 없다. 공간 감각을 잃은 주체는 우주와 자신조차 구분되지 않는 무한 현전에 묻힌 채 이제 시간의 흐름도 초월한다. 그는 영원의 순간에 빨려든다. 필경, 미래나 과거로부터도 끊긴 그는 동시에 모든 순간 속에 존재한다. 그리고 그 순간은 그에게만은 적어도 영원이다.

이러한 관점에서 보면, 성 체험과 신비 체험의 관계는 어설픈 시도와 완성의 관계에 있는 것처럼 보인다. 그리고 이는 절대성에 이르는 길을 가로막고 서 있는, 하나의 실수에 지나지 않는 성 체험은 잊을수록 좋다는 말이 될 것이다.

그러나, 신비 체험을 위해서 성욕을 버려야 한다는 원칙에 대해 나는 반박하고 싶다. 나는 기억을 돕기 위해 회교도의 신비주의(수피교도의 신비주의)는 결혼과 관조를 동일시했다는 한 가지 사실만을 상기시키고 싶다. 카르멜 수도사들의 문집에 그러한 내용이 없어서 아쉽긴 하지만, 전체적으로 문집에 참여한 수도사들은 그 가능성을 인정한다. 그러나 그들은 원칙(현실 차원과는 아주 거리가 먼 기독교의 원칙)과 현상 체험의 진술에 차이가 있음을 알게 될 것이다. 나의 비평은 두 체험을 대충 비교하여 거기에서 어떤 이점을 찾아내는 것과는 거리가 멀다. 가령 최종 목적에 이르기 위해 성생활을 포기하는 것이 좋은가 아니면 그것을 지키는 것이 좋은가 하는 문제는 에로티즘의 거부를 반대하는 나의 입장과는 무관하다는 말이다. 나는 계산에 근거한 어떤 결심, 특히 거부의 결심이 신비적 삶의 가능성들을 지배하는 무심의 상태와 화합할 수 있을까 그렇지 못할까 의문을 가져 본다. 물론 결연한 계산의 방법으로 그 상태에 이를 수 없다고 말할 수는 없을 것이다. 그러나 나는 확신한다. 누군가가 거기에 이를 수 있다면 그것은 그러한 계산에도 불구하고, 결심에도 불구하고 그런 것이다.

우리가 이미 보았듯이, 유혹에 대한 저항은 삶의 유지와 지속을 보장하는 생체 조직에 대한 배려에 기인한다. 현재의 순간을 초월하기 위한 노동(비천한 방식의 노동)의 거부와 자아의 증여는 '무심한 상태'에 이르기 위해 노력하는 수도사보다 더한 '무심무상'을 요구한다고 할 수 있지 않을까?

그러나 그런 말이 에로티즘의 조건 또는 종속적 특성의 아무것도 바꾸어 주지는 못한다.

그럴지도 모른다.

그러나 나는 다른 사람들이 함몰이라고 부르는 곳에서 어떤 우연한 절대성을 본다.

우연, 그것이야말로 아무것도 그 탄력을 완화시킬 수 없는, 그것이 없이는 결코 절대성을 보장 받을 수 없는 행운이다.

나는 금욕을 서원하는 수도사처럼 어떤 순간에는 내 몸을 행운에 던지고, 무턱대고 맡겨야 한다. 의지가 개입하면, 다시 말해, 죽음, 죄악, 영적 고통을 피해 생명을 유지하려고 하면, 무심한 자아 포기의 유희는 끝나고 만다. 자유로운 유희가 없으면, 현재는 언제나 미래에 구속당한다.

아마 미래에 대한 배려와 현재의 자유는 양립이 가능할 수도 있을 것이다. 그러나 유혹에 빠지면 모순이 터져 나온다. 에로티즘의 과실들은 이따금 무겁다. 반면 나는 유혹에 빠진 수도사의 계산을 강조하고 싶은데, 요컨대 수도사는 자신도 이유를 모르는 검소와 가난과 계율에 의한 금욕 생활(그것이 어떤 고해성사와 관련이 있든)을 통해 거기에 대처하는 것이다.

그러나 그것은 원칙에 그칠 뿐이다…….

아주 아득한 옛날에는 신비 체험이 규칙적인 수도원 생활에 의해 가능했다고 전하지만 그럼에도 불구하고 신비 체험의 의미를 파악하고자 하는 나는 유혹과 억압이 신비 체험을 푸는 열쇠임을 다시 한번 확인해 두지 않을 수 없다. 존재의 가능성을 극단까지 밀고 나가기 위한 방법으로 우리는 우연한 성적 무질서를 택할 수도 있는 것이다. 얼핏 보기와는 달리 그 단순한 순간은 고뇌의 순간이며, 고뇌에 이은 황홀한 순간에 다름 아니기 때문이다.

연구 6
신성, 에로티즘, 고독

나는 이제 여러분에게, 신성, 에로티즘 그리고 고독에 대해서 말하려고 한다.[1] 그런데 그런 것들에 대한 총체적인 설명에 앞서 나는 그러한 나의 의도가 갖고 있는 한 가지 놀라운 사실을 여러분에게 밝혀 두고 싶다. 에로티즘이라는 용어는 이상한 기대를 유발시킨다. 나는 우선, 내가 왜 여러분에게 에로티즘을 신성 또는 고독과 동시에 언급하려고 하는지 그 이유에 대해 한마디 해 두고 넘어가겠다는 것이다.

에로티즘은 우리를 고독 속에 가둔다는 원칙에서 출발하자. 에로티즘은 다루기 까다로운 주제이다. 단지 관례적인 것이 아니라는 이유만으로도 에로티즘은 은밀하게 정의된다. 그것은 공개적일 수 없다. 물론 나는 반대의 예를 들 수도 있다. 그러나 어쨌든 에로티즘은 일상적 삶의 바깥에 위치한다. 우리의 체험에 비추어 볼 때, 에로티즘은 본질적으로 감정의 정상적 의사소통 구조를 벗어난다. 그것은 금지된 주제이다. 물론 아무것도 전적으로 금지될 수는 없으며, 위반은 언제나 있는 법이다. 그러나 우리의 삶이 대체로 언어(담론)의 형태로 구체화될 수

---

[1] 1955년 봄 '철학 학교'에서의 강연.

있는 반면 에로티즘은 솔직히 말해서 금기가 얼마나 강하게 작용하는지 기실 가장 강렬한 감정이면서도 마치 존재하지 않는 듯한 느낌마저 들 정도다. 오늘날에는 금기가 완화되었다. 금기에 관한 완화적인 분위기가 없었다면, 오늘의 이 강연도 불가능했을 것이다. 그러나 이 강연장은 담론의 세계에 속하는 세계이기 때문에 에로티즘은 결국 여전히 우리에게 외적인 것으로 남을 수밖에 없다. 나는 에로티즘에 대해 언급하지만, 그러나 나는 그것을 현재 우리가 살고 있는 세상과는 다른 어떤 것처럼, 오직 한 가지 조건(우리가 현재 살고 있는 세상으로부터 벗어나서 우리가 고독 속에 묻히는 조건)에서만 접근이 가능한 저 너머의 어떤 것에 대해 언급하는 것처럼 언급할 것이다. 특히 그 다른 세상에 이르려면 우리는 철학자적 태도를 버려야 한다. 철학자는 자신이 겪는 모든 것을 우리에게 말할 수 있지만, 에로티즘이란 원칙적으로 우리를 침묵으로 끌어들이기 때문이다.

신비 체험은 에로티즘과 매우 유사한 체험이면서 좀 다르다. 신비 체험에서 느낀 감동은 담론의 형태로 설명할 수 있으며, 설교의 주제가 될 수도 있다. 그러나 그런 차이에도 불구하고, 에로티즘과 신비 체험은 서로 가까이 있다.

에로티즘과 신비 체험이 본질적으로 동일한 성격의 것이라는 말은 아니다. 그런 문제는 내 의도를 빗나가는 것이다. 나는 다만 에로티즘과 신비 체험이 둘 다 강렬한 체험이라는 말을 해 두고 싶다. 내가 신성이라고 말할 때, 그것은 우리를 전복시켜 버릴 수 있는 어떤 실재, 우리의 삶을 결정하는 우리 내부의 어떤 신성한 실재의 현전을 말한다. 나는 이제 신비 체험의 감동과 에로티즘의 감동들이 얼마나 강렬한 것들인지를 따로따로 살펴볼 생각이다. 나는 앞서 둘 사이의 차이를 하나는 우리를 다른 사람들과 가깝게 하는 반면 다른 하나는 우리를 사람들로부터 유리시켜 고독 속에 빠뜨리는 데 있다고 지적해 두고 싶었다.

내가 여러분을 상대로 지금부터 전개시키고 싶은 논지는 바로 여기에서 출발한다. 나는 일상적으로 이해하는 철학적 견해에 대해 말하려는 것이 아니다. 나는 이제부터 여러분에게 철학적 체험이 신비 체험이나 성적 체험의 감정을 얼마나 용납하지 않는지를 증명해 보여 주려고 한다. 철학자의 체험은 원칙적으로 위의 두 체험과는 무관한, 그것들로부터 차단된 체험이다. 한마디로 그것은 전문가의 체험이다. 감정은 전문가를 빗나가게 만든다. 아주 오래전부터 특별한 한 가지 사실이 나를 놀라게 했다. 진정한 철학자는 자신의 생애를 철학에 바쳐야 한다. 아무도 부인할 수 없는 사실 하나는 한 분야에서 우월하기 위해서는 상대적으로 다른 분야에 무지할 수밖에 없다는 것인데, 철학도 다른 모든 인식 활동과 마찬가지 처지가 되었다. 그리고 상황은 날이 갈수록 심각해진다. 날이 갈수록 증가 일로에 있는 인문 지식의 총체를 섭렵하기는 어려워지고 있다. 사실 일종의 지적 종합으로서 철학은 기억에 의지한 지식의 나열을 초월하는 학문이다. 이 원칙은 아직 유효한데도 그러나 어렵게 유지되어 왔다. 날이 갈수록 철학도 다른 분야와 마찬가지로 조금씩 전문화되어 간다. 오늘날에는 정치적 체험을 기초로 별도의 철학 체계를 세우는 일이 불가능하지는 않으며, 엄밀히 보면 이는 철학의 근대적 방향을 특징짓는 원칙이기도 하다. 그런 관점에서, 철학도 이제 하나의 체험을 향해 열려 있는 것이다. 그러나 그 점을 인정하고 나면, 이제 철학을, 철학에만 묻혀 논하는 일이 아무렇지 않게 받아들여진다. 반면 이제 철학을 하면서 동시에 삶을 꾸리는 일은 어렵게 되었다. 다시 말해 인간의 삶은 무수한 체험의 다발이며, 철학은 그중 한 가지 체험에 지나지 않는다는 말이다. 이제 철학은 더 이상 지식의 총체일 수 없으며, 자꾸만 전문성을 띠어 가고 있는 오늘날의 철학적인 특성에 비추어 볼 때, 그것은 더 이상 총체적 체험을 꿈꿀 수조차 없게 되었다. 그러나 그럼에도, 강렬한 감동을 무시한다면, 자기 자신을 성찰하거나 또는 존재 일반을 성찰하는 행위가 과연 무슨 의미가 있겠는가? 철학은 명백히 어떤 명분으로도 총체성이나 보편성을 결코 포기할 수 없는 전문 작업이다. 철학은 오로지 종합적인 작업의 방향에서만 가능성의 총체일 수 있으며, 그렇지 않으면 아무것도 아니다.

반복하건대, 철학은 종합적인 작업의 방향에서만 가능성의 총체일 수 있으며, 그렇지 않으면 아무것도 아니다.

내가 보기에 비교적 종합적이었던 것은 헤겔의 철학이다. 적어도 그의 초기의 변증 작업을 보면 에로티즘이 그의 이론의 일부를 공공연히 차지했는데, 아마 에로티즘의 체험은 얼핏 보기보다 그에게 더 깊은 영향을 주었을 것임에 틀림없다. 에로티즘은 변증법적으로 고찰될 수밖에 없고 아니면 역으로 변증법은 에로티즘의 관점에서 고찰될 수밖에 없다고 생각한 변증론자 헤겔은 형식주의에 자신을 가두어 두지 않을 때면 성적 체험에 시선을 고정시켰던 것 같다. 어쨌든(물론 모호한 점이 없지 않고 그 점에 있어서는 주저스럽긴 하지만) 헤겔은 자신만의 고유한 변증법적 장치를 부분적으로는 쟈콥 보엠과 스승 에카르트의 지식에서뿐 아니라 자신의 신학적 지식에서 끌어온 듯하다. 그러나 내가 지금 헤겔을 언급하는 이유는 그의 철학적 가치를 인정하고 싶어서가 아니다. 오히려 그와는 반대로 헤겔에 대한 많은 말을 유보해 둔 채 말하자면, 헤겔도 전문가적 철학자 중의 하나였다. 내가 지적하고 싶은 것은 그는 철학이 아무런 준비도 없이 닥치는 대로 모든 것에 손을 대던 당시의 낭만주의 철학의 특성에 대해 강경한 반론을 제기한 철학자 중 하나였다는 사실이다. 그가 철학의 영역에서 즉흥적인 것을 몰아내 버린 잘못을 저질렀다고 탓하는 것이 아니다. 철학에서는 즉흥이 아예 불가능하다. 말하자면, 헤겔의 빈틈없는 축조(이것이 철학 용어라고 하더라도 이 용어를 쓰자면)는 특히 수집하게 해 주고, 수집과 체험을 분리시키게 해 주는 전문 분야로서의 가치를 갖추고 있다. 아마 거기에 헤겔의 야망이 있었던 듯하다. 헤겔의 정신으로 보면 즉흥적인 것은 옳지 못했으며, 헤겔은 아마 내가 체험이라고 부르는 것도 즉흥적인 것으로 여겼을 것이다. 헤겔의 철학을 논하려는 것은 아니지만, 한 가지만 지적하고 넘어가면, 헤겔의 철학적 논리 전개는 전문성을 벗어나지 못했다는 점이다. 헤겔 자신이 그러한 느낌을 못 벗어났던 듯하다. 그는, 반론을 예방하기 위해서, 철학도 시간 속의 전개이며 연속적 부분의 합으로 진술되는 하나의 담론 체계임을 강조한 바 있다. 누구나 그렇게 인정할 수 있다. 그러나 그러한 논리는 철학의 매 순간을 전문화된 순간, 다시 말해 다른 순간들에 예속된 순간으로 만들고 만다. 전문화에 대한 그런 식의 발 빼기는 우리를 결정적으로 전문가의 잠에 빠지게 만드는 결과를 가져올 뿐이다.

물론 잠에서 깨는 일이 우리에게도 또는 아무에게도 마음대로 할 수 있는 일이라는 말은 아니다. 종합 작업으로서의 가능성의 총체는 아마 망상일 수도 있다. 그러나 나는 실패에 구애 받지 않는다. 실패를 성공으로 간주하려고 하지도 않겠다. 다만 그것이 전문 작업으로 드러난다 해도 가능성을 타진해 보지 못할 이유는 아직 없다. 나는 우리 중 누구에게나 그렇듯이 매 순간 제기되는 선택의 앞에 서 있다. 나는 지금 여러분에게 전개하기로 마음먹은 주제에 복종할 것인가 아니면 느닷없는 변덕에 응할 것인가, 선택의 기로에 서 있다. 이 진퇴양난의 상황을 어떻게 모면할까? 나는 변덕에 빠지고 싶은 욕구를 버티는 한편 전문화와는 반대편에 자리 잡은 변덕의 보다 큰 가치를 인정하는 방법으로 곤궁을 헤쳐 나가겠다. 전문화는 유효성의 조건이며, 유효성의 추구는 자신에 대한 부족감을 느끼는 모든 사람에게 나타나는 공통된 현상이다. 그러나 거기에는 무능에 대한 자인, 필요성에의 비굴한 복종이 있다.

사실 이러저러한 결과를 원하면서 그것을 얻기 위한 필요한 조치를 취하지 않는다면, 그것은 능력 부족을 자인하는 셈이다. 그러나 반대로 아무런 결과를 원하지도 않은 채 결과에 이르는 길조차 외면한다면, 그것은 힘 자체라고 할 수 있다. 그 십자로에 에로티즘과 신비 체험이 자리 잡는다. 전문화의 노력과 비교해 볼 때, 신성은 변덕스러운 것이다. 성자는 유효성을 찾지 않는다. 그를 자극하는 것은 오직 욕망뿐이다. 그 점에 있어서는 에로티즘의 인간도 유사하다고 볼 수 있다. 그렇다면 이제 남은 일은 계획의 전문화, 다시 말해 계획의 유효성을 보장해 주는 전문화가 철학, 내가 위에서 말한 가능성의 총체와 종합 작업으로서의 철학의 본질에 가까운 것인지 아니면 욕망이 거기에 더 가까운 것인지를 가늠하는 일이다. 과연 가능성의 총체인 종합 작업은 전문화와 손잡는 타산적 행동과 어울릴 가능성이 많을까? 아니면 오직 욕망이라는 다른 이름을 가진 변덕에 파묻힐 가능성이 더 많을까?

이야기를 더 진행시키기 전에, 비록 본질을 언급하려고 하면 그때마다 기본적으로 부딪히는 난관이 없지 않지만 나는 그 점을 무릅쓰라도 에로티즘의 본질이 무엇인지를 밝히고 넘어가고 싶다.

무엇보다도, 인간의 성행위는 금기에 의해 금지를 당하며, 에로티즘의 영역은 그러한 금기들에 대한 위반의 영역이라는 점에서 동물들의 성행위와는 다르다. 에로티즘의 욕망은 금기를 눌러 이기는 욕망이다. 그것은 인간 자신과 자신의 대립을 전제한다. 인간의 성행위를 반대하는 금기들은 원칙적으로 어떤 특수한 형태를 갖는다. 예를 들면 금기는 근친상간이나 월경과 관계한다. 그러나 우리는 고대(동물이 인간으로 건너가던 변화기)에는 아직 분명히 제시되지 않던 관점, 그러니까 오늘날 문제되는 나체라는 일반적인 관점에서 그것들을 고찰할 수도 있다. 사실 나체에 대한 금기는 예나 지금이나 아주 강하게 문제로 제기되고 있다. 나체 금기는 역사적으로 결정되는 것이며, 그래서 아무도 그것의 무상성, 상대적 부조리를 모르지 않을 뿐 아니라 에로티즘(에로티즘이 되어 버린 성행위, 인간의 성행위, 언어 능력이 있는 존재의 성행위)의 보편적 테마를 제공하는 것은 나체에 대한 금기와 위반이라는 사실을 모르지 않는다. 이 테마는 정신병이나 괴벽에서조차 어떤 의미를 갖는데, 예컨대 다소 괴팍스럽게 금기를 위반하는 느낌을 가지려고 하는 기법 등과 같은 괴벽이 있을 수 있는 것이다.

내 생각에는 우선 금기와 위반의 이론이 어디에서 비롯되는지를 살펴보는 것도 좋을 듯하다. 일차적으로 그것은 마르셀 모스의 구두 강의에서 비롯되었다. 그의 업적은 프랑스 사회학에 이론의 여지없는 공헌을 했다. 그러나 그의 업적이 출간된 적은 없다. 모스는 공식적 언술을 혐오했고, 그래서 그는 인쇄라는 확정적 형태로 자신의 사상을 발표하지 않았다. 아마 그는 자신의 이론에 대한 대대적인 반응에도 거부감을 느꼈을 것이 틀림없다. 그러나 아주 간단한 메모 형태에 그치는 것이기는 하지만 금기와 위반의 문제에 대한 그의 이론이 전혀 남아 있지 않은 것은 아니다. 『제물에 대한 소고』가 그 한 예다. 그는 거기에서, 그리스인들은 부포니아인들의 제물 바치기를 제물 헌납자의 범죄로 간주했다고 간단히 언급할 뿐이다. 그는 일반화시키지 않는다. 나는 개인적으로 그의 구두 강의를 들은 적이 없지만, 위반에 관한 마르셀 모스의 이론은 제자인 로제 카유아의 작은 책자 『인간과 신성』에 잘 드러나 있다. 더욱 다행한 것은, 로제 카유아는 단순한 편집에 그치지 않고 사실들을 구체적으로 예거하고 있을 뿐만 아니라, 거기에다가 자신의 능동적이고도 확고한 사상까지 가미시켰다. 나는 여기에 카유아의 진술의 도식을 빌려오고 싶은데, 그의 진술에 의하면, 인종학이 다루는 미개인들의 시간은 세속적 시간과 신성의 시간으로 갈려 있었다고 한다. 세속적 시간이란 일상의 시간으로써 노동의 시간이자 금기를 준수하는 시간이었다. 반면 신성의 시간이란 축제의 시간, 다시 말해 금기를 위반하는 시간이었다. 에로티즘의 차원에서 볼 때 축제는 성적 방종의 시간이다. 종교적인 차원에서 볼 때 축제는 제물 헌납의 시간, 즉 살해의 금기를 위반하는 시간이다.

나는 원시 인간의 라스코 동굴 벽화, 말하자면 진정으로 동물성에서 인간으로 건너가던 원시 시대 인간, 즉 예술을 탄생시킨 초기 인간의 그림들에 바친 나의 한 저서에서 개인적으로 어느 정도는 위와 같은 논지를 전개시킨 바 있다.[2] 나로서는 금기와 노동을 연결시키는 일이 중요한 일로 여겨졌다. 노동은 예술이 발생하기 훨씬 전부터 존재해 왔다. 연대를 가늠할 수 있게 하는 흙 속에 묻힌 석기의 흔적을 통해 우리는 그것을 짐작할 수 있다. 노동은 우리로 하여금 성생활, 살해, 죽음을 배제한 노동 세계가 처음부터 있지 않았을까 하는 생각을 하게 만든다. 한편의 성생활, 다른 한편의 살해, 전쟁, 죽음은 노동의 세계와 관련시켜 볼 때 심각한 혼란이며, 더 나아가 전복이다. 그러한 시간들은 집단성을 획득하는 노동의 세계로부터 근본적으로 배척당했을 것이다. 노동 시간과의 관계에서 볼 때 생명 창조와 소멸의 시간들은 밖으로 밀려났을 텐데, 노동의 시간이 중립적인 시간이자 일종의 무색의 시간인 데 반해, 생명 창조의 시간과 소멸의 시간들은 강렬한 감농의 시간들이었기 때문이다.

이쯤 되면 나의 논지가 충분히 밝혀졌다고 본다.
내가 비전문적인 철학이 가능하다고 말하는 것은 아니다. 그러나 전문 작업으로서의 철학은 말하자면 하나의 노동이다. 다시 말해 그러한 철학은 내가 처음에 언급한 강렬한 감동적 순간을 알아보려고 하지 않

---

[2] 「라스코 또는 예술의 탄생」, 『미술의 위대한 세기들』(제네바, 스키라사, 1955). 내가 초기 인간이라고 할 때, 그것은 라스코 동굴 벽화인을 지칭하는 것으로 보아도 무방하다. 라스코 동굴 벽화는 물론 그 시기가 분명한 것은 아니지만 '예술의 탄생기' 이후의 일이다.

을뿐더러, 배제한다. 따라서 그것은 가장 일차적이고도 중요한 종합 작업으로서의 가능성의 총체가 될 수 없다. 그것은 가능성의 총체도, 가능한 경험의 총체도 아니며, 단지 인식을 목적으로 하는 한정된 경험의 총체에 지나지 않는 지식의 총체일 뿐이다. 전문 작업으로서의 철학은 의식적으로 나아가 감정적으로 이질적인 물체를 거부하며, 아무리 강렬한 감동을 얻을 수 있다고 해도 더러운 것 또는 적어도 오류의 근원, 탄생, 생명의 창조 등과 결부된 것은 마치 죽음을 거부하듯이 거부한다. 사실 극단적 인간성, 즉 인간의 성행위와 죽음의 폭발을 외면한 채 오직 평범한 인간성만을 설명할 뿐인 철학의 기만적인 결과에 놀라는 것은 내가 처음이 아닐 것이다. 내가 보기에 철학의 이러한 싸늘한 측면에 대한 반발은 키에르케고르는 말할 것도 없고, 니체에서 하이데거에 이르기까지 근대 철학자들의 특징을 이룬다. 당연한 일이지만 철학은 중병을 앓고 있는 것이 아닌가 하는 생각이 든다. 철학은 내가 여러분들 중 몇몇에게 제시해 보여 주고 있는 방랑이나, 탈선적 사고를 용납하지 못했다. 사실 철학은 다른 데가 아닌 거기에서 심오한 정당성을 획득하지 않던가. 그러나 철학이 규율과 조화로운 노력만을 끌어들인다면, 다시 말해 철학이 어떤 극단성에 노력을 기울이지 못한다면, 철학은 아무것도 아닌 것이 되고 말 것이다. '종합 작업과 가능성의 총체'로서의 철학을 진정한 철학이라고 한다면, 위의 철학은 심오한 존재 이유를 잃어버린 철학이라고 말해야 하지 않을까. 내가 마지막으로 환기시키고 싶은 것은 철학은 계율이 없이는 아무것도 이루지 못하는 막바지에 이르렀다는 것이다. 철학은 삶의 극단과 관련된, 내가 어디에선가 '가능성의 극단'이라고 표현한 것, 즉 철학적 대상의 극단을 끌어안지 못한 이유로 결국 실패하고 말았다. 죽음의 철학조차도 기본에 그친다면, 대상을 잊어버리고 만다. 물론 철학은 죽음에 파묻힐 때, 즉 죽음의 끝인 혼미에 자신을 내던질 때만 가능하다는 말은 아니다. 엄밀히 말해서 철학은 철학을 부정할 때에 한해서, 철학에 조소를 보낼 수 있을 때에 한해서 가능하다. 정말 철학이 철학을 비웃는다고 가정해 보자. 그러한 가정은 철학적 계율을 인정하는 동시에 파기를 전제하는데 그러면 이제 철학은 모든 가능성의 총체로서의 종합 작업이 될 수 있다. 그 총체는 종합이지 단순한 더하기가 아닌 것이 왜냐하면 그곳은 인간의 노력이 한계를 드러내며, 인간이 무기력에 기꺼이 자신을 맡기는 곳이기 때문이다. 물론 계율이 없었다면 철학은 지금의 그 지점에 이르기조차 어려웠을 것이다. 그러나 계율이 철학을 그것의 최종 목적지에 데려다 주는 것은 아니다. 이것은 경험적인 진리이다. 어떤 측면에서 보건, 인간의 두뇌와 정신은 내용물이 한계에 이르면 터지고 마는 그릇이라고 말할 수 있다. 어떤 가방에 물건들을 계속 집어넣기만 한다면, 그것은 마침내 더 이상 아무것도 받아들일 수 없을 것이며, 그런 상태의 가방은 더 이상 가방이라고 할 수도 없을 것이다. 특히 극단적 상태들은 조용한 명상으로도 붙잡을 수 없는 어떤 요소를 가능성의 총체에 끌어들인다.

나는 이처럼 밖으로 흘러넘치는 극단적 체험을 묘사하고자 하는 것이다.

우리는 선택의 기로에 서 있다. 우리는 우선 일정 양을 선택해야 한다. 만약 우리가 모든 가능성들을 등가로 보면, 가능한 선택이 너무 많아 난감해진다. 예컨대 우리에게 주어진 삶은 한계가 있으므로 우리는 문제에 해답을 제공해 줄 수도 있음에도 어떤 책은 읽기를 포기해야 한다. 그러면 그 책이 제공하는 가능성은 끝내 우리를 벗어나고 만다는 결론이다.

극단적 체험이 문제라면 이때 염두에 두어야 할 것은 질적 선택이다. 사실 극단적 체험은 우리를 분리 해체시키며, 우리의 조용한 명상을 방해한다. 왜냐하면 극단적 체험은 원칙적으로 우리를 '우리의 밖'에 있게 하기 때문이다. 지속적으로 또는 적어도 자주 자신을 소외시키는 철학자와 또는 그러한 철학자의 삶을 상상하기는 쉬운 일이 아니다. 우리는 시간이 노동 시간과 신성 시간으로의 분할에 이르는 인간의 본질적 체험을 상기할 필요가 있다. 광기 또는 그와 유사한 극단적인 어떤 쪽을 향해 삶의 문을 열어 놓으면(그것은 죽음, 신성의 위협 또는 더 일반적으로 말해서 그것들의 현전이나 에로티즘과 관련된 모든 가능성을 말한다.) 성찰과 노동은 성찰이 멈추는 다른 어떤 것에 종속되기에 이른다.

그러나 현실적으로 우리가 막다른 골목에 이른 것은 아니다. 그러면 무엇이 문제인가? 문제는 우리가 철학도 다른 모든 것과 마찬가지로 하나의 경기이고 게임이라는 사실을 잊은 데 있다. 경기는 언제나 더 멀리 가는 것이 중요하다. 좀 창피한 이야기지만 우리는 신기록을 수립하려는 육상선수와 같은 처지에 있다. 그러한 경기에서는 관점에 따라 분야가 달라지지만 어쨌든 종전의 기록을 깨는 사람에게 트로피가 주어진다. 대학 강단의 철학 분야에서라면 아마 가능한 한 위반의 가능성을 자제하고 열심히 일하는 사람에게 패권이 주어질 것이다. 솔직하게 고백하면 순박하게 나태와 허세를 일삼으면서 부정을 일삼는 사람에게 영예를 안겨 주는 것에는 나도 반대한다. 이것을 경기라고 한다면 나는 여기에서 개인적으로 노동과 위반이라는 두 가지 방향에서 어려움을 극복해야 할 부담을 동시에 느낀다. 물론 그 두 방향에 똑같이 만족스러운 답을 줄 수는 없으며 거기에는 한계가 있다. 길게 중언부언하지 않겠다. 압박감과 무력감만이 내가 제기한 문제에 답을 줄 것으로 여겨진다. 우리는 명백히 불가능 앞에 있다. 우리가 그 어려움을 굳이 견딜 필요는 없다. 그러나 견딤이 없이는 우리가 결코 자유로울 수 없음도 인정해야 한다. 나는 내게 일어나는 어떤 유혹의 느낌을 인정한다. 나태의 방향과 일치하는 위반의 방향에서라면 나는 적어도 열등이 누리는 명백한 혜택을 알고 있기 때문이다. 그러나 그것이 거짓이라고 해도 내가 부정할 수 없는 사실은 경기는 개시되었고, 나는 이미 경기를 위해 줄을 섰다는 것이다. 내가 불가피하게 우월성의 원칙을 논하는 경기에 참여했다는 사실이 무얼 바꿀 수 있는 것은 아니다. 여전히 그리고 언제나 신기록의 갱신이 패권을 좌우하며, 무심한 태도는 아무것도 바꿀 수 없다. 내가 경기를 거부한다 해도 나는 그것을 전적으로 거부하지 못하며, 그것으로 족하다. 나는 어쨌든 앙가제되어 있다. 게다가 지금 나는 여러분 앞에서 말하고 있으며, 그것은 벌써 내가 고독에 만족하지 못한다는 사실을 반증해 주고 있는 것이다.

 이 발표의 초두에서도 밝혔듯이, 신성은 모든 사람에게 가치 있는 것으로 제시되는 반면 에로티즘은 고독의 의미를 갖는다. 나는 여러분 중 다만 몇 명이라도 신성에서 찾을 수 없는 어떤 가치를 에로티즘에서 발견할 수 있을 것이라고는 단 한 순간도 생각해 보지 않았다. 어떤 환상에도 불구하고 또 어떤 무능의 이유들에도 불구하고 에로티즘은 원칙적으로 한 사람에게만, 더 정확하게 말하면, 한 쌍에게만 의미를 갖는 그런 것이기 때문이다. 노동과 담론은 에로티즘을 배척한다. 노동과 담론은 자매인 듯하다. 이 논술도 하나의 노동이라고 할 수 있을 것이다. 에로티즘을 다루는 이 논술을 준비하는 동안 우선 극복해야 하는 공포감을 내가 어떻게 느끼지 않았겠는가. 에로티즘은 근본적으로 죽음의 의미를 갖는다. 에로티즘의 의미를 조금이라도 아는 사람이라면 에로티즘의 의미는 바로 죽음을 의미한다는 사실을 깨달을 것이다. 그것도 의미일 텐데, 그러나 고독은 그 의미를 질식시킨다.

 이제 문제의 해결을 위해 나는 내가 제기한 전체 문제들과 기독교가 어떤 관계가 있는지에 대해서 말해 보겠다. 나는 신성에 대한 언급을 위해 반드시 기독교의 신성을 다루어야 한다고는 생각하지 않는다. 나의 의지와 상관없이 내 이야기를 듣는 여러분들에게는 일반적인 의미의 신성과 기독교의 신성 사이에 원칙적으로 아무런 차이가 없다. 내가 기독교적 신성의 개념을 도입하는 것은 편리를 위한 것이 아니다. 내가 앞서 말한 기독교적 개념으로 말머리를 돌리는 것은, 내가 말하는 위반을 기독교에서는 죄과라고 부른다는 사실을 확인시키고 싶어서인 것이다. 죄과란 잘못이며, 저지르지 말았어야 할 행동이다. 우선 십자가에 못 박혀 죽은 예수의 죽음을 생각해 보자. 그것은 하나의 제사, 신 자신이 희생양이 되는 하나의 제사이다. 그러나 그 제사가 우리를 속죄한다 해도, 그리고 그 잘못을 근본으로 삼는 교회가 거기에 펠릭스 퀼파(행복한 잘못!)라면서 역설적 찬양을 보낸다 해도 우리를 대속하는 그것은 일어나서는 안 될 일이었다. 기독교에서의 금기는 절대적인 것이며, 어떤 식의 위반도 반드시 단죄 받는다. 반면 우리의 죄는 가장 단죄 받아 마땅한 죄, 있을 수 있는 가장 심한 위반에 의해서 처벌이 면제되었다. 에로티즘에서 신성으로의 건너감은 대단한 의미를 갖는다. 그것은 저주받은 것, 거부된 것으로부터 축복받은 것, 상서로운 것으로의 건너감이다. 한편으로 볼 때 에로티즘은 오직 우리를 다른 사람들과 대립시킴으로써 우리를 구원할 뿐인 죄과, 우리를 환각적 도취에 젖게 하는, 오직 그렇게밖에 우리를 구원하지 못하는 고독한 죄과이다. 에로티즘에 빠졌을 때 우리로 하여금 극단의 강렬함을 맛보게 하는 어떤 것은 동시에 우리를 결정적으로 저주의 고독 속에 몰아넣곤 한다. 반면 신성은 우리를 고독으로부터 벗어나게 해 준다. 그러나 그것은 그 극단성이 우리를 속죄해 주는 역설(펠릭스 퀼파, 다행스러운 죄과)을 인정할 때 비로소 그럴 수 있다. 그런 조건에서 우리를 다른 인간들에게로 돌아갈 수 있게 해 주는 것은 회피뿐이다. 이 회피는 아마 포기라는 이름으로 불러 무방한 것이, 왜냐하면 기독교권의 우리는 위반을 저지르면서 즐길 수는 없기 때문이다. 기독교권 밖의 사람들만이 고독에 처해진 채 위반을 누릴 수 있다. 기독교도는 위반에 다름 아닌 어떤 것을 더 이상 행사하지 않을 때, 다시 말해 문명의 근거인 금기를 범하지 않을 때 비로소 같은 인류의 동의를 얻어 낼 수 있는 것이다.

기독교가 제시한 길을 따라가면 사실 우리는 고독을 벗어날 수 있을 뿐만 아니라 계율과 노동을 극단의 체험과 결코 어울리지 못하게 하는 불균형(나의 처음 출발점이었던 불균형) 대신 어떤 균형에 이를 수 있다. 기독교의 신성은 적어도 우리를 죽음에 내던지는 최종적인 전복의 체험을 끝까지 추구해 볼 수 있는 가능성을 열어 준다. 신성과 위반, 즉 죽음과 관련된 금기의 위반 사이에 완전한 일치는 없다. 금기의 위반은 오히려 전쟁이다. 그러나 신성도 그에 못지않게 죽음의 고도에 이른다. 죽을 각오로 사는 성자라는 점에서 신성과 전사의 영웅심은 유사하다. 영생을 얻기 위해서 죽을 각오로 산다니? 얼마나 역설인가? 계획이 본질은 아닐지라도 신성은 언제나 계획이다. 테레사 수녀는 비록 지옥이 그녀를 삼킬지언정 의지를 굽히지 않겠다고 장담하지 않았던가! 어쨌든 영생에의 의지는 에로티즘뿐 아니라 신성과 연결된다. 반면 신성에서는 오직 타협만이 성자를 대중, 다른 모든 사람들과 화해시킨다. 대중 다시 말해 철학 또는 같은 말이지만 일반적인 생각과…….

가장 야릇한 것은 대부분의 경우 전적인 위반은 그것에 대한 언급을 피하는 조건에서만 가능하다는 점이다. 가령 모든 형태의 고대 종교가 그랬다. 그러나 기독교만은 거기에 대한 언급을 허용하는 위반의 길을 열어 놓았다. 여기서 간단히 인정할 것은 담론은 기독교 너머로 위반과 유사한 모든 것, 금기와 유사한 모든 것을 부정하는 성향이 있다는 점이다. 성행위 차원의 탈선적 나체, 성금기의 부정, 금기가 필연적으로 초래하곤 하는 위반의 부정이 그렇다. 말하자면 담론은 인간을 동물과 대비해서 정의하는 어떤 것에 대한 부정이다.

나는 생각건대 말을 하면서도 침묵에 아주 막중한 경의를 표한 듯하다. 이 경의는 아마 에로티즘에도 해당된다. 이쯤에서, 나는 나의 말을 귀 기울여 들은 사람들에게 한번쯤 불신을 가져 보라고 권하고 싶다. 나는 결국 사어, 생명력이 없는 말을 지껄이고 있는 것이다. 그 언어는, 내 생각이지만, 철학 언어이다. 감히 말하건대, 언어에 사형 언도를 내리는 것이 철학이다. 일종의 제사이다. 앞에서 말한 것처럼 모든 가능성을 종합하는 작업으로서 철학은 분출하는 삶(그리고 죽음) 대신 우리의 언어가 끌어들이는 일상의 영역, 돈단무심한 무색의 모든 영역을 제거시키는 데 온힘을 기울인다. 나는 여러분에게 언어를 경계하라고 말하고 싶었다. 나는 더불어, 나의 이러저러한 여러 가지 말들에 대해서도 경계하라고 주의를 주었어야 했다. 나는 광대 짓을 하고 싶지는 않았다. 나는 제로 상태의 말, 침묵에 가 닿는 말, 백지와 동등한 위치에 있는 말을 하고 싶었다. 나는 담론에 특별한 한 장을 보태기 위한 빌미로서의 백지가 아니라 언어가 세상에 보탠 것을 제거하는 것으로서의 백지에 대해 말하고 있는 것이다. 물론 엄격하게 보면 그러한 제거 작업은 실현 불가능한 것처럼 느껴진다. 여기서 문제는 새로운 형태의 의무를 끌어들이는 것이 아니다. 내가 만약 여기에서 여러분들에게 나의 말에 대한 잘못된 사용을 경계시키지 않는다면 나는 나의 이름을 더럽히는 꼴이 될 것이다. 지금부터는 우리를 세상에서 구원하지 못하는 것(여기에서의 구원은 일종의 신성이 교회와 무관하게 또는 교회에 역행해서 세상으로부터 구원해 낸다는 의미에서이다.)은 그 어떤 것도 나의 의도를 어긋나는 것이다. 계율은 우리를 노동의 길로 들어서게 하는 반면, 극단적 체험으로부터는 멀어지게 한다고 했다. 일반적인 의미에서 볼 때 그 말은 틀린 말이 아니다. 그러나 극단적 체험도 나름대로의 계율이 있는 법이다. 어쨌든 이 계율은 어떤 형태의 것이든 에로티즘의 언어적 변론을 거부한다. 나는 에로티즘은 침묵인 동시에 고독이라고 했다. 그러나 세상에서의 현전이, 현전 그 자체가 순수 침묵의 부정, 수다, 가능한 고독의 망각인 사람에게는 그럴 수 없다.

연구 7
『에두아르다 부인』에 부치는 서문

> 죽음처럼 끔찍한 일은 없으며
> 죽음의 작업을 유지하는 일처럼
> 엄청난 힘을 요구하는 일도 없다.
> ― 헤겔

『에두아르다 부인』의 저자는 장중한 책으로 우리의 주목을 받았다.[1] 그러나 내 생각에는 에로티즘을 주제로 다룬 글은 언제나 그렇듯이 이번에도 가볍게 접근해 들어가는 것이 좋다. 내게 그 책의 어떤 내용을 수정하려는 의도가 있는 것은 아니다. 나는 내 책의 서문을 읽는 독자에게 쾌락(성적 유희가 가져다주는 희열)과 고통(죽음이 결국 종지부를 찍어 주는 것이 사실이지만, 그러나 임종 초기의 견디기 어려운 고통)에 대한 전통적인 태도가 어떤가를 한번쯤 생각해 보라고 하고 싶을 뿐이다. 전체적 여건들은 우리로 하여금 인간(인류)을 극단적인 쾌락 또는 극단적인 고통과는 공히 무관한 이미지로 그려 내게 만든다. 가장 일반적인 금기들이 어떤 것은 성생활과, 다른 어떤 것은 죽음과 관계하는데, 그러면서도 둘은 하나가 되어 종교라는 신성한 영역을 이룬다. 그러나 죽음(존재 소멸의 순간)과 관계한 금기는 비교적 심각하게 나두어진 반면 성행위(존재 출현의 상황)와 관계한 금기는 가볍게 취급되면서 더할

---

[1] 피에르 앙젤리크, 『에두아르다 부인』, 3판(J. J. 포베르사, 1956), 8절판. (『에두아르다 부인』은 조르주 바타유가 피에르 앙젤리크라는 가명으로 출판한 책임 ― 옮긴이)

수 없는 고통이 시작되었다. 지금 문제는 다수의 경향에 항의하는 것이 아니다. 생식기에 대해서는 그저 웃어넘기는 것이 일반적 성향이다. 그러나 이때의 웃음은 고통과 쾌락의 어떤 대립을 드러내는(고통과 죽음은 경의의 대상인 반면 쾌락은 조롱과 멸시의 대상이기 때문에) 한편 그것들의 근본적인 유사성을 시사해 주고 있다. 이때의 웃음은 경의라기보다는 멸시의 표현이다. 삶이란 심각한 정도만 아니라면 혐오스러운 것조차 끌어안는 화해의 태도 외에 다름 아니다. 심각하게 그리고 비극적으로 고찰된 에로티즘도 일종의 전복이다.

나는 우선 성 금기는 편견에서 비롯된 것이며, 이제 거기에서 벗어나야 할 때가 되었다고 주장하는 사람들의 주장이 얼마나 쓸데없는 주장인가를 밝히겠다. 강한 쾌감과 함께 오는 수치심과 수줍음은 바로 그들의 무지를 입증하는 것이다. 그런 주장은 모든 것을 백지화시키고 자유스러운 탐욕의 시대, 동물성의 시대로 돌아가자는 말과 다를 것이 없는 말이다. 매혹을 동반하는 공포의 충동(감성과 지성이 관계를 맺고 있는)이 인류 전체를 낳지 않았던가. 외설이 자극한 웃음에 대해 어떤 반대 의견을 내놓고 싶은 것은 아니다. 그래도 우리는 오로지 웃음만이 가능케 하는 시각을 (부분적으로나마) 한번 다루어 볼 자유는 있을 것이다.

사실 웃음은 수치스러운 죄를 마치 그렇지 않은 것처럼 만든다. 웃음은 우리를 금기의 원리, 불가피하고 필연적인 예절의 원리가 폐쇄적 위선으로 변질되는 길로, 무엇이 문제인가를 모르는 무지의 상태로 안내한다. 도를 넘어선 음담패설은 에로티즘의 진실을 진지하게(나는 이 어휘를 비극적인이라는 의미로 사용하고 있다.) 다루지 못하게 한다.

에로티즘을 아무런 왜곡 없이 문제로 제기하고, 그것의 찢김의 의미를 제대로 다루는 이 조그만 책에 서문을 붙이는 일은 사실 내게 비장한 호소의 기회를 부여한 셈이다. 정신이 스스로에게 등을 돌리는 그 일이, 억지로 등을 돌리는 그 일이 진실의 우스운 풍자가 될지라도 나는 놀라지 않겠다. 인간에게 거짓말이 필요하다면, 아무튼, 내버려 두자! 오만한 인간은 아마 인간 집단에 의해 파묻혀 버리고 말 것이다. 그러나 결국 눈을 크게 떠서 내 앞에서 무슨 일이 일어나고 있고, 무엇이 존재하는지를 보려는 의지와 연결된 폭력적이면서도 환상적인 어떤 것을 나는 외면할 수 없을 것이다. 만약 내가 극단적 쾌락의 아무것도, 극단적 고통의 아무것도 모른다면 나는 내 앞에서 무슨 일이 일어나는지도 결코 모르고 말지 않겠는가.

우리는 합의가 이루어진 셈이다. 피에르 앙젤리크는 조심스럽게 말한다. 우리는 아무것도 모르며, 철저한 어둠에 묻혀 있다고……. 그러나 적어도 우리는 우리를 속이는 것이 무엇인지 알며, 우리로 하여금 환희가 고통 또는 죽음과 다르지 않다는 사실, 한마디로 우리의 비극을 알지 못하게 하는 것이 무엇인지는 알 수 있다는 말이다.

음담패설이 자극하는 그러나 그 큰 웃음소리 때문에 우리가 보지 못하는 것은 바로 극단적 쾌락과 극단적 고통의 동일성이다. 존재와 죽음의 동일성, 찬란한 관점으로 끝나는 지식과 결정적 어둠의 동일성. 우리는 이제 그 진리에 웃음을 웃어 줄 수 있다. 그러나 이제 우리가 웃는 웃음은 불쾌한 어떤 것에 대한 멸시의 웃음이 아니라, 멸시에 그치지 않는 전적인 웃음이 되어야 할 것이다.

우리를 환희에 흠씬 젖게 하는 절정의 도취에 이르려면 우리는 제한을 두기만 하면 된다. 바로 공포이다. 공포심을 감당할 수 없는 순간에 다가온 고통은, 그것이 나의 고통이든, 다른 사람의 고통이든, 나로 하여금 실신에 가까운 희열을 맛보게 한다. 혐오스러운 것은 어떤 형태의 것이든 욕망과 유사성을 보인다. 공포심과 유혹이 결코 동일한 것은 아니지만, 공포심은 유혹을 저지하지 못하며, 오히려 유혹을 더 강하게 만들 뿐이다. 위험은 물론 욕망을 마비시킨다. 그러나 위험은 일단 위력이 약화되면 오히려 욕망을 부추길 뿐이다. 우리를 소멸하게 하고 마는 죽음이 멀리에서 그림자처럼 비치지 않는다면 우리는 결코 극단적인 희열을 맛볼 수 없었을 것이다.

인간이 동물과 다른 점은 어떤 감각들은 인간의 감정을 거슬리며, 가장 내밀한 곳까지 건드린다는 것이다. 물론 그런 느낌들은 사람마다 그리고 생활 방식에 따라 개인차가 있다. 그러나 피를 흘리는 모습, 토사 냄새는 우리로 하여금 죽음의 공포를 느끼게 하며 이따금은 우리를 고통 자체보다 더 거북한 상태에 빠뜨린다. 우리는 극단적 혼미 또는 그와 관련된 느낌들을 잘 견디지 못한다. 어떤 사람은 아무리 무해하다고 해도 뱀을 만지는 것보다는 죽음을 택한다. 죽음이 소멸인 동시에 참을 수 없는 충동인 영역이 있다. 그 영역에 들면 사라지지 않으려고 아무리 몸부림쳐도, 우리는 그런 의지와는 상관없이 소멸되고 만다. 극단적인 희열의 순간, 뭐라 꼬집어 말할 수 없는 그 황홀한 순간은 이처럼 우리의 의지와도 몸부림과도 상관없이 얻어진다. 우리의 의지에도 불구하고 잠시 후면 필경 존재하지 않을 우리를 초월하는 어떤 것이 없다면, 우리는 힘을 다해서 거부하는 동시에 잡으려고 애타는 어떤 순간에 결코 이를 수 없을 것이다.

만약 많은 종교적 체험 특히 기독교적 신비 체험에 성적 도취만의 것이라고 할 수 없는 비정상적 초월이 없다면, 쾌락은 무시당해 마땅할 것이다. 죽음 못지않게 견디기 어려운 존재 초월의 어떤 순간에 존재는 우리에게 주어진다. 죽음이란 존재가 주어지는 동시에 거두어지는 순간이므로 우리는 존재를 죽어 가는 것처럼 여겨지는 견딜 수 없는 순간에 찾아야 한다. 왜냐하면 우리 안의 존재는 오직 넘침에 의해서만, 그래서 공포의 충만함과 기쁨의 충만함이 일치할 때만 거기에 있기 때문이다.

사고(성찰)도 우리 안에서 완성에 이르는 것은 오직 넘칠 때이다. 도취에 흠씬 젖어 도저히 누리지 못할 것을 누리고, 차마 보지 못할 것을 보고, 도저히 상상조차 가능하지 않던 것을 상상하는 것이 진리가 아니라면, 그러니까, 넘침과 무관한 진리가 있다면 도대체 그것이 의미하는 것이 무엇일 수 있을까?[2]

에두아르다 부인의 성찰이 이상과 같은 비장한 성찰의 끝에 이르면서 외마디와 함께 스스로 견딜 수 없음에 침몰하는가 싶을 때 우리는 거기에서 신을 발견한다. 이 조그만 기상천외한 책의 의미이자 엄청남은 바로 거기에 있다. 이 책은 신의 모든 속성들을 한껏 문제 삼는다. 신도 말하자면 다른 모든 것들과 마찬가지로 하나의 창녀이다. 그러나 에로티즘은 신비 체험이 말할 수 없던 것(말하려고 하면 신비 체험은 이미 사라지고 없기 때문에)을 말한다. 천박한 존재, 공포 존재, 더 나아가서 존재하는 것이 아닌 존재…… 등 모든 의미에 있어서의 초월적 신이 아니라면, 그 신은 아무것도 아니다. 단어들을 초월하는 단어, 신이라는 단어를 아무렇지도 않게 언어에 보탤 수는 없다. 우리가 언어에

---

[2] 여기에서 내가 몇 마디 덧붙이는 일을 용서해 주기 바라면서 말하자면, 존재와 넘침에 대한 정의는 철학적일 수 없다는 것인데 넘침은 근거를 초월하기 때문이다. 넘침은 다른 어떤 것보다 앞서, 모든 한계를 너머 존재를 일단 존재케 하는 어떤 것이다. 아마도 존재는 바로 그 한계 안에 존재할 것이다. 그 한계가 우리로 하여금 말할 수 있게 한다.(나 역시 말한다. 그러나 나는 말을 하면서도, 말이란 내가 붙잡을 수 없으며, 잡히지 않는 것이란 사실을 잘 알고 있다.) 이 문장들이 논리 정연하게 정리될 수 있지만(그러나 넓은 의미에서만 그럴 수 있다. 지나침은 예외, 신기, 기적이기 때문이다. 그리고 지나침은 인력을 의미한다. **존재하는 것 이상의** 모든 것에 대한 두려움이라기보다는 그에 대한 인력.) 그러나 불가능은 이미 주어진 것이다. 그러니 나는 결코 묶이지도 않고, 결코 예속되지도 않을 것이며, 대신 나의 절대성(나를 넘침이 없는 존재로 묶어 두던 그 불가능성을 증명할 죽음만이 나에게서 빼앗아 갈 수 있을 절대성)을 간직하겠다. 내게 지식이 없다면 글을 쓸 수 없었을 테니, 나는 물론 지식을 물리치지는 않는다. 그러나 글을 쓰는 이 손은 **죽어 가고** 있다. 그리고 예정된 그 죽음에 의해, 글을 쓰면서, 손은 수락된(글을 쓰는 손에 의해 수락된, 그러나 죽어 가는 손에 의해 거부된) 한계를 모면한다.

신이라는 단어를 편입시키는 순간 그 단어는 스스로를 초월하면서 어지러울 정도로 한계를 파괴시켜 버린다. 신이라는 존재는 어느 것 앞에서도 물러설 줄 모른다. 신이라는 존재는 예상할 수 없는 어느 곳에도 있다. 신은 엄청남 그 자체이다. 누구든 조금이라도 신의 느낌을 느끼는 사람은 즉시 입을 다물 수밖에 없다. 아니면 신에게 붙들린 사람은 거기에서 빠져나가려고 몸부림치다가 자기를 벗어나지 못한 채 자신을 소멸시켜, 신과 함께 할, 그를 아무것도 아닌 것이 되어 버리게 할 어떤 것을 찾는다.[3]

그런데 놀라운 것은 터무니없는 이 책이 우리를 끌고 들어간 야릇한 길에서 우리는 몇 가지 발견을 하기에 이른다는 것이다.
예컨대, 우연한 행복이 그것이다…….
죽음을 마주보는 바로 그 순간 기쁨이 발견되는 것이다.(물론 그것은 슬픔이라는 정반대의 가면을 쓰고 있는 것이긴 하지만.)

나는 결코 관능을 이 세상의 본질이라고 보지는 않는다. 인간이 성기로 국한될 수는 없기 때문이다. 그러나 입에 담기 거북한 그 기관은 적어도 인간에게 하나의 비밀을 가르쳐 주었다고 할 수 있다.[4] 물론 성

---

3) 이는 바로 웃음이 눈을 뜨게 만든 사람의, **한계가 어느 것인지 모르는 것에** 감히 한계를 정하려 들지 않는 사람의 신학이다. 철학자들의 글에도 놀라곤 하는 여러분들이니 조약돌을 보고 섬광 같은 광채를 발견한 날을 꼭 표시해 두기 바란다. 철학자들의 입을 다물게 하는 것을 표현하려면 그들이 이해하지 못하는 방법으로 표현하는 방법밖에 없지 않겠는가?
4) 덧붙이고 싶은 것은, 넘침은 바로 유성 생식의 원리라는 것이다. 사실, **신의 섭리**는 자신의 창작 세계 안에서 그 비밀이 해독 가능하기를 원했다. 그러나 인간이 모르는 것이 과연 아무것도 없었을까? 인간은 땅이 꺼지는 것을 아는 그날조차도 땅이 신의 섭리로 꺼지는 것이라고 말하지 않던가? 인간은 아이를 저주에서 구원하지만, 그러나 그는 저주하면서, 인간의 한계에 침을 뱉으면서 그렇게 한다. 가장 비참한 존재가 즐긴다. 그는 저주하면서 신이 된다. 그만큼 **피조물**은 풀리지 않는 수수께끼라는 말이며, 넘침, 과잉의 확신을 향한 정신의 충동 외에 달리 말할 수 없는 존재이다.

적 쾌락은 인간의 정신에 끼친 해독의 정도에 비례하는 것이기 때문에, 우리는 속임수를 쓰곤 하며, 우리는 가능한 한 공포를 가까이 하지 않은 채 쾌락에 이르려고 한다. 욕망을 부추기거나 마지막 경련을 자극하는 이미지들은 대개 모호하거나 수상쩍은 구석을 지닌다. 공포를 겨냥하든 죽음을 겨냥하든 그 이미지들은 모르는 사이에 살그머니 끼어든다. 사드의 시각을 봐도 죽음은 다른 쪽을 끼고 우회하는데, 그 다른 쪽은 무엇보다도 달콤한 인생의 표현이다. 에로티즘은 단도직입적으로 속임수를 쓴다. 에로스의 충동을 자극하는 대상이 마치 에로스와는 상관없는 것인 체하는 것이다. 얼마나 그러한지 사실 에로티즘에 관한 한 금욕주의자들이 옳다. 금욕주의자들은 아름다움을 악마의 함정이라고 규정한다. 사실 성행위에 따르는 무례, 무질서, 폭력을 참을 수 있게 하는 것은 오직 아름다움이다. 여기에서 실신의 다양한 형태들을 세부적으로 검토할 수는 없겠지만 그러나 그중에도 가장 폭력적인 형태, 맹목적인 극단적 충동과 죽음의 한계를 접목시키는 형태를 우리에게 은근슬쩍 알게 하는 것을 말하라고 한다면 그것은 순수한 형태의 사랑일 것이다. 금욕은 거칠고, 비겁하고, 잔인한 처벌일 수 있지만 그럼에도 불구하고 그것은 전율(전율이 없다면 우리는 밤의 진실로부터 멀어지고 만다.)을 인정하는 역설적 행위이다. 성행위를 인생 전체가 가진 유일한 최고의 것이라고 여길 이유는 없다. 그러나 어둠이 덮인 곳에 한번쯤 조명을 비춰 보지 않는다면, 어떻게 우리가 공포 속에 던져진 존재라는 사실을 알 수 있을 것인가? 어떤 값을 치르고라도 피하고 싶은 소름 끼치는 공허 속으로 존재가 사라진다면, 매몰된다면…….

이제 더 이상 두려울 것이 없다. 교회의 현관에 그려진 지옥의 광경들은 얼마나 가소로운가! 지옥은 신이 본의 아니게 우리에게 제시한 신의 가장 약한 개념에 지나지 않는다. 무한 상실의 단계에 이르면 우리는 존재의 승리를 회복하기에 이르는데, 그 지점은 우리가 필연적으로 존재의 소멸 충동에 동의하는 지점이다. 춤곡의 리듬으로 구성된 끔찍한 무도회에 초대받은 우리는 그 무도회가 마지막에는 존재를 졸도하게 만드는 끔찍한 무도회임을 잘 알면서도 체념한 채 있는 그대로 받아들인다. 만약 우리에게 용기가 부족하다면 그보다 더 우리를 애타게 만드는 것도 없을 것이다. 애타는 순간은 틀림없이 온다. 애타는 순간이 없다면 어떻게 그것을 극복할 것인가? 그러나 죽음에, 고문에, 쾌락에, 무한정 열려진 채, 열려진 동시에 죽어 가는, 고통스러운 동시에 행복한 그 존재는 빛, 신적인 빛에 가려 보이지 않는 듯하다. 그리고 뒤틀린 입으로 그가 헛되이 들려주고자 하는 외마디는 끝없는 침묵 속에 묻혀 버린 하나의 거대한 할렐루야라고 할 수 있다.

결론

전문가가 개별적인 문제들을 다룰 때처럼 독자들이 에로티즘에 관심을 가졌다면 이 책은 별로 유익하지 못한 것이 되었을 것이다.

나는 에로티즘이 가장 중요하다고 말하지는 않는다. 노동의 문제가 더욱 절박하다. 그러나 노동의 문제는 우리가 통제할 수 있는 것인 반면, 에로티즘은 우리의 통제권 밖에 있는 문제 중의 문제다. 인간이 에로스의 동물인 한 인간은 그 자신에게 문제이다. 그리고 에로티즘은 인간의 문제이다.

전문가는 결코 에로티즘에 해답을 줄 수 없다.

에로티즘은 모든 문제 중에서 가장 신비롭고, 가장 보편적인 것이면서, 가장 엉뚱한 것이다.

스스로를 벗어날 수 없는 사람, 과잉에 삶을 개방한 사람에게 에로티즘의 문제는 특별한 개인적인 문제이다. 그러면서 동시에 그 문제는 특별한 보편적 문제이다.

에로티즘의 순간은 또한 가장 강렬한 순간(신비 체험을 제외한다면)이다. 그래서 에로티즘은 인간 정신의 정상에 위치한다.

에로티즘이 정상을 차지한다면 내가 이 책의 끄트머리에 던진 질문도 정상을 차지한다.

그러나 그 질문은 철학적인 질문이다.

가장 철학적인 질문과 에로티즘은 내 생각에는 정상에서 만난다.

결론적인 나의 이러한 개관은 어떤 의미에서 내 책의 내용과 무관한 것일지도 모른다. 나는 에로티즘에서 철학으로 건너갔다. 그러나 어떤 면에서, 에로티즘이 어느 정도의 절단을 각오하지 않은 채 나머지 다른 사람들의 정신과 삶의 양상으로 환원될 수는 없다고 생각한다. 그런가 하면 다른 면에서, 철학은 결코 그것 자체로만 성립할 수 없는 학문이다. 우리는 어떤 지점에서는 이따금 사유의 총체, 우리를 세상에 존재케 하는 어떤 총체적 여건을 다룰 필요가 있다.

그 총체를 언어로 표현해 내지 않는다면 명백히 그것은 영원히 우리를 벗어나는 것이 되고 말 것이다.

그러나 언어는 그것을 드러낸다고 해도 시간적인 순서에 따라 부분적으로 드러낼 수 있을 뿐이다. 그 총체적 시각이 어떤 절대적인 한순간에 얻어지는 일은 결코 없을 것이다. 언어는 분석 중에도 길을 잃지 않고 차근차근 일관성 있게 설명해 내는 장점을 지니기도 하지만 그럼에도 불구하고 총체를 분리된 양상으로 조각내고 만다.

이처럼 언어는 우리에게 중요한 총체를 한데 모아 보여 주는 동시에 흐트러뜨리기도 하는 도구라고 할 수 있다. 언어 안에 매몰되면 우리는 무엇이 중요한 것인지를 포착할 수 없는 것이, 중요한 전체는 많은 문장들이 거기를 겨냥함에도 불구하고 상호 의존적인 절의 형태 속에 꼬리를 감춰 버리기 때문이다. 우리는 이어지는 문장들 속에 묻혀 버린 총체를 찾으려고 관심을 늦추지 않지만, 깜빡거리는 문장들을 볼 뿐 찬란한 빛은 보지 못한다.

많은 사람들이 언어의 이러한 약점에 대해 의외로 무관심하다.

존재에 대한 의문에 대해 반드시 해답을 제시할 필요는 없다. 아니, 아예 그런 의문을 제기할 필요조차 없었는지 모른다.

그러나 문제로 제기하지 않는다고, 해답을 구하지 않는다고, 의문이 사라지는 것은 아니다.

만약 누가 내게 우리는 어떤 존재냐고 묻는다면, 나는 온갖 방법을 동원해서 거기에 대답할 것이다. 모든 가능성으로 열려 있는 그 입구, 어떤 물질적인 만족으로도 진정시킬 수 없고 어떤 언어의 유희로도 기만할 수 없는 그 기다림! 우리는 정상을 탐색한다. 개인적으로는 그 탐색을 무시할 수도 있다. 그러나 인류 전체는 정상을 희구한다. 그것만이 인류를 정의해 주고, 그것만이 인류를 정당화시켜 주고, 그것만이 인류에게 의미를 주기 때문이다.

그 정상, 절대적 순간은 철학의 추구와는 다른 것이다.

철학은 자체에서 빠져나오지 못하며 언어를 벗어나지 못한다. 철학은 침묵을 허용하지 않을 정도로 언어를 사용한다. 얼마나 그러한지 절대적 순간은 필연적으로 철학적 의문을 넘어설 수밖에 없다. 철학이 자신만의 의문에서 벗어나지 못하는 한 절대적 순간은 적어도 철학을 초월한다.

우리가 어려움을 어떻게 이해해야 하는가에 대한 해답은 여기에 있다.

철학이 문제 삼지 않는 의문은 의미가 없다. 그중에도 절대의 의문은 에로티즘의 절대의 순간(에로티즘의 침묵)이 대답으로 주어지는 의문이다.

철학의 시간은 노동 시간, 금기 시간의 연장이다. 나는 그 점에 관해서는 더 이상 긴 말을 삼가겠다. 그러나 전개 과정에 있는 철학은(그칠 줄 모르는 움직임으로) 위반과는 대립적이다. 철학이 노동과 금기(노동과 금기는 상호 보완적 일치 관계에 있다.)에서 위반으로 넘어가면, 철학은 더 이상 철학이 아니라 조롱거리가 될 것이다.

　노동과 비교해 볼 때, 위반은 게임이다.

　게임의 세계에서는 철학이 붕괴된다.

　위반을 철학의 근본으로 삼는(그것은 나의 사고방식인데) 행위는 언어를 침묵으로 대체하는 행위에 다름 아니다. 그것은 존재의 정상에서 존재를 관조하는 태도이다. 언어가 결코 사라진 것은 아니다. 담론이 그 접근 방법을 가르쳐 주지 않았다면 과연 정상 접근이 가능했을까? 위반 자체가 위반의 담론을 대체하는 결정적인 순간만큼은 접근의 길들을 묘사하는 언어가 더 이상 의미를 가질 수 없다. 다만 어떤 절대의 순간이 그러한 연속적인 사라짐에 보태질 뿐이다. 존재의 통일성이 계시되는 것은 바로 진실이 삶과 사물로부터 유리되는 강밀한 경험의 그 깊은 침묵의 순간(그 죽음의 순간)인 것이다.

　이 책의 서문에서 나는 절대의 순간에 대한 알기 쉬운 접근을 시도(언어의 차원에서)했으며 그렇게 그 절대의 순간을 존재의 연속감과 결부시키고 싶었다.

　이미 밝혔듯이 서문의 텍스트는 강연회의 텍스트이다. 그 강연회에 장 발이 참석했는데 나중에 그는 이런 반박을 했다.(나는 존재 연속의 설명을 위해 성행위 중의 한 쌍을 예로 들었더랬다.)

　"……파트너 중의 하나는 연속성을 의식할 것이다. 바타유는 우리에게 말하고 있을 뿐만 아니라 글을 쓰기도 한다. 바타유는 의식하며, 그가 의식하는 한 연속성은 깨질 수 있다. 나는 바타유가 이 점에 대해서는 무슨 말을 할지 모르겠다. 그러나 내가 보기에는 중요한 문제가 거기에 있다고 본다. 연속성에 대한 의식, 그것은 더 이상 연속성이 아니다. 그때는 더 이상 말할 수 없어야 한다."

장 발은 나를 정확히 이해했다.

나는 그가 옳다고 즉시 대답했다. 그러나 이따금 극한에서는 연속성과 의식이 일치하지 않던가.

사실 절대의 순간은 침묵 속에 있으며, 침묵에서는 의식이 달아난다.

나는 조금 전에, "그 깊은 침묵의 순간에 ── 그 죽음의 순간······"이라고 썼다.

언어가 없으면 우리는 어떻게 될까? 우리는 언어 덕분에 현재의 우리가 될 수 있었다. 극단적으로 말하면, 더 이상 언어가 흐르지 않는 절대적 순간을 드러낼 수 있는 것도 언어뿐이다. 그러나 말하는 사람은 마침내 자신의 무능을 고백하기에 이르는 것이다.

언어의 게임도 금기와 위반의 게임과 같은 게임을 한다. 말을 마치자면, 총체적인 문제를 다루는 철학은, 가능하면, 금기와 위반의 역사적 분석에서 새 출발해야 할 것이다. 철학은 그것들의 기원에 대한 비판을 근거로, 거기에 반박하면서, 다시 말해 철학을 위반하면서, 존재의 정점을 건드려야 할 것이다. 존재의 정점은 오직 위반의 충동(의식의 전개에 근거한 사고가 노동에 힘입고 있으면서도 스스로 노동에 종속될 수 없음을 알기에 마침내 노동을 초월하려는 위반의 충동) 안에서만 그 온 모습을 드러낸다.

역자 후기

에로티즘, 그것은 신중과 은밀함을 넘어서 침묵을 요구하는 주제이다. 에로티즘을 주제로 한 많은 텍스트들이 익명으로 출판되곤 하는 이유는 아마 거기에 있을 것이다. 에로티즘의 주제는 일단 의심을 받는다. 아니면 그것은 술자리에서 안주 삼아 이야기하는 우스개와 음담패설의 수준을 벗어나지 못했다. 이상한 것은 조르주 바타유가 잘 지적하듯이, 죽음(존재 소멸의 순간)의 문제는 비교적 심각하게 논의되고, 또한 죽음의 주제는 진지한 철학적 주제로 간주되는 반면, 에로티즘(존재 출현의 순간)은 전혀 그렇지 못하다는 것이다. 원죄적 의미가 깃들어 있는 에로티즘은 다른 주제에 쉽게 끼어들지 못한다. 에로티즘은 상식 밖의 엉뚱한 원칙이 적용되든지 신비의 원칙이 적용되든지 둘 중의 하나 외에 다른 선택의 여지가 없었다. 대부분의 사람들에게 있어서 출생은 운명이고, 생식기는 그저 웃어넘기는 대상에 다름 아니다. 그러나 출생과 깊은 관계를 가지는 에로티즘의 문제는 다른 사람들이 어떻게 생각하느냐로 정리될 문제가 아니다. 그것은 침묵을 요구하는 내적 체험의 문제이기 때문이다.

그래서, 바로 그렇기 때문에, 조르주 바타유는 지적 태도에서 한걸음

물러선 입장을 견지하면서 에로티즘을 다룬다.

  오해의 여지를 없애기 위해서는 조르주 바타유에게 있어서의 에로티즘이 무엇을 의미하는지부터 파악하고 넘어가야 한다. 사실 조르주 바타유에게 있어서의 에로티즘은 단순한 성생활을 넘어서는 어떤 것이다. 조르주 바타유는 에로티즘을 단순한 성의 문제로 보지 않고, 신성에까지 이르는 삶과 죽음의 문제로 보고 있다. 그것은 인간을 인간이게 하는 인간만의 특성이라는 것이다. 인간의 진정한 의미를 찾아 나선 조르주 바타유는 '전문적'이라는 이름의 어떤 과학도 인정하지 않는다. 신성과 관능이라는 양립 불가능한 인간의 특성은 어떤 특수한 하나의 과학이 결코 해결할 수 없는 문제이기 때문에 인간을 하나의 전체로 보지 않고서는, 지금까지 잘못 정의되어 왔던 인간의 근본적인 문제를 결코 해결할 수 없으리라는 것이 조르주 바타유의 생각이다.

  물론 어떤 측면에서 보면 최근의 인문과학적 자료(인류사, 문화사, 종교사, 문학사, 그리고 철학 등)에 많은 도움을 받고 있지만, 그럼에도 불구하고 이 책은 원래 그것들이 노린 목표를 초월한다.

  이 책은 1부「금기와 위반」, 2부「에로티즘에 대한 여러 가지 연구」로 구성되어 있다. 그런데 에로티즘에 관한 가장 잘 요약된, 그리고 명확한 한마디는 이 책의 서문에 잘 나타나 있다. 에로티즘은 "죽음까지 인정하는 삶"이라는 전제가 그것이다. 삶을 추구하는 인간은 결국 바로 그 행위 속에서 죽음에 이른다는 것이다. 바타유는 과학적 근거를 동원하여 삶, 죽음, 그리고 생식 행위가 모두 긴밀히 연결되어 있으며, 그리고 개체들의 실존을 결정하는 것은 다름 아닌 그것들임을 입증한다.

  죽음까지 인정하는 삶으로서의 에로티즘에 중요하고도 결정적인 두 개념이 1부에 다루어지고 있다. 금기와 위반이 그것들이다. 금기와 위반의 개념은 에로티즘 연구의 중심축에 해당한다. 그것은 인간과 동물을 구분할 수 있게 하는 것이기도 하다. 동물은 규칙을 만들어 내지 않으며, 오직 자연의 명령에 복종할 뿐이다. 반면 자연의 충동을 거부하는 인간은 역사 위에 인간의 세계를 구축해 냈다. 도덕, 사회, 경제, 정치적인 측면에서의 인간 세계가 동물과 인간을 구분하게 하는 외적인 것이라면, 에로티즘은 인간을 동물과 다르게 하는 내적인 것이다.

동물의 성은 자연적인 제약 외에 다른 제약을 받지 않는다. 그러나 에로티즘은 인간만의 다른 제약(수치심, 불쾌감, 노동 시간의 제약, 도덕적 단죄 등등……)을 벗어나지 못한다. 1부의 1, 2, 3, 4장이 금기의 문제를 주로 다룬다면, 1부의 5, 6, 7, 8, 9장은 위반에 바쳐지고 있다. 사실 위반은 금기와 대립 관계에 있는 어휘가 아니라, 금기를 보충해서 그것의 의미를 완성시켜 주는 것이다. 조르주 바타유는 그 점을 밝히기 위해 여러 가지 형태의 위반(가장 간단한 위반의 형태에서부터 카니발리즘, 결투, 전쟁, 사냥 등의 복잡한 위반의 형태에 이르기까지)의 예를 든다. 그러한 위반의 형태를 종교와 결부시켜 보기도 하고, 원시인의 풍속과 결부시켜 보기도 한 조르주 바타유는, 에로티즘은 위반적 폭력이라는 결론에 이른다. 10장은 결혼과 반복적 성행위에 바쳐지고 있고, 11장은 에로티즘과 신성의 관계를, 12장은 천박한 매음과 에로티즘의 관계를 비교한다. 13장은 에로티즘에서의 미의 역할에 대해 기술하고 있다.

2부는 조르주 바타유가 이미 잡지에 기고한 에로티즘에 관한 연구들을 다시 모아 정리한 것이다. 따라서 거기에는 1부의 내용이 중첩되는 부분이 없지 않다. 그러나 2부는 단순히 1부의 재론에 그치지 않는다. 2부는 오히려 1부의 특별한 부분들을 다루는 보충적인 텍스트라고 할 수 있다. 가령 킨제이의 보고서에 관한 그의 연구는 에로티즘과 노동의 대립적인 관계를 보다 분명히 드러내고 있고, 사드에 관한 연구는 극단적인 에로티즘의 의미를 드러내고 있다. 뿐만 아니라, 2부의 연구들은 '근친상간의 수수께끼'를 풀고, '성과 기독교와 신비의 관계'를 밝히는 데 바쳐지고 있다. 그러한 주제들이야말로 침묵을 요구하는 에로티즘을 잘 요약해 줄 수 있는 주제들이 아닐까?

  그러나 반복하건대 조르주 바타유에게 있어서 중요한 것은 그러한 개별적인 문제의 해결이 아니었다. 그에게 중요한 것은 인간의 삶을 뭉뚱그려 파악하는 일이었다. 그래서 얼핏 보면, 그의 사고는 발전이 없는 듯이 보인다. 각 장의 순서도 임의적인 듯이 보인다. 뿐만 아니라, 비슷한 내용의 주제가 분할된 다른 장에 반복적으로 나타나는데, 그럼에도 불구하고 문제 해결의 기미는 보이지 않는다.

  이 책을 읽다 보면, 우리는 현기증을 느낀다. 그 현기증은 에로티즘이라는 이 책의 주제가 지니고 있는 특수성에 기인하는 것만은 아니다. 오히려 그것은 조르주 바타유의 언표 행위가 언술(내용) 자체를 압도하는 데서 오는 현기증이다. 중심 단어는 마치 물 흐르듯이 어디에선가 흘러나온다. 따라서 독자는 작가가 선택에 의해서라기보다는 운수에 따라 떠오른 주제를 다루는 듯한 인상을 받는다. 그러나 그렇다고 해도 중심 주제를 벗어나는 일은 없다. 거기에는 언제나 에로티즘이 심부를 차지하고 있기 때문이다. 이 책의 중심 단어는 체험, 희생, 죽음, 웃음 등이다. 그리고 그것들을 한데 묶는 중심 주제는 에로티즘이며, 그것들이 모두의 변방에 극단이 도사리고 있다.

  이 책을 처음 번역한 지 15년이 넘었다. 처음 이 책을 번역할 때 번역하면서 극심한 심리적 압박을 받았던 기억이 난다. 사실 바타유의 번역은 나를 넘어서는 일이었다. 우선 주제가 엄청난 것이기도 했거니와, 에로티즘을 다루는 작가의 언술 방법이 나를 당황하게 했기 때문이다. 1쇄 때 내가 쓴 역자 후기를 보니 "역설적인 주제의 내용을 이해하는 일이 일차적인 어려움이었지만, 그것을 어떻게 쉬운 우리말로 표현할까 하는 문제는 더 심각한 그리고 극복하기 힘든 난관이었다. 심지어 일을 포기하고 싶은 착잡한 심정에 시달리기조차 했다."라는 고백이 보인다. 15년이 지난 지금 이 책을 재번역한 나는, 사실 재번역 작업도 1차 번역 작업 못지않게 공들이고 시간을 들였는데도, 여전히 마음이 무겁다. 그러나 에로티즘은 '내적 체험'의 문제라는 작가의 전제를 믿고 그때처럼 지금도 최선을 다했다. 역자의 부족한 부분은 독자의 내적 체험으로 메꾸기 바란다.

원고를 출판사에 넘기려고 하니, 이 책의 번역을 처음 권고하신 곽광수 선생님과 언제나 내가 존경하는 은사로 내 마음속에 자리 잡고 계신 정명환 선생님 생각이 난다. 재번역을 하는 동안도 두 분 선생님은 내 마음속에서 여전히 지도를 해 주셨다. 그리고 재번역인데도 너무 많은 시간을 기다리게 한 민음사 측에 미안한 감사드린다.

저자 연보

1897년	프랑스 오베르뉴 지방의 퓌드돔에서 태어남.
1901년	가족이 랭스로 이주. 랭스 고등학교에서 수학.
1915년	독실한 신자로서 사제의 삶을 살 것을 꿈꾸지만, 우울증 환자인 어머니가 정신착란을 일으켜 자살을 기도하고, 아버지는 가난, 고독을 이기지 못하고 죽음. 이 일련의 사건은 바타유에게 깊은 죄의식을 남김.
1917년	생 플루르 신학교 입학. 1918년까지 신학 공부를 함.
1918년	파리 국립고문서학교에 입학. 『랭스의 노트르담』이라는 첫 작품을 씀.
1920년	실비아 마클레와 처음 만남.
1922년	파리의 고문서 학교에서 「기사 계급, 운문으로 쓴 13세기 콩트」라는 논문으로 박사 학위를 받음. 논문의 제목이 말해 주듯이, 20대의 바타유는 성자와 기사에 무척 관심이 깊었으며, 심지어 엄격한 규율을 지키는 생활을 하면서 명상과 성찰로 시간을 보냄. 그러던 그는 신비를 체험하기에 이르고, 한때는 와이트 섬의

	베네딕토 수도원에 머물면서 성직을 꿈꾸기도 함. 그러나 거기에서 나온 후로 그는 신앙과 거리가 먼 작가가 됨.
1923년	니체의 철학 서적에 심취하여, 오직 니체만을 탐독. 그의 말을 그대로 인용하면, 니체는 그로 하여금 "더 이상 아무 할 말이 없게 만든" 작가였다고 함. 니체에 매료된 그는 후일 『니체에 관하여』라는 책을 출간하기에 이름.
1924년	잡지 《아레투스》 편집 동인으로 활동. 어느 날 저녁, 생 드니의 한 사창가에서 미셸 레리스, 앙드레 마송, 알프레드 메트로 등과 함께 잡지 창간을 계획함.
1925년	알프레드 메트로의 강의를 듣고 마르셀 모스의 세계에 입문함.
1926~1927년	앙드레 브르통이 이끄는 초현실주의 진영 주요 작가들과 가깝게 지내지만 초현실주의 진영에 완전히 가담하지는 않음.
1928년	실비아와 결혼함. 『눈의 이야기』라는 제목의 책이 로드 오슈라는 가명으로 출판됨.
1929~1930년	조르주 앙리 리비에르와 함께 펴내기 시작한 《자료》라는 잡지의 편집을 주관함. 이 시기는 초현실주의 작가들과 첨예한 대립을 보여 주는 시기임. 브르통을 "그리스도의 얼굴을 한 가짜 혁명가"라고 비난한 것도 이 시기임. 브르통에 대해 『시체』라는 집단 저작물을 냄.
1931년	『태양의 항문』을 출판. 그 이후 바타유는 《자료》에서 손을 떼고, 《사회비평》이라는 공산주의 성격의 잡지에 관여함.

1932년	코제프 교수에게서 헤겔에 대한 강의를 들음. 코제프 교수의 영향을 받은 그는 「변증법에 관한 비판」이라는 글을 레이몽 크노와 공동 집필하여 《사회비평》에 실음.
1933년	아내 실비아와 헤어지고 콜레트 페뇨를 만나 연인이 됨. 마르셀 모스의 『증여론』의 영향을 받아 쓴 「소비의 개념」을 《사회비평》에 기고함. 비생산적 소비, 소모, 포틀래치, 희생 등 그의 주요한 관심사들이 이 시기의 글에 나타남.
1934년	보리스 수바린의 영향을 받아 트로츠키 그룹에 가담한 그는 동년에 《사회비평》의 주간을 맡음. 건강상의 이유로 잠시 활동을 중단하는데, 그동안 동양의 선과 요가를 알게 되며, 『내적 체험』과 『명상의 방법』 등은 거기에서 얻어진 작품들임. 루이 트랑트라는 가명으로 『아이』를 출간함.
1935년	앙드레 브르통, 모리스 엔, 피에르 콜로소프스키, 폴 엘뤼아르, 벵자맹 페레, 이브 탕기 등의 초현실주의자들과 협력하여 『반격 수첩』을 펴냄. 『하늘의 푸름』을 집필하지만 출간은 나중으로 미룸.
1936년	『미로』, 『하늘의 푸른 빛』 출간. 로제 카유아, 미셸 레이스 등과 함께 사회학회를 결성하여 사회에 스며든 신성에 대한 연구에 실험을 기울임. 『에로티즘』은 그가 신성의 연구에 얼마나 집착했는지를 보여 주는 대표적인 저서임. 《무두인》지를 창간하고, '반격'이라는 이름의 조직을 해체함.
1937년	피에르 앙젤리크라는 필명으로 『에두아르다 부인』

	출간.
1938년	폐병이 재발하여 파리를 떠나 노르망디와 베즐레를 전전하며 요양함. 베즐레에서 1949년까지 머뭄.
1942년	폐병이 악화되어 국립도서관 사서직을 사임함.
1943년	최초로 조르주 바타유라는 실명을 사용하여 『내적 체험』을 출간.
1944년	『죄인』, 『대천사』 출간.
1945년	『니체에 관하여, 기회의 의지』, 『오레스티』, 『더러움』 출간.
1946년	인문과학 종합 서평지 《비평》 창간.
1947년	『알레루야, 디아누스의 교리』, 『명상의 방법』, 『쥐의 역사』, 『디아누스의 일기』, 『시의 증오』 등 출간.
1948년	『종교의 이론』, 『어떻게 인간적 상황을 벗어날 것인가』를 출간하고, 많은 글들을 발표한 해임.
1949년	미뉘사에서 『에포닌』 출간. 그리고 자신의 책 중에서 가장 중요한 책으로 간주하게 될 『저주의 몫』 출간.
1950년	『C. 신부』 출간. 사드의 『쥐스틴』에 서문을 붙임.
1951년	오를레앙 시립도서관 관장직을 맡아 죽기 직전까지 근무.
1952년	레지옹 도뇌르 훈장을 받음.
1955년	『선사 시대 그림 연구: 라스코 혹은 예술의 탄생』, 『마네』 출간.
1957년	『문학과 악』, 『에로티즘』 출간.
1959년	피에르 크로스프스키가 책임 출판한 『질 드레의 소송』에 서문을 씀.
1961년	그의 마지막 저술 『에로스의 눈물』 출간.

1962년　　　『불가능』 출간 후 파리에서 세상을 떠나 베즐레에 묻힘.
1966년과 1967년 사이 『나의 어머니』와 『죽음』이 유작으로 출판됨.

| 찾아보기 |

ㄱ

가톨릭 180, 260, 286
『거기에서(*La-bas*)』 143
결투 80~82, 86, 325
결혼 47, 58, 81, 123~128, 151, 152, 154, 168, 231~240, 249, 256~258, 267, 278, 283, 291, 325
고뇌 21, 42, 47, 69, 83, 97, 99, 99, 112, 116, 119, 132, 134, 141, 152, 156, 157, 160, 187, 207, 208, 212, 213, 261, 273, 274, 282, 293
공포 41, 42, 47, 51, 52, 54, 60, 61, 63~65, 67, 69, 72, 76, 78, 79, 120, 144, 155, 161, 165, 166, 187, 188, 193, 196, 207, 209, 212~214, 225, 230, 233, 248, 259, 261, 262, 264, 273, 275~279, 305, 311~314, 316
관능 12, 22, 104, 119, 121, 144, 145, 158, 195~198, 201~204, 207, 223, 226, 228, 229, 243, 255, 256, 259, 262, 266~269, 275, 276, 278, 281, 283, 285~290, 315, 324

교환 37, 127, 151, 153, 239, 240~250, 255, 260
그루세, 르네 86
근친상간 57~61, 95, 105, 172, 207, 231~235, 237, 239, 243, 249, 250, 253~256, 299, 325
금기 8, 32, 33, 39~44, 46, 47, 49, 51~62, 70, ~74, 76~83, 85~87, 89, 90, 92, 93~97, 100, 101, 105~107, 121~126, 128~132, 134, 136, 139, 141, 142, 144, 145, 152~155, 159, 160, 167, 172, 230~235, 237, 238, 243~246, 248~258, 262, 269, 274, 295, 299~301, 306, 307, 310, 311, 320~322, 324, 325
금욕 259, 261, 288, 290, 292, 293, 316
기독교 7, 35, 78, 100~103, 105, 120, 121, 126, 133~140, 142~145, 147, 152, 153, 155, 156, 211, 259, 260, 262, 266, 267, 288, 290, 291, 305~307, 313, 325

335

ㄴ

내밀성 176~178, 187, 188
내적 체험 31, 34~40, 42, 43, 104, 106, 107, 111, 113, 116, 118, 120, 187, 264, 265, 323, 327, 331, 332
노동 32, 44, 45, 47, 49, 51, 53, 57, 73, 77, 83, 97, 123, 127, 129, 131, 133, 135, 137, 153, 155, 171, 179, 181, 183, 185, 187, 195, 243, 245, 249, 251, 253, 293, 301, 305, 307, 309, 319, 321, 323, 325
노동 인간 47, 48
농경제 130
니체 303, 330, 331

ㄷ

다비, M. R. 88, 89
『동굴 벽화 예술의 400세기』 96
동물성 33, 82, 90, 93, 95~97, 107, 154, 156, 164~168, 173, 176, 179~183, 185, 239, 250~256, 301, 311
뒤르켐 140, 234, 235
디오니소스 128, 142, 180

ㄹ

라스코 84, 301
『라스코 혹은 예술의 탄생』 301, 332, 84
라크루아, 생 장 드 264
레난, 맥 234
레뇨-가티에, 실비 86
레비브륄 49~51, 176
레비스트로스, 클로드 58~60, 231~235, 236~242, 244, 245, 247~251, 256
『로트레아몽과 사드』 194
뢰바, 제임스 262, 263
《르뷔 드 파리》 206

ㅁ

마틴 174
마푸라 242
매력 20, 54, 87, 98, 149, 150, 166, 167, 225, 244, 257, 277, 278
매음 75, 147, 149~155, 157, 158, 163, 198, 198, 285, 287, 325
매춘 151~153, 155, 157
모스, 마르셀 73, 141, 240, 242, 300, 330, 331

ㅂ

바스티유 193, 194, 197, 222
바타유 310, 321, 323~326, 329, 330, 332
발, 장 321, 322
방종 54, 75, 128, 133, 300
베르나르 신부 261~263, 289
베일, 에릭 62
보나파르트 262, 263
보들레르 145, 158
보르샹 204
보부아르, 시몬 드 227
보쉬에 67
보엠, 야콥 297
『부부의 상징적 의미』 261
『불꽃놀이』 145
불연속성 13, 17, 18, 20, 21, 23, 25, 94, 110~112, 114~119, 135~137, 160, 161
브뢰유 96
블랑쇼, 모리스 194, 195, 199, 201, 221, 229

ㅅ

사냥 65, 79, 82~84, 94~97, 133, 155, 325

사드 11, 12, 20, 46, 54, 144, 145, 190, 192~211, 213, 214, 218, 220~225, 227, 230, 316, 325, 327, 332
「사드를 화형시킬 것인가?」 227
사디즘 213~215, 283
사바 140, 141
『사회학 연감』 141
『사회학과 인류학』 240
살해 12, 18, 20, 23, 52, 53, 71~73, 75, 76, 79~85, 88, 92, 93, 101, 125, 132, 198, 208, 213, 229, 235, 301
생마리, 브뤼노 드 259, 260
성 보나방튀르 264, 289
성 앙투안 270
『성, 모럴 그리고 신비』 266
『성의 심리학』 279
성행위 11, 13, 31~33, 56, 57, 61, 65, 70, 81, 83, 102, 105, 106, 108, 109, 114, 117~120, 122, 123, 125, 126, 132, 152, 154, 158, 160, 166, 167, 172~176, 178~180, 185, 193, 227, 229, 230, 238, 254, 256, 257, 262, 267, 269, 270, 272, 274, 279, 281, 282, 286, 287, 289, 299, 300, 302, 307, 310, 316, 321, 325
『세계사』 86
『소돔의 120일』 54, 197, 222
속죄 82~84, 101, 166, 306
스펜서 234

신비 체험 25~27, 259, 263~265, 269, 276, 278, 281, 286~291, 293, 295, 296, 299, 313, 314, 318

「신비와 절제, 제7차 아봉 국제 보고서」 259

『신비적 사랑, 완전한 순결』 266

신성 5, 17, 19, 23~26, 50, 57, 66, 72, 74~77, 80, 83, 92~96, 103, 104, 129~131, 134, 135, 137~147, 152~157, 171, 172, 178, 183, 210~213, 216, 221, 239, 261, 262, 266~268, 273, 286, 294, 295, 299, 300, 304~308

『신쥐스틴』 206

십자가 101, 102, 137, 211, 306

ㅇ

아름다움 150, 160, 163~167, 175, 277, 316

아리스토텔레스 63, 64

아멜리 204, 205

악마 136, 138~140, 146, 156, 157, 270, 276, 277, 316

앙젤리크, 피에르 310, 312, 331

야연 143~145, 147~149, 152, 168

에고이스트 284

『에두아르다 부인』 310, 331

에카르트 297

엔, 모리스 206, 331

『여성의 성행위』 174

연속성 13, ~28, 93, 94, 102, 104, 109~112, 114~119, 134~137, 146, 147, 151, 160, 161, 165, 168, 205, 321, 322

오르가슴 177~179, 183~185, 263, 279

오스왈드 슈바르츠 279

외혼제 248

『우라누스』 122

『원시 사회에 있어서의 전쟁』 89

원죄 42, 93, 144, 147, 262, 323

위반 8, 18, 29, 39, 40, 42, 44, 52~55, 71~79, 81~83, 85~87, 89~96, 101~103, 106, 107, 121~126, 129, 131, 132, 134, 135, 137~142, 144, 145, 152~157, 160, 167, 203, 230, 257, 258, 269, 289, 295, 299, 300, 304~307, 320~322, 324, 325

위베르, 앙리 141

유성 번식 15, 110, 111, 114, 116, 118

음란 19, 254, 284~288

『인간과 신성』 57, 74, 137, 300

『인간의 성행위』 174

『인도인들의 사랑의 예술』 153

ㅈ

자냉 206~208, 214
자위행위 178
『전쟁론』 87
절대 인간 203, 205, 208
제사 24, 78, 80, 92~97, 99~106, 124, 125, 131, 132, 137, 143, 166, 211, 212, 306, 308
『종교 신비가의 심리학』 262
『종교사』 137
『종교적 사회와 민속학 연구』 140
죄과 102, 123, 146, 188, 219, 275, 276, 306
죄악 75, 138, 144~146, 157, 200~203, 205, 207, 208, 221, 292
주연 69, 127~134, 142, 147
『죽은 사에 대한 실교』 67
『쥐스틴』 206, 228, 229, 332
쥘리에트 200, 202, 214, 229
증여 59, 239, 240, 243, 244, 247, 248, 256, 257, 292, 331
지적 인간 48, 56

ㅊ

창녀 152, 157, 171, 284~286, 314
『철학 논리학』 62

《철학 잡지》 140
초야권 124, 127
축제 45, 70, 73, 74, 76~78, 85, 127, 128, 134, 142, 143, 212, 241~243, 257, 271, 300, 301
친족 60, 95, 231~233, 238
『친족의 기본 구조』 60, 231, 233

ㅋ

카니발리즘 79, 80, 90, 325
《카르멜 수도회 연구집》 259, 260
카시러 49
카유아, 로제 57, 73, 75, 77, 137, 300, 331
크뢰버 235
클라우세비치 87
클레어윈 200, 202
키에르케고르 302
킨제이 171, 174, 182, 184~186, 188, 190, 325

ㅌ

테레사 수녀 262~264, 280, 307
테송 신부 266~269, 272, 273, 275, 276
트릴링, 라이오넬 179

ㅍ

파라오 192
파르슈미네 262, 263
파멸 49, 97, 98, 119, 197, 198, 204,
　　　211, 216, 221, 251, 277, 281
포메르, 장자크 206
포틀래치 248, 331
폼로이 174, 175
푸셰, 막스 폴 8, 153
프레이저 141, 246
프로이트 52, 79, 235, 260
프롤레탈리아 154

ㅎ

하이데거 302
향연 124, 140~143, 206
헤겔 39, 253, 297, 298, 310, 331
헤르츠, 로베르 140, 141
혼인 125, 177
환락 277, 278, 281, 283, 285, 286, 288
『회고』 235

조한경

서울대학교에서 불문학으로 학사, 석사, 박사를 마쳤으며 프랑스 리옹, 캐나다 토론토 대학교 교류교수를 역임한 뒤 현재 전북대학교 프랑스학과 교수로 재직 중이다. 논문으로 「피카레스크 소설과 프랑스 문학」, 「디드로 소설 연구」, 「라모의 조카와 사실주의」 등이 있고, 역서로는 『초현실주의』(이본 뒤플레시스), 『비평과 의식』(조르주 풀레), 『유럽 의식의 위기』(폴 아자르), 『소수 집단의 문학을 위하여』(들뢰즈·과타리 공저) 등이 있다.

현대사상의 모험 23

에로티즘

1판 1쇄 펴냄 1997년 11월 20일
1판 10쇄 펴냄 2008년 11월 17일
2판 1쇄 펴냄 2009년 9월 4일
2판 12쇄 펴냄 2023년 7월 24일

지은이	조르주 바타유
옮긴이	조한경
발행인	박근섭·박상준
펴낸곳	㈜민음사

출판등록 1966. 5. 19. 제16-490호
주소   서울특별시 강남구 도산대로 1길 62 (신사동)
         강남출판문화센터 5층 (06027)
대표전화 02-515-2000/팩시밀리 02-515-2007
홈페이지 www.minumsa.com

한국어판 ⓒ 조한경, 1997, 2009. Printed in Seoul, Korea

ISBN   978-89-374-1624-8 (94160)
        978-89-374-1600-2 (세트)

* 잘못 만들어진 책은 구입처에서 교환해 드립니다.